Ruth Kibelka

Ostpreußens Schicksalsjahre

1944–1948

Ruth Kibelka

Ostpreußens Schicksalsjahre 1944–1948

Aufbau-Verlag

Mit 27 Abbildungen aus dem Litauischen
Ton- und Bildarchiv in Vilnius, 14 Karten, 1 Faksimile
und zahlreichen Tabellen

ISBN 3-351-02505-X

2. Auflage 2001

Einbandgestaltung Max Mönnich, de'blick
Satz LVD GmbH, Berlin
Druck und Binden Claussen & Bosse, Leck
Printed in Germany

www.aufbau-verlag.de

INHALT

I. Einleitung

Im Potsdamer Abkommen legten die Alliierten fest, daß die Stadt Königsberg und das anliegende Gebiet bis zum Abschluß eines Friedensvertrags an die UdSSR fallen sollten. Am runden Tisch in Cecilienhof wurde weder über weitere Details noch über einen Transfer der dort ansässigen Deutschen verhandelt. Aus dem abgeriegelten Gebiet, das seit April 1946 zur Russischen Föderativen Sowjetrepublik gehörte, drangen immer seltener Nachrichten. Was die sowjetischen Behörden bei Kriegsende mit dem erbeuteten Territorium vorhatten und welchen Stellenwert die deutsche Bevölkerung in ihren Plänen einnahm, blieb geheim.

Ende 1947 trafen Güterwaggons mit Überlebenden aus Königsberg, Tilsit und Insterburg in der Sowjetischen Besatzungszone (SBZ) ein. Die entsetzlich abgemagerten, verlausten, zerlumpten und oft unheilbar kranken Männer, Frauen und Kinder (insgesamt 100.000) wurden in Lagern untergebracht. Sie erzählten von Situationen, die Erlebnisse der übrigen deutschen Zivilbevölkerung in Krieg und Nachkrieg bei weitem in den Schatten stellten. Die Behörden in der SBZ untersagten den Vertriebenen diese Berichte rasch, da die Sowjetunion nicht diffamiert werden durfte.

Ende 1948 war die Umsiedlungsaktion abgeschlossen. Das Gebiet blieb weiterhin hermetisch abgeriegelt, die Berichte über das Kriegsende, den Beginn der sowjetischen Besatzung und das weitere Schicksal Königsbergs gerieten in Vergessenheit. Erst nachdem 1991 die Reisesperre für Kaliningrad aufgehoben wurde und im Jahr darauf das Kaliningrader Gebietsarchiv die ersten Arbeitsgenehmigungen für Ausländer erteilte, eröffneten sich Möglichkeiten zur Erforschung der Nachkriegsgeschichte.

Den südlichen Teil Ostpreußens sprachen die Alliierten in Potsdam Polen zu. Im September 1945 erfolgte die Grenzziehung zwischen den nun russisch und polnisch verwalteten Teilgebieten auf der Höhe von Braunsberg und dem Vyštiter See. Über das Memelland wurde in Potsdam kein Wort verloren. Die im Versailler Vertrag festgelegte Grenzlinie hatten die sowjetischen Militärbehörden bereits im Februar 1945 wieder in Kraft gesetzt.

Somit war Ostpreußen, ein von 1422 bis 1919 einheitliches Gebiet, in drei Teile geteilt.

Das Territorium der neugebildeten russischen Verwaltungseinheit, des heutigen Kaliningrader Gebietes *(oblast')*, war vorwiegend von Deutschen besiedelt, und im nördlich der Memel gelegenen Terrain der ehemaligen Provinz Ostpreußen definierte sich ein hoher Prozentsatz der Bevölkerung als Preußische Litauer.[1] Im nun polnischen Teil lebte eine Minderheit – die polnischsprachigen Masuren.

Während die deutsche Zivilbevölkerung aus dem nördlichen Ostpreußen ausgesiedelt wurde, kehrten Memelländer[2] aus Flüchtlingslagern in den verschiedenen Besatzungszonen Deutschlands in die Heimat zurück. Die Güterzüge mit den Migranten fuhren direkt aneinander vorbei. Diese Parallelität ist ebensowenig ein Zufall wie die Tatsache, daß im ehemaligen Memelland bis heute Deutsche leben, jedoch aus dem Kaliningrader Gebiet alle ausgesiedelt worden sind. Um die vielfältigen Ursachen dieser erzwungenen Wanderungsbewegungen in entgegengesetzte Richtungen genauer zu ergründen, mußte neben dem Kaliningrader Gebiet und dem Memelland auch die sowjetische Innenpolitik der Nachkriegsjahre in die vorliegende Untersuchung einbezogen werden. Der Polen zugesprochene südliche Teil von Ostpreußen wurde hingegen ausgeklammert. Zum einen nahmen die Ereignisse außerhalb des sowjetischen Herrschaftssystems einen etwas anderen Lauf, zum anderen waren sie nicht so stark tabuisiert wie in den anderen ostpreußischen Regionen. Obwohl die Archive Material zu diesem Thema noch lange unter Verschluß hielten, begann in Polen die Aufarbeitung der Nachkriegsgeschichte bereits Anfang der siebziger Jahre, als Ost- und Westdeutsche wieder unbürokratisch in das Land reisen konnten.

Das Memelland und das nördliche Ostpreußen waren auch nach 1945 Teile einer Einheit – des Sowjetimperiums –, wurden jedoch auf unterschiedliche Weise in dieses integriert: In Königsberg wurde das sowjetische System ohne Rücksicht auf besondere lokale Erfordernisse in kürzester Zeit eingeführt, im Memelland, das seit 1944 zur Litauischen Sowjetrepublik gehörte, vollzog sich die Angleichung wie im gesamten Baltikum dagegen stufenweise.

Ursachen und Hintergründe für Aussiedlung bzw. Rückkehr liegen seit einem halben Jahrhundert im Dunkeln, da Entscheidungen und Handlungsspielräume der Akteure im Memelland und im Gebiet Kaliningrad von der Innenpolitik des Kreml geprägt wurden, die bisher nicht systematisch analysiert worden ist.[3]

Mehr als 50 Jahre nach der Aussiedlung der Königsberger ist es geboten, die Ereignisse nicht nur aus dem Blickwinkel von Zeitzeugen darzustellen, sondern das Zusammenwirken innen- wie außenpolitischer und wirtschaftlicher Faktoren zu untersuchen. Stalins widersprüchliche Umsiedlungspolitik wurde bisher verkürzt als Willkürakt der sowjetischen Führung beschrieben, ist jedoch das Resultat der Verflechtung verschiedener Kräftefelder. Dies anschaulich darzustellen, ist ein Hauptanliegen des Buches.

Die Entwicklung in Königsberg und die Lage der Deutschen in diesem Gebiet kann nur differenziert analysiert werden, wenn sie nicht isoliert von der Memellandregion und der Situation der deutschen Minderheit dort betrachtet wird. Ebensowenig darf die sowjetische Innenpolitik ausgeklammert werden.

In der vorliegenden Arbeit werden die unterschiedlichen Formen und Verläufe der Sowjetisierung im Memelland und im nördlichen Ostpreußen charakterisiert und miteinander verglichen.

Die unterschiedliche sowjetische Politik für das Memelland und das Königsberger Gebiet wird in einzelnen Kapiteln anhand der Landwirtschaft und des Schulwesens untersucht. Diese Felder bieten sich an, weil die beiden zu vergleichenden Regionen nördlich und südlich der Memel stark agrarisch geprägt waren und weil das Schulwesen stets als ein wesentliches Instrument der sowjetischen Staats- und Parteipolitik fungierte.

Diese Arbeit setzt eine Zäsur im Jahr 1948: Zum einen fand die Aussiedlung der Deutschen aus dem Kaliningrader Gebiet in die SBZ Ende 1948 ihr Ende – jedenfalls in der offiziellen Version der zuständigen sowjetischen Behörde –, zum anderen war zum gleichen Zeitpunkt die Mehrzahl der repatriierungswilligen Memelländer aus Deutschland in die Heimat zurückgekehrt. Wieso wurde die deutsche Bevölkerung einer ehemals ostpreußischen, dann sowjetischen Region derart verschieden behandelt? Hätte es für die Entscheidungen der Nachkriegszeit Alternativen geben können?

Zwölf Jahre nach der Öffnung des Memellandes für Bürger westlicher Provenienz und acht Jahre nach der Öffnung des Kaliningrader Gebietes können diese und andere Fragen genauer erörtert werden. Zugleich rückt angesichts möglicher EU- und NATO-Mitgliedschaften die Frage nach der Zukunft dieser Region immer stärker in den Mittelpunkt des Interesses.

Auf den ersten Blick scheint es sich dabei um zwei voneinander unabhängige Themen zu handeln, doch die Auseinandersetzung mit der Nachkriegsgeschichte und deren Neubewertung sind Voraussetzung für die künftige Gestaltung. Der vorliegende Band soll hierzu beitragen.

I.1. Forschungsstand

Entgegen zahlreicher bisher erschienener Veröffentlichungen zur Situation der deutschen Zivilbevölkerung in Ostpreußen klammert diese Arbcit bewußt das Frontgeschehen aus.[4] Durch die gewöhnlich gekoppelte Betrachtungsweise wurden viele Spezifika verwischt; die Darstellungen gerieten zwangsläufig zur reinen Leidensgeschichte der deutschen Bevölkerung, ohne den Handlungsspielraum der Deutschen und den gesellschaftspolitischen Hintergrund der nachfolgenden Besatzungszeit auszuloten. Bestimmte Aktionen der Wehrmacht wie die Sicherung der Flüchtlingstransporte über Pillau bis Ende April 1945 konnten in diesem Zusammenhang stets positiv hervorgehoben werden. Andere Handlungen wie der übereilte Abzug aus bestimmten Kreisen des Memellandes und das überhastete Sprengen der Memelbrücken wurden dagegen eher verschwiegen. Die Verdienste, die sich einzelne Einheiten beim Abtransport der deutschen Bewohner aus Ostpreußen erwarben, entlassen die Wehrmacht nicht aus ihrer Verantwortung für das Vorgehen gegen die sowjetische Zivilbevölkerung in den Jahren 1941–1944.[5] Je weiter die Kriegszeit zurücklag, um so mehr wurden die eigenen Vergehen ausgeblendet und die der Roten Armee herausgehoben. Diese Sichtweise paßte in das Raster des Kalten Krieges und wurde darum lange nicht in Frage gestellt. (Allerdings vertrat die Bevölkerung häufig andere Standpunkte – zum Teil auch in Ostpreußen im Frühjahr 1945. Nicht ohne Grund bezeichneten damals Insassen der Zwangsarbeitslager im Kreis Pilkallen diese Einrichtungen als »Judenvergeltungslager«.[6])

In den letzten vierzig Jahren ist eine Fülle von Erinnerungsliteratur zu Königsberg und auch zum Memelland erschienen. Kritiker und Leser fordern immer wieder, Standardwerke wie die Berichte von Lehndorff und Linck[7] in die Untersuchung einzubeziehen.[8]

Der Arzt Hans Graf von Lehndorff und der Pfarrer Hugo

Linck schilderten Jahre und Ereignisse nach 1945 glaubwürdig, auch heute halten ihre Darstellungen Vergleichen mit dokumentarischem Material stand. Bemerkenswert ist vor allem, daß sich die Texte nicht in einer Leidensgeschichte erschöpfen, sondern die Autoren alltägliche Handlungsspielräume in ihrer Arbeit und in ihren Beziehungen zur sowjetischen Administration ausloten. Beide verhehlen nicht, wie schmal in diesen Jahren ohne Radio und Presse die Informationsbasis war.

Lehndorffs und Lincks Berichte basieren auf Tagebuchaufzeichnungen, die das Innenleben des Verfassers und dessen private Umwelt sowie die Auswirkung der Besatzungsereignisse auf die Privatsphäre des Verfassers und dessen selektive Wahrnehmung des Weltgeschehens spiegeln. Beide subjektiven historischen Zeugnisse sind Quellen einer ganz anderen Textgattung als die behördlichen Akten, auf die sich die vorliegende Untersuchung stützt – und stützen muß –, da sie Fragen wie die folgenden zu klären hat: Welche kurz- und langfristigen Absichten hatte die sowjetische Führung in bezug auf Ostpreußen und seine Einwohner? Wie und auf Grund welcher Faktoren änderten sich diese Intentionen? Gab es Zielkonflikte, und wie wurden sie gelöst?

Seit Anfang der neunziger Jahre sind viele neue Rückblicke auf die Jahre 1945 bis 1948 erschienen. Insbesondere bei Menschen, die die Ereignisse verdrängt hatten und vergessen glaubten, löste die Öffnung des Gebietes wahre Erinnerungsfluten aus. Die Verwertbarkeit dieser Literatur im Sinne von historischen Quellen wird durch ihren späten Entstehungszeitraum – die meisten Verfasser waren damals Kinder – zusätzlich eingeschränkt: Zeitzeugen neigen dazu, sich um so heftiger auf die Wahrhaftigkeit ihrer Aussage zu berufen, je länger das zu bezeugende Ereignis zurückliegt und je stärker der Zeitraum einer Tabuisierung unterworfen war. Sie ignorieren, daß ihr persönliches Bild inzwischen deutlich durch Medien und vorherrschende Meinungen gefiltert ist. Die ostpreußischen Zeitzeugen – insbesondere in der alten Bundesrepublik – bilden in dieser Hinsicht häufig keine Ausnahme.[9] Lebensgeschichtliches Erzählen und Geschichtswissenschaft bilden zwei Diskurse, die sich gegenseitig nicht zu ersetzen vermögen,[10] doch ist es methodisch sauberer, in einer Darstellung historischer Ereignisse gänzlich auf Erinnerungen zu verzichten, als sie zu qualifizieren.[11]

Die in der Dokumentation des Bundesministeriums für Vertriebene gesammelten Erlebnisberichte wurden in Auszügen unzählige Male nachgedruckt und führen inzwischen quasi ein Eigenleben. Den meisten Rezipienten ist nicht bewußt, daß diese schmale Auswahl für eine breite und äußerst vielstimmige Materialsammlung steht, die bis heute völlig unzureichend aufgearbeitet worden ist.[12] Wissenschaftliche Monographien, die das Schicksal der deutschen Bevölkerung im nördlichen Ostpreußen zum Thema haben, existieren bisher weder in Deutschland noch in Rußland oder Litauen.

In Deutschland gab es keinen Zugang zu sowjetischen Archivalien. In der ehemaligen UdSSR, respektive in Kaliningrad, durfte die Geschichte der deutschen Bevölkerung der Jahre 1945–1948 während der gesamten sowjetischen Ära nicht erforscht werden. Zudem konnte nicht gegen die dominierende Sicht der Nachkriegsereignisse verstoßen werden, die in folgendem Zeitungszitat zum Ausdruck kommt: »*Auf Beschluß der Berliner Konferenz wurde Polen 70% von Ostpreußen übergeben, der nord-westliche Teil fiel an die Sowjetunion. Dieses neue sowjetische Land ist unsere Kaliningrader Oblast.*«[13]

Eine solche Interpretation der Beschlüsse der Potsdamer Konferenz blendet die Forderung Stalins nach dem Gebiet völlig aus und bewertet die Abtrennung Ostpreußens von Deutschland als eine Art Geschenk oder Belohnung der Alliierten an die UdSSR und Polen. Man könnte sogar noch weitergehen und aus dem Zitat herauslesen, die Westalliierten wollten die Sowjetunion mit Territorium »abspeisen« und die zu zahlenden Reparationen allein für sich sichern.

Folgendes Pressezitat aus den fünfziger Jahren steht stellvertretend für die offizielle sowjetische Betrachtungsweise der Aussiedlung der Deutschen: *»Die Umsiedlung der zahlenmäßig unbedeutenden deutschen Bevölkerung, die nach dem Krieg verblieben war, wurde 1948 entsprechend dem Potsdamer Abkommen vorgenommen.«*[14] Die Äußerung zeigt, daß die sowjetische Führung eine Mitverantwortung an der Vertreibung leugnete und nahelegen wollte, die »Umsiedlung« sei auf Beschluß der Alliierten erfolgt. Die bereits vorher begonnene Vertreibung der Deutschen wurde jedoch durch die Zustimmung der Westmächte im Sinne einer »Überführung« im Potsdamer Abkommen quasi nur noch legalisiert.[15]

Erst ab Mitte der achtziger Jahre gab es vorsichtige Ansätze, im Rahmen der Geschichte der KPdSU einzelne Aspekte der Nachkriegsereignisse zu untersuchen.[16] Ihre große soziologische Befragung sowjetischer Neusiedler, die zwischen 1946 und 1950 in das Gebiet kamen, konnten die Mitarbeiter der Kaliningrader Historischen Fakultät in Rußland bisher nicht publizieren. In Deutschland sind die dort versammelten Erlebnisberichte unter dem Titel »Als Russe in Ostpreußen« erschienen.[17]

Seit 1991 sind die russischen Historiker bemüht, ihre Regionalgeschichte aufzuarbeiten und dabei die Geschichte des Gebietes aus dem parteigeschichtlichen Kontext zu lösen.[18]

Bis Ende 1995 fanden sich über die deutsche Bevölkerung Kaliningrads und deren Aussiedlung in russischen Publikationen einzig zwei kurze, nicht wertende Darstellungen.[19] Unter den zahlreichen Publikationen, die im Umfeld des fünfzigsten Jahrestages der Angliederung Ostpreußens an die UdSSR erschienen, sei auf die erste Monographie über Ostpreußen hingewiesen. Sie wurde 1996 von einem Autorenkollektiv der Kaliningrader Universität herausgegeben und enthält mehrere Kapitel zur Nachkriegsgeschichte, die wenigstens in faktologischer Hinsicht eine Bereicherung darstellen.[20]

Litauen und die anderen baltischen Staaten waren zum einen in starkem Maße Teilnehmer des Zweiten Weltkriegs, spielten jedoch keine eigenstaatliche Rolle. Zum anderen mußten die Länder große Verluste und Zerstörungen hinnehmen und standen bei Kriegsende weder auf der Seite der Sieger noch auf der Seite der Verlierer. Dieses Paradox zeitigte weitreichende mentale Folgen.[21] Allerdings erhielt Litauen das Wilna- und das Memelgebiet – im Gegensatz zu den anderen baltischen Staaten, die nach Kriegsende Territorien an die RSFSR abtreten mußten.

In Litauen ist die direkte Nachkriegsgeschichte vermehrt zum Forschungsgegenstand geworden. Die meisten Arbeiten tendieren stark zur nationalen Leidensgeschichte – zur vergleichenden Martyrologie. Arunė Arbušauskaitė und Vygantas Vareikis vom Zentrum für preußische und westlitauische Geschichte wenden sich allerdings stärker den sozialgeschichtlichen Abläufen in der Region zu und haben dabei auch die Situation der Minderheiten im Blick.[22] Neuere Studien zur Geschichte des Memellandes, so von Vytautas Žalys, fechten den exklusiv litauischen Charakter des Gebietes in der litauischen Historiographie deutlich an.[23]

Die Journalisten Eberhard Beckherrn und Alexander Dubatow veröffentlichten 1994 ein Buch mit dem verheißungsvollen Titel »Die Königsbergpapiere«, das zwar eine ganze Reihe aufschlußreicher Dokumente enthält, aber Quellenkritik vermissen läßt.[24] Der überwiegende Textteil stellt eine Zusammenfassung der vorhandenen Erinnerungsliteratur dar. Wissenschaftliche Arbeiten, die sich auf behördliche Dokumente des Kaliningrader Gebietes beziehen, liegen bisher nicht vor.[25]

Das formale Moment der Gleichzeitigkeit von Bewegung und Gegenbewegung allein hätte einen Vergleich noch nicht gerechtfertigt, ist jedoch für die Periodisierung maßgeblich.

In quantitativer Hinsicht sind die Gebiete deutlich asymmetrisch: Weder von der Größe des Territoriums noch von der Bevölkerungszahl kann sich das Memelland mit dem nördlichen Ostpreußen messen. Siedlungs- und Sozialstrukturen ähneln einander.

Im Herbst 1947 fiel die Grundsatzentscheidung über die deutsche Bevölkerung nördlich und südlich der Memel. Die Königsberger wurden aus dem nördlichen Ostpreußen und damit aus der UdSSR ausgewiesen. Die Memelländer erklärte man per Staatsbürgergesetz zu UdSSR-Bürgern und öffnete ihnen so das Tor zur Heimat. In beiden Gebieten war die bevölkerungspolitische Entscheidung der territorialen nachgeordnet. Im Zuge der sowjetischen Besetzung des Memellandes und des nördlichen Ostpreußens (1945) entwickelten sich für die deutschen Einwohnerschaften differierende Situationen: In den ersten Nachkriegsjahren besaßen die Deutschen im Königsberger Gebiet kurzfristig die schlechteren Chancen, jedoch die günstigeren Langzeitperspektiven, für die Memelländer verhielt es sich genau umgekehrt.

Bei der Untersuchung der gemeinsamen deutschen Vorgeschichte und der sowjetischen Besatzungsmechanismen wurden nicht nur grundlegende Unterschiede herausgearbeitet, sondern auch Aspekte dargestellt, die weit über den Bereich der eingangs skizzierten Ausgangsfragen hinausreichen, etwa die Unterschiede der memelländischen und ostpreußischen Identität. Das komparative Verfahren bietet die Möglichkeit, Vorzüge und Nachteile der sowjetischen Bevölkerungspolitik für die jeweilige Einwohnergruppe gegeneinander abzuwägen.

Außerdem können Bedingungen für Varianzen im Sowjetisierungsprozeß und das Ausnutzen von Spielräumen (oder deren Nichtvorhandensein) aufgezeigt werden. Die Ursachen dafür gründen sich auch auf struktur-, sozial- und kulturgeschichtliche Faktoren.

Das Paradigma der Ausweisung aus dem nördlichen Ostpreußen erscheint angesichts der memelländischen Alternative in anderem Licht und kann neu bewertet werden. Mit Hilfe des komparativen Verfahrens läßt sich insgesamt resümieren, daß die Entscheidungen für und gegen die deutschen Minderheiten im Memelland und dem nördlichen Ostpreußen auf dem Hintergrund der Spannungsmomente von Gleichzeitigkeiten und Ungleichzeitigkeiten im Sowjetisierungsprozeß der Regionen innerhalb der ersten beiden Nachkriegsjahre fielen.

I.2. Zum Problem der Sowjetisierung

Der Terminus »Sowjetisierung« wurde nach dem Zweiten Weltkrieg vorrangig zur Beschreibung der Abhängigkeit der osteuropäischen Länder von der UdSSR gebraucht. Außerdem diente er zur Bezeichnung der zu jener Zeit eingeführten Umgestaltung nach sowjetischem Muster – sowohl in politischer Hinsicht als auch in gesellschaftlicher und ökonomischer. Im Laufe der Zeit unterlag dieser Begriff einer gehörigen Politisierung.

Will man heute den Terminus *Sowjetisierung* in der Wissenschaft verwenden, muß man ihn präzise definieren, um ihn vom alltäglichen politischen Vokabular abzugrenzen.[26] In dieser Untersuchung bezeichnet der Begriff die Errichtung neuer gesellschaftlicher und wirtschaftlicher Strukturen nach sowjetischem Muster in den neuerworbenen Territorien. Dieser Prozeß setzte 1944 ein. Etwa 1948 war die Phase abgeschlossen.

In bestimmten Größenordnungen hatte es eine gesellschaftliche Zustimmung für den Neuaufbau gegeben. Dennoch dominierte bislang die Vorstellung, das sowjetische Modell sei den ostmitteleuropäischen Staaten aufoktroyiert worden. Zweifellos haben nationale Prägungen die Übernahme sowjetischer Strukturen gefördert bzw. behindert und so der Transformation gedient. Dazu zählten die Erfahrungen aus den ungelöst gebliebenen Agrarkrisen in Osteuropa, die einen der günstigsten Ansatzpunkte für die Sowjetisierung boten, aber auch mentale Prägungen. Die ideologisch-politischen Faktoren der Sowjetisierung sind in der Literatur bereits beschrieben worden, die sozioökonomischen weniger.

Die Rolle der Sowjetunion wurde – besonders im Kontext des Endes des Zweiten Weltkrieges – in den Ostblockstaaten bis in das letzte Jahrzehnt immer als die des Befreiers beschrieben. Dieses Bild ist heute – in den baltischen Republiken – völlig ins Gegenteil verkehrt worden. Im Kaliningrader Gebiet wiederum ist die Rolle der UdSSR in der Nachkriegspolitik des Königsberger Raumes unter Wissenschaftlern und Publizisten umstritten. Gerade die Perestroika hatte dort dazu geführt, den Wandel des sowjetischen Systems seit der Stalin-Ära höher zu bewerten, als er tatsächlich war.

Seit die baltischen Staaten wieder auf der politischen Landkarte existieren und alle osteuropäischen Gebiete ohne größere Einschränkung zu bereisen sind, kristallisiert sich für kritische Beobachter der Veränderungen immer deutlicher heraus, daß der Kampf mit den Relikten der kommunistischen Ära noch lange andauern wird. Dadurch wird der Blick unwillkürlich auf die Anfänge der Einbindung in das Stalinsche Machtgefüge zurückgelenkt. Nach dem Zerfall der UdSSR und der sowjetischen Machtstrukturen stellt sich die Frage nach der Sowjetisierung, deren Wurzeln und Verlauf, nach dem Spannungsverhältnis zwischen der Vormacht Sowjetunion und den von ihr abhängigen Republiken um so stärker. Beispielsweise wird heute in den baltischen Staaten rückwirkend diskutiert, ob es nicht für Litauen, Lettland und Estland bei Kriegsende die Chance gegeben hätte, anstelle von Sowjetrepubliken Satellitenstaaten zu werden und welche Perspektiven diese Konstellation geboten hätte. Bisher ist das Phänomen der Sowjetisierung Ostmitteleuropas wenig untersucht worden.[27] Zumeist wurde lediglich die übernommene sowjetische Rechts- und Wirtschaftsordnung beschrieben.

Erst jetzt endet die Nachkriegszeit, entstehen neue Synthesen. Wird sich das Verschweigen ganzer Kapitel in den Geschichtsbüchern rächen? Die gegenwärtige Transformationssituation im Osten Europas schärft zugleich den Blick für Übergangssituationen und deren mögliche Perspektiven. Speziell in der baltischen Region besteht überdies eine starke Rückwärtsgewandtheit. Dort wird der Versuch unternommen, direkt – unter Auslassung der sowjetischen Epoche – an die Vorkriegsgeschichte anzuknüpfen.

Der Umgang mit dem sowjetischen Erbe ist kompliziert. Die Dekomposition dieser Strukturen Moskauer Provenienz erfordert nicht nur die Frage nach dem *Warum,* sondern ebenfalls nach dem *Wie,*[28] auch um Varianten zu bestehenden Entsowjetisierungsmodellen zu finden.

I.3. Methodische Probleme

Wie bereits bemerkt, wurde das Kaliningrader Gebiet bisher stets separat betrachtet, was zwangsläufig zu Trugschlüssen führen mußte, da nach dem 9. Mai 1945 von Moskau keinerlei Sonderentscheidungen zur Entwicklung des Gebietes getroffen wurden – abgesehen von dem Ausweisungsbefehl für die Deutschen. Vielmehr bemühten sich die sowjetischen Politiker, das hinzugewonnene Territorium möglichst eng in die gesamtsowjetische Entwicklung einzubeziehen. Insofern fällt die Geschichte Königsbergs nach dem Krieg in den Fachbereich der Sowjetologen – ein Umstand, der in den letzten fünfzig Jahren nicht wahrgenommen wurde, da man immer vermutete, dieses Territorium nehme im sowjetischen Denkmodell eine Sonderposition ein. Das Gebiet stellt dennoch insofern eine Ausnahme dar, als hier die Macht sozusagen nahtlos von Hitler an Stalin überging, quasi ein totalitärer Paradigmenwechsel erfolgte. Leider existieren zuwenig Quellen, um die Folgen dieser jähen Veränderung mentalgeschichtlich zu beschreiben.

Auch das Memelland geriet in den direkten Stalinschen Machtbereich. Hier verlief die Entwicklung anders, die Quellenlage ist jedoch weitaus schmaler.

Sowjetische Berichte stellen eine ganz besondere Art historischer Quellen dar. Der Historiker hat sich nicht nur dem Rhythmus der Planjahrfünfte anzupassen, sondern muß darüber hinaus Faktum für Faktum auf seinen Wahrheitsgehalt abklopfen und sich fragen, welcher Erklärungsbedarf durch eine Information gedeckt werden sollte und was der Verfasser dadurch erreichen wollte. Naimark kommentiert ganz zutreffend: »Stärker als in anderen bürokratischen Systemen haben die sowjetischen Verfasser von Berichten und anderen schriftlichen Überlieferungen das geschrieben, was von ihnen erwartet wurde. Sie standen unter beachtlichem Druck, politisch akzeptable und konforme Dokumente zu produzieren.«[29] Der Grad der Wahrhaftigkeit in der sowjetischen Berichtslyrik ist häufig ein relativer; es handelt sich um schwierig auszuwertende Quellen. Hinzu kommt, daß in Bezug auf Königsberg/Kaliningrad kaum »Stalin-Dokumente« existieren, was aber nicht heißt, daß sich Stalin bezüglich der Entscheidungen passiv verhalten hätte. Unterredungen und Telefonate sind nur in den seltensten Fällen dokumentiert worden, so daß an einigen Stellen eine Black-box-Konstruktion als Erklärung herhalten muß. Diese Black box besteht hier aus mehreren Ebenen oder, um im Bild zu bleiben: aus diversen Schubladen. Die oberste verschlossene Etage beinhaltet Stalins persönliche Äußerungen in Gesprächen und Telefonaten sowie seine mündlichen Anweisungen. Eine weitere betrifft die Führungsebene der Roten Armee, der 2. und 3. Belorussischen Front, und geht unter anderem der Frage nach, was sie über die Zukunft

Königsbergs gewußt hat. Zwei weitere Schubladen, die nur millimeterweit Einblick gewähren, beinhalten den sicherheitspolitischen Strang Königsberg/Kaliningrad-Moskau und die Kommunikation zwischen SMAD (Berlin)-NKVD (Moskau).[30]

Am Rande sollte kurz die methodische Fragestellung erörtert werden, aus welchem Grund im Text Auszüge aus Artikeln und Aufrufen aus dem litauischen Widerstand angeführt werden, da die Zitate augenscheinlich widersprüchlichen Zielen dienen. Zum einen spiegeln die Äußerungen politische Meinungen der damaligen Zeit wieder, die der heutigen Leserschaft – mit dem jetzigen Hintergrundwissen – als ungeheure Fehlinterpretationen erscheinen, bis hin zu naivem Wunschdenken.[31] Andererseits werden die Auszüge (an anderer Stelle) als Interpretationen der sowjetischen Innenpolitik herangezogen – also einerseits als Beispiel für irreales Denken, andererseits als Beweis für kritisches Urteilsvermögen. Das klingt widersprüchlich, ist es aber nicht, da die Quellen unterschiedliche Fragestellungen thematisieren: Einmal die britisch-amerikanische Politik, die aufgrund der Rolle westeuropäischer Hilfe zur Erringung der Eigenstaatlichkeit Litauens nach dem Ersten Weltkrieg positiv vorbewertet war und noch bis 1947 gutgläubig betrachtet wurde. Die sowjetische Machtpolitik hingegen beurteilten die Verfasser solcher Aufrufe sehr kritisch, die Annexion Litauens durch die UdSSR im Jahr 1940/41 war ihnen noch gegenwärtig. So bleibt anzumerken, daß nichtparteiinterne *Originaltöne* zu politischen Themen aus jener Zeit eine Rarität sind, die zur Illustration der Zeitumstände genutzt werden sollten.

Seit 1992 sind sowjetische und litauische Archive weitgehend für ausländische Benutzer zugänglich. Während russische NKVD-Dokumente in vielen Fällen zur Forschung freigegeben sind, gelten Sperrvermerke für geheime Regierungsbeschlüsse der UdSSR weiterhin, was oftmals eine merkwürdige Schieflage ergibt, aber typisch für die derzeitige partielle Geschichtsaufarbeitung ist.[32] Oftmals existieren weder Findbücher noch Kartotheken, so daß Schriftstücke eher sporadisch gefunden wurden oder nach Geschmack der Archivmitarbeiter »entdeckt« werden konnten. Aus diesem Grund liegen auch nicht immer Dokumente beider Verwaltungseinheiten in adäquaten Vergleichsgrößen vor.

Trotzdem reicht das Material aus, um unterschiedliche Vorgehensweisen und Entwicklungen zu demonstrieren.

In dieser Arbeit wurde außerdem der Versuch unternommen, Archivmaterial sowjetischer und deutscher Herkunft zu quantitativen Aussagen zusammenzuführen. Die Ergebnisse (im Kapitel VIII.3. sowie im Anhang XIV.1., Tabelle 2 und 3) nehmen sich sehr bescheiden aus, runden aber das Gesamtbild ab und verleihen ihm eine höhere Aussagefähigkeit.

Zwar gibt dieser Band Antworten auf viele bislang ungeklärte Fragen, doch ergeben sich daraus zwangsläufig viele neue Fragestellungen, insbesondere zur Situation der Deutschen bei Kriegsende. Erklärungen dazu könnten Dokumente aus sowjetischen Militärarchiven liefern, die allerdings bis jetzt noch nicht für die Öffentlichkeit freigegeben sind.

II. Das Kriegsende beiderseits der Memel

II.1. Der Einmarsch der Roten Armee

Im Juli 1944 wurden die Memelländer hinter die Memel, vor allem in die Kreise Labiau und Elchniederung, evakuiert. Als sich im August die Front in Litauen stabilisierte, forderte die Verwaltung die Bauern auf, zurückzukehren, um die Ernte einzubringen. Vom 9. bis 19. Oktober 1944 räumte die Wehrmacht das Gebiet endgültig. Im gleichen Monat eroberte die Rote Armee die Kreise Heydekrug und Prökuls. Die Stadt Heydekrug wurde am 9. Oktober 1944 von sowjetischen Truppen ohne militärischen Widerstand besetzt. Die Aktion leitete Generalmajor Konstantin Petrovski, der die 159. Panzerbrigade befehligte. In seinem Bericht heißt es: *»Am 9. Oktober drang ein Panzerbataillon in die Stadt ein. Bis zu unserem Erscheinen hatte sich in der Stadt ganz normales Leben abgespielt. Die Eisenbahn fuhr, die Geschäfte hatten geöffnet und keiner erwartete das Auftauchen der sowjetischen Armee […].«*[33] Bemerkenswert ist, daß der Moskauer Rundfunk, in dem täglich die Frontnachrichten des Sovinformbüros verlesen wurden, erst zwei Wochen später, am 24. Oktober, über den sowjetischen Einmarsch ins Memelland berichtete.[34] Die Soldaten wußten, daß sie die ostpreußische Grenze überschritten. Die Zivilbevölkerung wurde in den Berichten einheitlich als »deutsch« bezeichnet.[35] Im nördlichen Teil des Memellandes hielten sich kaum noch Zivilisten auf.

Ende Oktober 1944 berichtete das Mitglied des ZK der LKP [Litauische Kommunistische Partei] E. Bilevičius: *»Im Memelland (wir fuhren dort einige Kilometer) sind keine Einwohner, einige Litauer sind geblieben, entweder sind sie* *selbst in den Kreis Kretinga gekommen oder wurden von der Militärverwaltung dorthin geschickt. Das gesamte Eigentum der Einwohner ist zurückgeblieben. Das Vieh hat sich die Armee angeeignet.«*[36] Die Bauern aus dem südlichen Teil des Memellandes – aus dem Kreis Pogegen – konnten nicht mehr rechtzeitig fliehen. Häufig kamen sie nur noch bis Ostpreußen und kehrten nach dem Einmarsch der sowjetischen Truppen wieder um. Für ganze Dörfer im Kreis Heydekrug kam die Evakuierung zu spät.[37] Panzerspitzen der Roten Armee überrollten den Flüchtlingstreck zwischen Heydekrug und Ruß und drei Züge, die mit Flüchtlingen unterwegs waren. Den Militäreinheiten auf dem Fuß folgten die Trophäenkommandos, die planlos plünderten und demontierten. Die zurückgebliebene Zivilbevölkerung wurde vom SMERŠ[38] überprüft, die arbeitsfähigen Männer in das Innere der UdSSR abtransportiert. Der Befehlshaber der operativen Gruppe des NKGB[39] für das Memelland, Hauptmann Kuzmin, berichtete im Dezember 1944 an seinen Vorgesetzten, daß sich Deutsche, einheimische Litauer, polnische Zwangsarbeiter und Litauer aus anderen Teilen des Landes im Gebiet aufgehalten hätten und nach den Festnahmen nur Alte, Frauen und Kinder zurückgeblieben wären. Diese habe man zu verschiedenen Arbeiten mobilisiert.

Die Geschehnisse im Memelland während des Zeitraums Oktober 1944 bis Februar 1945 sind spärlich dokumentiert, doch läßt sich feststellen, daß hier eine Methode erprobt wurde, die sich auf dem weiteren Vormarsch bewähren sollte: wirtschaftlicher und sexueller Raubzug, politische Überprüfung, Verschleppung, Arbeitsverpflichtung vor Ort in den Nebenwirtschaften des Militärs. Der Leiter der operativen Gruppe des NKVD[40] in Priekulė, Kazakov, schrieb in seinem Bericht vom 24. 12. 1944: *»Die Mehrheit der Militär- und Wirtschaftstrophäenkommandos marodieren, vergewaltigen Frauen, stehlen und töten sogar Einwohner [...].«*[41] Hierbei handelte es sich keinesfalls um einen Einzelbericht.[42]

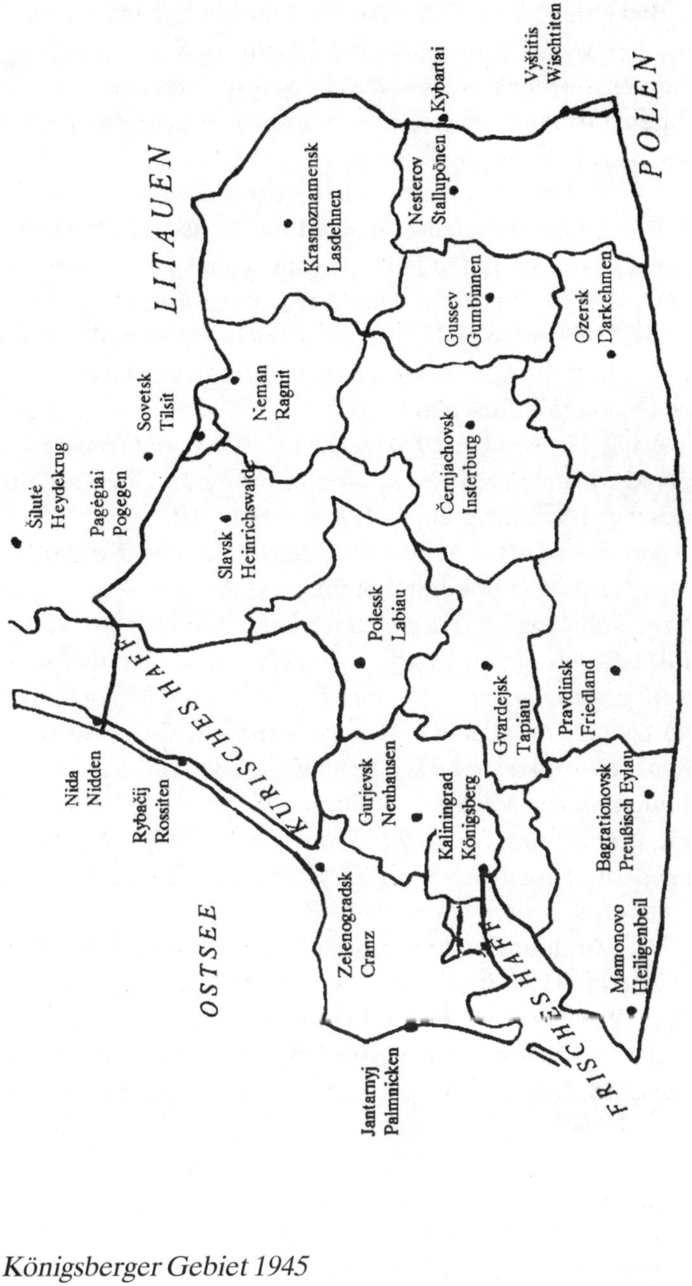

Königsberger Gebiet 1945

Bewohner, die vor allem in den Landstädtchen zurückgebliebenen waren, wurden häufig aus ihren Wohnungen vertrieben, da die Armee zahlreiche Häuser besetzte.[43] Wer in einem Ort blieb, in dem Militär untergebracht war, mußte unentgeltlich für die Rote Armee arbeiten. Um dieser Arbeitsverpflichtung auszuweichen, zogen sich die Einwohner vorübergehend in kleine Ortschaften abseits der Chausseen zurück oder siedelten ins Moor um, wobei sie sich zumeist in Gehöften von geflohenen Verwandten einquartierten.[44]

Die Überprüfung der Bevölkerung durch den SMERŠ – quasi die politische Säuberung – gehörte zu den Grundprinzipien des militärischen Vorgehens.

Am 28. Dezember 1944 wurden in Šilutė und vom 20. bis 24. März in den Kreisen Klaipėda, Šilutė und Pagėgiai die wenigen noch anwesenden Bürger überprüft.

Auf der Fünften Vollsitzung der Potsdamer Konferenz am 21. Juli 1945 erläuterte Stalin diese Art der sowjetischen Kriegsführung: *»Während eines Krieges sei die Armee damit beschäftigt, zu kämpfen; sie kümmere sich um nichts anderes als darum, den Krieg zu gewinnen. Um vorrücken zu können, brauche die Armee ein ruhiges Gebiet im Rükken, denn eine Armee könne nicht gleichzeitig an der Front und auf ihren Verbindungswegen Krieg führen. Eine Armee kämpfe gut, wenn die Gebiete in ihrem Rücken ruhig seien, und noch besser, wenn diese Gebiete ihr auch noch freundlich gesinnt seien.«*[45]

Die Stimmung im Hinterland der Roten Armee ließ sich nur bedingt »ruhig« nennen – »totenstill« wäre eine passendere Bezeichnung. Freundliche Gesinnung konnte wohl kaum jemand erwarten, nach allem was vorgefallen war.

Am 28. Januar 1945 besetzte die Rote Armee Klaipėda. Gleich nach der Eroberung wurde das Gebiet wieder an Litauen, genauer gesagt jetzt an die LSSR, angegliedert. Dazu bedurfte es von Moskauer Seite keiner großen Formalitäten. Umgehend wurden Verwaltungsorgane eingerichtet. Es existiert ein Dokument vom 19. Dezember 1944, in dem der Vorsitzende des Kreiskomitees Pagėgiai (Pogegen) der Roten Armee bescheinigt, *»daß alle Bürger des Kreises Pogegen, die nicht mit den Deutschen ins Innere Deutschlands gefahren sind, ins Hinterland der LSSR evakuiert wurden und ihr Aufenthaltsort unbekannt ist«.*[46] Im Landkreis Memel waren 880 Familien geblieben, in den Kreisen Heydekrug und Pogegen 681 bzw. 150 Familien.[47]

Am 13. Januar 1945 begann die sowjetische Großoffensive, während der die 3. Belorussische Front unter General Černjachovskij Ostpreußen besetzte. Insterburg wurde am 22. Januar eingenommen, Königsberg am 31. Januar eingeschlossen. Am 9. April fiel die Festung Königsberg, am 25. April Pillau. Evakuierungsanweisungen und Räumungsbefehle deutscher Behörden erfolgten im Januar 1945 viel zu spät. Ein außerordentlich strenger Winter erschwerte zudem die Flucht. Die genaue Anzahl der Zivilisten, die sich beim Einmarsch der Roten Armee noch in Ostpreußen befanden, läßt sich nicht mehr feststellen. Einerseits herrschte bis fünf Minuten vor zwölf ein rigoroses Fluchtverbot, andererseits fiel gerade der Landbevölkerung die Flucht schwer. Ihr Beharren war sowohl von dem Wunsch motiviert, Hab und Gut nicht einzubüßen, als auch von der Hoffnung, die Heimat biete mehr Sicherheit, als die unbekannte Fremde. Der Wille, doch in Ostpreußen zu bleiben, wurde durch das bäuerliche Vertrauen auf die notfalls mögliche eigene Mobilität – Pferd und Wagen – noch verstärkt.

Wie sich später herausstellte, gab es kein Patentrezept dafür, wie man sich angesichts der nahenden Front verhalten sollte. Die hohen Verlustzahlen durch Unfälle und Erfrierungstod auf der Flucht führten im nachhinein zu Überlegungen, ob es nicht vernünftiger gewesen wäre, die Räumungsbefehle zu mißachten und in der Heimat zu bleiben. War die vielerorts überstürzte Räumung in letzter Minute sinnvoll? Hätten Opfer vermieden werden können? Die Berichte und Statistiken der Ostdokumentation beweisen, daß eine Antwort darauf schwierig ist.

Die Schicksale verschiedener Dörfer offenbaren die Ausweglosigkeit der Situation. Die Aktionen der Roten Armee waren unberechenbar. Diejenigen, die sich aus verschiedenen Gründen nicht zu einer Flucht in letzter Minute entschlossen, wurden in der Regel sofort ohne Verhör von russischen Soldaten erschossen oder erschlagen. In russischen Frontberichten heißt es: »*Gleich am Ort wurden über 200 Deutsche erschossen, aktive deutsche Diversanten und Terroristen, die die Aufgabe hatten, Kommandeure und Militärangehörige der RA zu töten sowie Diversion im Hinterland zu betreiben.*«[48]

Traf die Armee auf größere Bevölkerungsgruppen, z. B. in Trecks, ergriff sie die gleichen Maßnahmen wie im Memelland: wirtschaftliche und sexuelle Plünderung, politische Überprüfung, Verschleppung, Arbeitsverpflichtung vor Ort.

Zeidler stellt in seinem Buch »Kriegsende im Osten«[49] drei Erklärungsmuster für das Verhalten der Sowjetsoldaten gegenüber der deutschen Bevölkerung im Osten zur Diskussion: Einen individualpsychologischen Ansatz, wie ihn u. a. auch Alfred M. de Zayas geschildert hat, der die Vorgänge als Ausbruch von Rachegefühlen angesichts der Greuel, die SS und Einsatzgruppen in der UdSSR begangen haben, versteht. Des weiteren erwähnt Zeidler strukturelle Gesichtspunkte, die auch von Andreas Hillgruber betont werden. Hillgruber übernimmt im Prinzip das Urteil des britischen Militärhistorikers Albert Seaton, der schon in den frühen siebziger Jahren geäußert hatte, daß sich die »*Politik des Schreckens [...] auf emotionale und materielle Umstände gründete und bezeichnend für die Diktatur war, die sie anordnete*«.[50] Ein drittes Erklärungsmodell, dessen sich vor allem Karl Friedrich Grau bedient, geht von der Annahme aus, daß Haß und Rachegefühle in einem totalitären System wie dem stalinistischen steuerbar waren. Dabei behauptet er unter anderem: »*Die geographische Übereinstimmung der Scheidelinie zwischen beiden Verhaltensweisen der Roten Armee mit dem Verlauf der in Potsdam festgelegten vorläufigen deutschen Ostgrenze beruht nicht auf einem Zufall.«*[51]

Ob das letzte Erklärungsmodell zutreffend ist, soll an späterer Stelle diskutiert werden. Zweifelsohne wurden die Einheiten durch Rache und Vergeltung propagandistisch angeheizt. Die Armeeführung hatte in Flugblättern extra zu Härte und Grausamkeit gegen die Deutschen aufgefordert. Das Feindbild des Deutschen wurde durch ein Preußenbild ergänzt. Preußen setzte die sowjetische Propaganda seit 1942 verkürzt mit dem deutschen Nationalsozialismus gleich. Der Begriff *Preußen* galt fortan als Bestandteil der sowjetischen Faschismustheorie.[52] In der sowjetischen Agitationspresse hieß es: *»Jeder Meter dieses Landes [Preußen – R. K.] ist vom Blut slawischer Völker getränkt, die hier von den teutonischen Rittern ausgerottet worden sind.«*[53] Insbesondere Königsberg wurde als das Nest des deutschen Militarismus gebrandmarkt, das es zu vernichten gelte. Diese seit 1943 geschürte Haßpropaganda setzte sich für lange Zeit in den Köpfen sowjetischer Militärs fest – und zwar nicht nur deren emotionale Komponente, sondern vor allem die propagandistische Assoziationskette Preußen – Ostpreußen – Königsberg – Militarismus – Faschismus. Im »*Agitator*« schrieb der sowjetische Propagandist Manusevič im Frühjahr 1945 unter der Überschrift »Königsberg«: *»Erst die sowjetische Annexion gibt Hoffnung auf einen Funktionswandel Ostpreußens – vom Herd des Krieges zum Hort der Sicherheit und des Friedens in Osteuropa und auf der Ostsee.«*[54]

Angesichts des russischen Verhaltens hätte nur eine rechtzeitige Räumung Opfer verhindern können, während die verantwortungslos spät gegebenen Befehle dem Chaos Vorschub leisteten.

Martin Broszat hat in den fünfziger Jahren die Idee eines intendierten Bevölkerungstransfers durch Flucht in den Raum gestellt, als er äußerte, daß *»die Flucht der ostdeutschen Bevölkerung, ja möglicherweise ihre Forcierung durch* *ein entsprechend radikales Vorgehen der russischen Truppen bereits ganz bewußt in Hinsicht auf die spätere Ausweisung als eine begrüßenswerte Vorarbeit angesehen wurde«.*[55]

Dieser Gedanke korrespondiert mit der These von Graus und zielt ebenso auf eine Binnensicht des ostpreußischen Problems ab. Das einheitliche Vorgehen der sowjetischen Truppen im Memelland und in Ostpreußen irritiert auch deshalb, weil es schon damals keinen Zweifel daran gab, daß das Memelland mitsamt Litauen der UdSSR zufallen würde. (Im Gegensatz zur Zukunft des Königsberger Gebietes wurde dies durch sowjetische Presse und Rundfunk bekannt.) Das Verhalten der Roten Armee bei ihrem Einmarsch in die baltischen Republiken rief gleichfalls Abscheu und Entsetzen unter der Bevölkerung hervor. Auch dort waren Plünderung, Brandschatzung, Überfälle und Vergewaltigungen an der Tagesordnung und führten zu ständigen Beschwerden der Parteiführung. Der litauische Parteiführer Sniečkus empörte sich bereits am 24. Juli 1944 über die Exzesse der 3. Belorussischen Front in Litauen und verhehlte dieses auch nicht gegenüber seinen Moskauer Gesprächspartnern.[56]

Disziplinschwäche, das Ausleben von Haß- und Rachegefühlen und Übergriffe unterschiedlicher Art durch die Rote Armee sind vor allem durch Erlebnisberichte bzw. durch Memoiren von ehemaligen Offizieren der Roten Armee (Kopelev, Solšenicin) bekannt geworden. Obwohl bisher keine allgemeingültigen Aussagen insbesondere zum Verhalten der Armeeführung vorliegen, ist es wichtig, über die Phase der Anreihung von Fallbeispielen hinauszugelangen, Befehls- und Disziplinierungsstrukturen innerhalb der Armee zu erörtern und auf dem Hintergrund von Zahlenmaterial die Dynamik verschiedener Zeitabschnitte nachzuzeichnen und zu ergründen.

Die Sowjetunion verfügte über ein wohlerprobtes Instrumentarium des Bevölkerungstransfers. Die Verbannungsaktionen der dreißiger Jahre hatten dieses bewiesen. Für Moskau war es daher nicht zwingend notwendig, die Flucht der Bevölkerung zu intendieren. Ein menschenleeres Gebiet hatte für den umfangreichen militärischen Apparat keinen Sinn, da die dort stationierten Armeeinheiten gezwungen waren, sich selbst zu ernähren und deshalb ein wirtschaftlich funktionierendes Hinterland mit zivilen Arbeitskräften benötigten. Demzufolge wurde die Bevölkerung zurückgeschickt. Die politische Propaganda gegen Ostpreußen und insbesondere Königsberg zog auf sowjetischer Seite keine migrationstechnischen Vorkehrungen nach sich. Dieses wird auch in einer Äußerung Stalins deutlich, der in Jalta die Notwendigkeit einer Umsiedlung der Deutschen bestritt und argumentierte: *»Es werden keine Deutschen mehr da sein, denn wenn unsere Truppen einmarschieren, laufen die Deutschen weg und keine Deutschen bleiben mehr übrig.«*[57] Stalin argumentiert hier in erster Linie rhetorisch. Anders als häufig angenommen, trifft er keine Vorhersage, sondern schildert eine aktuelle Erfahrung, mit der sich seine Forderung gut unterstreichen ließ.

Im Broszatschen Gedanken zum intendierten Bevölkerungstransfer durch Flucht schwingt auch ein politischer Ansatz mit, der für die fünfziger Jahre noch Wichtigkeit besaß: Wäre nicht der größte Teil der Bevölkerung geflohen, hätte es keine so starken Argumente für die Abtretung der Gebiete gegeben und der Verlust der Territorien wäre vielleicht zu verhindern gewesen. Aus heutiger Sicht allerdings sind die Wechselwirkungen zwischen der Angst vor den Russen – vor allem in Ostpreußen auch durch die Ereignisse von Nemmersdorf[58] motiviert – und der dadurch ausgelösten Fluchtbewegung wie auch der Einsicht in die Sinnlosigkeit des hektischen Aufbruchs auf Grund des Räumungsbefehls schwer nachvollziehbar und bewertbar. Es gibt Anzeichen dafür, daß die verantwortungslose, unorganisierte und hektische Reaktion der deutschen Behörden die Selbstauflösung der Gemeinden (und damit der deutschen Siedlungsstrukturen) mehr befördert hat als das Verhalten der russischen Militärs.

Bereits Anfang Februar wurden deutsche Kriegs- und Zivilgefangene vom Bahnhof Insterburg in das Innere der UdSSR gebracht. Auch Litauer aus Kaunas, die vom SMERŠ verhaftet worden waren, gelangten über Insterburg gemeinsam mit deutschen Gefangenen weiter nach Rußland.[59]

Am 11. Februar 1945 erging die Direktive 16 des NKVD, nach der arbeitsfähige Männer der deutschen Zivilbevölkerung als Arbeitskräfte zu *»Arbeiten in der UdSSR mobilisiert«*, also festgenommen werden sollten.[60] Am 22. Februar 1945 waren schon 28.105 Personen im Alter von 17–50 Jahren *»zur Stärkung der Industrie in der UdSSR«* abtransportiert worden. Insterburg und die nahegelegene Georgenburg gerieten zu einem Zwischenlager und Hauptumschlagplatz für Kriegsgefangene und Zivilverschleppte.[61] In einem Bericht von Generaloberst Ivan Serov an den Volkskommissar für Inneres, Berija, vom 8. März 1945 wurde festgestellt: *»Es hat sich herausgestellt, daß eine geringe Anzahl von Einwohnern, hauptsächlich von Alten, Kindern und Frauen, am Ort bleibt.«*[62]

Mit Wirkung vom 16. April 1945 wurde die Mobilisierung eingestellt, da die Lagerkapazität des GUPVI [Glavnoe upravlenie NKVD SSSR po delam voennoplennych i internirovannych = Hauptverwaltung des NKVD der UdSSR für Kriegsgefangene und Zivilinternierte] erschöpft war und zudem angesichts des bevorstehenden Kriegsendes eine weitere große Zahl an Kriegsgefangenen erwartet wurde.[63] Die übriggebliebene Zivilbevölkerung wurde zu Arbeitsverpflichtungen vor allem in die Kreise Pilkallen und Gumbinnen getrieben. (In der Optik der Berichte über das eingeschlossene Königsberg, das erst am 9./10. April von der Roten Armee erobert wurde, wird häufig vernachlässigt, daß zu jenem Zeitpunkt Teile Ostpreußens schon zehn Wochen unter sowjetischer Militärherrschaft standen.)

Am 10. April 1945 errichtete der Militärrat der 3. Belorussischen Front eine zentrale Militärkommandantur, die anfangs von Generalmajor Smirnov geleitet wurde. Erste administrative Handlungen bezogen sich auf eine rasche und radikale Entnazifizierung, die als sogenannte »Säuberung des feindlichen Hinterlandes« zum Teil vom SMERŠ durchgeführt wurde. Der NKVD wollte sichergehen, daß das ganze Gebiet von Spionen, Diversanten und Terroristen gründlich gesäubert würde – quasi eine Quarantänemaßnahme vor dem Anschluß an die UdSSR. Der SMERŠ durchkämmte das Hinterland nicht nur nach politisch verdächtigen Deutschen, sondern befaßte sich auch mit Verdächtigen anderer Nationalitäten und hatte sich außerdem mit den Deserteuren der Roten Armee auseinanderzusetzen.[64]

Übersicht über die Anzahl der Mobilisierten und der aus politischen Gründen Verhafteten (des sogenannten Kontingents B) an der Westfront der Roten Armee[65]

	Datum	Insgesamt	Deutsche	Ausländer
Mobilisierung:	23. 02. 1945	35.988	35.988	
	03. 03. 1945	58.318		
	19. 03. 1945	75.759	97.487	
Festnahmen:	23. 02. 1945	92.016	45.345	20.194 Polen 3.618 Litauer
	01. 03. 1945	107.262	55.578	23.531 Polen 4.290 Litauer
	19. 03. 1945	140.056		
	15. 04. 1945	215.540		

(Es handelt sich um kumulative Ziffern- R.K.)

Ab Mai 1945 teilte die zentrale Militärkommandantur Ostpreußen in acht sogenannte *oper sektory* [operative Sektoren] auf. Der südliche Teil wurde ab September 1945 schrittweise an polnische Verwaltungsorgane übergeben. Die Stadt Königsberg stellte ein eigenes Verwaltungsobjekt dar.[66]

Den Russen mangelte es an einem effizienten Maßnahmeplan zur Verwaltung der eroberten Gebiete. Zudem konzentrierten sich die NKVD-Abteilungen im Sommer vorrangig auf die Suche nach ehemaligen Wehrmachtsangehörigen – vor allem aus der Kurlandgruppe –, die in Zivilkleidung versuchten, Ostpreußen in Richtung Deutschland zu durchqueren, um so der sowjetischen Gefangenschaft zu entgehen.[67]

Nach dem 20. September 1945 übernahmen Grenztruppen des NKVD die Sicherung der neuen sowjetisch-polnischen Grenze, deren Demarkation zu diesem Zeitpunkt noch nicht eindeutig festgelegt war. Bis dahin hatten sich Grenzeinheiten an der Memel, also an der ehemaligen Reichsgrenze, postiert.[68]

Nach der Abriegelung Ostpreußens im Spätsommer 1945 wurde am 15. August aus den Truppenverbänden der 3. Belorussischen Front in Nordostpreußen der Baltische Militärbezirk mit Armeegeneral Bagramjan an der Spitze gebildet. Am 18. Oktober 1945 lautete der offizielle Terminus für das Gebiet schon Sondermilitärkreis Königsberg [Voenny sovet Kenigsbergskogo Osobogo Voennogo Okruga].[69] Am 1. Juni 1946 übergab das Militär die Einrichtungen des Gebietes an eine neu gegründete Zivilverwaltung, in der übrigens erst ab Sommer 1947 Organe der KPdSU mitwirkten. Überhaupt nahm die Partei erst mit der Bildung von Parteigruppen ab 1947 eine Schlüsselstellung im Gebiet ein. (Bis dahin waren dort lediglich Parteisekretäre im Amt.)[70]

Über die Vorgänge im Königsberger Gebiet in der zweiten Hälfte des Jahres 1945 existieren hingegen kaum Angaben.[71]

II.2. Die Deutschen kehren ins Memelland zurück

Im Oktober 1941 lebten 134.000 Einwohner im Memelland – davon 47.000 in Memel.[72] Bis zum 22. März 1939 besaßen die meisten von ihnen litauische Pässe mit dem Eintrag »Bürger des Memellandes«. Ein Großteil bezeichnete sich als Kleinlitauer oder preußische Litauer im Gegensatz zu den Bewohnern der litauischen Republik, die sich Großlitauer nannten. Beide Gruppen unterschieden sich vor allem durch ihre Religion – die Kleinlitauer waren protestantisch, die Großlitauer katholisch. Wer in der litauischen Zeit (1923–1939) bei Behörden oder staatlichen Einrichtungen (Bahn, Post) arbeitete, mußte nicht nur die litauische Staatsbürgerschaft annehmen, sondern sich auch verpflichten, seine Kinder in die litauische Schule zu schicken. Nach Artikel 27 des Memelstatuts waren Deutsch und Litauisch gleichberechtigte Amtssprachen des Memelgebietes. Durch diese Verordnungen verstärkte sich die vorhandene sprachliche und kulturelle Durchmischung im Memelland immens. Als Litauen 1939 das Gebiet wieder abtreten mußte, bekamen die Einwohner deutsche Pässe. Wer seine litauische Identität besonders betonte, wurde 1941 entweder nach Litauen vertrieben oder zum Arbeitsdienst nach Deutschland geschickt.[73] Nach litauischen Angaben umfaßte diese Personengruppe etwa 26.000 Bürger.[74]

Solange im Gebiet noch gekämpft wurde, besaßen zivile Administrationen nur formelle Gültigkeit, das Militär genoß absolute Priorität und terrorisierte die Zivilbevölkerung. Erst nach der Eroberung Klaipėdas durch die Rote Armee und der vollständigen Besetzung des Memellandes leitete die Parteiführung in Wilna erste Schritte zum Aufbau einer Zivilverwaltung ein; am 5. Februar 1945 faßte das ZK der LKP den Beschluß »Über Maßnahmen zum Wiederaufbau des Verwaltungsapparates und der Volkswirtschaft der Kreise Klaipėda, Šilutė und Pagėgiai.« (Hier sei unterstrichen, daß man nun in der litauischen Sprachregelung versuchte, den Begriff »Memelland« zu umgehen und nur noch von den drei Kreisen sprach. Darüber hinaus gab es Bestrebungen, auch die alten administrativen Grenzen zwischen den Kreisen zu verändern, was aber aus Sicherheitsgründen vorerst zurückgestellt wurde.)

Schon im Februar 1945 – nach Beendigung der Kriegshandlungen – kehrten memelländische Bauern zurück. Die natürliche Wegrichtung für sie lautete »nach Hause«. Abgesehen davon ließ die Rote Armee auch keine Zivilisten in westliche Richtung ziehen. Die neuinstallierten sowjetlitauischen Kader im Memelland beobachteten den Rückwanderungsprozeß aufmerksam. Auf eine Rückkehr der geflohenen Bevölkerung hatten sie sich nicht vorbereitet. Die operative Gruppe des NKVD für den Kreis Šilutė versuchte unter Mithilfe von Litauern aus dem Kreis Tauragė die Rückkehrer zu verjagen, mußte aber rasch feststellen: *»Der Kreis ist in allen Gemeinden mit nicht vertrauenswürdigen Menschen besiedelt.«*[75]

Zur gleichen Zeit, am 9. Februar 1945, war ein Beschluß zur Neubesiedlung des Memellandes durch Bauernfamilien aus den angrenzenden litauischen Kreisen gefaßt worden, so daß beide Bevölkerungsbewegungen kollidierten.[76] Einen Monat später wurde daraufhin ein Beschluß der Kreisverwaltung und des Parteikomitees von Pagėgiai verabschiedet, in dem es hieß: *»Allen, die zurückkehren wollen, den Litauern, denen bis 1938 Land gehörte, sowie Neuen, die wünschen, sich im Kreis Pagėgiai anzusiedeln, wird gestattet, zu kommen und sich anzusiedeln, nach Erhalt einer schriftlichen Zustimmung des zuständigen Kreiskomitees.«*[77] Anläßlich einer Visite von Antanas Sniečkus, dem Ersten Sekretär der LKP, und Michail Suslov, dem Vertreter Moskaus, im März 1945 gab der Leiter der Kreisabteilung des NKVD einen Bericht über die Lage im Kreis Šilutė. Seiner Meinung nach waren die Bewohner: *»Litauer, die nur einige litauische Worte konnten, deren erwachsene und arbeitsfähige […] Familienmitglieder sich in Deutschland befanden. Einige sind bei der deutschen Armee, andere sind mit den Deutschen geflüchtet und alle haben Beziehungen mit Deutschen […]. Alle halten sich für Litauer und haben keine Dokumente, die ihre Nationalität bestätigen, denn in Wirklichkeit sind sie Deutsche.«*[78]

Wie Nikitin hinzufügte, sollte in seinem Kreis kein einziger einheimischer Einwohner eine Arbeit in der örtlichen Verwaltung erhalten (ein Verbot, das schon vom Militärrat der 1. Baltischen Front ergangen war) und jeder Deutsche verbannt werden. Eine einheitliche Linie der Partei zum Verhalten gegenüber den Einheimischen gab es jedoch nicht. Sie wurden zwar gebraucht, um den leeren Landstrich wieder zu bevölkern, waren in politischer Hinsicht aber unerwünscht.

Am 25. Mai 1945 berichtete der Parteisekretär Rybakov des Kreises Pagėgiai: »*Im Zusammenhang mit der Beendigung der Kriegshandlungen hat unser Kreis einen starken Zustrom von Deutschen zu verzeichnen, die früher im Kreis Pogegen gewohnt haben. Sie kehren jetzt zurück. [...] Ein Teil der zurückkehrenden Deutschen betreibt antisowjetische Agitation. Sie streuen Gerüchte über eine eventuelle Rückkehr der deutschen Macht.*«[79]

Personen, die während der NS-Herrschaft leitende Funktionen im Memelland innehatten, kehrten nicht zurück. Auch Großbauern, die über 30 ha Land besessen hatten, waren nicht unter den Heimkehrern zu finden.[80]

Im Frühling 1945 begann in den Kreisen Klaipėda, Pagėgiai und Šilutė die Tätigkeit der NKVD-Grenzeinheiten. Da es hier keinen bewaffneten Widerstand gab, spezialisierte man sich auf das Aufspüren versteckter Wehrmachtsangehöriger. Allein im Kreis Šilutė entdeckte die 95. Grenzgruppe 700 Wehrmachtsangehörige und brachte sie in Kriegsgefangenenlager.[81] Die im Memelland eingesetzten sowjetlitauischen Funktionäre hatten wenig politische Erfahrung, erhielten kaum Unterstützung und beschränkten sich so auf ihre Beobachterposition. Während durch ganz Litauen im Frühjahr 1945 Brigaden von Politagitatoren geschickt wurden, hielt es die Parteiführung in Wilna nicht für notwendig, Agitation im Memelland zu betreiben.[82]

Der Zeitpunkt der Rückkehr hing in vielen Fällen mit dem Zeitpunkt der Flucht und deren Verlauf zusammen. War der ganze Dorfverband Anfang Oktober 1944 gemeinsam getreckt, wie z. B. das Dorf Stonischken, konnte es geschehen, daß nur vereinzelt Bauern zurückkehrten. Dem geschlossenen

Treck dieses Dorfes gelang es, aus Ostpreußen zu entkommen.

Holte die Rote Armee die Flüchtlinge ein, mußten viele Landwirte Pferd und Wagen abgeben. Außerdem waren ihre Höfe inzwischen ausgeplündert – entweder von Litauern, die in das Gebiet kamen, um sich zu bereichern, oder von sowjetischen Soldaten.[83] Zwar gelang es einigen Bauern, ihre alten Höfe wiederzuerhalten, doch kam es zu zahlreichen Konflikten zwischen Deutschen und zuwandernden Litauern ebenso wie zwischen Zivilbevölkerung und Armee. Als im Juni/Juli 1945 Truppen aus Ostpreußen in das Memelland verlegt wurden,[84] raubten und randalierten diese wie vorher im Königsberger Gebiet, doch anders als dort legten die Memelländer Beschwerde darüber ein.[85] Wirtschaftlich standen die Rückkehrer nicht schlechter da als die litauischen Zuwanderer, auch wenn ihr Land in zahlreichen Fällen auf Grund einer Verordnung des RdV [Rat der Volkskommissare] der LSSR auf 5 ha beschränkt wurde. Diese Regelung galt für aktive Unterstützer des deutschen Besatzungssystems wie auch für Personen, die in der Wehrmacht gedient hatten.[86]

In den benachbarten litauischen Kreisen fand im Frühjahr 1945 eine Verbannungsaktion von Litauendeutschen statt, die nicht vor der Roten Armee geflohen waren. 1000 Personen wurden am 3. Mai 1945 nach Tadshikistan verbannt.[87] Andere Litauendeutsche entgingen diesem Schicksal, indem sie sich als Neusiedler in das Memelland begaben. Die Memelländer mußten angesichts der unter ihren Augen durchgeführten Verbannungsaktion damit rechnen, daß man auch sie deportieren würde.

Das evangelisch-lutherische Konsistorium in Litauen beschloß mit Schreiben vom 6. März 1945, den Pfarrer Ansas Baltrys als *»einzigen noch vorhandenen litauischen Pfarrer des Memellandes für die kirchlichen Angelegenheiten des Memellandes zu bestimmen und zu bevollmächtigen«*.[88] Das kirchliche Leben kam trotz verwüsteter Kirchengebäude und gestohlenen Inventars rasch ins Gang.[89] Dazu trug auch bei, daß es im Memelland traditionell zahlreiche sogenannte »Stundenhalter« [litauisch: *sakytojai*], also Veranstalter von pietistischen Gebetsstunden, gegeben hatte, die gesamte pietistische Bewegung in der NS-Zeit aber stark diskriminiert worden war. Trotz der personellen Verluste konnte der Pietismus wieder aufleben. Im Juni kamen dann auch katholische Pfarrer aus Litauen, die als Litauer natürlich von den Behörden bevorzugt wurden. Der NKVD beobachtete die kirchlichen Aktivitäten im Jahr 1945 aufmerksam, schritt aber noch recht wenig ein. Allerdings setzten die katholisch orientierten Litauer ein evangelisches Bekenntnis mit deutscher Nationalität gleich. Diese Ansicht verstärkte sich nach dem Krieg noch mehr, wodurch besonders die litauisch orientierten Memelländer in zusätzliche Schwierigkeiten gerieten.

In einem NKVD-Bericht vom 5. September 1945 über die Lage im Kreis Pagėgiai wurden *»beunruhigende Tatsachen«* benannt. Darunter verstand man auch in der Verwaltung tätige Deutsche. Der Bericht erwähnt unter anderem einen Inspektor der Sozialversicherung, den Vorsitzenden des Gemeindekomitees Žemaitkiemis sowie seinen Sekretär und die Sekretärin des Gemeindekomitees Piktupėnai.[90] Da Personalmangel herrschte, behielten die Deutschen vorläufig ihre Posten. Eine erste offizielle Diskriminierung erfolgte durch den Beschluß des ZK der LKP vom 10. November 1945, in dem festgelegt wurde, daß *»die Personen deutscher Nationalität, die auf dem Territorium der LSSR leben, vor allem in den Landkreisen von Klaipėda«* von Wahlen ausgeschlossen werden.[91] Vermutlich gingen die Diskussionen noch weiter, denn am 28. November 1945 stellte das ZK der LKP beim ZK in Moskau einen Antrag auf *»rasche Aussiedlung der Deutschen im Memelland«*.[92] Über die Frage, weshalb dieser Bitte nicht Genüge getan wurde, kann vorläufig nur spekuliert werden. Fest steht jedoch, daß die Memelländer im Kontext der gesamtbaltischen Problematik nur ein äußerst marginales Problem darstellten.

Am 1. Januar 1946 lebten im Memelland insgesamt 55.500 Bürger, davon waren im Kreis Klaipėda 1353 Höfe von Einheimischen bewohnt, im Kreis Šilutė 1055 und im Kreis Pagėgiai 245 Höfe. Die Statistik spricht von 2653 Wirtschaften Einheimischer, die insgesamt 7800 Personen zählten.[93] Der Rückkehrerstrom war jedoch noch nicht abgerissen.

II.3. Die Deutschen in Königsberg

Über die Rückwanderungsbewegungen der Ostpreußen ist relativ wenig bekannt. Sicher ist auf jeden Fall, daß sie einen weit größeren Umfang hatten, als im allgemeinen in der Literatur angenommen wird. Als erste kehrten jene zurück, die noch in Ostpreußen von der russischen Front eingeholt wurden. Anderen schnitt die Rote Armee in Pommern den Fluchtweg ab und schickte sie sofort zurück. Dritte kehrten erst nach Kriegsende aus Pommern oder sogar der SBZ zurück.[94] Teilweise wiesen polnische Behörden die Flüchtlinge aus. Da es Aufforderungen gab, sich bis zum 1. September 1945 nach Hause zu begeben, um das Recht auf Heimat und Grundstück nicht zu verwirken, machte sich vorwiegend die Landbevölkerung auf den Heimweg. Anderenorts wird von organisierten Rücktransporten aus der SBZ bis zum Vorabend der Potsdamer Konferenz berichtet.[95]

Im Samland erfolgte eine Bekanntmachung, wonach alle Flüchtlinge in ihre Heimatorte zurückkehren sollten. Ebenso wird von einem russischen Befehl in Stolp berichtet, die Flüchtlinge sollten nach Hause fahren und »Kartoffeln pflanzen«.[96] In einzelne Kreise, wie Labiau und Samland, kehrte ein erheblicher Teil der dort ganz in der Nähe von der Armee überrollten Bewohner in die Heimatgemeinden zurück. Die Anzahl der Rückkehrer betrug (im Vergleich zur Einwohnerzahl von 1941) in den einzelnen Orten bis zu 30 %, meistens etwa ein Zehntel.[97]

Durch Fluchtbewegung und Fluchterfahrung war die Gesellschaft atomisiert worden. Es war den Rückkehrern in letzter Konsequenz nicht bewußt, wie die nähere Zukunft in Ostpreußen verlaufen würde. Der NKVD hatte in Ostpreußen eine *Säuberung von feindlichen Elementen* angesetzt. Zu diesem Zweck wurde eine hochrangige Delegation des NKVD mit einem Stellvertreter des Volkskommissars Generalleutnant Apolonov an der Spitze im Mai 1945 nach Königsberg geschickt.[98] Die gesamte Zivilbevölkerung wurde auf ihre politische Vergangenheit überprüft, so daß das Königsberger Gebiet in der zweiten Hälfte des Jahres 1945 quasi einem großen Internierungslager gleichkam. Was später – am 12. Januar 1946 – in Deutschland als Direktive Nr. 24 des Alliierten Kontrollrats verkündet wurde – nämlich: *»Entfernung von Nationalsozialisten und Personen, die den Bestrebungen der Alliierten feindlich gegenüberstehen, aus Ämtern und verantwortlichen Stellungen«* –,wurde in Königsberg im Sommer rasch und radikal durchgeführt, wobei man die ehemaligen Angehörigen der NSDAP nicht nur ihrer Posten enthob, sondern auch gleich aus dem Gebiet entfernte. Man kann davon ausgehen, daß sich ab Januar 1946 – mit Ausnahme von Häftlingen des Lagers Preußisch-Eylau oder Gefängnisinsassen – kein Mitglied der NSDAP mehr im Königsberger Gebiet befand. In der Direktive des NKVD vom 26. Dezember 1945 hieß es dazu: *»Alle in Gewahrsam gehaltenen Personen, bei denen Teilnahme an aktiver faschistischer Tätigkeit festgestellt wurde, sind in einem Internierungslager zu konzentrieren.«*[99] Dafür wurde die Einrichtung eines Lagers in Preußisch-Eylau mit einer Kapazität von 5000 Personen angewiesen. Die Anweisung 00–1538 des NKVD, aus der die zitierte Passage stammt, hatte bezeichnenderweise den Titel: *»Über die Arbeit mit den Zurückgehaltenen in Ostpreußen und die Nutzung ihrer Arbeitskraft.«*

Ein weiterer Punkt der Anweisung betraf Kinder, vor allem Angehörige der Hitlerjugend, die nach dem Einmarsch der Roten Armee verhaftet worden waren: *»Alle minderjährigen* *festgehaltenen Deutschen bis 14 Jahre sind im Kinderarbeitslager zu konzentrieren, es sind Arbeitsmöglichkeiten zu organisieren.«* Für sie wurde die Einrichtung einer DTK [Detskaja trudovaja kolonija = Kinderarbeitskolonie] in Tapiau angeordnet. Die Überprüfung der Zivilbevölkerung des Gebietes war damit abgeschlossen.[100] Schätzungen und Überschlagsrechnungen der Militärverwaltung – genauere Zählungen setzten erst im Spätsommer 1947 ein – ergaben, daß sich am 1. September 1945 139.902 Deutsche im Königsberger Gebiet befanden.[101] Bis zum 1. November 1945 hatte sich diese Zahl auf 137.412 Personen vermindert.[102]

»Alle Deutschen, die nicht an faschistischer Tätigkeit beteiligt waren, sowie die nichtarbeitsfähigen Alten und Invaliden sind aus dem Gewahrsam zu entlassen«, hieß es weiter in dem obigen Befehl. Wohin aber wandte man sich nach der Entlassung? Die bereits durch Kampfhandlungen zerstörten Dörfer wurden durch den Abtransport von brauchbarem Material gänzlich unbewohnbar. Die offiziellen Demontagekommandos waren in Königsberg weniger erfolgreich, da bereits viele Betriebe nach Mitteldeutschland evakuiert worden waren. Dafür räumte man systematisch Wohnungen und Einrichtungen aus. Im Frühjahr und Sommer 1945 fanden auf diese Art und Weise die größten Verwüstungen statt. Lebensmittel und Mobiliar, Getreide und Kartoffeln – kurzum: alles Brauchbare – wurde verladen und rasch abtransportiert. Daraus läßt sich schlußfolgern, daß im ersten Jahr nach dem Krieg eine kurzfristige interimistische Militärpolitik ohne jegliche Perspektive geherrscht hat. Tatsache ist, daß dieses erste Jahr wirtschaftlich den größten Schaden für das Gebiet brachte und die Chancen für Wiederansiedlungen bzw. Neuansiedlungen erheblich verringerte.

In Königsberg herrschte nach dem Einmarsch der Roten Armee ein Rechtsvakuum. Es gab viele Übergriffe des sowjetischen Militärs, die Armee selbst klagte über die schlechte Disziplin und war sich über den Prestigeverlust im klaren.[103] General Žukov wagte es sogar, seine Truppe mit den Machno-

Banden zu vergleichen.[104] Die Deutschen waren marodierenden und plündernden Soldaten schutzlos ausgesetzt und verließen ihre einsamen Höfe und Häuser, um vor allem in den Städten Zuflucht zu suchen. Dort kamen Wasserleitungen, Kanalisation und Stromversorgung erst ab 1946 allmählich in Gang – wenn auch völlig unzureichend. Dörfer, die nach Kriegsende nicht mehr von Deutschen bewohnt wurden, sind auch später nicht von sowjetischen Bürgern besiedelt worden.

Ein großer Teil der Bevölkerung hatte auf Grund des Fluchtgeschehens und anderer Erlebnisse schwere Traumata erlitten. Bei einem Teil der Ostpreußen waren solche Erfahrungen augenscheinlich schwerer zu verarbeiten als bei den Memelländern, die ihre Flucht in zwei Etappen zurückgelegt hatten. Die seelischen Erschütterungen verstärkten sich noch in dem Maße, in dem es nicht gelang, wenigstens in den geographischen Bezug der Heimat zurückzukehren, weil die Armee Rückwanderer zur Arbeit auf Militärsovchosen zurückhielt und sogar spezielle Rückkehrerlager einrichtete. Viele Ostpreußen hatten somit den Verlust von Heimat, Habe und Familienangehörigen gleichzeitig zu beklagen. Hinzu kam das Fehlen jeglicher öffentlicher Kommunikation und öffentlichen Transports. Ein Teil der Ostpreußen befand sich 1945–1948 zwar im Königsberger Gebiet, sah aber keine Chance, den Heimatort zu besuchen, geschweige denn in ihm zu leben, da man sich in vielen Fällen nicht ohne Genehmigung vom Arbeitsplatz entfernen durfte und es äußerst schwer war, daheim eine Existenzgrundlage zu finden. Außerdem war es kurz nach Kriegsende sehr gefährlich, ohne Schutz unterwegs zu sein. Jederzeit konnte man von einer Militärstreife auf der Straße mitgenommen und zu einer Arbeit verpflichtet werden, was noch lange nicht bedeutete, dafür auch Verpflegung zu erhalten.[105] Im Prinzip kann man davon ausgehen, daß die Rückwanderung Ende Sommer 1945 – nachdem die Grenze zwischen dem Königsberger Gebiet und Polen von NKVD-

Truppen markiert worden war und die Bevölkerung die Grenzdörfer verlassen mußte – ein Ende fand.

Von besonderem Interesse in der folgenden Tabelle sind die Angaben über die Anzahl der Ortsfremden. Auffällig hoch ist die Ziffer für den Kreis Tilsit (40 %). Sie läßt sich durch die Tatsache erklären, daß hier auf den Sovchosen viele Memelländer festgehalten wurden, die eigentlich auf dem Rückweg in ihre Heimat waren. Ähnliches gilt für den Kreis Heinrichswalde (29,3 %). Fast genau so hoch liegt die Ziffer für den Kreis Samland (29 %). Hier waren viele auf der Flucht steckengeblieben bzw. hatten den Abtransport von Pillau verpaßt und wurden nun dort festgehalten. Insgesamt scheint der Anteil der Ortsfremden mit 8 % der Gesamteinwohnerzahl nicht sonderlich hoch, wobei aber berücksichtigt werden muß, daß Registration im eigenen Kreis bzw. Rayon bei weitem noch nicht mit dem Leben im Heimatdorf bzw. in der eigenen Wohnung gleichzusetzen war.

Einwohner in Ostpreußen zum 1. September 1945[106]

Rayon	insgesamt registriert	Nicht arbeitsfähig	aus anderen Rayons
Labiau	8.184	3.785	1.282
Pilkallen	4.254	1.266	—
Insterburg	1.317	1.096	88
Heiligenbeil	5.915	4.014	—
Friedland	2.544	1.545	23
Kreutzburg	2.395	1.570	316
Gumbinnen	2.024	1.450	934
Tilsit	4.651	2.395	1.866
Heinrichswalde	3.988	2.362	1.169
Königsberg (Land)	7.754	3.841	273
Samland	20.893	13.689	6.079
Stallupönen	947	612	22
Wehlau	3.485	—	—
Darkehmen	1.434	845	—
Gerdauen	2.103	1.385	28
Königsberg (Stadt)	68.014	—	—
insgesamt	139.902	39.855	12.080

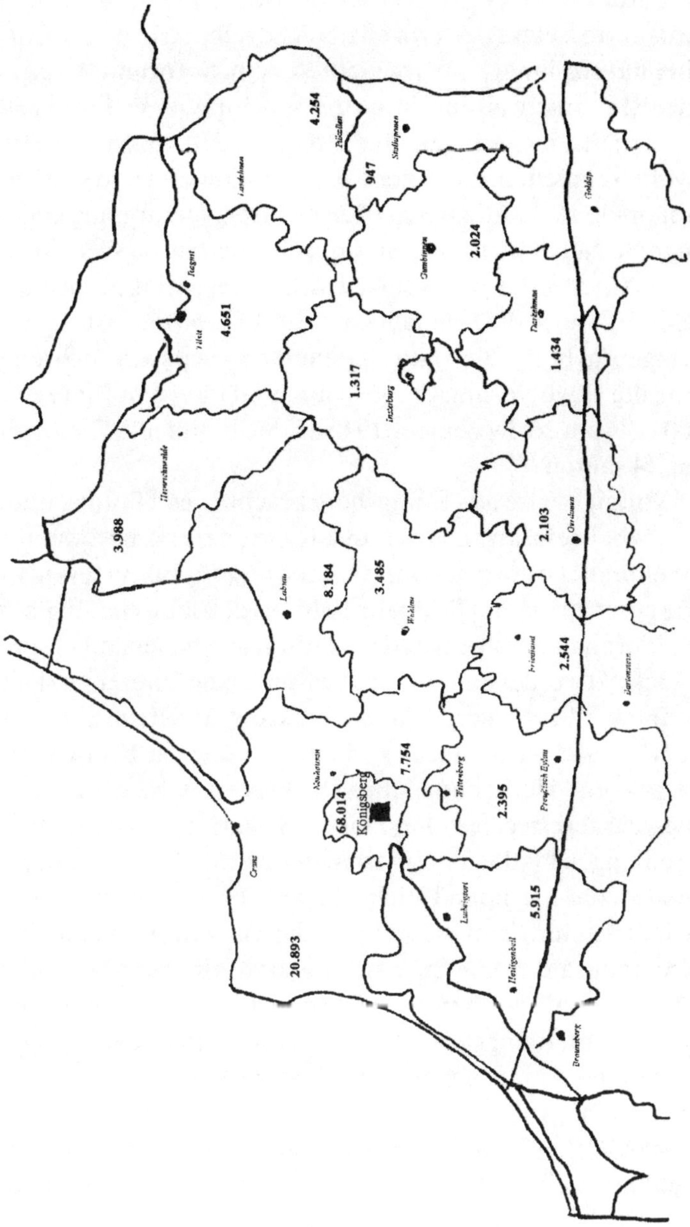

Einwohnerzahlen 1945

Bereits bevor ein Aussiedlungskonzept für die Deutschen existierte, setzte der Prozeß der Vertreibung bzw. der Entheimatung innerhalb des Gebietes ein. Sofort mit Beginn der Militärverwaltung durch die 3. Belorussische Front gab es Arbeitsanweisungen für die deutsche Bevölkerung. Die Militäreinheiten, die in der Region stationiert wurden, richteten kleine Landwirtschaften zu ihrer Versorgung, sogenannte Nebenwirtschaften, ein, auf denen zwangsverpflichtete Arbeitskräfte eingesetzt wurden. Auf geringen Flächen wurde so auch die Frühjahrsaussaat aus- und die erste Ernte eingebracht.[107] Die erste allgemeine Arbeitsverpflichtung für die Bevölkerung des gesamten Gebietes ordnete der NKVD am 26. Dezember 1945 an. Sie betraf alle Personen ab 14 Jahren.[108]

Vorzugsweise aus Königsberg brachte das Militär Leute zu Arbeitseinsätzen aufs Land. Kehrten sie zurück, war ihr Wohnraum inzwischen von anderen besetzt. Besonders häufig geschah dies im Frühjahr 1946, als die deutsche Zivilbevölkerung in neugegründete Militärsovchosen aufs Land geschickt wurde. Eine weitere Entwurzelung fand damit statt.

Im April 1946 wurde das Samland entsiedelt, im Sommer 1946 mußte die deutsche Zivilbevölkerung der Kreise Gerdauen und Heiligenbeil ihre Dörfer verlassen, da diese in der neu abgesteckten Grenzzone zu Polen lagen. Weitere Vertreibungen fanden im Zusammenhang mit der Ankunft der neu anzusiedelnden Kolchosbauern 1946/47 statt. Immer wieder unternahm die sowjetische Verwaltung Versuche, Deutsche aus Königsberg aufs Land zu schicken und so den Anteil der deutschen Bevölkerung der Stadt künstlich zu verringern. Immer wieder kehrten Einwohner unter Umgehung aller Anweisungen in die Stadt zurück.

Nur ein geringer Prozentsatz der Deutschen lebte am einstigen Wohnsitz und besaß ein Zuhause. Diese Nichtmehrseßhaftigkeit war ein wesentlicher Faktor für den Entschluß der Bevölkerung, die Heimat zu verlassen – sie sah in dem Land keine Alternative mehr für sich. Spätestens seit dem

Frühjahr 1946 setzte eine breite Wanderung nach Litauen ein, da dort die Möglichkeit bestand, bei Privatbauern zu arbeiten, und die Versorgung mit Lebensmitteln generell weitaus besser war als in Königsberg. Offiziell durften die Deutschen das Gebiet zwar nicht verlassen, doch temporäre Massenfluchten ereigneten sich trotzdem. Die Verwaltungen der Militärsovchosen behielten die Personalpapiere ihrer Arbeitskräfte ein, um sie auf diese Art und Weise am Ort festzuhalten. Das war keine besondere Schikane gegenüber den Deutschen. Im Inneren der UdSSR gab man in jener Zeit an die Landbevölkerung generell keine Pässe aus, um sie am Ort zu halten.

III. Die territoriale Gestaltung Preussens

Ein diplomatisches Interludium

Die Genese der gesamten diplomatischen Vorgeschichte der Abtrennung Ostpreußens besteht aus vielen verschiedenartigen Einzelteilen, deren vollständige Aufzählung wohl im Rahmen dieser Arbeit keinerlei Relevanz hat. Es sei darauf verwiesen, daß die mit den Ostgebieten verbundenen Fragen und Fakten oft als ein einheitlicher Strang bewertet werden, obwohl sie – mit Ausnahme der Tatsache, daß Deutschland diese Territorien infolge des Zweiten Weltkrieges verlor – verschiedener Qualität sind. Aus diesem Grunde wird die Frage nach den polnischen Ostgebieten und die Frage nach der Rolle Polens sowohl in den Vorstellungen der Alliierten als auch in der realen Geschichte in dieser Untersuchung ausgeklammert. Die Begründungen für eine Übergabe des nördlichen Ostpreußens an die UdSSR standen nicht zwingend in Zusammenhang mit den Verhandlungen um die polnischen Territorien.

Durch die übliche Zusammenschau aller ehemaligen deutschen Ostgebiete kommt es in den meisten Untersuchungen zur Vernachlässigung einiger Aspekte zu Königsberg, die an dieser Stelle erörtert werden sollen: Zum einen verdeutlicht das Beispiel Königsberg, wie sehr sich die Preußenfeindbilder der Alliierten ähnelten. Zum anderen lohnt es, die Formel vom »eisfreien Hafen« kurz zu beleuchten, die immer als Argument für die Abtrennung benutzt wurde. Ein dritter, sehr interessanter Aspekt behandelt die diplomatische Rücksichtnahme der Alliierten in bezug auf die baltischen Staaten, und schließlich soll die Frage nach der Fluchtdynamik und deren Folgen erörtert werden. Bereits

1941 äußerte Churchill gegenüber Außenminister Eden: *»Die Trennung Preußens von Süddeutschland und die territoriale Gestaltung Preußens gehören zu den größten der zu entscheidenden Probleme.«*[109] Im Arbeitspapier des US-amerikanischen Subcommitee on Security Problems und des Subcommitee on Political Problems über politische Kräfte in Deutschland nach der Niederlage vom 23. Januar 1943 heißt es: *»To weaken the German army's remaining structure and ideology the Allies will be obliged to weaken Prussia itself. There is only one way of doing this: to cut from Prussia the two springboards of her potential onslaughts against Eastern Europa: East Prussia and Upper Silesia. The Capital will have to be moved towards the center of Germany: Prussianism will receive a mortal blow.«*[110]. Das Memelland tauchte in den Beschreibungen des Preußen-Feindbildes nicht auf, woraus sich schließen läßt, daß die Ausgrenzung der nördlich der Memel gelegenen Gebiete zu dieser Zeit im diplomatischen Rahmen schon vollzogen war.[111]

Es ist interessant, daß sich auf allen Seiten der Alliierten das Bild Preußens – der Wurzel des deutschen Übels – auf den Territorialbegriff *Ostpreußen* verkürzte. Auf der Ebene der *Großen Drei* schlug Stalin im Dezember 1941 dem britischen Außenminister Eden vor, ganz Ostpreußen an Polen abzutreten.[112] Die Transformation dieses Planes von der simplen Herauslösung Ostpreußens aus dem deutschen Staatsgebiet bis hin zur eigenen Einverleibung hängt einerseits mit der Entwicklung des sowjetisch-polnischen Verhältnisses während des Krieges zusammen, ist andererseits aber auch eng mit der Kriegsdynamik und der innenpolitischen Entwicklung der UdSSR während des Krieges verknüpft. (Im Dezember 1941 hatte angesichts des Kriegsverlaufs in der UdSSR noch niemand auf eine Siegesbeute spekulieren können.)

In den US-amerikanischen Subcommittees wiederum entstanden Pläne für eine Nachkriegsordnung, wobei von vornherein klar war, daß Ostpreußen nach dem Krieg nicht mehr zu Deutschland gehören würde. Verliefen die Diskussionen darüber in der ersten Zeit eher theoretisch, so wurden sie nach Teheran einerseits vor sehr realem Hintergrund geführt, da die Alliierten schon territoriale Nachkriegsabsprachen führten. Andererseits wurden diese Überlegungen doch sehr am grünen Tisch getroffen; man dachte insbesondere in bezug auf Bevölkerungstransfer in statischen und nachgeordneten Bahnen und machte sich keine Gedanken über mögliche Fluchtbewegungen. Im Sitzungsprotokoll des Subcommittees on Political Problems vom 16. Januar 1943 hieß es in bezug auf die 2.250.000 Einwohner Ostpreußens lediglich: *»The conflict is one which can be resolved or reduced only by a transfer of population [...].«*[113]

Im Arbeitspapier des Subcommittee on Security Problems vom 22. März 1943 mit dem Titel: *»Die europäische Sicherheit im Zeitraum nach der bedingungslosen Kapitulation und vor der Errichtung einer internationalen Organisation für die Sicherheit der Welt«* hielten die Verfasser unter dem Stichwort »Russia's Intentions« fest: *»Possibly Stalin might occupy East Prussia as a token of victory and a pledge in hand that Germany would fulfill the armistice conditions to be imposed upon her.«*[114] Im Sommer 1943 fanden in den Subcommittees dann Debatten zu verschiedenen Lösungsversuchen der ostpreußischen Frage statt, die noch überwiegend von einer zukünftigen polnischen Verwaltung ausgingen.

Andererseits existiert aber auch ein Arbeitspapier des Subcommittee on Security Problems und des Subcommittee on Political Problems aus dem Jahr 1943 über politische Kräfte in Deutschland nach der Niederlage, in dem es heißt: *»Soviet Russian troops and administration should never be allowed to rule vanquished Germany. There would be no doubt about the result. Only military detachments under Allied administration and control should be use. The main* *force of the Soviet russian troops should remain along the old Polish-Lithuanian frontier.«*[115]

Alle Argumente in dieser Richtung wurden dann nach Kriegsende nicht weiter verfolgt.

Es würde an dieser Stelle zu weit führen, die Rahmenbedingungen der verschiedenen Konferenzen zu schildern, auf denen über die zukünftige Gestaltung Preußens entschieden wurde. Auch heutige Sichtweisen auf deren Ergebnisse müssen vernachlässigt werden. Die Verhandlungen finden nur im thematischen Kontext Erwähnung. Auf der Konferenz in Teheran (1. Dezember 1943) äußerte Stalin zum ersten Mal den Wunsch, das nördliche Ostpreußen einschließlich Tilsit und Königsberg zugesprochen zu bekommen, und gebrauchte in diesem Zusammenhang zum ersten Mal das Argument des »eisfreien Hafens«.[116] Während des Moskaubesuchs des britischen Außenministers Anthony Eden sprach Stalin davon, daß *»the portion of Germany containing Tilsit and to the north of the Niemen river should be added to the Lithuanian Republic of the USSR.«*[117] Bei diesem ersten Versuch bezog sich Stalin noch auf Königsberg und Memel.[118] Später wurde Memel nicht mehr erwähnt.

Churchill hatte bei seinem Besuch im August 1942 in Moskau mit Stalin bereits abgeklärt, daß nur die südlich von Königsberg gelegenen Teile Ostpreußens an Polen fallen sollten. Am 28. Januar 1944 verfaßte Churchill einen Brief an Stalin, in dem er ihm zusicherte, daß er der Meinung sei, ein Teil Ostpreußens solle der Sowjetunion zufallen. Der Text ist einer der interessantesten in der Genese der Abtretung:

»Am 6. Februar habe ich zum ersten Mal der polnischen Regierung erklärt, daß die Sowjetregierung in Ostpreußen eine Grenzziehung wünscht, die auf russischer Seite Königsberg einschließt […]. Ich habe jedoch dargelegt, daß dies nach Ansicht der Regierung Seiner Majestät ein berechtigter Anspruch von seiten Rußlands ist. Da ich diesen Krieg gegen die deutsche Aggression als Ganzes und als einen

dreißigjährigen Krieg von 1914 an betrachte, erinnerte ich Herrn Mikolajczyk an die Tatsache, daß die Erde dieses Teils von Ostpreußen mit russischem Blut getränkt sei, das reichlich für die gemeinsame Sache vergossen wurde. Hier hatten die russischen Armeen, die im August 1914 vorrückten und die Schlacht von Gumbinnen und andere Gefechte gewannen, durch ihre Vorstöße unter großem Schaden für ihre eigene Mobilmachung die Deutschen gezwungen, zwei Armeekorps vom Vormarsch auf Paris abzuziehen, was wesentlich zum Sieg an der Marne beitrug. Die Katastrophe bei Tannenberg hat diesen großen Erfolg in keiner Weise zunichte gemacht. Deshalb schiene mir, daß die Russen einen historischen und wohlbegründeten Anspruch auf dieses deutsche Gebiet hätten [...].«[119] Soweit es sich übersehen läßt, taucht diese im Kontext des Ersten Weltkrieges angesiedelte Begründung nur an der hier zitierten Stelle auf, was darauf hinweisen könnte, daß sich dieses Argument als nicht zugkräftig herausstellte. In seiner Parlamentsrede vom 15. Dezember 1944 erwähnte Churchill den Wunsch der Sowjets, sich den eisfreien Hafen Königsberg zu sichern, und stellte klar, daß die britische Regierung mit diesem Wunsch übereinstimmt. Damals ahnte niemand, daß die Sowjetregierung bereits am 27. Juli 1944 ein Geheimabkommen mit dem Polnischen Komitee der Nationalen Befreiung [Polski Komitet Wyzwolenia Narodowego – PKWN] abgeschlossen hatte, in dem neben der künftigen Westgrenze Polens auch bereits die ostpreußische Teilung fixiert worden war.[120]

In der Siebenten Vollsitzung der Potsdamer Konferenz argumentierte Stalin neben der Notwendigkeit eines eisfreien Hafens für die Russen auch damit, *»daß die Russen gelitten und so viel Blut verloren hätten, daß ihnen daran liege, ein Stück des deutschen Territoriums zu erhalten, um den vielen Millionen ihrer Bevölkerung, die in diesem Krieg gelitten hätten, wenigstens eine kleine Genugtuung zu verschaffen«.*[121] Truman erhob dagegen keinen Einwand.[122] Eigentlich hätte allen Beteiligten mittels kürzester Überprüfung klar werden können, daß der Hafen von Königsberg nicht weniger stark zufror als die baltischen Häfen, die sich sowieso in sowjetischer Hand befanden. Doch darum ging es nicht. Die Notwendigkeit eines eisfreien Hafens war eine willkommene neutrale Kompromißformel, mit der alle Beteiligten ihre Abmachung rechtfertigen konnten. Im Grunde waren auch andere Argumentationen, wie die der *»alten slawischen Erde«* – ebenfalls von Stalin versuchsweise ins Spiel gebracht[123] – oder diejenige Churchills unter Bezug auf den Ersten Weltkrieg nur vorgeschobene. Eigentlich zählte allein die Bedeutung des Territoriums – was unter dem Aspekt einer modernen Kriegsführung recht banal erscheint. Stalin führte jedoch in jeglicher Hinsicht, besonders auch was das propagandistische Instrumentarium betraf, einen sehr traditionellen Krieg, der auch traditionelle Kriegsbeute erforderte – Land, Menschen, Gold.

Frappierend immerhin, wieviel verschiedene Argumente für die Eingliederung Königsbergs in die UdSSR für einen kürzeren oder längeren Zeitraum angeführt wurden. Diese Art der Diskussionsführung wurde zum *modus vivendi* in der Verständigung über das Königsberger Gebiet. – Möglicherweise ein Hinweis darauf, daß der zukünftige Besitz des Territoriums prinzipiell an keines der Argumente geknüpft war, sondern es allen Beteiligten vielmehr um eine plausible Begründung für den Territorialtransfer ging. Der amerikanische Diplomat George Kennan notierte später in seinen Memoiren über den Entschluß bezüglich Ostpreußens auf der Potsdamer Konferenz: *»[...] die frivole Lässigkeit, mit der man die Entscheidungen traf, die offenkundige Gleichgültigkeit der Amerikaner, damals wie heute, gegen ihre ökonomischen und sonstigen Auswirkungen, desgleichen die Irreführung der amerikanischen Öffentlichkeit sind mir allesamt schwer entschuldbar geblieben.«*[124] Mit »Irreführung der Öffentlichkeit« meint Kennan vermutlich das Argument des eisfreien Hafens: *»Herr Truman über-*

nahm den Unsinn, indem er der amerikanischen Öffentlichkeit bei seinem persönlichen Rechenschaftsbericht über die Konferenz feierlich mitteilte, er habe sich bereit erklärt, die jahrhundertealte russische Sehnsucht nach einem eisfreien Hafen zu erfüllen [in der Rundfunkansprache des Präsidenten Truman vom 9. August 1945].«[125]

Kennan führte weiter aus: »*Wer ein solches Gebiet an sich reißt, der übernimmt, so will mir scheinen, vor der Welt eine gewisse Verantwortung für die Erhaltung seiner Produktivität. Das gilt besonders, wenn es sich um ein landwirtschaftlich wertvolles Gebiet [...] handelt.«*[126]

Das Interesse der Westmächte an diesem Gebiet konnte nur gering sein, da es sich so weit entfernt von ihren Einflußzonen befand. Für die UdSSR jedoch lag es nicht nur vor der Haustür, sondern besaß auf Grund seiner früheren Produktivität einen hohen symbolischen Wert, obwohl der Moskauer Führung nach den Erfahrungen aus ihren landwirtschaftlichen Experimenten klar sein mußte, daß unter sowjetischer Herrschaft die hohen landwirtschaftlichen Erträge Mythos bleiben mußten.

Die Kriegsbeute hatte also mehrere Facetten: Erstens war Königsberg ein überaus wichtiger Teil Preußens, nach der sowjetischen Faschismustheorie der Kern des Kriegsübels. Zweitens wurde der Wert durch die hohe Wirtschaftlichkeit des Gebietes vervielfacht, drittens ließ sich die günstige strategische Lage ins Feld führen, und viertens vermochten die sowjetischen Historiker – wenn auch mit einigen Verrenkungen – die Rechtmäßigkeit des Anspruches der Slawen auf dieses Territorium zu beweisen. Fünftens eignete sich das Gebiet, durch die sowjetische Propaganda mit denkbar negativen Attributen belegt, hervorragend als Objekt für einen demonstrativen Siegeszug kommunistischer Ideen.

Wie aber stellte sich die Situation nach dem Krieg dar? Bei Kriegsende zeichnete sich bereits deutlich ab, daß die Allianz der Alliierten nicht mehr lange halten würde und es angesichts der sowjetischen Forderungen im Grunde eher um Schadensbegrenzung gehen konnte. In einem Schreiben Churchills an Truman vom 12. Mai 1945 schilderte er, wie er die politische Lage bewertete: »*2. Was aber soll dann in bezug auf Rußland geschehen? Ich habe mich stets um die Freundschaft der Russen bemüht; aber ihre falsche Auslegung der Jalta-Beschlüsse, ihre Haltung gegen Polen [...], die Verkoppelung ihrer Macht mit der Besetzung und Kontrolle so ungeheurer und weiter Gebiete, die von ihnen inspirierte, kommunistische Taktik in so vielen anderen Ländern und vor allem ihre Fähigkeit, lange Zeit große Armeen im Felde stehen zu lassen, beunruhigen mich ebenso sehr wie Sie. Wie wird sich die Lage in ein bis zwei Jahren darstellen [...]. 3. Ein eiserner Vorhang ist vor ihrer Front niedergegangen. Was dahinter vorgeht, wissen wir nicht. Es ist kaum zu bezweifeln, daß der gesamte Raum östlich der Linie Lübeck-Triest-Korfu schon binnen kurzem völlig in ihrer Hand sein wird.*«[127]

Schadensbegrenzung hieß also auch, die Russen innerhalb ihrer besetzten Gebiete zufriedenzustellen und alle sowjetischen Bemühungen, weiter westwärts Einfluß zu gewinnen, zurückzudrängen. Dies war die ungefähre Ausgangsposition beim Zusammentreffen der Delegationen in Potsdam.

Am 22. Juli 1945 reichte die sowjetische Delegation ihren Vorschlag zum Grenzverlauf des Königsberger Gebietes ein, der, wie schon erwähnt, bereits am 27. Juli 1944 seinen Niederschlag in dem Geheimabkommen zwischen der UdSSR und dem PKWN gefunden hatte. Im Grundsatz wurden die sowjetischen Ansprüche auf Königsberg während der Potsdamer Konferenz von niemandem bestritten. Auch in den Gesprächsunterlagen der amerikanischen Delegation wird von der Übergabe des Bezirks Königsberg an die Sowjetunion ausgegangen.[128]

Einer verbreiteten Interpretation des Potsdamer Abkommens nach fiel das Memelgebiet unter den Begriff »Königsberg und anliegendes Gebiet« und wurde daher der Sowjetunion zur vorläufigen Verwaltung mit der Anwartschaft auf endgültige Übernahme bei einer Friedenskonferenz übertragen.[129] Wie aus einem Telegramm der amerikanischen Delegation bei der Alliierten Reparationskommission vom 24. Juli 1945 hervorgeht, wurde Memel bei den Verhandlungen zu Ostpreußen jedoch ausdrücklich nicht einbezogen.[130]

In ihrer Arbeitsunterlage vom 23. Juli 1945 wies die britische Delegation darauf hin, daß die Annahme des sowjetischen Entwurfes gewissermaßen bedeuten würde, *»anzuerkennen, daß das Gebiet von Königsberg nicht der Gewalt des Alliierten Kontrollrats in Deutschland untersteht«* und *»die Eingliederung Litauens in die UdSSR als Litauische Sozialistische Sowjetrepublik anzuerkennen«.*[131]

Die Teilnehmer der Potsdamer Konferenz erklärten ihr Einverständnis, den nördlichen Teil Ostpreußens mit Königsberg bis zur endgültigen Entscheidung der Territorialfragen bei einer Friedensregelung vorläufig an die UdSSR zu übergeben. Stalin argumentierte nochmals mit den hohen Verlusten Rußlands und dem Anliegen, sich *»ein Stück des deutschen Territoriums zu sichern, um den vielen Millionen seiner Bevölkerung, die im Krieg gelitten hätten, wenigstens eine kleine Genugtuung zu verschaffen.«*[132] Präsident Truman äußerte u. a. *»er erhebe keinen Einwand dagegen, daß Rußland ein Stück des deutschen Territoriums bekomme«.*[133] Der Beschluß enthielt außerdem die Versicherung der Verhandlungspartner, den sowjetischen Vorschlag bei der bevorstehenden Friedensregelung zu unterstützen. Auf der Elften Sitzung der Außenminister am 1. August 1945 erreichte Molotov dann auch noch die Streichung des Wortes »vorläufig« im ersten Absatz, da »bis zur endgültigen Entscheidung« den Gedanken bereits ausdrücke.[134]

Briten und Amerikaner hatten während der Konferenz in Teheran signalisiert, daß sie die sowjetische Annexion der baltischen Staaten auch weiterhin nicht billigen werden.

Über dieses Thema wurde auf der Potsdamer Konferenz nicht verhandelt.

Die britische Delegation hatte am 22. Juli 1945 rechtliche Bedenken hinsichtlich der Übergabe des Königsberger Gebiets an die UdSSR geäußert: »*Schließlich würde Königsberg wahrscheinlich Litauen eingegliedert, und wenn wir den Erwerb dieses Hafens durch die Sowjets anerkennen würden, würde das Schwierigkeiten heraufbeschwören, im Hinblick darauf, der Eingliederung der baltischen Staaten in die UdSSR unsere Anerkennung zu gewähren, die bis zur endgültigen Friedensregelung zurückzustellen unser Grundsatz ist.*«[135]

Am Tag darauf hieß es sogar: »*Die Regierung Seiner Majestät hat immer die Auffassung vertreten, daß die Frage der Anerkennung der Eingliederung der baltischen Staaten in die UdSSR bis zur Friedensregelung zurückgestellt werden muß.*«[136]

Es gab jedoch auch andere Meinungen unter britischen und amerikanischen Diplomaten. Schon 1943 hatte der Unterstaatssekretär des britischen Foreign Office, Orme Sargent, vorgeschlagen, die Großmächte sollten die Westverschiebung Polens beschließen und die übrigen territorialen Forderungen der UdSSR, so auch in der baltischen Region, anerkennen.[137] Der Amerikaner John Hickerson, Leiter des European Department, plädierte in einem Memorandum vom 8. Januar 1945 an Roosevelt wie folgt: »*We know, that the three Baltic States have been re-incorporated into the Soviet Union and that nothing which we can do can alter this. It is not a question of whether we like it. We know that the Russians will insist on the annexation of a substantial-portion of East Prussia and a boundary line with Poland roughly in accordance with the Curson line [...]*«[138]

In den Kommentaren der Exilbalten und in einigen anderen Publikationen wird die Abtretung des Königsberger Gebietes an die Russen als faktische Anerkennung der sowjetischen Okkupation der baltischen Region gebrandmarkt, unter anderem auch von dem derzeitig amtierenden litauischen Parlamentspräsidenten Vytautas Landsbergis.[139] Albrecht Tyrell resümiert hier: *»Da Ostpreußen zuvor durch litauisches und polnisches Gebiet von sowjetischem Territorium getrennt gewesen war, nahmen die Westmächte mit dieser Vereinbarung stillschweigend die Inkorporation der baltischen Staaten in die Sowjetunion hin.«*[140] Einigkeit scheint in dieser Frage zumindest darüber zu bestehen, daß das Königsberger Gebiet sofort, auch ohne Friedensvertrag, an die UdSSR abgetreten worden wäre, wenn der Status der baltischen Republiken nicht ungeklärt gewesen wäre.

Weiterhin gab es noch das Thema Bevölkerungstransfer. Im Zwischenbericht des US-amerikanischen Subcommittee on Territorial Problems vom 10. März 1943 hieß es unter anderem: *»Für den Fall, daß Ostpreußen auf Grund einer früheren Übereinkunft Polen zugesprochen wird, hofft das Subcommittee, daß Rußland auf anderen Gebieten Zugeständnisse machen wird und daß ein internationales Gremium den Fortzug der Deutschen aus Ostpreußen erleichtern wird. Das Subcommittee ist dagegen, Deutschland für einen solchen Verlust territorial zu entschädigen.«*[141]

Schon früh wurde also dem Prinzip einer Bevölkerungsumsiedlung zugestimmt. Da aber weder präventive Maßnahmen noch konkrete Absprachen der Alliierten erfolgten, kam es nicht zu dem erwünschten geordneten Transfer. Darüber hinaus hatte man eine Umsiedlung erst für die Nachkriegszeit erwogen, rechnete jedoch nicht mit einer plötzlichen Migration, die durch Propaganda und überstürzte Anweisungen ausgelöst wurde und von panischen Momenten geleitet war.

Die Amerikaner und auch das britische Kriegskabinett verhielten sich lange so, als sei der Bevölkerungstransfer eine vorwiegend technische Aufgabe, die der Entscheidung über das Territorialproblem nachgeordnet ist. Churchill glaubte auch noch in Jalta, daß eine Umsiedlung von sechs

Millionen Menschen realisierbar sei, zu diesem Zeitpunkt bewegten sich aber die Kolonnen der Flüchtlinge schon gen Westen. Zu diesem Zeitpunkt wurde die Situation endgültig nicht mehr beherrscht; das lang verhängte Fluchtverbot und die späteren übereilten Räumungsbefehle weisen deutlich darauf hin. Inwieweit die Flüchtenden an eine Rückkehr glaubten oder schon intuitiv wußten, daß ihr Abschied endgültig sein würde, läßt sich heute nicht mehr ermessen. Die in der Nachkriegszeit verbreitete Behauptung, man habe die Flucht nie als endgültigen Verzicht auf Eigentum und Heimat gesehen, hatte jedenfalls äußerst politischen Anstrich.

Stalin hatte in Jalta bestritten, daß sechs Millionen Deutsche umgesiedelt werden müssen (siehe S. 33). In Potsdam äußerte er über die deutsche Bevölkerung in Polen: »*Die meisten dieser Deutschen seien während der Schlacht über die deutschen Linien hinüber nach Westen geflohen, einige davon in das Gebiet von Königsberg. Sie hätten von dem Gerücht erfahren, daß die Russen in Königsberg seien, und sie zögen die russische Herrschaft der polnischen vor [...]*«[142]

Die Informationen über die Lage der Zivilbevölkerung im Osten waren nur spärlich: In einem Telegramm des britischen Geschäftsträgers in Warschau, Hankey, an das britische Außenministerium vom 19. Juli 1945 wurde unter Punkt 2 notiert: »*Der französische Botschafter, der soeben in Ostpreußen war, bestätigte, daß die deutsche Bevölkerung bereits weitgehend entfernt wurde; er sah weitere Gruppen mit ihrer Habe entlang der Straße.*«[143] In einer Gesprächsunterlage für die britische Delegation der Potsdamer Konferenz notierte man: »*Wir wissen nicht, in welchem Ausmaß die deutsche Bevölkerung vor der Roten Armee nach Westen geflüchtet ist oder nach Osten zur Arbeit in die Union der Sozialistischen Sowjetrepubliken deportiert wurde.*«[144] In der Arbeitsunterlage der britischen Delegation vom 22. Juli 1945 ist zu lesen: »*die strittigen Gebiete [...] würden aber zur Zeit von den Polen verwaltet, weil alle Deutschen geflohen und nur Polen übriggeblieben sind [...]*«[145]

Außenminister Burnes und auch sein Nachfolger, General Marshall, betonten, von sowjetischer und polnischer Seite in der Höhe der Zahl der verbliebenen Deutschen absichtlich getäuscht worden zu sein.[146] Bei genauem Nachlesen fällt auf, daß Stalin das Argument der Flucht nur in Bezug auf polnisches Territorium benutzt hatte, anscheinend aber als Aussage über die gesamten Ostgebiete verstanden wurde, weil es logisch erschien. Für Stalin diente die Flucht der Deutschen in erster Linie als rhetorisches Argument für das außenpolitische Ziel, seine Einflußsphäre möglichst weit nach Westen auszudehnen. Hätte eine weniger hohe Flüchtlingszahl die Auflösung der »kompakten deutschen Siedlungsblöcke«[147] behindern oder verlangsamen können? War die Fluchtbewegung von sowjetischer Seite intendiert bzw. im Geheimabkommen mit dem PKWN einkalkuliert? Bis heute können – nüchtern gesehen – in diesen Fragen nur Indizienurteile gefällt werden. Sicherlich aber vertraten Polen und die UdSSR verschiedene Standpunkte bezüglich der Anwesenheit der Deutschen.[148] (Auch aus diesem Grund ist es manchmal methodisch schwierig, die deutschen Ostgebiete in ihrer Gesamtheit als *topos* zu erörtern.) Die Polen wollten sich möglichst aller Deutschen entledigen und mußten außerdem ihre Umsiedler aus den Ostgebieten unterbringen, die UdSSR hingegen war an Arbeitskräften interessiert. Das erklärt auch, warum die Königsberger keine Aufnahme in den Abschnitt des Potsdamer Abkommens über den Bevölkerungstransfer fanden. Darin wurden nur solche Gruppen deutscher Bürger erwähnt, deren Ausweisung von Regierungen gefordert wurde. Gemäß der Vorüberlegungen hätten die Alliierten mittels eines *»internationalen Gremiums den Fortzug der Deutschen aus Ostpreußen erleichtern«* müssen. Darüber wurde nun nicht mehr nachgedacht. Das nördliche Ostpreußen war bereits abgeschrieben – Stalin hatte dessen Einwohner als unverlangte, aber nicht unwillkommene Zugabe erhalten.

Faßt man die vier eingangs erwähnten Aspekte der territorialen Gestaltung Preußens – Preußenfeindbild, die Formel vom »eisfreien Hafen«, die Rücksichtnahme auf die baltischen Staaten und die Frage nach der Fluchtdynamik – zusammen, stellt sich heraus, daß keiner von ihnen während der Potsdamer Konferenz neu auf den Verhandlungstisch kam. Alle diese Punkte waren bereits in vorangegangenen Gesprächen der Alliierten thematisiert worden. Ihnen gemein ist, daß sie nie objektiv erklärt, begründet oder gar widerlegt wurden – obwohl die Möglichkeit dazu bestanden hätte.

Fünfzig Jahre später sind derartige Verhandlungen, die zudem hinter verschlossenen Türen stattfanden, kaum mehr denkbar. Dank der Medienentwicklung geschieht vieles auf politischem Terrain heute transparenter – was zwar lange noch keine Qualitätssteigerung zur Folge hat, aber interessierten Menschen die Chance zum Einspruch bietet.

1944/45 ahnte die Bevölkerung in Osteuropa noch nicht, welches Schicksal sie ereilen würde. Es existieren nur wenige Originalstimmen aus dieser Zeit. Darum ist es besonders interessant, Überlegungen aus einem nichtstaatlichen Bereich wie dem politischen Untergrund zu zitieren. Mit deren Hilfe können Hoffnungen und Wünsche illustriert werden, die das Bild jener Zeit vervollkommnen und den Hintergrund für die Reaktionen der osteuropäischen (im konkreten Fall: der litauischen) Bevölkerung transparenter gestalten. Die Mehrheit der Litauer war sich während der deutschen Besatzungszeit sicher, daß Litauen seine Unabhängigkeit wiedererlangen würde, wobei man anfangs annahm, weder Deutschland noch die UdSSR könnten siegen. Die Litauer glaubten, daß die Briten und Amerikaner die Demokratie in der Welt wiederherstellen würden. Sie stützten sich dabei auf die von den Amerikanern verkündigten Prinzipien von der freien Selbstbestimmung der Völker in der Atlantikcharta und auf ihre Erfahrungen aus den Friedensverhandlungen nach dem Ersten Weltkrieg, die ihnen mit internationaler Unterstützung die staatliche Unabhängigkeit gebracht hatten. Die Hoffnung einer Intervention in Litauen wurde zusätzlich durch das Verlautbaren von Kriegsereignissen durch die Untergrundpresse geschürt.

Unter der Überschrift »Die Stunde unserer Freiheit und Unabhängigkeit klopft schon an die Tür« hieß es in der Untergrundzeitschrift »Baltija« 1944: *»Polen, das als erstes gelitten hat, wird natürlich grenzenlose Rache üben dürfen [...] Das müßten die Deutschen hervorragend verstehen. Der englische Premierminister Churchill hat sich eindeutig dazu geäußert, daß Polen im Westen mit nördlichen Territorien Deutschlands kompensiert werden wird. Preußen, wenn es nicht rechtzeitig begreift und sein Schicksal mit den Balten verbindet, erwartet eine schreckliche Vernichtung. [...] Die Polen werden blutig an der Küste, in Schlesien und Preußen wüten und die Deutschen wie Schaben töten.«*[149] Zweifellos stehen hier antipolnische Stimmungen im Vordergrund, die im Zwischenkriegslitauen ein konstitutives Element der staatsbürgerlichen Identität waren. Darüber hinaus stellte die litauische Memellandpolitik zwischen den beiden Weltkriegen eine indirekte Polenpolitik dar.

Weiter sei darauf hingewiesen, daß auch im litauischen Untergrund »Preußen« mit »Ostpreußen« identifiziert wurde. Das Memelland wird in dem zitierten Artikel überhaupt nicht erwähnt, da er aber eine für die Litauer günstige Preußenlösung beschreibt, kann man davon ausgehen, daß die Verfasser die Meinung vertraten, das Memelland würde nach dem Krieg wieder unter litauische Verwaltung gestellt werden.

Weiter hieß es in dem Artikel: *»Wir sagen klar und offen, daß wir seit Mindaugas Ansprüche auf die Territorien aller alten baltischen Völker erhoben haben und erheben,*[150] *die uns lebenswichtig sind: hinsichtlich unserer ökonomischen, kulturellen und sicherheitspolitischen Interessen. Dazu gehört auch Preußen.[...] Die Frage Preußens wird, wenn die braunen Nazis nicht stören, für uns günstig gelöst werden, wie man sich vorstellen kann. Die größten Probleme könn-*

ten die Polen gegenüber den Großmächten verursachen.«[151] Der letzte Satz spiegelt eine illusorische Grundhaltung wieder. Hatten die Litauer vergessen, daß sie 1919 trotz aller Anstrengungen nicht an den Verhandlungstisch von Versailles zugelassen wurden? Das Hauptargument der Vertreter des litauischen Widerstands (und auch der übrigen bewaffneten Widerständler in Osteuropa) gründete sich auf die Altlantikcharta, zu deren Unterzeichnern auch die UdSSR gehörte. Ihre Informationen über die Beziehungen zwischen den Alliierten waren jedoch zu spärlich, um die Machtspiele hinter den Kulissen durchblicken zu können. Nur in Ermangelung dieser Kenntnisse konnten die Autoren der Widerstandspresse formulieren: *»Die jetzige Konferenz löst Fragen, die nicht nur für die Völker, sondern für die gesamte Welt eine große Bedeutung haben [...], darum kann man mutig schlußfolgern, daß die Beschlüsse der Berliner Konferenz die Interessen jedes Staates betreffen, so auch die Litauens.*[152] *Keiner wird zu widersprechen wagen, daß das größte Hindernis bei der Arbeit zur Wiederherstellung Europas die Sowjetunion mit ihren imperialistischen Plänen darstellt. Deswegen wird die Beseitigung der bolschewistischen Gefahr eine der Hauptüberlegungen auf dieser Konferenz darstellen. Klar ist, daß die Lösung dieses Problems für Stalin unangenehm ist und daß die Ergebnisse dieser Lösung für die Sowjetunion sehr schmerzhaft sein werden.«*[153] Hier wurde eine Fiktion beschrieben. Die Wiederherstellung Europas war in weite Ferne gerückt.

IV. Die neuen Verhältnisse nach dem Krieg

IV.1. Die Situation in Nachkriegslitauen

Am 4. Juli 1944 überschritt die Rote Armee die litauische Grenze im Nordosten des Landes. Damit begann innerhalb von vier Jahren die zweite sowjetische Okkupation. Das ZK der LKP und der Rat der Volkskommissare der LSSR wandten sich am 5. Juli an die litauische Bevölkerung: *»Schon ist die lang ersehnte Befreiungsstunde herangekommen. Die Zeit ist gekommen, da wir mit Freude die Rote Armee der Befreier bei ihrem Einmarsch in Litauen begrüßen können [...]«*[154] Die Pravda schrieb: *»Litauen ist in die sowjetische Völkerfamilie zurückgekehrt!«*[155] Moskau versuchte, die Okkupationspolitik von 1940 fortzusetzen und verlangte im Juli 1945 sogar von der sowjetlitauischen Regierung, den fünften Jahrestag der LSSR zu begehen.

Die Machtübernahme der sowjetischen Kommunisten war mit Ausnahme der Einberufungsaktionen für die Rote Armee bis zum Sommer 1945 nicht stark spürbar. Nach sowjetischen Quellen mobilisierte man in Litauen ca. 100.000 Männer zwischen 18 und 37 Jahren.[156] Bei der Musterung wurde nicht sehr streng verfahren, so daß viele, die vorher in den Reihen der Deutschen gekämpft hatten, jetzt auf der anderen Seite standen. Viele Männer versteckten sich vorübergehend in den dichten litauischen Wäldern, da sie nicht ihr Leben in einem Krieg riskieren wollten, der nur noch wenige Monate dauern konnte. Die Männer an der wieder existierenden Staats- und Parteispitze, der Erste Sekretär der LKP, Antanas Sniečkus, und der Vorsitzende des Rates der Volkskommissare (RdV), Mečyslovas Gedvilas, hatten ihre Positionen schon im Sommer 1940 bekleidet und sich während der deutschen Okkupationszeit in der UdSSR aufgehalten. Die wieder eingesetzte Regierung stand nun vor der schwierigen Aufgabe, die drei verschiedenen Landesteile – das Kaunaser Litauen (vormals die unabhängige Republik Litauen), das Wilnagebiet (während der Zwischenkriegszeit auch als Mittellitauen bezeichnet) und das Memelland (mit starkem deutschen Einfluß) – zu einem Staatsgebilde zu vereinen.

Litauen hatte durch die sowjetischen Deportationen des Jahres 1941 und durch die deutsche Besatzung große Bevölkerungsverluste erlitten: Nach dem Anschluß der baltischen Republiken an die UdSSR im Juli 1940 und deren Umgestaltung in Sowjetrepubliken wurden für Juni 1941 umfangreiche Verbannungsaktionen beschlossen. Vom 14. bis 21. Juni wurden in Litauen insgesamt 35.000 Bürger hauptsächlich aus politischen Gründen lebenslang verbannt, darunter vor allem ehemalige Beamte der Republik Litauen; Offiziere, Lehrer und deren Familien. Männer wurden dabei von ihren Familien getrennt. Die Deportationswelle endete durch den Einmarsch der deutschen Wehrmacht. Hinzu kam die Zahl von 200.000 ermordeten litauischen Juden während des Zweiten Weltkrieges.[157] Bei Kriegsende befanden sich viele Litauer auf deutschem Boden. Ein Teil war zur Zwangsarbeit nach Deutschland verschleppt worden, ein anderer Teil war vor der Roten Armee geflohen. Nach Kriegsende warteten 64.000 Litauer in den Lagern der westlichen Besatzungszonen auf eine Auswanderungsmöglichkeit, denn in die besetzte Heimat wollten sie auf keinen Fall zurück.[158] Andere Angehörige der Mittelschicht und der Intelligenz hatten 1944 die Flucht ergriffen, so daß es nun an Kräften mangelte, die die politischen Forderungen der LKP nach Alleinherrschaft auf demokratischem Wege hätten in Frage stellen können. Diese Alternative wurde natürlich auch durch den Mangel an demokratischen Traditionen in der nur kurzen Eigenstaatlichkeit erschwert. Daher griffen die Einwohner auf die seit Jahrhunderten geübten Widerstandsformen, vor allem auf den Rückzug in die Wälder, zurück.[159]

Faktisch wurde die LSSR wie auch die gesamte UdSSR von der Partei – der KPdSU – regiert. Die LKP war Bestandteil der KPdSU und zählte Anfang 1945 nur 3.500 Mitglieder. 1948 war sie schon auf 22.200 Mitglieder angewachsen. Häufig traten die Zugezogenen in die Partei ein. Der Anteil der Litauer in der LKP betrug 1948 nur 18,5 %.[160] Die LKP war zu jener Zeit damit quasi eine für die Litauer fremde Organisation. Seit 1944 schickte Moskau regelmäßig Parteifunktionäre nach Litauen, die den Posten des Zweiten Sekretärs einzunehmen hatten. Von 1944–1946 übte Aleksandr Isačenko diese Funktion aus, von 1946–1952 hatte Aleksandr Trofimov den Posten inne. Darüber hinaus wurde auf Beschluß des ZK der KPdSU vom 11. November 1944 ein litauisches Büro errichtet und zum höchsten Exekutivorgan der LSSR erklärt. Bis zum Frühjahr 1946 hatte es Michail Suslov geleitet, von dessen Abberufung bis zur Auflösung des Büros im März 1947 stand ihm Vladimir Ščerbakov vor. Suslov war in den ersten beiden Jahren der eigentliche Herrscher in Litauen. Zu Mitgliedern dieses Büros berief man vor allem sowjetische Funktionäre, so auch General Igor Tkačenko, der die Tätigkeit von NKVD und KGB koordinierte. Die einzigen litauischen Mitglieder dieses Büros waren der Parteivorsitzende Antanas Sniečkus und der Vorsitzende des RdV, Mečyslovas Gedvilas. Die Einrichtung des Büros sowie die Entsendung sowjetischer Kader wurden offiziell als »brüderliche Hilfe für die junge Sowjetrepublik Litauen« bezeichnet. Suslov hatte die Aufgabe, die Integration der LSSR in die UdSSR voranzutreiben sowie die Regierungstätigkeit der Litauer zu beaufsichtigen. Suslov kannte Sniečkus aus der Kriegszeit und zeigte sich beeindruckt, mit welcher Entschiedenheit dieser unter Zuhilfenahme aller erdenklichen Mittel bestrebt war, den Klassenfeind zu vernichten.[161] Als Suslov 1946 Litauen verließ, prophezeite er: »*Litauen wird weiter existieren, aber ohne Litauer, und es wird sowjetisch sein.*«[162] Nach Suslovs Abberufung aus Wilna schwankte Sniečkus Position. Im Sommer 1946 schickte das Moskauer ZK eine Inspektionskommission unter Leitung von Žavoronkov, die den litauischen Parteisekretär ablösen sollte.[163] Sniečkus gelang es, die Vorwürfe gegen ihn abzuschwächen, zog aber seine Lehren daraus. Es ist kein Zufall, daß gerade 1946 ein kompromißloser Kampf gegen die Bauernschaft einsetzte, der sich an erprobten sowjetischen Mustern orientierte, und auch die Verfolgung der Intelligenz sowie der katholischen Gläubigen und Kirchenoberen zunahm. Sniečkus' Position gegenüber Moskau festigte sich auch durch einen Zwischenfall mit seinem politischen Schatten, dem Zweiten Sekretär des ZK der LKP, Isačenko. Dieser wurde auf Grund persönlicher Bereicherung am Volkseigentum im August 1946 von seinem Posten abberufen, wozu Sniečkus durch persönliche Meldung des Vorfalls nach Moskau wesentlich beigetragen hatte. Kader, die von nun an nach Wilna an die Seite Sniečkus' geschickt wurden, behandelten ihn mit der nötigen Vorsicht.

In der LSSR wurde, wie in der gesamten Sowjetunion, im Winter gewählt. Im Februar 1946 fanden Wahlen zum Obersten Sowjet der UdSSR statt, im Winter 1947 wurde der Oberste Sowjet der LSSR gewählt. Im Winter 1948 standen dann die örtlichen Verwaltungsorgane zur Wahl. Erst zu diesem Zeitpunkt hielt die Regierung ihre Machtpositionen in der jungen Sowjetrepublik für so gefestigt, daß sie überhaupt mit einer mehrheitlichen Wahlbeteiligung rechnen konnte. Die Wahlkampagnen waren lang und intensiv, sie beherrschten das gesamte Alltagsgeschehen.

Der Oberste Sowjet war formell das höchste Organ der LSSR, verfügte jedoch über keinerlei reale Macht. Auf den Sitzungen wurden meistens nur die Gesetzesvorlagen des ZK der LKP und des Ministerrates bestätigt. Als Vorsitzender des Sowjets fungierte während der gesamten Nachkriegszeit Justas Paleckis. Der Ministerrat – bis zum 15. März 1946 der Rat der Volkskommissare -, der von Mečyslovas Gedvilas geleitet wurde, verfügte über größeren Einfluß.

In der Nachkriegszeit wurde auch die zentrale Verwaltung verstärkt; von den insgesamt 24 Ministerien der LSSR standen nur fünf unter der Verwaltung der Republik: die Ministerien für Bildung, Sozialversorgung, Arbeit, lokale Industrie und Kommunalwirtschaft. Alle übrigen wurden zentral verwaltet, einschließlich des neu gebildeten Außenministeriums, das die LSSR während der gesamten sowjetischen Phase behielt. Gegründet wurde es 1944, als Stalin noch glaubte, jede Unionsrepublik werde einen Sitz in einem internationalen Völkergremium beanspruchen können.[164]

Der Bevollmächtigte des NKVD-NKGB für Litauen, Generalleutnant Tkačenko berichtete am 25. November 1945 an Berija: *»Unberücksichtigt der Tatsache, daß seit dem Beschluß des ZK der KP vom 15. 8. 1945 ›über die Unzulänglichkeiten und Fehler des ZK der KP Litauens in der parteipolitischen Führungsarbeit‹ schon drei Monate vergangen sind, wird die politische Arbeit weiterhin auf niedrigem Niveau fortgeführt.«*[165]

Zu diesem Zeitpunkt hatte allerdings bereits ein umfangreicher Austausch von Kadern in Litauen begonnen. Diese Kampagne setzte auf Initiative des Suslov-Büros ein. Allein in den Jahren 1944–1946 wurden aus verschiedenen Einrichtungen ca. 10.000 Mitarbeiter aus politischen Gründen entlassen, an deren Stelle man russische Neuankömmlinge einstellte.[166] So erging Ende 1944/Anfang 1945 Order an ca. 1000 russische Eisenbahner, nach Litauen umzusiedeln und dort Leitungspositionen zu bekleiden.[167] Es fand eine intensive Russifizierung auf allen Gebieten statt. Bei der Mehrheit der litauischen Bevölkerung mußte das einen Eindruck der Besatzung hervorrufen, zumal Russisch als Fremdsprache nur von wenigen Litauern beherrscht wurde. So schrieb der Parteisekretär von Lazdijai, Grigonis, in seinem Bericht am 22. September 1944 an das litauische

ZK: *»Wenn man ihnen [der Bevölkerung – R. K.] anfängt zu erklären, daß sie jetzt keinem Besatzer dienen, sondern ihr Land verteidigen, antworten sie, daß es keinen Unterschied gibt: Zuerst haben uns die Deutschen besetzt, jetzt die Russen. Dieser Eindruck entsteht, da in den Behörden, in der Musterungskommission, in NKVD und NKGB, überall Russen arbeiten und es wenige litauische Angestellte gibt.«*[168]

Nach dem Krieg gab es auch in Litauen, wie in anderen osteuropäischen Ländern, einen originären Linkstrend. Die Kommunisten nutzten diese Haltungen geschickt für sich aus. Eine nicht kommunistische Linke war in Litauen fortan nicht mehr vorhanden.

Es ist schwierig, wie auch Ben Fowkes schon festgestellt hat, *»ein passendes Wort ohne irreführende Nebendeutung für kompromißlose Gegner des kommunistischen Systems zu finden«.*[169] In dieser Arbeit soll deshalb der litauische nationale Untergrund als nationaler Widerstand bezeichnet werden. Grund dafür ist hauptsächlich die Verwirrung, die die Verwendung des Begriffes »Partisan« für die Anhänger des nationalen Untergrundes schafft. Die Verfasserin ist sich durchaus des Schillerns dieses Begriffes bewußt, möchte hier aber mit einer klaren Definition verfahren.

Nach Meinung des sowjetischen »Gouverneurs« in Litauen, Michail Suslov, und anderer sowjetischer Funktionäre handelte es sich bei den Widerständlern um Räuberbanden, die im Auftrag der deutschen Gestapo agierten. Suslov behauptete in der Presse, daß die Resistenzkämpfer *»Kapitalisten, Gutsbesitzer, Tagelöhner der Deutschen, Polizisten, höhere Beamte des Smetonaregimes [sind], die sich bemühen, um jeden Preis ihre Macht und ihr Gut zurückzuerhalten«.*[170] Die sowjetische Presse bezeichnete sie generell als »Banditen«, also mit dem gleichen Terminus, den die Deutschen 1943 für die gegen sie kämpfenden Partisanen eingeführt hatten.

Da die sowjetische Propaganda stets verbreitete, die Untergrundbewegung könne nur durch Unterstützung von Personen und Waffenlagern der deutschen Wehrmacht existieren, versuchten die Litauer, solchen Behauptungen die Grundlage zu entziehen. Es gab noch immer zahlreiche deutsche Soldaten, die sich nicht in Gefangenschaft begeben hatten, da sie ihre Überlebenschancen in den baltischen Wäldern – eine bewaffnete Widerstandsbewegung existierte auch in Lettland und Estland[171] – höher einschätzten, als in sibirischer Kriegsgefangenschaft. Dennoch durften Deutsche in sämtlichen Einheiten des Untergrundes keine führenden Positionen einnehmen und wurden oftmals auch nur in separaten Gruppen geduldet.

Der litauische Widerstand gab sich nicht der Illusion hin, die größenmäßig weit überlegene Rote Armee allein besiegen zu können. Vielmehr hoffte man auf die Unterstützung der westlichen Alliierten und versuchte, bis zu ihrem Eintreffen in den Wäldern auszuharren.[172] Wäre den Litauern von vornherein klar gewesen, daß der Westen die baltischen Freiheitsbestrebungen nicht unterstützt und keine Aussicht auf irgendeine Form von Interventionen besteht, wäre der Zulauf zu den bewaffneten Einheiten weitaus geringer gewesen. Die sowjetische Propaganda nährte die Gerüchte über einen bevorstehenden nächsten Krieg, besonders nach Churchills Rede in Fulton, die in der kommunistischen Presse propagandistisch ausgeschlachtet wurde. Diese Rede trieb dem Widerstand weitere Mitglieder zu und erleichterte es damit nach Meinung des NKVD, den Klassenfeind zu erkennen und dann unter Waffengebrauch bekämpfen zu können.

Der Widerstand gliederte sich in drei Zeitabschnitte, wobei die erste Etappe von Herbst 1944 bis Frühling 1946 währte: In den ersten Nachkriegsjahren hatten sich ca. 30.000 Untergrundkämpfer in den dichten Wäldern verschanzt und torpedierten die Sowjetisierungsversuche – sie schüchterten Bewohner ein, die den Aufbau der neuen Strukturen unterstützten, sabotierten die Errichtung von sowjetischen

Dislozierung sowjetischer Armeeeinheiten im Memelland

Legende:

□	Regimentsstab
◊	Bataillonsstab
△	Einheit
○	Gruppe
⌂	Grenztruppe
....	Grenze des Regimentsbereiches
273	Gemeindezentrum
• Zarasaj	Kreisstadt
○ Skuodas	Gemeindezentrum
◎ Judrenai	Dorf
–·–·–	Kreisgrenze
– – –	Gemeindegrenze

Staatsgütern, entfernten sowjetische Propaganda etc. Die sowjetische Führung stationierte daraufhin zwei NKVD-Divisionen in Litauen, die gegebenenfalls durch weitere Militäreinheiten, auch aus Weißrußland und dem Kaliningrader Gebiet, unterstützt wurden.[173] Ca. 50.000 Militärangehörige bekämpften den Untergrund. Mit dem Einzug des NKVD begann die Tätigkeit der *stribai*, deren ursprünglicher Name *istrebitel* [Vernichter] lautete. Diese Männer, einheimische oder russische demobilisierte Armeeangehörige, Partei- oder Komsomol- bzw. Gewerkschaftsvertreter, wurden in den Dörfern eingesetzt, um Volksfeinde aufzuspüren und unschädlich zu machen, eine Art offensiver bewaffneter Sicherheitsdienst also. Diese Vernichter-Bataillone oder auch »Volksverteidiger«-Bataillone waren auf Grund eines Beschlusses des ZK der Litauischen KP vom 24. Juli 1944 gegründet worden. Im Sommer 1945 gab es insgesamt 9700 solcher »Volksverteidiger« auf den Dörfern. Suslov stellte auf dem ZK-Plenum der LKP im Sommer 1945 fest, *»daß die istrebiteliai [...] die Menschen auf dem Dorf sind, die uns am meisten ergeben sind.«*[174] Kleinere Gefechte und bewaffnete Überfälle waren an der Tagesordnung. Es existierte gleichfalls eine breite Untergrundpresse. Die offiziellen Medien, deren Informationsgehalt zugunsten breiter Propaganda fast völlig geschwunden war, wurden von der Bevölkerung boykottiert.

In der zweiten Phase des bewaffneten Widerstandes, von 1946–1948, beschlossen die Anführer, ihre Taktik zu ändern und unnötigen Kämpfen auszuweichen. Sie versuchten, alle Kräfte für die Wiederherstellung des unabhängigen Litauen zu schonen. Die Kämpfer beschränkten sich darauf, Organisationsversuche der örtlichen Kommunisten zu behindern und für die Bevölkerung die Hoffnung auf Freiheit zu verkörpern. Dazu nutzten sie hauptsächlich ihre breite Pressearbeit, in der sie ausführlich auf außenpolitische Nachrichten eingingen.[175] Am 12. Dezember 1947 faßte das ZK der LKP einen Beschluß »Über den verstärkten Kampf mit dem bourgeois-nationalistischen Untergrund und seinen bewaffneten Gruppen«, in dem drei »Feinde des litauischen Volkes« benannt wurden: Die Großbauern, die bourgeoisen Nationalisten und die *reaktionäre* katholische Geistlichkeit.[176] Nach 1948 schleusten die Sicherheitsorgane immer mehr Spitzel in den Untergrund ein, ganze Einheiten wurden verraten. Die langen Jahre im Untergrund und die konspirativen Lebensumstände hatten inzwischen auch viele Kämpfer zermürbt und demoralisiert. Seit 1946 waren Angehörige des bewaffneten Widerstandes nach Sibirien verbannt worden, wobei Denunziationen nicht überprüft wurden und oftmals der bloße Verdacht ausreichte.[177]

Zur Vergegenwärtigung der Nachkriegssituation Litauens muß daran erinnert werden, daß das Land innerhalb von nur vier Jahren drei politische Umstürze erlebt hatte: die sowjetische Besatzung von 1940, die deutsche Besatzung von 1941 und die erneute sowjetische Besatzung von 1944. Dieses mußte Spuren in den Biographien der Einwohner hinterlassen und bewirkte Ressentiments und Rachemotive in den unterschiedlichen Bevölkerungsteilen: Russen und Ukrainer, die unter den Deutschen als Zwangsarbeiter nach Litauen gekommen waren, rächten sich an ihren litauischen Arbeitgebern. Sympathisanten des Sowjetsystems und Opportunisten traten in die sowjetische Miliz ein und bewarben sich um administrative Posten. Hausdurchsuchungen standen auf der Tagesordnung, Wertsachen wurden konfisziert, Einwohner registriert. Die Mehrzahl der sowjetischen Funktionäre trug damals Waffen. Übergriffe und Tötungsverbrechen galten als Alltagserscheinung. In einem Schreiben des Staatsanwaltes der LSSR, Beliskov, an Sniečkus vom 19. Juni 1946 hieß es: *»Die Tatsache, daß Rechtsverletzungen ein Ausmaß gefunden haben, läßt sich daraus schließen, daß allein im Zeitraum von sechs Monaten des Jahres 1945 und 1946 wegen Erschlagens, Erschießens, Mißhandlung und Diebstahls 201 beim Ministerium [dem NKVD – R. K.] angezeigte Personen zur Verantwortung ge-*

zogen wurden, darunter 112 Offiziere.«[178] Die meisten Mitarbeiter des NKVD hielten sich an die Regel: »Erst verhaften, dann untersuchen.« Nach Angaben der Staatsanwaltschaft befanden sich im Frühjahr 1945 bereits 10.800 Personen in den Gefängnissen der Republik. Hinzu kamen 18.700 Personen, die in den Kellern der Kreisbehörden des NKVD arretiert waren.[179] Ein Vergleich der Berichte der Staatsanwaltschaft an das ZK zeigt, daß die Übergriffe der Mitarbeiter des NKVD in den Jahren 1947–1948 zurückgingen.[180] Die LKP jedoch hatte keinerlei Einfluß auf die Repressionsorgane der Nachkriegszeit, die faktisch Moskau direkt unterstanden.

Noch vor Kriegsende setzte der NKVD die sowjetischen Deportationen nach Sibirien – wie schon 1941 – fort. Als erste Gruppe wurden 300 litauendeutsche Familien aus Kaunas, Marijampolė, Vilkaviškis und Tauragė am 2. Mai 1945 nach Tadshikistan verbannt.[181] Im Sommer 1945 folgten weitere Deportationszüge mit Litauern. Die Gesamtzahl der Deportierten betrug 1945 mehr als 5.400 Personen.[182] Schon im Oktober 1944 erschien eine Anordnung, Bibliotheken in Schulen und Einrichtungen von faschistischer und antisowjetischer Literatur zu säubern. Personen, die »feindliche« Literatur verbargen, wurden zur Verantwortung gezogen. Auch die Kader in Wissenschaft und Kultur mußten sich einer »Reinigung« unterziehen. Im sowjetischen System hatte die Intelligenz an der »ideologischen Front« zu stehen und »Partei und Volk« zu dienen. Blieben Ergebenheitsadressen aus, drohten auch Schweigenden Disziplinarstrafen.

Während die sowjetischen Behörden 1944/1945 nur katholische Geistliche verhafteten, die den Widerstand unterstützten, begann 1946 eine allgemeine Verfolgung der katholischen Geistlichkeit. In diesem Jahr wurden der Wilnaer Bischof Mečyslovas Reinys arretiert, der Bischof von Kaišadorys, Matulionis, verbannt und der Bischof von Telšiai, Borisevičius, erschossen. Als einziger höherer Geistlicher verblieb der Bischof von Panevėžys in Litauen.(Die Bischöfe von Kaunas und Vilkaviškis, wie auch der Erzbischof von Kaunas hatten sich schon 1944 für die Flucht in den Westen entschieden. Dieses Beispiel zeigt, wie ganze Berufsgruppen nicht nur in Litauen, sondern in der gesamten baltischen Region geradezu verschwanden.)

Litauen war ein typisches Agrarland. Kurz nach dem Krieg gestaltete sich die Situation für die Landwirte einigermaßen erträglich. Das Abgabensoll erreichte 1945–1946 noch nicht die Höhe aus der ersten sowjetischen Besatzung von 1940–1941 und lag mit ca. einem Fünftel der Eigenproduktion unter den scharfen Forderungen der deutschen Besatzungsmacht.

Durch die Verstaatlichung des erheblichen Anteils jüdischen und deutschen Besitzes an Industriebetrieben und Banken wurden die Voraussetzungen für eine radikale Neugestaltung der wirtschaftlichen Ordnung geschaffen.

Insgesamt betrachtet machte die Sowjetisierung im Nachkriegslitauen der Jahre 1945–48 zwar rasche Fortschritte, von einer festen Etablierung einer totalitären Diktatur kann aber noch nicht gesprochen werden – weder die Monopole auf Waffenkontrolle und Massenkommunikationsmittel, noch die zentrale Lenkung der Landwirtschaft waren vollständig durchgesetzt. Das Land befand sich in einem Übergangsstadium.

IV.2. Die Sowjetunion nach dem Grossen Vaterländischen Krieg

Der Sieg über Japan 1945, der den Krieg endgültig beendete, nötigte die Kremlführung, die außerordentliche Form der Militärverwaltung aufzuheben.[183] Am 5. September 1945 verkündigten Rundfunk und Presse die Auflösung des GKO [Gosudarstvennyj komitet oborony = Staatliches Verteidigungskomitee]. Jurij Zukov schreibt dazu: *»So wurde* *den Leuten suggeriert, daß das Land zur verfassungsmäßigen Regierung zurückkehrt und der Rat der Volkskommissare der UdSSR unverändert tätig wird. So glaubte man damals. […] In Wirklichkeit änderte der Ukas praktisch nichts. Er zielte weder auf Reformen ab, noch auf grundlegende Veränderungen. Das Politbüro bestätigte am 6. September einen Beschluß des RdV ›Zur Bildung eines operativen Büros des RdV‹, wodurch das höchste Regierungsorgan, für die Kriegsjahre geschaffen, auf unbestimmte Zeit erhalten blieb, wodurch zwei eigenständige Strukturen geschaffen wurden.«*[184] Das Organisationsbüro des Staatlichen Verteidigungskomitees (SVK) wurde lediglich umbenannt in »Organisationsbüro des RdV zu Fragen der Arbeit des Volkskommissars für Industrie und Eisenbahn«.

Die ersten Nachkriegsjahre der Sowjetunion sind bisher völlig unzureichend untersucht worden.[185] Gegen Ende des Krieges dienten in den Streitkräften 11.365.000 Mann. Die Rote Armee hatte sich durch ihr Stehvermögen und ihre Siege eine wachsende politische Bedeutung erkämpft. Ihr großes Ansehen beim Volk und die Popularität verschiedener Generäle schienen die KPdSU ernstlich zu beunruhigen. So versuchte die Staats- und Parteiführung bald nach Kriegsende, durch verschiedene Maßnahmen die Armee weitgehend zu entmachten und innenpolitisch zu neutralisieren. Diese Maßnahmen beinhalteten unter anderem die Inhaftierung des Marschalls der Luftstreitkräfte A. Novikov, die Degradierung des Volkskommissars für Schiffahrt, Admiral N. Kuznecov infolge eines Ehrengerichts, der Verlust des Postens für Obermarschall N. Voronov sowie die Entlassung des Armeegenerals Žukov, die am 6. Juni 1946 erfolgte – unvorstellbare Maßnahmen für wichtige Kader einer so siegreichen Armee. In diesem Rahmen kam es auch zur Namensänderung der Armee. Aus der »Roten Arbeiter- und Bauernarmee« oder auch »Rote Armee« wurden die »Streitkräfte der UdSSR«. Übrigens wurde auch der »Tag des Sieges«, der 9. Mai, nach dem Krieg noch nicht als

Feiertag begangen. Diese Sitte führte erst Brežnev in seiner Regierungszeit ein.

Die Partei- und Staatsführung in der UdSSR war *legibus absoluta*, konnte als Souverän grundsätzlich über das Recht verfügen und das selbst gesetzte Recht jederzeit durchbrechen. Während die Befugnisse des Staates prinzipiell unbegrenzt waren, beschränkten sich die Bürgerrechte auf ein Minimum, wohingegen konstitutionell in allererster Linie die Bürgerpflichten festgeschrieben waren. Das Denkmodell der spätneuzeitlichen *societas civilis*, wonach das bürgerliche Individuum in seiner politischen Denk- und Handlungsfähigkeit als prinzipiell frei begriffen wird, existierte hier nicht mehr. Das Regime hatte den Menschen zum Befehlsempfänger degradiert.

Per Unionsverfassung von 1936 waren Normen für Arbeitspflicht, Steuerpflicht, Pflicht zur Wahrung des sozialistischen Eigentums, Schulpflicht und Wehrpflicht erstellt worden, während man die restlichen Pflichten unscharf in den »Regeln des sozialistischen Zusammenlebens« zusammengefaßt hatte.[186] Während des Großen Vaterländischen Krieges aber hatte als oberste Pflicht gegolten, zum Sieg des Vaterlandes beizutragen, so daß die gesamte Normierung nicht mehr mit vorheriger Strenge eingehalten werden konnte, sich die Parteidisziplin erheblich gelockert hatte und auch der restliche Pflichtenkatalog stark vernachlässigt worden war. Zudem hatte die Führung versucht, auch Kirche und Religion für patriotische Zwecke zu vereinnahmen – in Friedenszeiten für sie äußerst zweifelhafte Mittel.[187] Nach dem Krieg herrschte außerdem ein ungeheures demographisches Ungleichgewicht (1946 entfielen auf 96,2 Millionen Frauen nur 74,4 Millionen Männer.)[188] Daraus resultierten schwere psychische und soziale Folgen, insbesondere der unheimliche Anstieg der Kinderkriminalität und der Obdachlosigkeit von Kindern. Die Lockerung im Inneren weitete sich zu einer Krise aus. Die litauische Untergrundpresse analysierte: *»Die innere Krise des bolschewistischen*

Regimes der Sowjetunion, die zum Teil wegen der um sich greifenden Hungersnot entstanden ist, zum Teil auf der Ausweitung von Banditentum beruht sowie auf der ungewöhnlich breiten Partisanentätigkeit der Völker der Ukraine, Weißrußlands, Kareliens, Moldaviens und des Baltikums wie auch der antibolschewistischen Gesinnung der Soldaten der Roten Armee, zwingt Stalin und die Partei mit letzten hoffnungslosen Anstrengungen Siege auf dem Gebiet der Außenpolitik zu suchen. Zu diesem Zweck stellt die Kommunistische Partei die Kommunisten aller Staaten der Welt auf eigene Füße […]«[189]

Auch die in Partei, Militär und kollektivierter Landwirtschaft angewandten politischen Mittel waren im Krieg entschärft worden, sollten dann nach Kriegsende aber wieder Vorkriegsnorm erreichen. Um die Jahreswende 1946/47 befand sich der Kampf gegen die Lockerung im Inneren auf Hochtouren, fand sozusagen ein Disziplinierungsschub statt, der nur durch den deutlichen Hinweis auf die äußeren Feinde im Kalten Krieg motiviert werden konnte: In den ersten Nachkriegsjahren kursierten zahlreiche Gerüchte über einen bevorstehenden neuen Krieg zwischen Großbritannien und Amerika einerseits und der UdSSR andererseits. Die starke Instrumentalisierung dieser Ängste durch die sowjetische Propaganda läßt vermuten, daß solche Gerüchte vor allem von sowjetischer Seite gestreut wurden, obwohl die Bevölkerung auf Grund des Krieges und seiner Folgen wirklich nichts so sehr fürchtete wie eine neuerliche bewaffnete Auseinandersetzung. Die Parteiführung nutzte das Argument einer vermeintlich nötigen Abwehr aggressiver Absichten der ehemaligen Verbündeten auch als Rechtfertigung für die unzureichende Beseitigung der Kriegsschäden. Angeblich stand wegen der immensen Ausgaben für die Verteidigung nicht genügend Geld für den Wiederaufbau zur Verfügung.

Während des Krieges hatten Parteielan und -moral drastisch nachgelassen und der Privilegstatus der Parteimitgliedschaft war weggefallen, der Eintritt in die KPdSU zur bloßen

Formalität geworden.[190] Hinzu kam die unerwünschte Konkurrenz durch die Armee. Zwar stellte sie strenggenommen weder eine politische Größe, noch eine Bedrohung für die Vorrangstellung der KPdSU dar, besaß jedoch bei Kriegsende im Verhältnis zur Partei enorme Popularität. Die Partei war daher bestrebt, ihre Macht und ihr Organisationsmonopol in allen entscheidenden Sektoren wieder zu sichern. Im Frühjahr 1946 veranlaßte sie die Aktivierung der politischen Kontrolle und auch der Parteischulung in den Streitkräften.[191]

Während des Krieges war die Kontrolle über die Landwirtschaft gelockert worden; die Deutschen hatten sie in den von ihnen besetzten Gebieten sogar abgeschafft. Die Bevölkerung hoffte deshalb, das Kolchossystem würde auch unter sowjetischer Herrschaft künftig weniger rigoros betrieben werden. Die russische Historikerin Elena Zubkova zitiert ein Parteidokument vom Juli 1945, in dem es sogar heißt: *»Die Gerüchte über die Liquidation der Kolchosen [...] sind derzeit unter den Kolchosbauern weit verbreitet und auch Gespräche darüber, daß [...] England und Amerika unserer Regierung ein Ultimatum gesetzt hätten: Entweder ihr löst die Kolchosen auf oder wir erklären Rußland den Krieg; [...] daß die Amerikaner vom Flugzeug aus kontrollieren werden, ob die Kolchosen tatsächlich aufgelöst werden [...]«*[192] Die ursprüngliche Zielsetzung der Kollektivierung der Landwirtschaft bestand jedoch nicht in erster Linie in der sozialistischen Produktionsweise, sondern in der ihr zugeschriebenen *»erzieherischen Wirkung auf die Bauern, im Sinne eines speziellen Weges für das Land, den Kommunismus aufzubauen«*[193]. Die Parteiführung beschloß im Herbst 1946 den sozialistischen Aufbau auf dem Land in diesem Sinne fortzusetzen. Inklusive der Wiederbelebung der ländlichen Parteiorganisationen wurde die »Rückkehr zur totalitären Konformität auf dem Sowjetdorf« eingeläutet.[194]

Bei Kriegsende waren zudem mentale Probleme zu bewältigen. So hatten große Teile der Bevölkerung den ständigen Propagandaberichten der sowjetischen Massenmedien geglaubt, die Industrie in Deutschland sei gänzlich zerstört und die Menschen würden schlimmer als in Rußland hungern. Staats- und Parteiführung – besonders innerhalb der Roten Armee – mußten nun nach Argumenten suchen, um das tatsächliche, im Vergleich hohe Lebensniveau und den Wohlstand außerhalb des »Kommunistischen Paradieses« zu erklären. In der Presse wurde deshalb die Losung: *»Pomnite: podlinnaja kultura idjet z Vami«* [Denkt daran, die wahre Kultur zieht mit euch][195] verbreitet und folgerichtig die Behauptung gestreut, der deutsche Wohlstand bestehe einzig aus zusammengestohlenen Gütern aus allen Ländern Europas. Die Armeezeitung »Krasnaja zvezda« erhob Erklärungen dieser Art 1944/1945 zu ihrem Lieblingsthema.

Zahlreiche sowjetische Bürger, auch ehemalige Soldaten oder Zwangsarbeiter kannten andere Länder aus persönlicher Erfahrung. Der wichtigste Mythos der Sowjetpropaganda – der von der grandiosen Überlegenheit des Sozialismus – hatte dadurch starke Risse bekommen, die sich nur mit dem Argument des Kriegssieges wieder kitten ließen. Dieser Sieg hob das internationale Ansehen der UdSSR und verhalf Staats- und Parteiführung zu einem immensen Autoritätsgewinn.

Die litauische Untergrundpresse resümierte: *»Der letzte Weltkrieg hat dem bolschewistischen Regime der Sowjetunion Schicksalsschläge versetzt. Millionen von Sowjetbürgern haben andere Staaten Europas gesehen und fanden Gelegenheit, sich davon zu überzeugen, in welche Lügen sie jahrelang von der kommunistischen Parteipropaganda eingewickelt wurden. Stalin und die Partei fühlen, daß sie am Ende angekommen sind [...] und haben ungewöhnliche Maßnahmen ergriffen. Zum einen haben sie auf die Mehrzahl außerordentlicher äußerlicher bolschewistischer Propagandamittel verzichtet, [...] wie auch Militärdienstgrade eingeführt, in der Armee die Kommissare abgeschafft, die*

Volkskommissare zu Ministern umbenannt und anderes. Anders gesagt, hat ein noch größeres Schauspiel begonnen, man versucht, das wahre Gesicht des Bolschewismus vor den Augen des unwissenden Auslands zu verbergen und glaubhaft zu machen, daß der Bolschewismus keine diktatorische, sondern eine demokratische Ordnung darstellt.«[196]

Mit dieser Analyse trafen die Redakteure der »Laisvės varpas« den Kern der Dinge. Infolgedessen war es logisch, daß nach Kriegsende nur die bereits existierenden Muster sowjetischer Herrschaft in die besetzten Gebiete und Satellitenstaaten übertragen werden konnten. Das ideologische Primat hatte durch den Sieg im Zweiten Weltkrieg eine Bestätigung errungen, ja genoß inzwischen indirekte weltweite Anerkennung – jedenfalls schien es kurz nach Kriegsende so.

Der Große Vaterländische Krieg war der einzige Krieg in der Geschichte Rußlands, dem – zur großen Enttäuschung der Bevölkerung – keine Reformen folgten. Der außenpolitische Sieg diente der Stärkung der Diktatur. Innenpolitisch und ökonomisch hatte der Krieg große Verluste bewirkt.[197]

IV.3. Als die »Vertuški« fuhren

Das Kapitel Kriegsreparationen bedarf einer gesonderten Bearbeitung. Hier soll dieses Thema nur am Rande gestreift werden, um zu zeigen, welche geopolitische Rolle Ostpreußen im Zusammenhang mit der Kriegsbeute in den ersten Nachkriegsjahren zukam.

Im Sommer 1943 begann die UdSSR mit konkreten Nachkriegsplanungen. Der Botschafter der UdSSR in London, Ivan M. Maiskij, wurde zum Stellvertreter des Volkskommissars für Auswärtige Angelegenheiten ernannt und zum Leiter einer Sonderkommission für Reparationen bestimmt, für die der Ökonom Eugen Varga die Grundlinien entwarf. Ein von Varga verfaßter Aufsatz unter der Überschrift »Wiedergutmachung des Schadens durch Hitlerdeutschland und seine Komplizen« sorgte im Oktober 1943 für internationales Aufsehen. Erstmals legte damit die UdSSR, gewissermaßen halboffiziell, ihre Auffassungen zum Reparationsproblem dar. Nach ihrer Meinung umfaßte die materielle Ableistung der Kriegsschuld auch den Einsatz von deutschen Arbeitskräften zum sowjetischen Wiederaufbau bzw. zur Reduzierung des deutschen Lebensstandards auf das Maß der angegriffenen Staaten.[198]

Als die Rote Armee ins Memelland einmarschierte, war ein Großteil der Bewohner evakuiert. Über die Zeit zwischen Evakuierung (Herbst 1944) und Rückkehr (ab Februar 1945) ist recht wenig bekannt. Bisher nahm man an, es hätten keine weiterreichenden Maßnahmen gegen die verbliebene Zivilbevölkerung stattgefunden.

Oberleutnant Kazakov, Befehlshaber der operativen Gruppe des NKVD in Priekulė/Prökuls, sandte am 24. Dezember 1944 einen Bericht an den Volkskommissar für Innere Angelegenheiten der LSSR, Juozas Bartašiūnas, in dem es hieß: *»Nach kurzer Zeit hatten die hiesigen Trophäen-Wirtschafts-Kommandos und einiges Militär das gesamte Inventar und die Höfe unbrauchbar gemacht. Die Häuser wurden häufig in nicht mehr bewohnbaren Zustand versetzt, die Fenster zerschlagen, die Öfen abgerissen, die nicht weggeschafften Möbel kaputtgemacht und am Ort zerstört. Landwirtschaftliches Gerät wurde zerstört und als Altmetall an Sammelpunkte gebracht. Die Mehrzahl der militärischen und Trophäenkommandos marodieren, vergewaltigen Frauen, rauben und bringen sogar Einwohner um. Jede Militäreinheit hat einen Plan, Vieh, Gemüse und Getreide bereitzustellen. Es wurden spezielle Kommandos bestimmt und angegeben, mit welchen Mitteln diese Vorräte zu erstellen seien, aber statt organisierter Gemüseernte auf den Feldern haben die Kommandos meistens die Einwohner bestohlen, ihnen das letzte Vieh und die Gemüsevorräte weggenommen. Militär, das Dienstfahrten unternimmt,*

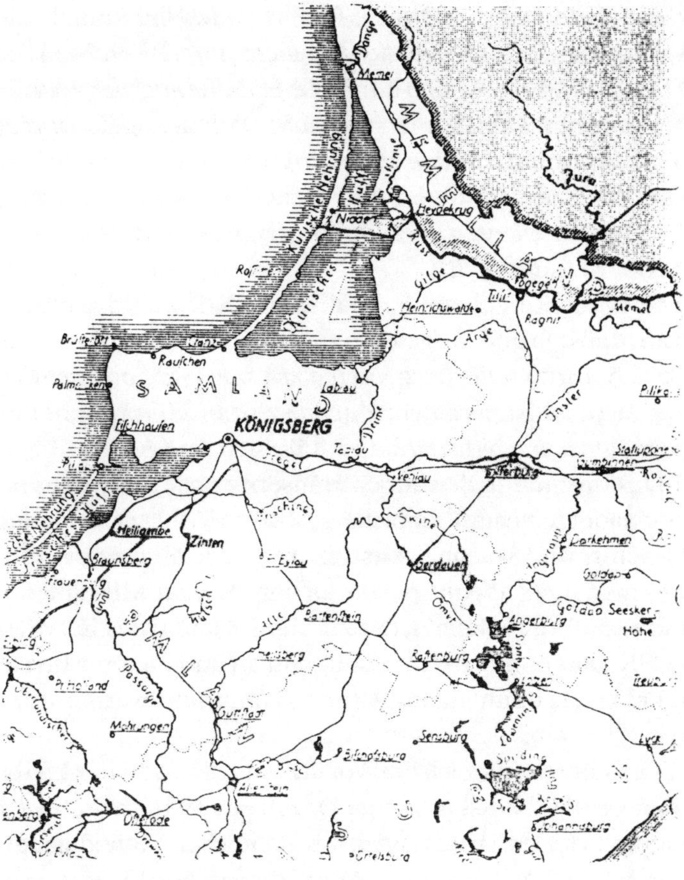

Ostpreußisches Eisenbahnnetz

fährt ›unterwegs‹ in Ortschaften, vergewaltigt Frauen, beschlagnahmt den Besitz der Einwohner und verschwindet. Die Dorfbewohner sind durch die Handlungen der Militäreinheiten gelähmt. Sehen sie nachts Militär, verschwinden die Einwohner aus den Häusern und verstecken sich. Die von mir geleitete Operativgruppe des NKVD hat einige Eigenmächtigkeiten des Militärs gegenüber friedlichen Einwohnern festgestellt.«[199]

Es handelte sich um Vandalismus, Diebstähle in größerem Maßstab und Vergewaltigungen. Kazakov setzte seinen Bericht fort: »*Alle diese Fakten zu untersuchen ist schwierig, denn meistens ist der Zugang zu den Militäreinheiten unmöglich. Ich bitte darum, daß Sie sich einschalten.*«[200]

Das Inventar in den leeren Häusern wurde mutwillig zerstört, man zerschnitt Teppiche, schlitzte Möbel auf, zerschlug Geschirr und Spiegel – kurzum, es wurde alles demoliert, was man nicht abtransportieren konnte. Das Militär ignorierte die Anweisungen des ZK der LKP und des RdV der LSSR, daß Landwirtschaftsmaschinen und anderes Inventar nicht als Beutegut ins Altmetall überführt werden durften.[201]

Deshalb wandte sich der Vorsitzende des RdV der LSSR, Mečyslovas Gedvilas, am 19. Dezember 1944 an Stalin. Er informierte den Vorsitzenden des Staatlichen Verteidigungskomitees (GKO) über die Anweisungen der Führung der 1. Baltischen Front, auf den Bahnhöfen des Memellandes landwirtschaftliches Inventar und anderes Gut als Kriegsbeute zu sammeln, um diese in die östlichen Gebiete der UdSSR abtransportieren zu lassen. Gleichzeitig bat er Stalin darum, daß die gesamte Kriegsbeute des Memellandes in die Verantwortung der LSSR zu übergeben sei und die militärische Führung in Kenntnis davon zu setzen.[202]

Trotzdem wurden die Einrichtungen der Kachelfabrik und der Molkerei von Priekulė demontiert und als Altmetall in die UdSSR gebracht, Traktoren, Lokomotiven und Landwirtschaftstechnik gesprengt und dem Altmetall zugeführt. Alles geschah unter dem Vorwand, es handle sich um einen Teil Deutschlands und um Eigentum des Feindes. Ähnliche Vorgänge wie im Kreis Priekulė ereigneten sich im gesamten Memelland, das schon der LSSR übergeben worden war.

Warum wurde dem Treiben nicht Einhalt geboten? Das Memelland war zu diesem Zeitpunkt noch militärisches Hinterland, eine litauische Verwaltung existierte bislang nur *pro forma.* Vorläufig befriedigte das Militär vorrangig seine Rache- und Haßgelüste wobei man keinerlei Gedanken an eine Nachkriegsordnung – ob nun politisch-administrativ oder wirtschaftlich gesehen – verschwendete.

Die Beutepolitik funktionierte schon vor den Beschlüssen der Alliierten über Reparationen und den daraus resultierenden Anweisungen der sowjetischen Regierung.

In Jalta akzeptierten die Alliierten den von Sonderbotschafter Maiskij ausgearbeiteten sowjetischen Vorschlag für die Erbringung von Reparationen, der vorrangig Anspruchsleistungen in Form von Naturalien vorsah. Daraufhin wurden mit Beschluß des GKO vom 21. Februar 1945 an den Fronten ständige Kommissionen für den Abtransport der Industrieeinrichtungen aus Deutschland und Polen geschaffen.[203] Zwei Tage später verfügte das GKO die Gründung eines Sonderkomitees für die Demontage von Industriegütern auf dem Gebiet Deutschlands und anderer osteuropäischer Staaten.[204] Alle Beschlüsse auf Staatsebene, die mit dem Abtransport von Inventar und Material zusammenhingen, waren streng geheim und wurden von Stalin eigenhändig unterzeichnet. Der Geheimhaltungsgrad der GKO-Befehle beweist, daß die sowjetische Führung unmittelbar nach dem Ende der Konferenz von Jalta mit einer Politik der einseitigen Entnahme von Industriegütern und Vermögenswerten aller Art begann, um noch vor dem Inkrafttreten verbindlicher Reparationsregelungen möglichst viele Güter aus Deutschland als »Kriegsbeute« in die Sowjetunion zu transferieren. Vertreter der britischen Delegation der Potsdamer Konferenz konstatierten anläßlich eines Berlinbesuchs kurz vor der Tagung: »*Die UdSSR betrachtet die gesamten Industrieanlagen als Kriegsbeute, einschließlich der Ausrüstung von Werken, die mit der Herstellung von Textilien, Fotoapparaten, optischen Instrumenten, Radios, Telefonapparaten, Schalttafeln, Druckluftförderbändern und Rohrpostanlagen befaßt sind. [...] Es wurden besondere Anstrengungen gemacht, den uns übergebenen Sektor von Berlin vor unserem Einrücken auszuräumen.*«[205] Der amerikanische Präsident Truman notierte unter dem 16. Juli 1945 in sein Tagebuch: »*Natürlich haben die Russen die körperlich Leistungsfähigen entführt und, wie ich annehme, unfreiwillige Arbeiter aus ihnen gemacht. Sie haben auch jedes stehengebliebene Haus ausgeplündert und die Beute nach Rußland geschickt.*«[206] Nach einem Gespräch zwischem dem Berater für deutsche Wirtschaftsfragen im amerikanischen Außenministerium, Despres und dem polnischen Minister Minc am 29. Juli 1945, gab der Dolmetscher Dr. Rajchman anschließend zu Protokoll: »*Für einen russischen Befehlshaber ist es ein Verbrechen, Güterwagen leer nach Osten fahren zu lassen. Man sieht große Mengen von Versorgungsgütern, darunter zahlreiches deutsches Vieh, durch Polen fahren. [...] Eine Zeitlang führten die Russen Entnahmen aus dem Gebiet durch, das soeben der polnischen Verwaltung übergeben worden war; entsprechend einem Abkommen mit der polnischen Regierung wurden diese Entnahmen jedoch an einem bestimmten Tage eingestellt [am 20. Juli 1945 – R. K.].*«[207]

Das nördliche Ostpreußen war transportstrategisch außerordentlich gut als Umschlagplatz von europäischer Normalspur auf sowjetische Breitspur geeignet, da dort noch ein Großteil der alten Gleise existierte. Die kriegsdienstverpflichteten sowjetischen Staatseisenbahner[208] hatten während des Vormarsches der Armee so schnell wie möglich Breitspurgleise zu legen, um den Nachschub zu sichern. Durchschnittlich befanden sie sich 10 Tage hinter der Front.

(Wie bereits an anderer Stelle erwähnt wurde, rollten schon seit dem 8. Februar 1945 Züge von Insterburg in Richtung Sibirien.) Aufgrund der Anweisung, im nördlichen Ostpreußen einen Großteil der alten Gleise zu belassen, bestanden an fünf Bahnhöfen Königsberg/Kaliningrad, Černjachovsk/Insterburg[209], Mamonovo/Heiligenbeil, Kornevo/Zinten, Železnodorožnoje[210]/Gerdauen (siehe auch Kapitel XV) Umlademöglichkeiten. Viele Deutsche verluden hier Demontagegut. Von Ostpreußen rollten die Züge über Litauen weiter in Richtung Rußland. Zwar war die Strecke Moskau – Brest – Frankfurt (bis zum rechten Oderufer) seit März 1945 wie die meisten anderen durch Polen führenden Linien umgenagelt, sie diente aber 1945 und in den Folgejahren zum großen Teil zur Rückführung von Repatrianten.[211]

Als die ersten Beutezüge in der UdSSR eintrafen, trat ein weiterer Beschluß des GKO in Kraft, um die Arbeitskräfte bei der Ver- und Entladung zu motivieren und das Tempo zu beschleunigen (21. März 1945). Für jeden am Zielpunkt entladenen Waggon stellte man eine Prämie von 100 Rubel in Aussicht, anteilig an Offiziere der Beuteeinheit, Beschäftigte der Eisenbahn und andere an der Arbeit Beteiligte. Für jeden Waggon, der auf Breitspur umgeladen wurde, winkte eine Prämie von 50 Rubel. Ausgeführt wurden die Arbeiten vorwiegend von mobilisierten Deutschen, Kriegsgefangenen und sowjetischen Repatrianten – die natürlich nicht an den Prämien teilhaben durften. An wichtigen Eisenbahnstrecken wurden große Umschlagplätze für Reparationsgut eingerichtet: in Insterburg, Brest, Kovel und Chyr. Bis September 1945 hatte man auf diesen Knotenpunkten bereits die Umladung von 90.000 Waggons bewältigt.[212]

Während die Beutekommandos bis zur Potsdamer Konferenz hastig alles zusammenrafften, was irgend ging, betrieb man die Demontage der SBZ ab August 1945 in »bolschewistischem« Tempo nach Plan. Das GKO beschloß am 10. August 1945, die ostpreußischen Eisenbahnlinien im Raum Königsberg der Litauischen Eisenbahn anzuschließen.

In der Beschlußvorlage hieß es, »*daß es für sinnvoll erachtet wird, bis zur endgültigen Lösung der Frage der Westgrenze die Teile der Eisenbahn an Litauen anzuschließen*«.[213] Das memelländische Netz hingegen sollte an die Eisenbahnverwaltung Šiauliai (Westlitauen) angegliedert werden. Die Behörden des Königberger Gebietes reagierten zögerlich auf die Beschlußvorlage des GKO und forderten ein juristisches Gutachten des Volkskommissariats für Auswärtige Angelegenheiten dazu an. Am 22. August 1945 teilte deren Rechtsabteilung mit: »*Der Genosse Vyšinski bat Euch mitzuteilen, daß von seiner Seite gegen das Projekt des Genossen Kovale, die Eisenbahnlinien im Rayon Königsberg in den Bestand der Litauischen Eisenbahn einzugliedern, keine Bedenken bestehen.*«[214]

Zur Beschleunigung der Belieferung der Umschlagplätze wurden Ringstrecken der Eisenbahnlinien im europäischen Spurbereich zusammengestellt, die sogenannten *vertuški.*[215] Während des Sommers verkehrten ständig 300 dieser Züge mit je 50 Waggons. Ihre Zahl wurde Mitte Oktober 1945 auf 800 aufgestockt.[216] Die Zugbesatzungen – insgesamt etwa 10.000 Personen – rekrutierte man überwiegend aus deutschem Bahnpersonal.[217] Über Insterburg gingen vor allem Transporte mit Landwirtschaftsmaschinen und Einrichtungen aus dem Maschinenbau weiter nach Osten. Die Transportpläne räumten folgendem Ziel Priorität ein: die Beute muß zügig auf sowjetisches Territorium gelangen, dort erfolgt Zwischenlagerung. Auch dafür eignete sich das nördliche Ostpreußen. Personenverkehr mit Ausnahme der Verbindung Kaliningrad – Virbalė – Kaunas – Moskau existierte kaum, so daß Bahnhöfe und Gleise wochen- und monatelang als Abstellmöglichkeiten für die beladenen Waggons dienen konnten. Die Ostpreußen sahen, wie die deutsche Wirtschaft stückweise an ihnen vorbei in die UdSSR transportiert wurde. Oft mußten sie auch selbst dazu beitragen, da sie den Zwangsverpflichtungen zu Verladearbeiten unterlagen.[218] Obwohl sie sich kein Bild von den Ausmaßen der Demontagen in Deutschland machen konnten, übte der Anblick der Züge ein Gefühl der Niederlage auf sie aus. Manchmal dauerte eine Zwischenlagerung Monate, wie eine Meldung vom 12. Juni 1947 aus Sovetsk zeigt: *»Es hat sich herausgestellt, daß seit Januar 1947 auf den Gleisen des Bahnhofs Sovetsk ein Güterzug mit Beutegut stand, adressiert an die Eisenbahn Kursk. Eines der Fässer war mit Frostschutzmittel gefüllt. Die bewachenden Militärs hielten die Ladung für Spiritus und begannen sie an Militärangehörige und Zivilpersonen zu verkaufen. Seit dem 8. Juni kam es in den Städten Sovetsk und Insterburg zu massenhaften Vergiftungserscheinungen.«*[219]

In Železnodorožnoje (Gerdauen) wurden im Sommer und im Herbst 1945 beschlagnahmte Kunstschätze aus Deutschland zwischengelagert. Auf dem Boden des Schlosses, in der Mühle und Brauerei fanden berühmte Kunstwerke, wie die »Sixtinische Madonna« und »Das Schokoladenmädchen«, vorübergehend Unterkunft, aber auch die Sammlungen des »Grünen Gewölbes« und Exponate aus Berliner und Aachener Museen.[220] Auch die Schiffahrt wurde nach Möglichkeit genutzt. Ende 1945 lagen im Königsberger Hafen über 300 Frachtkähne, die hauptsächlich mit Teilen eines demontierten Berliner Elektrizitätswerkes beladen waren.[221]

Es gab aber auch Dinge, die sich nicht mit der Eisenbahn oder per Schiff transportieren ließen. Die Rote Armee erbeutete über 2 Millionen Stück Vieh, wovon sie einen Bestand Pferde in Riesenherden nach Litauen treiben ließ. Ein großer Teil des Schlachtviehs wurde in das immer noch hungernde Leningrad geschickt.[222] Unter militärischer Bewachung mußten die Herden von Deutschen getrieben werden.[223] Nachdem diese zwangsverpflichteten Jugendlichen und Männer ihre Aufgabe erledigt hatten, durften sie an ihre Heimatorte zurückkehren. Wie viele andere Entscheidungen der Beutekommandos auch, war diese Maßnahme im Grunde uneffizient; sie diente vor allem politischen und propagandistischen Zwecken.

Die Reparationspolitik wurde weithin von Planbürokratie bestimmt und kontrolliert. Die Erfüllung des Plans verband sich auch hier für die Verantwortlichen mit persönlichen Privilegien. Der Gebrauchswert entsprach dabei nicht dem realen Wert, sondern erfuhr einen willkürlichen Planwert. Dieser Wert mußte in erster Linie die Wünsche der Planbürokraten befriedigen und nicht die Erfordernisse der Wirtschaft. Somit kam es zu einem Effizienzkonflikt, den die Deutschen oder andere, die durch die Reparationen Schaden erlitten, sehr wohl bemerkten, aber nicht äußern und lösen konnten, da die ausübenden Behörden nicht von ihrem ideologischen Standpunkt abwichen. In der UdSSR hatte der Planfetischismus schon seit langem Einzug gehalten. Auch Reparation hätte ohne Plan gar nicht stattfinden können.

In der SBZ widmete sich die größte Abteilung der SMAD ausschließlich Wirtschaftsfragen, wozu auch die deutschen Reparationslieferungen an die UdSSR zählten. Dabei konkurrierte der Wirtschaftskontrollrat (der SMAD) mit anderen Einrichtungen, die nicht der Militäradministration unterstellt waren. Die wichtigste unter diesen Dienststellen war das »Komitee für den Wiederaufbau in den von der Besetzung befreiten Gebieten«, das seit 1944 in der UdSSR existierte und dessen Aufgabe darin bestand, mittels großer Demontagen deutscher Industriebetriebe der sowjetischen Volkswirtschaft Nutzen zu verschaffen. Die deutsche Vertretung des Komitees wurde durch Maxim Zaburov geleitet, dessen Mitarbeiter – Demontagespezialisten – für ihre Aufenthaltsdauer in Deutschland Armeeuniform trugen und so den inoffiziellen Titel »Zaburov-Majore« führten.

Weiterhin existierten in der SBZ die Trophäenverwaltung der Gruppe der sowjetischen Streitkräfte in Deutschland unter Leitung des Generalleutnants Šišin und die »Verwaltung für Angelegenheiten der Sowjetischen Aktiengesellschaft in Deutschland«. Die Verwaltung der SAG-Betriebe unterstand dem Außenhandelsministerium der UdSSR, der Hauptverwaltung für sowjetisches Eigentum im Ausland. Alle diese Einrichtungen lieferten noch mehrere Jahre lang Nachschub für den Güterzugverkehr Berlin – Černjachovsk – Kaunas – Minsk – Smolensk, auch als die deutschen Arbeitskräfte zum Umladen längst in die Gegenrichtung abgereist waren.

Soweit die staatlichen Dimensionen der Kriegsbeute. Und die privaten?

Kriegsbeute war Staatseigentum. Laut Anweisung der Frontkriegsräte im Januar 1945 wurde sämtliches deutsches Eigentum in den Einmarschgebieten zu sowjetischem Staatseigentum erklärt. Nach Kriegsende gab es eine Richtlinie des sowjetischen Finanzministeriums, derzufolge alle Betriebe und Einrichtungen, die in den Genuß von Beutegegenständen kamen, diese taxieren lassen mußten und den Rubelpreis dann an eine spezielle Abteilung des Finanzministeriums zu entrichten hatten. Die »Privatisierung« von Beutegegenständen war nach Kriegsende offiziell nicht mehr statthaft. Einige Ausnahmen wurden per Anweisung fixiert; so regelte der Beschluß des GKO Nr. 9036 vom 9. Juni 1945 die Verteilung eines Teils des Beuteguts: Jeder General und Admiral erhielt unentgeltlich einen Wagen der Marken »Mercedes« oder »Opel«, aktive Offiziere erhielten – je nach Vorrat – kostenlos ein Motorrad oder Fahrrad. Aktiven Generälen wurde gestattet, einen Beutegegenstand käuflich zu erwerben. Die Preise waren fiktiv: Ein Klavier kostete zwei- bis dreitausend Rubel, ein Radioempfänger zwischen 200 und 300 Rubel. *»Hier handelte es sich um die erste Kategorie von Waren und Käufern«*, kommentiert Pavel Knyševskij, der Verfasser eines Buches über die sowjetische Kriegsbeute.[224] Die zweite Kategorie von Waren umfaßte Teppiche, Tee- und Speiseservices sowie Photoapparate und ähnliches. Im Vergleich zum Preisgefüge innerhalb der UdSSR – wo derartige Waren gar nicht verfügbar waren – erhielten die Generäle die Dinge quasi umsonst. Allerdings verwundert nicht die Höhe der Preise, sondern der Modus des Erwerbs: Zum ersten Mal mußten Armeeangehörige ihre Siegesbeute kaufen.[225]

Im benachbarten Litauen versuchten Militär und Eisenbahner, an diesem Beutesegen zu partizipieren. So lagen im Sommer 1945 im Hafen von Kaunas Dutzende Lastkähne mit verschiedener Art Reparationsgut aus Ostpreußen, zu denen keinerlei Dokumente existierten.[226] Die Militärstaatsanwaltschaft beschwerte sich wiederholt bei der Abteilung Transport beim ZK der LKP über solche Unregelmäßigkeiten bzw. den Mißbrauch der Transportkapazitäten und verhängte Strafen für unrechtmäßige Veräußerung von Beutegut über Schiffer.[227] Offiziere und Soldaten von Einheiten, die aus Königsberg abgezogen und in Litauen disloziert wurden, nutzten ihre Kenntnisse und Beziehungen, um illegale Geschäfte zu betreiben.[228] Immer wieder gab es Beschwerden auch über zivile sowjetische Kader, die nicht ihren Pflichten nachgingen, sondern in das Kaliningrader Gebiet fuhren, um deutsche Waren und Einrichtungsgegenstände zu erwerben. Bezahlt wurde entweder mit Lebensmitteln, oder aber – was häufiger geschah – mit Schnaps.[229]

Die meisten Soldaten hatten sich überdies infolge des »Päckchen-Befehls« vom 20. Dezember 1944, der erstmals Armeeangehörigen Sendungen nach Hause gestattete, einen kleinen Anteil privater Kriegsbeute gesichert. Obwohl dieser Befehl nach Kriegsende keine Gültigkeit mehr besaß, galten diejenigen, die nach Kriegsende in den Besatzungsgebieten verblieben waren, als bei weitem privilegiert, da sich ihnen weiterhin die Möglichkeit der »zusätzlichen Eigenversorgung« bot – auch wenn es keine Garantie dafür gab, daß die Sendungen wirklich unbeschädigt und ungeplündert die Heimatadressaten erreichten. Jeder versuchte, seinen Anteil ins Sichere zu bringen: die Armeeangehörigen, die Vertragsarbeiter, die in das Gebiet geschickt wurden, und auch die Eisenbahner, die bisweilen in Kaliningrad zusätzliche Waggons an Züge ankoppelten, um sie später auf litauischem Gebiet, entweder in der Nähe von Kaunas oder in Lentvaris bei Wilna, abhängen zu lassen. Es existiert ein Protokoll des MGB [Ministerstvo gosudarstvenogo bezopastnosti = Ministerium für staatliche Sicherheit] über die Beschlagnahmung derartiger Waggons. Im beigefügten Inhaltsverzeichnis hatte man unter anderem verzeichnet: *»294 Schreibtischuhren, 27 Klaviere, 153 Nähmaschinen, 20 Radios.«*[230] Allen Beteiligten müssen die ersten Nachkriegsjahre als das Geschäft des Jahrhunderts erschienen sein. In Tilsit nahm im Sommer 1946 der Handel mit Möbeln, Musikinstrumenten, Radios, Schreibmaschinen, Klavieren und anderen Gegenständen derartig überhand, daß die Miliz einschritt, um die weitere »Privatisierung« von Staats- und Betriebseigentum zu verhindern.[231] Für alle, die Arbeit, ein Minimum an Kapital sowie irgendwelche staatlichen Befugnisse in der Nähe Ostpreußens besaßen und über Transportmöglichkeiten verfügen konnten, stellten diese Jahre eine Goldgräberzeit dar.

V. Die sowjetische Repatriierungspolitik

V.1. Die Rückführung der Sowjetbürger

Um die Ausweisung der deutschen Bevölkerung aus Königsberg, die in den Jahren 1947/1948 erfolgte, historisch einordnen zu können, ist es erforderlich, sie in den Kontext der freiwilligen bzw. erzwungenen Wanderungsbewegungen jener Jahre einzubetten. Außer der recht bekannten Flucht- und Vertreibungsbewegung von Ost nach West existierte auch ein Strom in Gegenrichtung, der bisher nicht ausreichend untersucht wurde, ja normalerweise noch nicht einmal bekannt ist.

Verschiedene Aspekte der Repatriierungswelle in die UdSSR, die ursächlich durch einen Beschluß des RdV der UdSSR ausgelöst wurde, sind in der zeitgeschichtlichen Literatur bereits mehrfach erörtert worden. Dabei standen jedoch Soldaten respektive Kriegsgefangene im Vordergrund.[232] Das Schicksal von Zivilpersonen wurde in diesem Kontext bisher nur marginal betrachtet. Arbeiten über Maßnahmen sowjetischer Behörden zur Repatriierung liegen bisher – mit Ausnahme des Aufsatzes von Viktor Zemkov[233] – nicht vor.

Am 4. Oktober 1944 nahm der RdV der UdSSR einen Beschluß über die Rückkehr aller sowjetischen Staatsbürger in ihre Heimat an. Zwar waren die Bürger aus psychologischen Gründen nicht besonders erwünscht, doch stand an erster Stelle die Absicht, eine neue – zweite – Emigrationswelle zu verhindern, die zweifelsohne ein Instrument der antisowjetischen Politik im Ausland geworden wäre. Der stalinistische Staat wollte sein Monopol auf Auslandsbeziehungen stärken und ausbauen und ebenfalls seinen Herrschaftsanspruch über Nachrichten aus dem Ausland. Obwohl auch wirtschaftliche Gründe für die Repatriierung nicht von der Hand zu weisen waren, immerhin benötigte man jede Arbeitskraft, hatte doch die UdSSR im Krieg große Bevölkerungsverluste erlitten, standen die sicherheitspolitischen Gründe an erster Stelle.

Dem Beschluß folgten noch im gleichen Jahr Maßnahmen zum Aufbau einer gesamtsowjetischen Repatriierungsbehörde[234] mit Außenstellen – sogenannten Ämtern – in verschiedenen Unionsrepubliken unter der Leitung des Generaloberst Fjodor Golikov. Die Außenstellen, die später in der SBZ, in Österreich, Polen, der Tschechoslowakei und auch in Rumänien eingerichtet wurden, verfügten stets über ein oder mehrere Sammellager. In der Literatur wird bisweilen über »NKVD-Lager« berichtet. Tatsächlich handelte es sich dabei häufig um Repatriierungslager, die von der »Abteilung für Repatriierung und Bürgersuche der vereinigten Nationen der Sowjetischen Militäradministration in Deutschland« eingerichtet worden waren, natürlich eng mit dem sowjetischen Innenministerium zusammenarbeiteten, aber direkt dem Rat der Volkskommissare (ab Mitte 1946 dem Ministerrat der UdSSR) unterstanden. Lager auf dem Gebiet der SBZ befanden sich u. a. in: Cottbus (Nr. 260), Döbeln (Nr. 256) und Oschatz (Nr. 363). Das Hauptlager war in Brandenburg (Nr. 226) eingerichtet. Als Lager dienten Kasernen, Zuchthäuser und ähnliche Gebäude, die man kurzerhand umfunktionierte. Nicht nur Kriegsgefangene und Ostarbeiter kehrten zurück, auch überlebende Juden. Die Repatriierungsbehörde in Šiauliai (LSSR) teilte 1945 sogar mit, 80 % ihrer Repatrianten seien Juden.[235]

Die Repatriierung umfaßte nicht nur die Rückführung der sowjetischen Bürger aus dem Ausland, sondern auch die innerhalb der UdSSR Evakuierten. Noch im Oktober 1944 begann die Rückführung sowjetischer Bürger aus Finnland, Rumänien, Frankreich und anderen Staaten. Die Repatriierung von Bürgern aus dem Handlungsraum der britischen und US-amerikanischen Streitkräfte gestaltete sich sehr schwierig.

Erst eine Übereinkunft zwischen den Alliierten während der Jalta-Konferenz am 11. Februar 1945 beseitigte die Hemmnisse. Die Alliierten sicherten Stalin die Repatriierung der sowjetischen Bürger zu, da sie im Gegenzug die rasche Rückführung ihrer 100.000 Kriegsgefangenen, die sich im jetzigen oder künftigen sowjetischen Machtbereich befanden, erhofften. Trotzdem kam die Übergabe der zu Repatriierenden vorläufig nicht zustande. Am 22. Mai 1945 endeten in Halle weitere Verhandlungen der Alliierten in dieser Angelegenheit, die von sowjetischer Seite durch den Bevollmächtigten des RdV, Generalleutnant Golubov, geführt wurden. Die Delegation der Westalliierten leitete General P. W. Barker. Die Verhandlungen waren zäh, da Barker sich sträubte, die Formulierung *»alle sowjetischen Bürger ohne Ausnahme«* zu akzeptieren. Er forderte Personenverzeichnisse und Schriftstücke. Im Gegenzug bot die westliche Seite zur Lösung des immensen Transportproblems eine Luftbrücke mittels 500 Flugzeugen an, was von der sowjetischen Delegation unter Hinweis auf ausgiebige Spionagemöglichkeiten der alliierten Flugzeugbesatzungen scharf abgelehnt wurde. 650.000 Repatriierte kehrten deshalb letzlich zu Fuß in die UdSSR zurück. Zeidler erwähnt einen Bericht des Zeitzeugen Antipenkos: *»Sie marschierten im Lauf des Sommers 1945 auf fünf verschiedenen Routen von ca. 1000 km Länge in Kolonnen von je 5000 Mann unterteilt, die in Abständen von einem Tag einander folgten.«*[236] Schließlich hatte man den sowjetischen Forderungen unter der Bedingung entsprochen, daß die alliierten Kriegsgefangenen umgehend entlassen werden. Generalleutnant Golubov erhielt die Zusicherung, daß sowohl *Vostočnikov* (diejenigen, die erst im Laufe des Zweiten Weltkriegs nach Deutschland gelangt waren) wie auch *Zapadnikov* (die Emigranten der zwanziger und dreißiger Jahre) an die UdSSR ausgeliefert werden würden. (Später versuchten die Westalliierten diese Praxis milder zu handhaben.)

Am 23. Mai 1945 wurden die ersten Rückkehrer über die Demarkationslinie gebracht. Bis zum 10. Dezember 1945 übergaben die Westalliierten den sowjetischen Behörden 2.033.164 Personen zur Rückführung.

Vom 22. Mai 1945 bis zum Vorabend der Potsdamer Konferenz wurden auch Deutsche in ihre Heimat östlich der Oder zurückgebracht. Nach dem 18. Juli fanden keine Sammeltransporte mehr statt. Eine Ausnahme stellten die Memelländer dar. Damals stand in der sowjetischen Besatzungspolitk noch nicht so sehr die ideologische Herrschaftssicherung in den okkupierten Gebieten im Mittelpunkt, sondern vielmehr die Ausstattung mit Arbeitskräften für die Einrichtungen der Besatzungsmacht in den entvölkerten Gebieten. In der Stellungnahme der britischen Delegation zur Tagesordnung für »Terminal« (Deckname für die Potsdamer Konferenz) hieß es, daß jetzt mehr als eine halbe Million russischer Kriegsgefangener und verschleppter Personen in die russische Zone überstellt worden seien: *»Bitten des höchsten russischen Verbindungsoffiziers um Repatriierung sind, wo immer möglich, erfüllt und Beschwerden unverzüglich geprüft worden.«*[237]

Bei den Alliierten herrschten keinerlei politische Bedenken gegen die Repatriierung, sämtliche Erwägungen waren von reinem Pragmatismus geprägt: *»Es ist damit zu rechnen, daß alle russisch verschleppten Personen und ehemaligen Kriegsgefangenen etwa bis Ende August repatriiert sein werden, obwohl dies von der Anzahl abhängt, die die Russen aufnehmen können. Es ist deshalb unwahrscheinlich, daß die Unterbringung der Russen im Winter zu unseren Lasten geht. [...] Die Disziplin der russischen verschleppten Personen und ehemaligen Kriegsgefangenen war und ist schlecht und hat sich auf die Ernährungslage in der britischen Zone nachteilig ausgewirkt.«*[238] Auf der Elften Sitzung der Außenminister der Potsdamer Konferenz wiederholte Molotov die Forderung nach Rückkehr der Kriegsgefangenen, worauf ihm Byrnes u. a. erwiderte: *»Sie [die Amerikaner – R. K.] seien nicht daran interessiert, sie zurückzuhalten, da sie schon genug Menschen in ihrer Zone zu ernähren hätten.«*[239]

Es wurden sogar amerikanische Hilfssendungen mit Konserven und Kleidung für Repatrianten in der UdSSR zur Verfügung gestellt, die jedoch oft nur die Etagen der Repatriierungsverwaltung erreichten.[240]

Esten, Letten und Litauer unter den Repatrianten, die sich im wehrpflichtigen Alter befanden, wurden nach der Erfassung in Baukolonnen des NKO[241] überführt, die vorwiegend in der RSFSR eingesetzt wurden.[242] Vermutlich versuchte man auf diesem Weg, die Männer vom bewaffneten Widerstand in der baltischen Region fernzuhalten. Erst zum 14. Mai 1947 erfolgte deren Entlassung in die Heimatrepublik.[243]

Während die sowjetische Führung es eilig hatte, ihre Bürger aus dem besetzten Deutschland zurückzuholen, herrschte im nördlichen Ostpreußen in dieser Hinsicht kein Druck. Dort wurden die Arbeitskräfte gebraucht. Am 1. Mai 1946 hielten sich im Königsberger Gebiet noch 8839 sowjetische Bürger, ehemalige Zwangsarbeiter, auf. Wie alle ihre Schicksalsgenossen mußten auch diese zunächst nach Hause zurückkehren, um bei den dortigen Repatriierungsbehörden vorstellig zu werden. Erst danach konnten sie als Neusiedler in das Königsberger Gebiet zurückkehren.[244] Allerdings hatten die Behörden im nördlichen Ostpreußen kein Interesse, sie rasch in die Heimat zurückzuschicken, da sie als billige Arbeitskräfte vor Ort eingesetzt wurden.

1946 ging die Anzahl der Rücksiedler schlagartig zurück. Es mehrten sich Anzeichen für eine *zweite Emigration*. Daraufhin griffen die Repatriierungsämter zu einer Vielzahl von Maßnahmen, um das Repatriantenaufkommen zu erhöhen, das überdies alljährlich als Plansoll fixiert wurde. Trotzdem häuften sich in den folgenden Jahren die Beschwerden und Entschuldigungen innerhalb der Repatriierungsbehörde, es wieder einmal versäumt zu haben, das Planziel zu erreichen.

Eine gravierende Rolle maßen die Repatriierungsämter dem Briefwechsel zwischen zurückgekehrten und noch im Ausland weilenden Bürgern zu. Die Behörde warb damit, zuverlässig Briefe weiterzuvermitteln. Viele Bürger nahmen dieses Angebot wahr, da zu jener Zeit Briefe aus dem Ausland nicht selten sechs Monate unterwegs waren und sie sowieso nach jeder nur erdenklichen Möglichkeit fahndeten, ihre Familienmitglieder wieder zusammenzufinden. Andere aber widersetzten sich der steten Aufforderung, Briefe zu verfassen, da sie ahnten, daß ihre Schreiben mißbraucht würden. In den Unterlagen der litauischen Repatriierungsbehörde finden sich dicke Konvolute mit genauen Listen über Briefkontakte Repatriierter mit im Ausland lebenden Landsleuten. Die Akte 1557 der Repatriierungsabteilung enthält auf 234 Seiten Verzeichnisse der Briefe, die von »Bürgern der LSSR«, die in Deutschland zurückgeblieben waren, 1948 nach Litauen geschickt wurden, sowie Auflistungen aller Schreiben, die sie im gleichen Zeitraum erhalten haben. Natürlich fungierten die Repatriierungsabteilungen als Zensoren. In den Akten finden sich ab und an Schreiben, die wegen negativer Äußerungen (beispielsweise über Aktivitäten des bewaffneten Untergrundes) keinesfalls in den Westen gelangen durften. Andererseits schuf sich die Behörde so ein genaues Bild über die Art der Kontakte ihrer Bürger mit dem Ausland. Immer wieder wurde auch versucht, Druck auszuüben. Auch Parteifunktionäre erzeugten Druck, um zur Erfüllung des Briefsolls beizutragen, wie das nachfolgende Schreiben des Leiters der litauischen Repatriierungsbehörde, Slavinas, vom 8. Oktober 1948 an den Vorsitzenden des Stadtkomitees Kybartai beweist: *»Von den repatriierten Bürgern, die nach Kybartai gekommen sind, haben wir bis jetzt keine Briefe erhalten, die sie an ihre in Deutschland zurückgelassenen Bekannten* *und Verwandten schreiben sollten. Obwohl Sie während Ihres Aufenthaltes in Wilna versprochen haben, sich persönlich dieser Angelegenheit anzunehmen, ist die Lage weiterhin unverändert. Bitte sammeln Sie unter den in Kybartai angekommenen Repatrianten Briefe positiven Inhalts und senden Sie mir diese.«*[245]

Oft gaben die Bürger in Litauen nach und verfaßten nach mehreren persönlichen Gesprächen mit Funktionären Schreiben an ihre Angehörigen, in denen sie um deren Rückkehr baten. Oder aber die operative Abteilung der Repatriierungsbehörde, d. h. die jeweiligen Außenstellen, versuchten selbst, mit den Exilierten Kontakt aufzunehmen. In den häufigsten Fällen zeitigten diese Anstrengungen jedoch keinen Erfolg, wie auch der nachfolgende Fall beweist: *»Die entsprechende Abteilung in Deutschland hat dem Bürger Georg L. an die angegebene Adresse im April, Juli und September Briefe gesandt, in denen ihm vorgeschlagen wurde, in die Heimat zurückzukehren. Keiner der Briefe ist zurückgekommen, aber der Bürger L. hat auch nicht geantwortet. Jetzt wird an diese Adresse regelmäßig sowjetische Literatur geschickt.«*[246] Infolge massiver Bedrängungen wechselten dann die Flüchtlinge ihre Adresse, um nicht mehr von den Repatriierungsoffizieren behelligt zu werden, und brachen jeglichen Kontakt in die Heimat ab. Häufig wandten sich daher auch Mütter voller Verzweiflung an die Behörden, da sie zu ihren Söhnen, die nicht gewillt waren, aus Deutschland zurückzukehren, keine Verbindung mehr hatten.

Der politisch naive Versuch von Angehörigen, ihre Familien wieder um sich zu versammeln, traf sich mit der Absicht der Behörde, »Westverwandtschaft« möglichst zu verhindern.

Im Gegensatz zu anderen Staaten, die im Zweiten Weltkrieg nur Männer internierten – beispielsweise Großbritannien – hat die UdSSR wie früher bei Bevölkerungsverschiebungen mit der Kategorie »Familie« operiert. Die Deportationsurkunden nach Sibirien waren meist auf den Namen des Familienvaters ausgestellt, doch die Familie erhielt jederzeit das »Recht«, ihn zu begleiten – ja es war sogar erwünscht. Reisten Kinder nicht in die Verbannung hinterher, mußten sie sich von der Familie distanzieren. (Die spätere Ausreisepraxis der siebziger und achtziger Jahre in der UdSSR und der DDR mit den Verzichtserklärungen der Angehörigen hat ihre Wurzeln in genau diesem Denken.)

Die Behörden versuchten außerdem, Presse und Rundfunk propagandistisch für die Repatriierung zu nutzen. Die Repatriierungsbehörde gab Zeitungen für die Bürger im Ausland heraus.

»Zweite Emigration«, gestaffelt nach Nationalitäten (Stand 1. Januar 1952)[247]

Nationalität	Anzahl	Anteil an der gesamten Emigration
Russen	31.704	7,02 %
Ukrainer	144.934	32,10 %
Belorussen	9.856	2,18 %
Letten	109.214	24,19 %
Litauer	63.401	14,04 %
Esten	58.924	13,05 %
Übrige	33.528	7,42 %
Insgesamt	451.561	100,00 %

Beispielsweise trug das Blatt für die Litauer im Ausland den Titel »Tevynės balsai« (Stimmen der Heimat). Die Presse stand unter strenger Aufsicht der Moskauer Repatriierungsbehörde, die vor der Drucklegung die – extra für die Zensur angefertigte – russische Übersetzung durchsah. Diese Presseerzeugnisse waren jedoch nicht für die Bürger innerhalb der UdSSR bestimmt, ihre Verbreitung war dort untersagt. Es mangelte stets an positiven Rückkehrerbeispielen, die in der Presse oder in den Auslandssendungen des Rundfunks vorgestellt werden konnten. So ergingen regelmäßig folgende und ähnliche Anweisungen an die Mitarbeiter der Bezirksverwaltungen: *»Gemäß dem zugestellten Verzeichnis der Repatrianten aus den westlichen Zonen ist folgende Arbeit zügig zu verrichten [...]: 3. Nach dem Gespräch mit dem Repatrianten und der Kenntnisnahme über seine Lebensumstände herausfinden, ob er sich a) für einen Radioauftritt oder b) für ein Fotojournal eignet. Diese Arbeit ist unverzüglich zu verrichten.«*[248]

Häufig forderte die Repatriierungsbehörde Personen anhand ihrer Namen an, woraufhin es manchmal geschah, daß die zuständige Bezirksverwaltung mitteilte: *»Sie kann nicht in litauischer Sprache im Radio auftreten, da sie überhaupt kein Litauisch versteht.«*[249] (In diesem konkreten Fall war die Frau 1948 aus der amerikanischen Zone nach Klaipėda zurückgekehrt.) Die Sendungen mit Propagandaschriften und Aufforderungen zur Rückkehr gab es noch in den achtziger Jahren.

Bis 1952 wurden insgesamt 4.304.381 Bürger repatriiert, davon 44,7 % aus sowjetischen Besatzungszonen im Ausland, 53,3 % aus der britischen und amerikanischen Besatzungszone Deutschlands und anderen westlichen Staaten.[250] Unter diesen stellten die Litauer die fünftgrößte Gruppe (nach Russen, Ukrainern, Weißrussen und Polen) mit 50.396 Rückkehrern dar. Von den 11.428 jüdischen Repatrianten entfiel gleichfalls ein großer Teil auf Litauen. Im Gegensatz zu den russischen und ukrainischen Rückkehrern, die größtenteils Kriegsgefangene waren, bestand das Gros der baltischen Rückkehrer aus Zivilflüchtlingen mit zum Teil komplizierten Vorgeschichten. Beispielsweise lebten die Litauendeutschen seit dem 15. Jahrhundert als Minderheit in litauischen Städten und dem Grenzgebiet zu Ostpreußen. Anläßlich der Eingliederung Litauens in die Sowjetunion 1940 hatten alle Einwohner die sowjetische Staatsbürgerschaft erhalten. Entsprechend einer Klausel aus dem geheimen Zusatzabkommen zum Hitler-Stalin-Pakt und dem daraus resultierenden Repatriierungsvertrag vom 10. Februar 1941 durften sie dann im Februar 1941 nach Deutschland ausreisen. 50.167 Personen verließen damals unter der Losung »Heim ins Reich« das Land, prozentual weitaus mehr, als bei den entsprechenden Aktionen in Lettland und Estland, was sich durch den späteren Zeitpunkt der litauischen Migration erklären läßt.[251] Die Deutschbalten waren – bis auf eine kleine Gruppe Nachzügler – vor dem Anschluß an die Sowjetunion ausgereist. Im Winter 1941 nutzten jedoch auch viele Litauer die Möglichkeit, der kommunistischen Herrschaft zu entkommen.

Etwa 25.000 Litauendeutsche kehrten ab 1942 unter der deutschen Besatzung nach Litauen zurück. Fast alle Angehörigen dieser Gruppe sowie auch Litauendeutsche, die sich nicht hatten repatriieren lassen, flüchteten dann 1944 vor dem Heranrücken der Roten Armee.[252] Nach der damaligen Lesart der Alliierten bezichtigte man alle litauischen Flüchtlinge der Kollaboration mit dem deutschen Besatzungsregime, weswegen ihnen auch kein übermäßiges Engagement zuteil wurde und man ihre russische Repatriierung nach 1945 für gerechtfertigt hielt. Damals wußte freilich niemand außerhalb der litauischen Grenzen, daß diejenigen Litauendeutschen, die sich nicht auf die Flucht begeben hatten, im Frühjahr 1945, noch vor Kriegsende, nach Tadshikistan deportiert worden waren. Die Regierung der UdSSR erklärte den Repatriierungsvertrag vom 10. Januar 1941 nach Kriegsende für ungültig, woraus nach ihrer Logik resultierte, daß alle damals Repatriierten sowjetische Staatsbürger seien, die es nun zurückzuführen gelte, *»nachdem sie das Joch der deutschen Sklaverei überlebt hatten«.*[253] Auf ähnliche Art und Weise korrigierte die UdSSR verschiedene Bevölkerungsverschiebungen in Ost-West-Richtung, die seit 1941 mehr oder weniger freiwillig erfolgt waren.

Gemäß den Richtlinien der gesamtsowjetischen Repatriierungsbehörde hatten alle Rückkehrer ein Aufnahmelager des NKVD[254] zu durchlaufen, dessen Hauptanliegen zum ersten in der Ermittlung und Abschöpfung der Aufenthalte der Bürger lag (wofür umfangreiche Fragebogen ausgefüllt werden mußten[255]) und zweitens in der Vermittlung kommunistischer Propaganda bestand. Immer wieder fragten Bürger an, ob sich derartige Lageraufenthalte – über die sich rasch schreckliche Berichte verbreitet hatten – nicht umgehen ließen. Die stereotype Antwort auf derartige Fragen lautete: *»Eine Rückkehr ohne Filtration ist nicht statthaft.«*[256] Jeder Bürger erhielt nur gegen Vorlage einer entsprechenden Bescheinigung einen Paß und die einmalige finanzielle Hilfe des lokalen Repatriierungsamtes.[257]

Spätestens bei Ankunft im Filtrationslager begriffen die meisten Rückkehrer, daß sie einen kapitalen, nicht wieder zu korrigierenden Fehler begangen hatten. Ein Mitarbeiter der litauischen Repatriierungsabteilung berichtete im März 1948 über die Zustände des Lagers Grodno: *»In den Baracken ist es sehr kalt ... das Essen im Lager von Grodno wie auch die Unterkünfte sind nach Meinung aller Repatrianten die schlechtesten, die sie bisher erlebt haben. Wiederholt kommt es vor, daß litauische Repatrianten im Lager arbeiten müssen [...]. Ins Lager gelangen Spekulanten aus Grodno, die zweifellos ihren Nutzen daraus ziehen, daß die Repatrianten über keinerlei sowjetische Zahlungsmittel verfügen. Hinter der Lagerumzäunung stehen gleichfalls ständig zahlreiche Spekulanten. Es hat sich herausgestellt, daß sie ihre Waren mehr als 100 % teuerer verkaufen, als diese in Grodno zu haben sind. Die litauischen Repatrianten haben sich besonders darüber beschwert, daß sie in das Lager ohne einen sowjetischen Rubel kamen und so gezwungen sind, ihre mitgebrachten Dinge fast umsonst den Spekulanten zu überlassen.«*[258]

Die Rückkehrer trafen von vornherein auf Skepsis. Die Mehrheit des politischen Personals in den Filtrationslagern hatte keinerlei Auslandserfahrung, verfügte nur über den engen innersowjetischen Horizont und mußte schon aus diesem Grund den Repatrianten gegenüber eine neidische, mißtrauische bis negative Haltung an den Tag legen, was selbst die gutwilligsten Rückkehrer heftig enttäuschte. Es sollte jedoch noch viel schlimmer kommen:

Zwar gab der NKVD vor, ehemalige Helfershelfer der Nationalsozialisten und Kollaborateure aufspüren zu wollen, erklärte aber auch Tausende mutmaßliche Gegner der stalinistischen Ordnung zu Hitleranhängern und ließ sie bestrafen. Die Filtration war im Grunde eine politisch motivierte Säuberung unter dem Deckmantel der Enttarnung faschistischer Kollaborateure bzw. der Entnazifizierung. Am härtesten bestraft wurden diejenigen, die »objektiv« den Klassenfeinden zuzurechnen waren, die also selbst – oder deren Eltern früher – einer alten Elite angehörten (das Argument der sozialen Herkunft) und auch alljene, denen man konterrevolutionäre Ideen zutraute. Sie alle wurden nach Sibirien verbannt.

Vielen anderen Repatrianten wurden Vergehen nach Artikel 58 des sowjetischen Strafrechtes vorgeworfen. Unter der Überschrift »Konterrevolutionäre Verbrechen« waren hier extrem weit interpretierbare Straftatbestände definiert. Beliebt waren bei den NKVD-Offizieren vor allem Absatz 3 und 4: Zehn Jahre Freiheitsstrafe gab es in der Regel für *»die Unterhaltung von Beziehungen zu einem ausländischen Staat oder zu einzelnen Vertretern in konterrevolutionärer Absicht«* bzw. für *»jegliche Art von Unterstützung desjenigen Teils der internationalen Bourgeoisie, der die Gleichberechtigung des kommunistischen Systems nicht anerkennt«*. Theoretisch waren diese Tatbestände auf alle Rückkehrer anwendbar. Hier fand die Kriminalisierung und Isolierung potentiell politisch Andersdenkender statt. Es funktionierte also, wie Karl Wilhelm Fricke es genannt hat, das *»Prinzip der sozialen Prophylaxe«*.[259]

Ein großer Teil der Befragungen und Verhöre sollte die Rückkehrer außerdem zur Denunziation bewegen. Nach Absatz 12 des bereits erwähnten Strafrechtsartikels war diese juristisch durchsetzbar, da man auch *»für Nichtanzeige eines in Vorbereitung befindlichen oder vollendeten konterrevolutionären Verbrechens«* mit Gefängnis bestraft werden konnte.

Filtration – so läßt es sich zusammenfassen – war ein kollektiver Terror mit vorrangig präventiver Zielsetzung. Das Dilemma oder das Konfliktpotential bestand darin, daß der Wunsch, die Landsleute zurückzubekommen, eher politischer Wille Moskaus war, die örtlichen Abteilungen des NKVD (in den Heimatorten) sich aber gegen die Wiederaufnahme der »Volksfeinde« sperrten und daher zusätzliche sicherheitsdienstliche Maßnahmen ergriffen. Das Bemerkenswerte an dem Konzept der Repatriierung war einerseits die immense Angst vor Opposition im Ausland und der Versuch, die erste Emigration im nachhinein rückgängig zu machen, andererseits der anmaßende Gedanke, man könne die Leute wieder auf stromlinienförmiges Bewußtsein trimmen und ihre Erfahrungen auslöschen. Die Auslandserfahrung der Sowjetbürger hatte Zweifel an der Ideologie aufkommen lassen. Die Emigranten hatten gelernt, daß Arbeiter auch Menschen waren und in vernünftigen Wohnungen lebten. Für ihre Erfahrungen wurden sie hart und lange bestraft. Bis zur Amnestie 1995 anläßlich des 50. Jahrestages des Kriegsendes waren sie, hauptsächlich ehemalige Kriegsteilnehmer und Zwangsarbeiter, in Rußland vom Bezug der Altersrente ausgeschlossen.

V.3. Die Repatriierung der Memelländer

Die Repatriierungsviten der Memelländer sind stark mit der Spezifik ihrer Flucht- und Evakuierungsgeschichte verkoppelt. Rückblickend lassen sich im großen und ganzen drei Wege unterscheiden:

a.) Eine bis jetzt nicht quantifizierte Gruppe Memelländer mit einer traditionell preußisch-litauischen Identität und deutlich litauischen Kulturbestrebungen wurde Ende 1941 lebenslänglich aus dem Memelland als Grenzregion des Reiches in das Innere Deutschlands ausgewiesen – fußend auf § 1 des Gesetzes zum Schutz der Reichsgrenze.[260] Von ihnen kehrte ein Teil sofort nach Kriegsende zurück, durchlief wie alle anderen die Filtrationslager und unterlag der besonderen Aufmerksamkeit des NKVD, da sich diese Personengruppe bereits im nationalsozialistischen Deutschland unangepaßt – aber nicht kommunistisch – verhalten hatte, und die Sicherheitsorgane deshalb befürchteten, daß sie auch künftig aufsässig sein würde. Außer dem disziplinarischen Motiv beargwöhnte die Repatriierungsbehörde die nationale Orientierung dieser Gruppe. Nationallitauische Werte standen bereits auf dem Index, ja gerieten sogar in die Nähe von faschistischem Gedankengut.

Auf Grund des frühen Zeitpunktes ihrer Rückkehr hatten diese Memelländer in den ersten beiden Jahren wirtschaftlich gesehen relativ gute Integrationsmöglichkeiten. Zudem zählten zu ihnen viele Vertreter der Dorfintelligenz, beispielsweise Lehrer. In politischer Hinsicht als Einheimische anerkannt zu werden, bereitete ihnen jedoch größere Schwierigkeiten, da sie von der sowjetischen Verwaltung als *»deutsch«* betrachtet wurden. Es ist merkwürdig, daß sich damals die »Großlitauer« (die katholische Bevölkerung der Republik Litauens) in keiner Hinsicht für die »Kleinlitauer« (die preußischen Litauer oder auch Memelländer) engagierten, während sich die memelländischen Litauer 1923 und in den Folgejahren für die litauischen Interessen des Gebietes sehr stark eingesetzt hatten. Innerhalb der politischen Nomenklatura der Nachkriegszeit fanden die »Kleinlitauer« keinen einzigen Vertreter ihrer Interessen. Dieses Phänomen spiegelt die tiefen historischen und kulturellen Brüche zwischen den Gruppen wieder, hat aber bis heute keine schlüssige Erklärung gefunden.

b.) Eine zweite Gruppe war im Herbst 1944 bis in den ostpreußischen Raum geflüchtet und dort von der Front überrascht worden. Dieser Personenkreis kehrte umgehend zurück, bisweilen schon im Februar 1945, sofern sie nicht durch sowjetische Aushebungen zu Beschäftigungsmaßnahmen im ostpreußischen Raum aufgehalten wurde,[261] obwohl auch dieses eine rasche Entscheidung zur Flucht in das nahe Zuhause nach sich zog. (Bisher läßt sich diese Gruppe nicht quantifizieren, sie hat aber unbedingten Einfluß auf die Frage nach der Größenordnung der Einwohnerschaft Ostpreußens beim Einmarsch der Roten Armee. Siehe XIII.2., Tabelle 2.)

Zu diesen Personen gehörten vor allem Landwirte und dörfliche, arbeitsfähige Bevölkerung, die mit eigenen Fuhrwerken geflohen waren, Kinder und ältere Personen gab es unter ihnen kaum. Dank hoher Eigenständigkeit und Initiative konnten sie rasch zurückkehren und entgingen der Filtrationsprozedur, die für Litauen respektive das Memelland noch nicht in Gang gesetzt worden war.[262] Zwar versuchte die Repatriierungsbehörde später, wenigstens den bürokratischen Teil, das Ausfüllen der Fragebögen, nachholen zu lassen (Siehe XIII.2., Tabelle 1.); größere politische Konsequenzen zeitigte diese Aktion jedoch nicht mehr. Ein anderer Teil dieser Personengruppe traf etwas später in der LSSR ein und wurde ab Sommer 1945 in Kybartai und Tauragė filtriert. Auch diese Rückkehrer konnten noch mit recht ziviler Behandlung rechnen. Manchmal vergaßen die Initiatoren sogar, die obligatorische *Rote Ecke* (eine politische Wandzeitung) einzurichten.[263] Die politische Arbeit unter der repatriierten Bevölkerung leisteten gemäß Anweisung für einen Monat der Lektor des ZK der LKP Litauens Genosse Griška und der Instrukteur des ZK der LKP Genosse Kozlov. Danach wurden in Kybartai und Tauragė Brigaden »qualifizierter Agitatoren« eingesetzt. [So der Wortlaut des Berichtes der Repatriierungsbehörde. Demnach hatten sich Lektor und Instruktor wohl nicht als qualifiziert hervorgetan. – R. K.]

26

ich S k w a r 28.8.1946
achenreuth
ndergarten
tsteinach/Oberfranken
a/US.Zone
schland

An die litauische Regierung!

Betr.: Antrag auf litauische Staatsangehörigkeit.

Die Eheleute S k w a r Friedrich, geboren 24.9.1864 in Altsellen, Kreis Niederung und Henriette Skwar, geboren 10.9.1864 in Päleiten Kreis Heydekrug, bitten aus folgenden Gründen um Erhalt der litauischen Staatsangehörigkeit.

Wir waren bereits 50 Jahre in Litauen ansässig und haben uns ein schuldenfreies Vermögen erworben. Wir möchten nun gerne nach Litauen zurück. Auf Anraten eines russischen Majors sollen wir uns deshalb an die litauische Regierung wenden. Wir sind ein altes Ehepaar und wollen deshalb unseren Lebensabend in der Heimat verbringen.

Aus oben angeführten Gründen bitten wir um Genehmigung des Antrages.

Wir möchten zurück nach Memel, Schlächterstr. 5, Ostpreußen.

Hochachtungsvollst!

Liaudies Komisarų Tarybos
Kalbarų
Gauta Nr. 65
1947 m. III. 6 d.

Friedrich Skwar
Henriette Skwar.
geb. Götzie.

Im Herbst 1946 stellten die Filtrationslager in Kybartai und Tauragė ihre Arbeit ein. Für den Empfang und die Arbeitsvermittlung der repatriierten sowjetischen Bürger wurden sechs Aufnahme- und Verteilungspunkte in Wilna, Kaunas, Panevėžys, Šilutė, Šiauliai und Telšiai eingerichtet, in denen örtliche Agitatoren tätig waren. Die Qualität der »politisch-erzieherischen Arbeit«, wie diese Propagandasitzungen offiziell genannt wurden, war in den Augen der litauischen Funktionäre und Behörden oft mangelhaft; das politische Profil der einheimischen Propagandisten entsprach noch lange nicht den sowjetischen Vorstellungen.

Die eher spontane Rückkehr der ersten beiden Gruppen endete etwa im frühen Frühjahr 1946.[264]

Ab etwa 1947 fanden dann die Filtrationsprozeduren nur noch in russischen Orten statt, wie in dem berüchtigten Lager 312 in Grodno oder später auch in Kaliningrad bzw. Černjachovsk (Nr. 321). Manche Litauer mußten sogar den Umweg über das Lager Nr. 325 in Kovel (Weißrußland) nehmen.

c) Evakuierung im Sommer/Herbst 1944: Von August bis Oktober 1944 wurden vorwiegend Frauen, alte Leute und Kinder in Familien- oder Gemeindegruppen per Bahn nach Sachsen und Bayern evakuiert. Hier handelte es sich um die Stadtbevölkerung von Memel, aber auch um Landbevölkerung, die zwei oder mehr Generationen umfaßte und die nach Kriegsende von verschiedenen Seiten dazu angehalten wurde, sich mit dem Thema Rückkehr zu beschäftigen: Einmal durch die Außenwelt, die eine rasche Lösung des Flüchtlingsproblems wünschte, zum anderen durch die Diskussion um das »Zuhause« innerhalb der Familie, die von der älteren Generation und ihrem Wunsch, zu Hause sterben zu wollen, dominiert wurde (siehe auch XV.). Einige kehrten sofort nach Kriegsende zurück, darunter vor allem jene, die eine eigene Wirtschaft besaßen oder deren Familienangehörige dort geblieben waren.[265] Eine andere, wesentlich größere Gruppe zögerte jedoch mit der Rückkehr.

Daher wandte sich die Staats- und Parteiführung der LSSR, Justas Paleckis und Antanas Sniečkus, in einem Schreiben vom 6. Februar 1946 an Generalleutnant Golikov, den Vorsitzenden der gesamtsowjetischen Repatriierungsbehörde: *»Darum ist es unumgänglich, sofort Maßnahmen einzuleiten, um die Litauer, die sich auf dem Boden der Besatzungszonen in Deutschland befinden, mit dem Leben in Sowjetlitauen bekanntzumachen, und um ihre Rückkehr zu propagieren. Zu diesem Zweck bitten wir Sie, einige litauische Offiziere in den Besatzungszonen für die Arbeit mit den litauischen sowjetischen Staatsbürgern zum Zwecke der Repatriierung zu bevollmächtigen. Wir empfehlen für die Erfüllung dieser Aufgabe die nachfolgend genannten Genossen: Oberst Antanas Adamovič Žurkus, Oberstleutnant Alexander Vitovtovič Jamontas von der 16. Litauischen Klaipėdaer Schützendivision, Hauptmann Vytautas Domovič Repšys aus der 16. Litauischen Klaipėdaer Schützendivision, Vytautas Antonovitsch Girdžius, Demobilisierter der Roten Armee (früher Major), z. Zt. Bevollmächtigter für politische Aufklärung beim Volkskommissariat der LSSR. Genosse Girdžius würde für die Zeit des Dienstauftrages wieder einen militärischen Rang führen.«*[266]

Das Repatriierungsamt berücksichtigte diese und weitere Wünsche der sowjetlitauischen Staats- und Parteiführung, die – hauptsächlich aus ökonomischen Gründen – an einer Rückführung der Bevölkerung interessiert war.[267]

Das größte Repatriierungslager in der SBZ befand sich in Brandenburg und wurde von einem litauischen Oberleutnant namens Adomaitis geleitet.[268] Darüber hinaus waren weitere litauische Repatriierungsoffiziere vor Ort – die Heimatsprache wurde bewußt als Propagandamittel eingesetzt. Die Zusicherungen der Offiziere, daß man Haus und Hof wiedererhalte, beeinflußte die Landbewohner unter den

Flüchtlingen maßgeblich. Ungeachtet der politischen Situation glaubte man als Eigenversorger besser leben zu können als im deutschen Flüchtlingslager. Die städtische Bevölkerung hingegen sah für sich keine guten Rückkehrperspektiven und argumentierte stärker politisch als wirtschaftlich. Außenweltbedingungen wie Handlungsdruck (Brisanz des Flüchtlingsproblems im Nachkriegsdeutschland), Ressourcenlage (schlechte Lebensmittelversorgung, fehlende Arbeitsmöglichkeit, die Verlockung einer Lebensmittelprämie bei raschem Entschluß zur Rückreise) und eine veränderte Rechtslage (faktische Aufhebung des Flüchtlingsstatus – deutlich spürbar in der SBZ, wo Kommunen damit begannen, Memelländern die Lebensmittelkarten zu verweigern) schufen die Vorbedingungen für ihre Entscheidung zur Repatriierung. Den letzten Ausschlag gab dann das Staatsbürgerschaftsgesetz von 1947 – das von den Flüchtlingen als staatliche Garantie für ihre Existenz gewertet wurde. Kraft dieses Staatsbürgergesetzes für die Litauer des Memellandes vom 16. Dezember 1947 konnten alle, die sich als Litauer bezeichneten und bis zum 22. März 1939 die litauische Staatsbürgerschaft hatten, rückwirkend zum 28. Januar 1945 die Staatsbürgerschaft der UdSSR erlangen. Mit diesem Gesetz begann eine neue Initiative der sowjetlitauischen Regierung zu greifen. Am 12. Dezember 1947 hatten Justas Paleckis und Antanas Sniečkus um Verstärkung der sowjetischen Propaganda zur Rückkehr der Landsleute gebeten.[269]

Gleichzeitig schickte die Vilniusser Regierung einige vertrauenswürdige litauische Offiziere zu einer Sondierungsreise in die vier Besatzungszonen Deutschlands. Einer von ihnen, Oberst Petronis, verfaßte am 30. Januar 1948 einen Bericht über seine Dienstreise an die Repatriierungsbehörde in Moskau und deren Abteilung in Berlin: »*Generalleutnant Golubev (Leiter der gesamtsowjetischen Repatriierungsbehörde) und sein Stellvertreter in der politischen Abteilung Oberst Logunov, haben die Meinung geäußert, daß die Regierung unserer Republik nicht genügend an der*

Repatriierung ihrer Bürger interessiert sei und auf zahlreiche Bitten der Repatriierungsbehörde nicht reagiert, zum Beispiel Erstellung von Rundfunkprogrammen, Presse, Briefe und dergleichen.«[270] Oberst Petronis berichtete, daß die Repatriierungsbehörde zusätzliche Finanzierungen von der LSSR erwarte. Weiter führte er aus: »*Meiner Meinung nach herrscht nicht nur über finanzielle Angelegenheiten Unverständnis, am meisten stört die gänzlich nicht vorhandene Zusammenarbeit zwischen Repatriierungsbehörde und LSSR. Der größte Mangel ist, daß in der Repatriierungsbehörde kein Organ existiert, das die Probleme der Repatriierungsarbeit begreifen kann und sich mit den 69.000 Litauern befaßt, die sich in den Westzonen Deutschlands aufhalten. Die ›litauischen Emigranten‹, wenn man sie so nennen darf, berühren ganz andere Fragen und sie führen ein ganz anderes politisches Leben als beispielsweise Ukrainer, Weißrussen oder andere. Ohne Leute, die diese Bedingungen kennen, sowie ohne die Hilfe der Regierung der LSSR und der LKP wird das Repatriierungsamt die Frage der ›litauischen Emigration‹ nicht lösen können.«*[271]

Zwar wurde von Beauftragten des Vilniusser Repatriierungsamtes dann neues Propagandamaterial erstellt, so eine Broschüre »Lietuva šiandien« [Litauen heute], eine Sondernummer der Zeitschrift »Na rodine« [In der Heimat] für das Memelland sowie sieben Flugblätter, unter anderem eines mit »Antworten des Vorsitzenden des Präsidiums des Obersten Sowjets der LSSR auf die Fragen von litauischen Displaced Persons« und ein weiteres mit Erklärungen Zurückgekommener«.[272] Trotzdem war die Zahl der Repatrianten weiter rückläufig.

Der Großteil der »litauischen Emigration« bestand aus Vertretern der Intelligenz, die sich in keiner Hinsicht von den sowjetischen Repatriierungsoffizieren motivieren ließen. Die Litauer hatten eigenständig den Entschluß zur Flucht gefaßt, weil sie das sowjetische Besatzungsregime und dessen Terror nicht noch einmal erleben wollten. Pikanterweise gehörte auch die Familie des Parteichefs Antanas Sniečkus zu den Flüchtlingen. 1947 machte Sniečkus seine Mutter in der Nähe von Hanau ausfindig und versuchte, sie zur Rückkehr in die Heimat zu überreden. Es gelang nicht, woraufhin Sniečkus den Kontakt abbrach. Auf die Frage eines Journalisten, warum sie nicht zum Sohn zurückgehe, antwortete sie: »*Solange dieses Ungeheuer an der Macht ist, kehre ich nicht in die Heimat zurück.*«[273]

Die Landbevölkerung des Memellandes hingegen war im allgemeinen Sog evakuiert worden und hatte noch keine sowjetische Besatzung erlebt. So läßt sich erklären, daß sich die Memelländer zur Rückkehr geneigter zeigten.

Die sowjetische Sicht auf das Memelland war ambivalent. Einerseits betrachtete man es als Bestandteil einer Sowjetrepublik (der LSSR), anderseits als Siegesbeute, Teil des besiegten Deutschlands. In ähnlicher Weise behandelte man deren Bewohner.

Symptomatisch ist, daß bis 1946 bei den zu repatriierenden Bürgern aus dem Memelland bzw. den baltischen Republiken nicht nach der Nationalität gefragt wurde.[274] Allerdings bot es sich nicht an, in Litauen Anträge auf Rückkehr in deutscher Sprache zu stellen. Innerhalb der Repatriierungslager in Deutschland konnte man noch deutsch sprechen, aber ab der sowjetischen Grenze brachte es nur noch Nachteile, wenn man sein Deutschtum demonstrierte. Im Februar 1945 fragte der Vorsitzende des Kreiskomitees Vilkaviškis beim Leiter der Abteilung Repatriierungsangelegenheiten, A. Liskov, an, wie er sich gegenüber zurückkehrenden Deutschen zu verhalten habe. Liskovs Antwort lautete: »*Deutsche, die 1941 nach Deutschland gegangen sind und 1945 als Litauer zurückkehren, sind schädliche Leute*«.[275] Repatriiert wurden sie zu jener Zeit trotzdem.

Im März 1947 stellte die Behörde auf eine Anfrage hin fest: »*Genehmigungen zur Einreise von Personen deutscher Nationalität und Staatsangehörigkeit können nicht gegeben werden.*«[276] Diese Aussage wurde nur wenige Monate später gesetzlich fixiert, als am 12. Juni 1947 der Beschluß des sowjetischen Ministerrates »Über die Heimkehr der litauischen, lettischen und estnischen Repatrianten« vom 13. April 1946 erweitert wurde. So hieß es dann, daß der Beschluß weder auf Deutsche noch auf Personen angewendet werden dürfe, die in der deutschen Armee bzw. Polizei gedient haben. Anfangs durften dennoch in vielen Fällen auch Deutsche zurückkehren, die sich gegenüber den Repatriierungsbehörden als solche ausgaben. So waren im Kreis Raseiniai (Zentrallitauen) unter den 302 Heimkehrern des Jahres 1945 zehn Deutsche.

Das Problem der Mischehen war im Prinzip nicht geregelt und wurde verschieden gehandhabt.[277] In den Akten findet sich der Fall eines gebürtigen Sachsen, der im Jahr 1948 versuchte, mit einer falschen litauischen Identität zu seiner angeblichen Frau nach Litauen zu gelangen. Der Betrug wurde im Repatriierungslager Nr. 226 in Brandenburg aufgedeckt, die vorgebliche Rückkehr verweigert und der Mann den örtlichen deutschen Behörden übergeben.[278]

Trotz des vielfach formulierten Einreiseverbots für Deutsche gelangten zahlreiche Personen offiziell über die Repatriierungslager zurück nach Litauen. Vermutlich mußte ein Plansoll an Repatriierten erbracht werden. Auch mag man weiterhin auf einen schnellen Adaptierungsprozeß der Deutschen gehofft haben.

Doch mit den Jahren verschlechterten sich die Startbedingungen: Im August 1948 sandte der Vorsitzende der Stadtverwaltung von Klaipėda, Kardaševičius, ein Schreiben an den Vorsitzenden des Ministerrates der LSSR, Gedvilas, und den Parteiführer Sniečkus, in dem er darlegte: »*In Wiederholung unseres Schreibens [...] vom 19. Juli dieses Jahres teile ich Ihnen mit, daß sich das Ankunftstempo der Repatrianten aus den westlichen Besatzungszonen Deutschlands nicht vermindert, sondern – im Gegenteil – zunimmt. Am 2. August dieses Jahres trafen 280 Personen ein, wir wissen, daß in nächster Zeit wieder ein Zug mit 400 Per-*

sonen kommt. Da die Stadt Klaipėda durch den Krieg schwer beschädigt ist und zur Zeit Mangel an Wohnraum herrscht, ist eine kritische Lage entstanden, und so existieren keine Möglichkeiten, die ehemaligen Bewohner der Stadt Klaipėda anzusiedeln und ihnen wenigstens minimalen Wohnraum zu geben, schon gar nicht zu reden von der Rückerstattung der von ihnen bis zur Evakuierung bewohnten Wohnungen und Eigentumshäuser, denn diese sind jetzt von Bewohnern besetzt, die vor jenen aus anderen Gebieten der UdSSR angekommen sind. Ich bitte Sie, die Lage zu berücksichtigen und die repatriierten Einwohner der Stadt Klaipėda in andere Gebiete der LSSR zu schicken.«[279]

Die Repatriierungsbehörde hatte vielfach zu vermitteln: Obwohl die Repatrianten als litauische Staatsbürger zurückkamen, wurden sie von den Verwaltungsbehörden als Deutsche betrachtet. Oftmals erhielten sie keine Pässe ausgehändigt (siehe XIII.1., Dokument 2). Ebenso schlecht stand es um Wohnraumversorgung und Arbeitsangebot. Gab es überhaupt ein Angebot an kommunalem Wohnraum, war er oft in indiskutablem Zustand: ohne Wasserleitung, Fenster und Heizmöglichkeit.[280] Kommissionen der Repatriierungsbehörde versuchten die Beschwerden der Repatrianten zu klären, aber waren häufig machtlos. So auch in dem Fall des Vorsitzenden der Stadtverwaltung von Pagėgiai, Pacevičienė, der die Memelländer als »deutsche Schweine« beschimpfte, die man entlassen und überhaupt aufhängen müsse.[281]

Für die Rückkehrer ab 1948 gab es somit in den ersten Jahren keine Integrationschancen, sie wurden politisch, materiell und moralisch benachteiligt.

Bei dem Versuch der Autorin, die Anzahl der repatriierten Memelländer zu subsumieren, fiel auf, daß die gesamtsowjetische Repatriierungsbehörde die Anzahl der zurückgekehrten Litauer – soweit sich feststellen ließ – korrekt angegeben hat, während die lokale Repatriierungsbehörde in Klaipėda mittels verschiedener Methoden versuchte, die

Zahl gering zu halten, um den wachsenden Interessenkonflikt zwischen Rückkehrern und Neusiedlern nicht weiter zu nähren.

Typisch für alle in die UdSSR zu Repatriierenden ist das Rückkehrmotiv der Heimatbindung (auch ohne die Folgen zu scheuen); atypisch ist, daß die Memelländer die einzige deutsche Gruppe unter den zu Repatriierenden darstellten, die niemals – nicht einmal wenige Monate – unter sowjetischer Herrschaft gelebt hatten. Auch der Zeitpunkt der relativ späten Rückkehr ist atypisch. Nur die Garantie der Staatsbürgerschaft, die ab Dezember 1947 angeboten wurde, gab hier den Ausschlag. (Während die Gesamtkurve der repatriierungswilligen Bürger stetig fiel, erreichte sie für die Memelländer 1948 ein letztes Hoch. Auffällig ist fernerhin, daß den Memelländern als einziger Gruppe deutscher Reichsbürger schon 1947 kollektiv die sowjetische Staatsbürgerschaft angeboten wurde. (Für die anderen Deutschen wurde diese gesetzliche Möglichkeit erst 1952 geschaffen.) Theoretisch wäre es für die Repatriierungsadministration möglich gewesen, diese Bevölkerungsgruppe von der Repatriierung auszunehmen. Ökonomische Interessen, besonders vertreten von lokalen Sachwaltern, werden den Ausschlag für die Einbeziehung gegeben haben.[282] Auf eben diesem Motiv fußte nicht zuletzt auch die Initiative für das Gesetz zur Wiedererlangung der Staatsbürgerschaft.

Zusammenfassend läßt sich feststellen, daß im Herbst 1947 eine Grundsatzentscheidung über die deutsche Bevölkerung nördlich und südlich der Memel fiel. Während die Königsberger aus dem nördlichen Ostpreußen und damit aus der Sowjetunion ausgewiesen wurden, erklärte man die Memelländer per Staatsbürgerschaftsgesetz zu UdSSR-Bürgern und öffnete ihnen das Tor zur Heimat. Unter Ausnutzung des Repatriierungsmechanismus folgte im Memelland nach dem territorialen Anschluß der bevölkerungspolitische, während für die Einwohner des nördlichen Ostpreußens der bevölkerungspolitische Ausschluß folgte.

VI. Die Zukunft der Region

VI.1. Stalins Pläne

Ungeachtet der Tatsache, daß die Rolle Stalins im politischen System der UdSSR völlig neu untersucht werden muß, da in der Überlieferung zwischen seiner tatsächlichen Funktion und dem Mythos um seine Figur schwer zu unterscheiden ist, läßt sich folgendes feststellen: Die Absichten Moskaus konkretisierten sich erst im Kriegsverlauf und in Reaktion auf das Verhalten der Westmächte. Die sowjetische Deutschlandpolitik zeigte drei charakteristische Ausprägungen: haßerfüllte Kriegspropaganda, Erörterung der territorialen, politischen und wirtschaftlichen Zukunft Deutschlands nach der Niederlage sowie der Versuch, durch Unterscheidung zwischen den »Faschisten« und dem »deutschen Volk« eine Option der Verständigung in der Nachkriegszeit offenzuhalten.[283]

Die Stalinsche Deutschlandpolitik zwischen dem 22. Juni 1941 und dem 9. Mai 1945 weist Elemente aller drei Richtungen auf und kann daher nicht auf eine Linie gebracht werden.[284]

Außerdem muß festgehalten werden, daß die Objekte Memelland und Ostpreußen aus sowjetischer Sicht Binnenprobleme darstellten und im Prinzip in keinerlei Zusammenhang mit der Deutschlandpolitik standen. Während des Zweiten Weltkrieges, konkret in den Jahren 1943 bis 1944, wurde über Radio Moskau wiederholt die folgende Parole verkündet: *»Klein Litauen – das ist das Gebiet, das von alters her von Litauern bewohnt wird, getränkt mit deren Schweiß und Blut, seine Rückkehr an Litauen wird nur ein schwacher materieller und moralischer Ersatz für* *den materiellen und seelischen Schaden sein, den Litauen jahrhundertelang durch den Deutschen Orden und die Deutschen selbst erlitten hat. Es kehrt zu Litauen zurück.«*[285]

Ein konkretes Datum für die offizielle Angliederung des Memellandes an die Litauische Sozialistische Sowjetrepublik steht nicht fest. Es existieren verschiedene Auffassungen. Der gängigsten zufolge wurde die Angliederung mit dem bereits erwähnten Staatsbürgerschaftsgesetz vom 16. Dezember 1947 vollzogen. Die Regierung der UdSSR betrachtete den Anschluß der baltischen Staaten von 1940 als nach wie vor gültig, und demnach hätte die sowjetische Staatsbürgerschaft kontinuierlich für die Balten weiterbestanden. Entsprechend dieser Logik gehörte für den Kreml auch das Memelland zur LSSR, denn die UdSSR hatte alle Verträge mit dem Deutschen Reich, die unter Hitler geschlossen worden waren, annulliert.

Doch auch Litauer – Kommunisten wie auch bürgerliche Intelligenz – zeigten starkes Interesse am Memelland. Nachdem ihre Anschlußpolitik 1939 gescheitert war, begriffen sie die Situation 1944/45 als Chance zur endgültigen Integration. Aus diesem Grund setzten Sniečkus und Gedvilas frühzeitig beim GKO durch, daß Partei- und Staatsbeauftragte ins Memelland abkommandiert werden durften.[286]

Eine schriftliche Billigung der litauischen Memellandpläne ist bisher nicht bekannt, aber man kann davon ausgehen, daß die sowjetische Regierung die litauischstämmigen Memelländer als potentielle Sowjetbürger sah und die Auffassung vertrat, die Bewohner des Memellandes seien eigentlich germanisierte Litauer, die nichts mehr von ihren Ursprüngen wüßten.[287] In den zwanziger Jahren, als das Memelland zu Litauen gehörte, hatten die Beamten der Kaunaser Regierung die Existenz der litauisch orientierten Memelländer geflissentlich ignoriert.[288] Berija erteilte der Regierung der LSSR bereits am 2. November 1944 die Genehmigung, Parteifunktionäre und administrative Mitarbeiter in das Memelland zu schicken.[289]

Am 24. November 1944 faßte das Büro des ZK der LKP den Beschluß »Über die administrative Aufteilung des Memellandes«.[290] Danach sollte der Kreis Klaipėda in den alten Grenzen fortbestehen und der Kreis Pagėgiai jeweils zur Hälfte dem Kreis Šilutė und dem Kreis Tauragė zugeschlagen werden. Mit Beschluß vom 9. Februar 1945 wurde der administrative Zustand vor dem 21. März 1939 wiederhergestellt. Gleichzeitig wurde eine Staatskommission eingesetzt, die sich mit der Wiederherstellung der Verwaltung des Memellandes und deren weiteren Ausbau sowie mit der Koordinierung verschiedener wirtschaftlicher Tätigkeiten befassen sollte. Zum Vorsitzenden der Kommission berief man den Sekretär des ZK, Kazimieras Liaudis, zu dessen Stellvertreter den Stellvertreter des RdV der LSSR, Dmitri Mamajev, zu weiteren Mitgliedern: den Vorsitzenden der staatlichen Plankommission Fjedor Petrov, den Volkskommissar für Landwirtschaft V. Vazalinskas und den Volkskommissar für lokale Industrie, F. Terešin. Ein vom litauischen ZK eingesetzter verantwortlicher Organisator für das Memelland, Zolinas, wurde schon nach kurzer Zeit nicht mehr in den Dokumenten erwähnt – vermutlich weil die Sonderstellung des Territoriums rasch endete.[291]

In den baltischen Sowjetrepubliken war die Macht 1944 lediglich symbolisch wiederhergestellt worden.[292] Da Moskau den lokalen Kommunisten nicht traute, wurden neben den stationierten Militäreinheiten sowjetische Kader ins Land geschickt, um Partei und Administration zu kontrollieren.

In der LSSR dauerte die Phase der institutionellen Herrschaftssicherung recht lange. Erst mit dem Jahr 1952 hatten sich die sowjetischen Strukturen durchgesetzt.[293] Ab Sommer 1945 wurde der in der LSSR stattfindende Transformationsprozeß einfach auf das Memelland ausgedehnt.

1945 war die Situation noch nicht eindeutig. Die sowjetischen Militäreinheiten an der Memel betrachteten das Gebiet als Beutezone und führten Demontagen ähnlich wie im

Königsberger Gebiet aus, die sowjetlitauische Regierung hielt das Gebiet ab Herbst 1944 als administrativ und real zur Republik gehörig – faktisch herrschte zwei Jahre lang eine doppelte Verwaltung.

Angesichts des sich im Herbst 1944 in Polen und Litauen formierenden massiven bewaffneten Widerstandes gegen die prosowjetischen Regierungen scheint es geradezu unerläßlich gewesen zu sein, den potentiellen Territorialgewinn Königsberg unter direkte russische Militärverwaltung zu stellen und damit einen bewaffneten Keil zwischen die vom politischen Untergrund durchsetzten Gebiete zu treiben.[294] Dieses sowjetische Kalkül erscheint auch wegen einer partiellen Zusammenarbeit zwischen litauischem nationalen Widerstand und polnischem bewaffneten Untergrund als wahrscheinlich. Demnach hätte der Brückenkopf Königsberg zur Bekämpfung des Widerstandes politische und auch militärische Funktion besessen.[295]

Wie an anderer Stelle bereits erwähnt, ließe sich weiterhin behaupten, Stalin habe Königsberg als Beutegeschenk für die Russen vorgesehen und deshalb den administrativen Anschluß an die RSFSR angewiesen. Der Entschluß, sich das Königsberger Gebiet zu sichern, könnte zusätzlich durch die Weigerung der Alliierten, die Annexion der baltischen Staaten anzuerkennen, motiviert worden sein.

Die sowjetischen Pläne für das Königsberger Gebiet waren ähnlich unberechenbar wie die sowjetische Deutschlandpolitik. Königsberg galt als Kriegsgewinn in militärischem und geopolitischem Sinn, wirtschaftlich spielte es eine eher symbolische Rolle. In der Propaganda operierte man mit dem Reichtum der Vorkriegszeit, um den Wert des Gebietes hervorzuheben. So hieß es beispielsweise im September 1945 während einer Lektion der Hochschule des RdV in Moskau: »*Jetzt hat das Räubertum von Königsberg ein Ende. Eingebunden in die UdSSR wird Königsberg keinen mehr bedrohen können und letzten Endes können alle wirtschaft-*

lichen Möglichkeiten voll für unseren friedlichen Aufbau genutzt werden. Diese Möglichkeiten sind außerordentlich groß, besonders im Bereich des Handels, denn Königsberg verfügt über einen erstklassigen Hafen.«[296] Bevölkerungspolitisch existierte kein langfristiges Projekt. In bezug auf die Westregion der UdSSR, also Gebiete an der Staatsgrenze, überwog für die sowjetischen Politiker sicherheitspolitisches Denken – aber da es sich hier um innenpolitische Aspekte handelte, verfuhr man anders als in den späteren Satellitenstaaten. Die Aneignung des Gebietes hatte in erster Linie einen hohen propagandistischen Wert. Innerhalb des GKO werden Vorstellungen zur Nutzung des Territorialgewinns diskutiert worden sein, die jedoch höchstwahrscheinlich nicht schriftlich festgehalten wurden.[297]

Auch wird es innerhalb des Kremls geostrategische Pläne zur Eroberung Königsbergs gegeben haben, die hier aber nicht diskutiert werden können.[298]

Machtpolitisch strebte die sowjetische Regierung an, im Königsberger Gebiet das bestehende totalitäre System so schnell als möglich vollständig zu übertragen. Diskussionen um Alternativen kamen gar nicht in Frage. Im Blickwinkel Moskaus existierte keine Bevölkerungsgruppe, auf die Rücksicht genommen werden mußte. Aus diesem Grund fand kein sozialer und politischer Transformationsprozeß im engeren Sinn statt, wie er sich beispielsweise in der SBZ vollzog.

Nach Kriegsende gab es in der UdSSR massive Probleme, von der Kriegswirtschaft zu einer »normalen« Volkswirtschaft zurückzufinden und die riesige Rüstungsindustrie auf die Produktion ziviler Güter umzustellen.

Wie in der sowjetischen Geschichte generell, gelten auch hier größere Zeitmaßstäbe. Die Normalisierung erfolgte mit Hilfe des 4. Fünfjahrplans, der im Frühjahr 1946 verabschiedet wurde. Die Aufgaben für diesen Zeitraum lauteten: 1. Beseitigung der Kriegsfolgen, 2. Umstellung der Wirtschaft auf Friedensproduktion, 3. Schaffung von Hilfsquellen für den weiteren wirtschaftlichen und kulturellen Aufbau.

Hauptaufgabe war, *»die in Mitleidenschaft gezogenen Gebiete des Landes wieder aufzubauen, das Vorkriegsniveau in Industrie und Landwirtschaft wiederherzustellen und zu überbieten«.*[299] Weiter hieß es im Gesetz über den Fünfjahrplan*: »[...] bei der gesamten Arbeit der Sowjets und Wirtschaftsorganisationen muß den neuen Gebieten und Territorien, die in den Bestand der UdSSR aufgenommen wurden, besondere Aufmerksamkeit gewidmet werden: dem Königsberger Gebiet, dem Petsamogebiet, dem Südteil Sachalins und den Kurileninseln ... «.*[300]

Die sowjetische Besiedlungspolitik dieser eroberten Gebiete verlief ähnlich, wie die Beschlüsse des Ministerrates der UdSSR zeigen.[301]

VI.2 Aus Memelländern werden Litauer

Bereits am 9. Februar 1945 beschloß der RdV der LSSR, die Dörfer des Memellandes neu zu besiedeln. Mehrere Faktoren haben zu diesem Entschluß beigetragen: Natürlich wollte die litauische Führung politische Tatsachen schaffen. Aber auch die wirtschaftlichen Aspekte dürfen nicht unterschätzt werden; ganze Dörfer standen leer, waren entweder bereits ausgeplündert und verwüstet oder wurden von Ausplünderung bedroht. Nicht nur die Armee marodierte und raubte. Auch die Litauer aus den grenznahen Gebieten versorgten sich reichlich. Viele von ihnen hatten vor dem Krieg auf memelländischen Höfen gearbeitet und wurden jetzt durch die kommunistische und antifaschistische Propaganda gewissermaßen doppelt ermutigt, sich auf eigene Faust zu bereichern: zum einen an ihren Ausbeutern, zum anderen an den Faschisten.[302] Empfehlungen zur Umsiedlung gab die Verwaltung mit der Begründung, daß durch Ansiedlung das dort vorhandene Inventar nicht von der Roten Armee beschlagnahmt und ausgeführt werden könne.[303]

Der Volkskommissar für Landwirtschaft wurde verpflichtet, bis zum 15. Februar 1945 unter vertrauenswürdigen Bauernfamilien, die ins Memelland umzusiedeln wünschten, 3000 Familien auszuwählen. (Bemerkenswert, daß als Siedlungseinheit – gleich ob in die Verbannung oder bei einer neuen Ansiedlung – sofort die sowjetische Einheit Familie übernommen wurde.)

Wohl auch, weil noch Winter herrschte, ging es mit der Umsiedlung nicht so recht voran. Die litauischen Nachbarkreise Kretinga, Tauragė, Telšiai und Raseiniai hatten umsiedlungswillige Familien vorzuschlagen, die Listen mußten dem NKVD zur Genehmigung vorgelegt werden. Zu den ersten Umsiedlern gehörten Bauern aus dem Kreis Tauragė. Allein 200 Familien siedelten im Februar/März 1945 freiwillig in benachbarte memelländische Dörfer um.

Die Neubauern wurden in Güterzügen transportiert.[304] Sie brachten ihr geringes Eigentum an Vieh und Saatgut mit. Die meisten waren landarme Bauern und hatten nach eigenen Angaben in ihrem Heimatkreis bis zu 5 ha Land bei der Bodenreform bekommen. Am neuen Siedlungsort bekamen sie oft das Doppelte an Land (in Abhängigkeit von der Anzahl der mitarbeitenden Familienmitglieder) und ein weit besseres Gehöft. Faktisch hatte die sowjetlitauische Verwaltung gemäß dem Gesetz »Über die Beseitigung der landwirtschaftlichen Folgen aus der deutschen Besatzungszeit« Land, Gebäude, Vieh und Inventar verstaatlicht. Die Neubauern bekamen einen Hof und Land zur Verwaltung und mußten sich schriftlich verpflichten, das Übergebene zu verwalten, zu schützen und keine Wertminderung zuzulassen.[305] Zeitgleich mit den ersten Neusiedlern kamen Traktoristen, die aus anderen Kreisen delegiert worden waren, zum Aufbau von MTS in das Gebiet.[306]

Am 23. März 1945 verpflichtete das Büro des litauischen Zentralkomitees den Rat der Volkskommissare der LSSR, bis zum 1. April 1945 weitere 13.000 Familien (etwa 39.000 Personen) zur Umsiedlung auszuwählen.[307] (Später wurden die Planziffern wiederum verändert – das heißt stark reduziert.) Eine Woche später am 31. März 1945 informierte der Beauftragte für das Memelland, Zolinas, das ZK der LKP darüber, daß der Plan zur Besiedlung des Memellandes nicht durchgeführt werde: *»Als ich am 15. März 1945 nach Klaipėda kam, wurde der Leiter der Organisationsabteilung des Kreiskomitees, Laurutis, in Sachen Bauernumsiedlung in den Kreis Kretinga geschickt. Am folgenden Tag kehrte er ohne Menschen zurück. Der Grund lag darin, daß von den für die Umsiedlung vorzusehenden 400 nur 200 Bauernfamilien ausgewählt worden waren. Die Verzeichnisse wurden dem NKVD übergeben, damit die Genehmigungen zur Umsiedlung in das Memelland erteilt würden. Die Listen lagen drei Wochen beim NKVD.«*[308]

Erst nachdem Antanas Sniečkus und Michail Suslov am 17. April 1945 zu einer Visite des Memellandes eintrafen, ging es mit den Genehmigungen voran. Im April 1945 bat das Büro des ZK der LKP den Genossen Suslov, dem RdV der LSSR zu genehmigen, *»mit der planmäßigen Besiedlung der Stadt Klaipėda und des Küstenteils des Kreises Kretinga mit einem überprüften Siedlerkontingent zu beginnen«*, und untermauerte sein Anliegen mit dem Argument, daß *»der Volkskommisar für Verteidigung der UdSSR (Genosse Bulganin) mit Telegramm Nr. 1525 vom 17. April 1945 seine Zustimmung gegeben habe.«*[309]

Daraufhin wurde ein neuerlicher Umsiedlungsplan, diesmal für 9600 Familien freiwilliger Umsiedler aus den Kreisen Alytus, Kretinga, Lazdijai, Tauragė, Telšiai, Raseiniai, Šiauliai, Ukmergė, Kaunas und Utena am 20. Juni 1945 vom RdV der LSSR und dem ZK der LKP verabschiedet. Seine Durchführung sollte zum 15. Juli 1945 abgeschlossen sein.

Die litauische Presse und der Rundfunk riefen im Sommer 1945 zur Besiedlung des befreiten Memellandes auf und warben dabei mit der hohen Anzahl leerstehender Höfe. Der Ministerrat der Sowjetunion verpflichtete die sowjetlitauische Regierung 1946 zusätzlich zur Anwerbung von 350 Fischerfamilien für den litauischen Teil der Nehrung.[310] Die Familien erhielten ein Haus mit Garten sowie ein zinsloses Darlehen für 10 Jahre.

Neben den Neusiedlern kehrten viele ehemalige Bewohner des Gebietes, die 1939–1941 nach Litauen abgeschoben worden waren, sowie 1944 geflohene oder evakuierte Memelländer zurück. 1953 lebten schätzungsweise wieder 15.000–20.000 Einheimische, das heißt Memelländer, auf dem Territorium des früheren Memellandes.[311]

Bis zum Frühjahr 1947 siedelten sich dort 6600 Familien an, die vorwiegend aus den Nachbarkreisen Tauragė, Kretinga sowie aus Telšiai und anderen Gebieten der Žemaitija kamen.[312] Verfolgungen aus nationalen und politischen Gründen stellten für sie ein wesentliches Motiv für die Umsiedlung dar. In den Nachbarkreisen des Memellandes lebten viele Deutschstämmige, die aus Angst vor Deportationen »untertauchten«. Andere verließen ihren Heimatkreis, weil sie als Familienangehörige von nationalen Widerstandskämpfern ebenfalls mit der Zwangsumsiedlung rechnen mußten. Per Flugblatt und Zeitung gaben Mitglieder von Widerstandsgruppen u. a. folgende Ratschläge: *»[...] Solange noch Zeit ist, kümmern Sie sich um ihre Familien, schicken Sie sie weg, am besten aufs Land oder wenigstens zeitweise in eine andere Wohnung. [...] Wenn die Verfolgungen beginnen, sichern Sie sich eine Dienstreise und fahren weg. Werden Sie ›krank‹, lassen Sie sich eine Bescheinigung geben und ›kurieren‹ Sie sich nicht in ihrer Wohnung aus.«*[313] Solche Aufrufe wurden anscheinend vielfach befolgt, denn schon im Sommer 1946 wurde den Vertretern des ZK der LKP berichtet, daß ein Teil der Neusiedler im Memelland zu den »feindlichen Elementen« gehöre: *»Großbauern, Spekulanten und andere Nichtsnutze, die sich der Neubauernrechte und staatlichen Unterstützung bedienen.«*[314]

Dritte versprachen sich wesentliche soziale Verbesserungen. Aber nicht alle bekamen einen Hof. Viele sollten auch auf den Staatsgütern, den sogenannten Sovchosen, eingesetzt werden.

Bis Mitte des Jahres 1945 behandelte die Administration alle – ob auf eigene Initiative oder mit Papieren zugezogen – in wirtschaftlicher Hinsicht gleich: Sie wurden auf den leeren Höfen angesiedelt und erhielten eine finanzielle Unterstützung. Der Zuzug ging jedoch längst nicht ohne Schwierigkeiten vor sich. Der Vorsitzende des Kreises Kretinga, Simonavičius, schrieb im Frühjahr 1945 folgenden Bericht an Gedvilas: *»Im April dieses Jahres wurde das Dorf Dituva im Kreis Priekulė niedergebrannt. Von dort kehrten zehn Familien nach Gargždai zurück. Etwa 80 Familien waren von dort weggegangen. Die Ankömmlinge wurden angegriffen, geschlagen, man drohte mit Rache. Die Brunnen wurden mit Müll zugeschüttet und angesteckt. Es gab antisowjetische Aufrufe. Die Leute wollen nicht mehr fahren. Die Übersiedlung wurde abgebrochen.«*[315] Gleichlautende Nachrichten gab es aus Daupariai, Dovilai, dem Kreis Šilutė, von wo sogar berichtet wurde, daß die ursprünglichen Besitzer die Neuankömmlinge von ihren Höfen verjagten.[316] Von derartigen Deutschen berichtete der Kreisparteisekretär Rybakov aus Pagėgiai: *»Nach dem Sieg der Roten Armee über Hitlerdeutschland sind ungefähr 500 deutsche Familien an ihre früheren Wohnorte im Kreis Pagėgiai zurückgekehrt. 195 Familien besetzten Häuser, die ihnen früher gehört hatten und nahmen sich Land. In der Gemeinde Katyčiai nahm die deutsche Familie Protakai, die von Königsberg zurückgekehrt war, 2 ha. Die restlichen verrichten verschiedene Arbeiten, hauptsächlich in den Sovchosen. Deutsche arbeiten im Apparat der sowjetischen und wirtschaftlichen Organisationen, auch im Kreiskomitee. Stakunenė – eine Deutsche – arbeitet als Inspektorin der staatlichen Versicherung des Kreiskomitees. Schoplas – ein Deutscher – arbeitet als Hauptbuchhalter der Landwirt-*

schaftsbank, er war in einer faschistischen Organisation. Kellerenė und Suvaraitė sind beide Deutsche, die in der Druckerei arbeiten. Sie waren beide Mitglieder der faschistischen Jugendorganisation ›Hitlerjugend‹. Troncetė arbeitet als Stenotypistin in der Staatsanwaltschaft, ihr Mann hat bei der Gestapo gearbeitet und ist mit den Deutschen geflohen. In Krankenhaus und Poliklinik besteht die Mehrzahl des mittleren und unteren Personals aus Deutschen.«[317]

Die Besiedlung der Hafenstadt gestaltete sich weitaus schwieriger. Nach Angaben des Militärkommissariates der LSSR wurden 1945/46 ungefähr 1000 nichtlitauische demobilisierte Offiziere und Soldaten in Klaipėda angesiedelt.[318]

Insgesamt siedelten sich von 1945–1951 etwa 130.000 Personen aus den Westgebieten der RSFSR und Belorußland in der LSSR an. Dabei fällt auf, daß die sowjetlitauische Administration bei dem ersten Siedlerschub bemüht war, das Memelland zu lituanisieren und die russische Ansiedlung hier in Grenzen zu halten. Das gelang auf dem Land, aber nicht in der Stadt. 1950 war die Einwohnerzahl Klaipėdas bereits auf 48.500 Personen angewachsen, von denen aber nur 40 % Litauer waren.[319] Eine Volkszählung fand in der LSSR – wie in der gesamten UdSSR – erst 1959 statt. Zu diesem Zeitpunkt hatte die Aussiedlung der Deutschen aus dem Memelland bereits begonnen, so daß bestimmte Daten nicht mehr in der allgemeinen Statistik erfaßt wurden.

Die Administration hatte gleichzeitig mit zwei Wanderungsbewegungen zu tun: Den Rückkehrern aus Deutschland und den Zuwanderern aus Litauen. Sie wählte den einfachsten Weg und versuchte alle als Neubauern zu behandeln. In der Optik der Rückkehrer war dies natürlich eine ungerechte Behandlung. Die Administration konterte, daß die Einwohner ja geflohen waren und alles stehen und liegen gelassen hatten. Der militärische Befehl zur Räumung des Memellandes wurde natürlich litauischerseits ignoriert. Zentrale Anweisungen für die Gleichsetzung von Neusiedlern und Rückkehrern gab es jedoch nicht. Memelländer gerieten unter die allgemeine Neusiedlerbewegung, sofern sie vor der Staatsbürgerschaftsregelung von 1947 zurückkehrten. Somit schuf die Abteilung Landwirtschaft wenn nicht total gleichberechtigte, so doch ähnliche Ausgangsbedingungen für alle Bewohner, die es ermöglichten, später die Arbeitskraft der Deutschen in die sozialistische Umgestaltung der Landwirtschaft (sprich Kollektivierung) zu integrieren. Die späteren Rückkehrer – insbesondere die des Jahres 1948 – fanden im ersten Moment weder Arbeit noch Wohnung. Manche unter ihnen warfen ihren Landsleuten vor, das Eigentum der ehemaligen Mitbewohner zu wenig geschützt zu haben. Zwischen Alteingesessenen und Neusiedlern kam es auch in den folgenden Jahren zu zahlreichen Meinungsverschiedenheiten, die jedoch nur selten in offene Konflikte umschlugen. Sowjetischen Behörden und insbesondere russischen Funktionären gegenüber übte die Dorfbevölkerung Solidarität untereinander.

Die Deutschen waren als Wirtschaftsfaktor wesentlich. Die Neubesiedlung des Memellandes fand im Rahmen der kleinen NÖP[320] statt, wie man die relativ vorsichtige Wirtschaftspolitik der frühen Nachkriegszeit in Anlehnung an die ersten Jahre nach dem Ersten Weltkrieg nannte. Sie diente auch der politischen Stabilisierung: Das Memelland verhielt sich politisch ruhig. Die Memelländer waren vorsichtig genug, nicht am litauischen nationalen Widerstand zu partizipieren.[321]

Die Region lag im politischen Windschatten; folglich ließen sich Partei-und Verwaltungskader gerne in das Memelland schicken. Ende der vierziger Jahre begann sich im Memelland eine örtliche administrative Elite herauszubilden.

VI.3. Militäransiedlung – Kolchosbauernansiedlung

Das bereits erwähnte Gesetz »*Über den Fünfjahrplan zur Wiederherstellung und Ausbau der Volkswirtschaft der UdSSR in den Jahren 1946–1950*« vom März 1946 bildete den Auftakt zur Integration der territorialen Kriegsbeute in das sowjetische Imperium. Am 7. April 1946 wurde das nördliche Ostpreußen als »*Kenigsbergskaja oblast*« offiziell in die Russische Föderative Sozialistische Sowjetrepublik eingegliedert. Zum 1. Juni 1946 löste dort eine Zivilverwaltung die Militäradministration ab. Ebenfalls am 7. April 1946 verabschiedete der Ministerrat der UdSSR einen Beschluß »*Über den administrativen Aufbau der Stadt Königsberg und des dazugehörigen Rayons*«, in dem es unter Punkt 9 unter anderem hieß: »*Der Ministerrat der RSFSR wird beauftragt, binnen Monatsfrist dem Ministerrat der UdSSR Vorschläge bezüglich der Maßnahmen zum Aufbau der Landwirtschaft des Kaliningrader Gebietes, zur Gründung von Kolchosen und Einrichtung von MTS vorzulegen.*«[322]

Zu diesem Zweck beschloß der Ministerrat der RSFSR, eine Kommission unter Leitung von Aleksandr Kossygin[323] einzuberufen. Fußend darauf, wurden am 21. Juni 1946 vom Ministerrat der UdSSR »Maßnahmen zum wirtschaftlichen Aufbau der Königsberger Oblast« beschlossen, die auch Richtlinien für die Neukolonisierung der ländlichen Gebiete enthielten. So sollten zum schnellstmöglichen Termin 12.000 Kolchosbauernfamilien aus verschiedenen Gebieten der Sowjetunion angesiedelt werden. Gleichzeitig forderte man künftige Kolchosvorsitzende, Verwaltungsleiter, Buchhalter und Brigadiere an. Statt der 12.000 Kolchosbauernfamilien, die im Sommer 1946 auf freiwilliger Basis in das Gebiet umgesiedelt werden sollten, kamen jedoch bis zum 1. September erst 2.990 Familien an.[324]

Die restlichen gingen nach Abschluß der Erntearbeiten und der Bestellung der Wintersaat auf die Reise. Am 12. November 1946 waren 11.675 Familien eingetroffen, die größtenteils zu spät zur Herbstbestellung kamen und nun auch noch über den Winter mit verpflegt werden mußten. Allerdings brachten sie auch ihr privates Vieh mit: 11.035 Kühe, 14.612 Schafe und Ziegen sowie 46.314 Stück Geflügel vermerkt die Statistik unter anderem.[325]

Das Echo auf die erste Siedlungswelle muß recht positiv gewesen sein, denn im Frühjahr 1947 beschloß der Ministerrat der UdSSR die Fortsetzung des Siedlungsprogramms im Kaliningrader Gebiet bis 1950 mit insgesamt 20.000 weiteren Familien.[326] 1947 umfaßte das Umsiedlungsprogramm 4.500 Familien, 1948 insgesamt 9.500 Familien.[327] Dann hieß es in amtlichen Schreiben aus dem Gebiet: *»Der freie Wohnraum im Kaliningrader Gebiet wurde den Umsiedlern zur Verfügung gestellt. Gegenwärtig gibt es in den Kolchosen und Sovchosen freie Wohnfläche, die aber generalrepariert werden muß und höchstens für 2000 Familien reicht. Eine weitere Besiedlung ist mit dem Bau von Wohnhäusern verbunden.«*[328]

Die Planvorgaben mußten rasch erfüllt werden. Mangelte es an Umsiedlungswilligen, griffen die Behörden zu rigorosen Zwangsmaßnahmen – anders als in Litauen, wo Umsiedlungsaktionen abgebrochen oder Planziffern korrigiert wurden. Aber es gab auch ein Potential an Freiwilligen, die bereit waren, das Gebiet des Feindes »in Besitz zu nehmen« und den »Aufbau des Sozialismus« in Ostpreußen zu vollziehen. Trotz aller Propaganda darf nicht unterschätzt werden, daß auf russischer Seite unter den angesiedelten jungen Erwachsenen in den ersten Jahren auch eine große Aufbruchstimmung herrschte. Ganze Brigaden waren voller Enthusiasmus angereist und organisierten sogar Subbotniks. Die Stimmung unter den Soldaten hingegen wurde durch behördliche Anweisungen zum Rückzug von Einheiten der sowjetischen Armee gedämpft; sie hatten sich hier – besonders unter Versorgungsaspekten – gut eingerichtet.

Welche Motive bewogen die Siedler, ihre Heimat zu verlassen? Außer jungen idealistischen Kommunisten kamen viele Kolchosbauern aus Gebieten, in denen akute Hungersnot herrschte.[329] Anderen hatten die Werber [verbovčiki] goldene Berge versprochen. Auch mit Krediten und materiellen Zuwendungen wurden die Umsiedler geködert. Wieviel sie davon wirklich erhielten, ist nicht feststellbar. Besonderen Anklang fanden die Aufrufe unter kriegsevakuierten Familien, die bereits wußten, daß ihr Zuhause zerstört worden war. Bei dieser Einwohnergruppe handelte es sich vorwiegend um Städter, die für sich keine bäuerliche Zukunft vorsahen, aber die Chance zur Neugründung einer Existenz in Verbindung mit den gebotenen Vergünstigungen wahrnahmen.

Die Neubürger hatten bei der Anwerbung nicht erfahren, daß es sich bei der künftigen Heimat um ein schwer kriegszerstörtes Gebiet handelte, in dem noch Deutsche lebten. Hinzu kam, daß die sowjetischen Werber über Gebühr Versprechungen getätigt hatten und auch der Staat mit der Ankündigung von Krediten und Zuwendungen für die Umsiedler die Grenzen seiner Möglichkeiten überschritten hatte. Im Kaliningrader Gebiet gab es in den Dörfern weder Kulturhaus, Geschäft noch Banja (Badehaus), was Ende der vierziger Jahre im sowjetischen Dorf zum Standard gehörte.

Aus Belorußland kamen Bauern, deren Dörfer im Krieg zerstört worden waren. Ihnen war von Organisatoren der Aktion verkündet worden, daß es sich bei dieser Umsiedlung um Wiedergutmachung für sowjetische Bürger handle, die durch die Deutschen im Krieg Schaden erlitten hatten. Da den Vorgaben des Ministerrats in kürzester Zeit Folge geleistet werden mußte, ereigneten sich darüber hinaus Fälle, in denen ganze Dörfer bei Nacht und Nebel umgesiedelt wurden, wenn sich nicht genügend Freiwillige gefunden hatten. Zusammenfassend betrachtet, ließen sich diese Siedler eher durch die staatlichen Angebote zur Umsiedlung bewegen. Der Großteil der Siedler, die in das Memelland gingen, handelte dagegen aus eigener Motivation, sie wollten eine politische Nische finden. Im Sommer 1946 erfolgte darüber hinaus die Ansiedlung von 1294 Fischerfamilien aus Moskau, Astrachan, Belorußland, den Gebieten Rostov, Irkutsk, Tobol, Krasnodarsk usw.[330] An der Aufzählung dieser Herkunftsgebiete stellt sich klar heraus, daß Moskau hier eine Politik der Heimatlosigkeit bzw. des erzwungenen Melting-pot-Verfahrens betrieb, verbannte man doch zur gleichen Zeit Bürger der baltischen Republiken unter anderem in die Gebiete Irkutsk und Krasnodarsk.

Die Fischer siedelten sich vor allem am Ufer des Kurischen Haffs an. Bis zu diesem Zeitpunkt galten die Fischerdörfer (Karkeln, Inse, Tawe, Gilge usw.) als ein geschlossenes deutsches Siedlungsgebiet mit starken litauischen Einsprengseln. Da die Militärverwaltung nur an den Fangerträgen interessiert war, griff sie in den beiden ersten Jahren nicht weiter in Arbeitsbereich und Strukturen der Fischerdörfer ein.

Bereits vor dem Beginn der Ansiedlung von Kolchosbauern wurden zum 1. Mai 1946 im Gebiet 41.029 zivile Sowjetbürger und ehemalige sowjetische Zwangsarbeiter gezählt.[331] Sowjetische Arbeitskräfte für die Zelluloseindustrie und die Eisenbahn trafen im Herbst 1945 in der Stadt Königsberg, in Wehlau und in Ragnit ein. Zur gleichen Zeit, ab September 1945, bemühte man sich, demobilisiertes Militär im Gebiet anzusiedeln. Gerade in der neu entstehenden Verwaltung fanden sich Arbeitsplätze für ehemalige Offiziere der Roten Armee. Diese holten dann ihre Familien in das Gebiet. Diese Personengruppe bevorzugte Königsberg, allenfalls noch Tilsit. Arbeitsstellen in Dörfern oder Rayonstädten erschienen ihr unattraktiv. Die Aufgabe der Heimat mußte sich für die Mehrheit der Sowjetbürger wenigstens durch sozialen Aufstieg rentieren.

Die Durchführungsbestimmungen für die Ansiedlung im Herbst 1945 enthielten einen Paragraphen, der die Arbeiter, Spezialisten und Angestellten, die Wohnhäuser zur privaten Nutzung erhielten, zu einer Mindestarbeitszeit von zehn Jahren in Betrieben, Einrichtungen und Sovchosen des Kaliningrader Gebietes verpflichtete.[332] Wer seinen Ansiedlungsvertrag unterschrieben hatte, mußte faktisch die vereinbarten Jahre in diesem Gebiet zubringen. Es gestaltete sich schwierig, offiziell eine Genehmigung zur vorzeitigen Rückkehr zu erhalten. Die Umsiedler hielten die Bestimmungen jedoch häufig einfach nicht ein: Immer wieder hatten Kolchosvorsitzende Ärger mit Bauern, die die ihnen zugewiesenen reparaturbedürftigen Häuser verließen und dafür bessere besetzten, ohne den ihnen gewährten Kredit für die Reparatur zurückzuerstatten.[333] Ein Großteil der Bauern versuchte, sich in den ersten Jahren am neuen Wohnort zu akklimatisieren. Als nach zwei Jahren Aufenthalt wieder Staatsabgaben an Naturalien gefordert wurden, im dritten Jahr dann Steuer- und Versicherungsforderungen fällig waren und sich zudem der Zeitpunkt zur Rückzahlung der gewährten Kredite näherte, verkauften die Neusiedler ihr Vieh und kehrten – unter Umgehung der Behörden – in die frühere Heimat zurück. Zwischen Herbst 1946 und Mai 1951 beendeten 17,8 % der bis dahin angesiedelten Bauern ihre Tätigkeit in der Landwirtschaft, weitere 35,1 % verließen das Kaliningrader Gebiet, die überwiegende Zahl von ihnen kehrte in den jeweiligen Heimatort zurück.[334]

Im Juni/Juli 1946 fand gleichzeitig der Entheimatungsprozeß der Ostpreußen seine Fortsetzung. Um die Neusiedler unterzubringen, ließen die Behörden zahlreiche Dörfer räumen, denn jede Umsiedlerfamilie hatte Anspruch auf ein Wohnhaus.[335] Allein im Herbst 1946 entstanden etwa 300 Dörfer, die ausschließlich von Umsiedlern bewohnt wurden.

Sie kamen mit der Maßgabe, umgehend Kolchosen zu gründen. Kurz nach der Ankunft fanden die Gründungsversammlungen der Kollektivwirtschaften statt. Die neu geschaffenen Kolchosen bekamen einen klangvollen Namen, und wenig später wurden die neuen Heimatorte umbenannt.

Die meisten Ortschaften sowie alle Straßen und Plätze erhielten im September/Oktober 1947 russische Namen, unabhängig von der Nationalität ihrer Einwohner. Vorrangig verlieh die Verwaltung dabei Namen von sowjetischen Helden, die sich im Kampf um die Eroberung Ostpreußens ausgezeichnet hatten: Gussew, Černjachovsk, Nesterov, Laduškin, Mamonovo.[336] Natürlich fanden außerdem die Namen aller kommunistischen Führer Verwendung, wobei auch die Kader der deutschen Arbeiterklasse nicht ausgelassen wurden.

Neben den rein russischsprachigen Siedlungen existierten aber auch Dörfer mit gemischter Bevölkerung, vor allem dort, wo neuangesiedelte Sowjetbürger auf Sovchosen Anstellung fanden, und außerdem deutsche »Inseldörfer«. Insgesamt hatte binnen kurzer Zeit ein gewaltiger Russifizierungsschub stattgefunden, der sich auch in der Etablierung sowjetischer Strukturen und sowjetischer Umgangsformen niederschlug.

1948 setzte in der RSFSR eine Kampagne gegen »gesellschaftsfeindliche Parasiten« auf dem Land ein, mit deren Hilfe die Arbeitsdisziplin der Landbevölkerung gestrafft werden sollte. Die Kampagne mündete in eine Verbannungsaktion, bei der im Sommer 1948 insgesamt 30.869 Personen den Weg in die Deportation antreten mußten.[337] Dieser Säuberungsterror diente nicht nur dazu, eventuelle Opposition im Keim zu ersticken, sondern sollte die etablierten Machtverhältnisse auf dem Land jeglicher kritischer Beobachtung entziehen und deren weitere Konsolidierung als natürliche, zweifellos sozialistische Entwicklung erscheinen lassen. Die innenpolitischen Maßnahmen der sowjetischen Regierung gegen die Lockerungen in der Arbeitsdisziplin gaben der neuen Verwaltung des Kaliningrader Gebietes noch einmal einen starken Motivationsschub, gerade hier, auf sowjetischem Neuland, besonders prinzipienstark vorzugehen. Unter den Umsiedlern wurde gewaltiger propagandistischer Aufwand betrieben. Hinzu kam, daß etwa 20 % der

Neusiedler des Jahres 1946 Mitglieder der KPdSU waren und etwa 25 % sich zum kommunistischen Jugendverband (Komsomol) zugehörig fühlten. Der Prozentsatz an politischen Kadern in Ostpreußen lag damit zu jener Zeit weit über dem Unionsdurchschnitt.

Wahrscheinlich wurde erst nach dem Anschluß an die RSFSR die politische Idee für die Zukunft des Gebietes geboren. Die sowjetische Regierung beschloß, hier ein Musterland des Kommunismus zu schaffen und glaubte, in dem Gebiet geeignete Voraussetzungen zu finden. Immer wieder wurde in der Presse unterstrichen: *»Die Sowjetmenschen waren im Kaliningrader Gebiet von Anfang an frei von den Fesseln des Privateigentums an Produktionsmitteln.«*[338] Hier konnte man mit Menschen operieren, die keine Ansprüche an Althergebrachtes stellen konnten, da sie gerade geographisch und familiär entwurzelt worden waren. Es ging keinesfalls nur um den Bruch mit materiellen Traditionen; besonders auf der ideellen Ebene sollte ein neuer Anfang geschaffen werden. So versuchten die Gebietsbehörden auch seit Sommer 1947 strikt, die nichtdeutsche Bevölkerung auf den Atheismus einzuschwören.[339]

VII. Vom Sovchos zum Kolchos – Die sowjetische Agrarpolitik

VII.1. Die Bodenreform im Memelland

In den ersten Nachkriegsjahren (1944–1947) bestand das Hauptziel der sowjetischen Agrarpolitik darin, Aktionsbasen auf dem Land zu schaffen und die alten Strukturen des Gemeinwesens auf dem Dorf zu zerstören. Das geschah mit Hilfe der Bodenreform. Am 30. August 1944 verabschiedete der Oberste Sowjet der LSSR das *»Gesetz zur Liquidierung der Folgen der deutschen Besatzung in der Landwirtschaft«*. Dieses Gesetz sah vor allem radikale Maßnahmen bei der Durchführung der Bodenreform vor (weitaus umfassendere als die der vorherigen Reformen des Jahres 1940): *»Der von den deutschen Kolonisten geraubte Grundbesitz, der Grundbesitz der mit den deutschen Okkupanten geflohenen Volksfeinde und der Grundbesitz ohne Eigentümer«* gelangte in den staatlichen Bodenfonds.[340]

Laut Ausführungsbestimmungen sollten die Landlosen und Kleinbauern das Land wieder erhalten, das ihnen 1940 (bei der ersten sowjetischen Bodenreform) gegeben worden war. In Wirklichkeit nahm man mit Hilfe dieses Gesetzes eine neue radikale Umverteilung vor. Die herrenlosen Ländereien aller Geflüchteten (sowie der nach Polen Repatriierten aus dem Wilna-Gebiet[341]) wurden in den staatlichen Bodenfonds überführt. Ländereien, die nicht von den Eigentümern persönlich bestellt wurden, wie zum Beispiel Kirchenland, wurden verstaatlicht. Großbauern, sogenannte »Kulaken«, durften zwischen 20 und maximal 30 ha behalten – hier lag die Höchstgrenze an Eigenbesitz. Personen, die sich als *»aktive Kollaborateure der Hitler-Besatzung«* erwiesen, standen nur 5 ha zu. Ursprünglich sollte die Bodenreform bis zum 1. Februar 1945 beendet werden. Da in den Fonds auch das Land von Verbannten und Angehörigen des nationalen Widerstandes einging, zog sich die Bodenreform jedoch bis Herbst 1948 hin.

Die Agrarreform zeitigte keine befriedigenden Ergebnisse. Zum einen gab es weitaus mehr Land als potentielle Neubauern. Landlose Dorfbewohner nahmen zwar Land von Geflüchteten, aber umgingen es mit vielen vorgeschobenen Gründen, verstaatlichten Boden von Großbauern zu übernehmen. Ebenso weigerten sie sich, beschlagnahmtes Eigentum von Widerständlern zu bewirtschaften. Zweitens wurde durch die Bodenreform künstlich ein Dorfproletariat geschaffen. Die Bauernhöfe mit maximal 5 ha Nutzfläche konnten nicht rentabel arbeiten, weil es ihnen an Saatgetreide, Vieh, landwirtschaftlichem Gerät, Düngemitteln etc. fehlte. Insgesamt wurde bei dieser Agrarreform fast ein Drittel der landwirtschaftlichen Nutzfläche für staatliche Vorhaben einbehalten, jedoch nicht umgehend weiter genutzt.

Mit der Schaffung zahlreicher unrentabler Wirtschaften schufen die Autoren der Bodenreform Vorbedingungen für die Kollektivierung der Landwirtschaft. Es ging darum, das Land so ineffektiv wie möglich an die Nutzer zu verteilen, um sie so auf längere Sicht gesehen indirekt zum Zusammenschluß zu zwingen.[342]

Gewisse Unterschiede in der Agrarpolitik zwischen Litauen (sowie Lettland und Estland) und der Sowjetunion bedeuteten jedoch nicht, daß die litauische Landwirtschaft unabhängig agierte. Die vorläufig geduldete Einzelbauernwirtschaft und die Anwerbung von Arbeitskräften sollten nur dazu beitragen, so schnell wie möglich an das Vorkriegsniveau der litauischen Landwirtschaft anzuknüpfen. Diese war voll in den 4. Fünfjahrplan der UdSSR eingebunden. Zu den Hauptzielen gehörten die Erhöhung des Viehbestandes und der Milchproduktion. In den ersten Nachkriegsjahren erhoben die Behörden Abgaben an landwirtschaftlichen Produkten nach Hofgröße und Bodenqualität. Im Vergleich zu den Vorkriegsjahren fielen die Abgaben an landwirtschaftlichen Produkten geringer aus. Neubauern mußten in den ersten beiden Jahren weder Abgaben noch Landwirtschaftssteuer leisten. Darüber hinaus konnten die Bauern ihre Erzeugnisse auf dem Markt verkaufen, was bei den sehr geringen staatlichen Aufkaufpreisen von Vorteil war. Beispielsweise zahlte der Staat 1946 für einen Liter Sollmilch 0,25 Rubel. Auf dem Markt in Wilna ließ sich jedoch ein Literpreis von 12 Rubel erzielen.[343]

In der UdSSR fand zum 14. Dezember 1947 eine Rubelreform statt. Danach sanken landwirtschaftliche Produkte stark im Preis, so daß sich auch die Einkünfte der Bauern beträchtlich verringerten. Gleichzeitig stiegen aber Steuern und Abgaben. Die Mitarbeiter des sowjetischen Innenministeriums versuchten auf ihre Art, die Agrarreform zu beschleunigen. Sie sandten im Oktober1946 zwölf Regimenter MVD-Truppen[344] zur Bekämpfung des nationalen Untergrundes nach Litauen, da sie in der Bevölkerung einen wachsenden Widerstand gegen Bodenreform und Brotbereitstellung spürten und zudem konstatierten, *»daß sich die terroristischen Akte gegen Aktive der Partei und der Sowjets auf dem Land, gegen Neubauern, Klein- und Mittelbauern«* verstärkten.[345] Die Funktionäre des Innenministeriums versuchten, den nationalen Widerstand als Kampftruppe der Großbauern (Kulaken) darzustellen, um die Unruhen für die zweite Etappe der sowjetischen Agrarreform – der Beseitigung des Großbauerntums – zu instrumentalisieren.[346] Die Kollektivierung der Landwirtschaft zog sich in den baltischen Republiken über mehrere Jahre hin. In dieser Zeit sollte auch die wirtschaftliche und politische Angleichung an die Sowjetunion erfolgen. Dieses Ziel konnte nur unter Einsatz brutaler Mittel und des unerläßlichen Feindbildes des Großbauern erreicht werden. Der Großbauer verkörperte alle antikommunistischen Strömungen, antisowjetischen Sentiments und jeglichen aktiven

Widerstand. Unter Stalin gab es nur einen erprobten Weg zur sozialistischen Agrarreform. Nach dem Schema der Kollektivierung in der RSFSR und der UdSSR – eingeleitet durch die Ausrottung der Kulaken – mußte auch in der baltischen Region dieser Prozeß ablaufen – auch dann noch, als es gar keine Großbauern mehr gab.

Da nach der Bodenreform von 1944 und den Folgejahren keine echten Großbauern mehr existierten, wurden andere Bestimmungskategorien erfunden, um das Stereotyp zu erhalten. Im Nachkriegslitauen galt die Bezeichnung Großbauer für einen Landwirt, der vor Kriegsende über 30 ha besessen hatte, der über mehr Landmaschinen verfügte als seine Nachbarn oder der – als es noch gestattet war – Arbeitskräfte beschäftigt hatte (siehe XIII.1., Dokument 1). Diese ehemaligen Großbauernhöfe wurden mit horrenden Diskriminierungssteuern belegt. Da die Gruppe, die man mit diesem Feindbild etikettieren konnte, sehr schmal war, griff man zu weiteren Kategorisierungsversuchen. Auch wer vor 1944 Großbauer gewesen war und sein Land freiwillig abgetreten hatte, wurde jetzt kulakisiert, d. h. mit der Großbauernsteuer belegt und politisch diskriminiert.

Der Bodenreform folgte die Errichtung »sozialistischer Sektoren« auf dem Dorf, dazu zählten Sovchosen, MTS und Maschinen- und Pferdeausleihstationen. Sovchosen (Staatsgüter) wurden in der Regel in früheren landwirtschaftlichen Großbetrieben eingerichtet und waren oft auf bestimmte Bewirtschaftungsarten ausgerichtet. Unabhängig von der Gewinnquote der Sovchosen erhielten deren Arbeiter festen Lohn. Parallel zu den Sovchosen, die sich vorwiegend mit Landwirtschaft befaßten und die dem Allunionsministerium für Sovchosen [Vsesojuznoje ministerstvo sovchozov] unterstanden, existierten Viehwirtschaftssovchosen, die unter Aufsicht des Ministeriums für Milch- und Fleischwirtschaft [Ministerstvo mjasnoj i moločnoj promyšlennosti] arbeiteten. Die Sovchosen in der LSSR wurden mit Berufung auf die im April 1941 entstandenen 51 Betriebe wieder neu gegründet, da *»diese nach der Befreiung vom Faschismus wieder in den Unionshaushalt übergegangen sind«.*[347]

Im Memelland existierten außerdem bereits 16 Sovchosen, die vorläufig dem Militär unterstellt waren, wie auch weitere Nebenwirtschaften der Roten Armee.[348] Zolinas, der verantwortliche Organisator für das Memelland beim ZK, meldete am 31. März 1945: *»Bis jetzt hat kein Sovchos des Memellandes einen Plan zur Frühjahrsaussaat und die Direktoren wissen nicht, ob sie säen werden, oder ob sie ›nach ihren Möglichkeiten‹ arbeiten werden.«*[349]

Außerdem kam es immer wieder zu Zwischenfällen mit den stationierten Einheiten der 3. Belorussischen Front, die in Angelegenheiten der Sovchosen eingriff und zum Beispiel die Einbringung der Ernte für zivile Zwecke zu unterbinden versuchte.[350]

Viele Memelländer, die 1945 zurückkamen und ihren Hof besetzt fanden oder eine Arbeit in der Stadt gehabt hatten, wurden in den Sovchosen zwangsverpflichtet. Andere Personen erfuhren eine Ablehnung ihres Antrages auf Land bei der Bodenreform – immerhin brauchten auch die Sovchosen Arbeitskräfte. Der dort gezahlte Lohn war sehr niedrig, 50 % des Verdienstes konnten in Naturalien ausgezahlt werden. Den Direktoren stand außerdem das Recht zu, die Lebensmittel zu kürzen, sofern die Arbeitsleistungen nicht entsprechend waren.[351] Bezeichnenderweise existierte in der Vorschrift kein Passus, in dem das Recht auf Lebensmittelzuteilungen fixiert war, geschweige denn auf ein garantiertes Minimum. Die Sovchosemitglieder bewegten sich also in einem vollständigen Abhängigkeitsverhältnis vom Direktor. Häufig lebten die Familien von den 0,6 ha Privatland, das an die Arbeitskräfte zur Bewirtschaftung vergeben wurde.

Am 24. Juli 1945 gab der Parteisekretär des Kreises Kretinga, Butkus, zu Protokoll, daß sich die Bauern kategorisch weigern würden, auf die Sovchosen des Memellandes überzusiedeln. Der Mangel an Arbeitskräften wuchs derart, daß der RdV der LSSR und das ZK der LKP im Juli 1945 den Beschluß faßten, Erntearbeiter ins Memelland zu schikken.[352] Die Parteikomitees der Städte Kaunas, Panevėžys, Šiauliai sowie der Kreise Šiauliai, Telšiai, Kretinga, Panevėžys und Tauragė wurden verpflichtet, vom 1. August bis zum 25. September 2.000 Arbeitskräfte zu mobilisieren. Die Aktion scheiterte. Von den 1.500 Arbeitern, die in den Kreis Klaipėda geschickt werden sollten, kamen nur 364 an, von denen sich 215 sofort wieder nach Hause begaben.[353] In die Sovchosen des Kreises Šilutė kam keine einzige mobilisierte Arbeitskraft. Die Situation blieb hoffnungslos. Im November arbeiteten auf den Staatsgütern des Kreises Klaipėda insgesamt 161 ständige Arbeitskräfte – dabei hätte man mindestens 1.200 benötigt. Daraufhin faßten der RdV der LSSR und das ZK der LKP am 6. Juli 1946 einen weiteren Beschluß zur Umsiedlung von Bauernfamilien auf Sovchosen des Memellandes, der jedoch mangels Freiwilliger nicht in die Tat umgesetzt werden konnte.

Seit Februar 1945 hatten zurückgekehrte Bauern und litauische Neusiedler auf Antrag Land zur provisorischen Verwaltung erhalten. (Memelländer konnten, sofern ihr eigener Hof noch frei war, beantragen, wieder auf ihm zu leben.) Ab Januar 1946 begann die Bodenreform, in deren Rahmen die Bauern Antrag auf ihr eigenes Land bzw. das bis dahin genutzte Land stellen mußten. Von den 132 Anträgen der Neubauern der Gemeinde Katyčiai/Koadjuthen (Januar – Juni 1946) – Rückkehrer und Siedler galten in gleicher Weise als Neubauern – wurden 36 von zurückgekehrten Memelländern (27,27 %) gestellt.[354] Neubauern konnten ein Kredit von 2.500 Rubeln sowie andere Erleichterungen zugestanden werden. Auch Memelländern wurden Anträge auf Zuwendungen und Vergünstigungen gewährt. Für das Jahr 1947 dagegen existieren keine Anträge von Zurückgekehrten.[355] Sie mußten erst einmal in den Sovchosen Arbeit finden.

Im Kreis Pagėgiai waren zu dieser Zeit die Bodenkommissionen, die Personen wegen aktiver Unterstützung der deutschen Okkupanten die Landnorm kürzen wollten, verpflichtet, konkrete Beweise vorzulegen. In jedem Fall, in dem eine Verringerung auf 5 ha erfolgte, *»mußte diese Verringerung mit den Organen des NKGB und NKVD abgestimmt sein«.*[356]

1946 verschlechterte sich die Situation bereits. Es wurde weniger vor Ort entschieden und stärker nach Wilna geschaut. Im Juli 1946, während der Tagung des Plenums des ZK der LKP, meldete sich der Zweite Sekretär der LKP des Kreises Pagėgiai, Žigulinas, zu Wort. Das Stenogramm des kurzen Dialogs ist aufschlußreich für den Stimmungsumschlag, der von Wilna auch bis in das Memelgebiet wehte:

ŽIGULINAS: »Ich habe eine Frage. Zu uns kehren jetzt sehr viele germanisierte Bewohner zurück. Sollen wir ihnen Land bis 5 ha geben, wie es der Beschluß des Ministerrates empfiehlt?«

ŠČERBAKOV: (Sekretär des Büros der LKP): »Was für ein Beschluß?«

ŽIGULINAS: »Es existiert eine Entscheidung des Ministerrates, ihnen bis zu 5 ha Land zu geben. Der Vorsitzende des Exekutivkomitees hat ihn.«

ŠČERBAKOV: »Wer hat ihn unterschrieben?«

STIMMEN: »Die Genossen Sniečkus und Gedvilas.«

LIAUDIS (Sekretär des ZK der LKP): »Das war ja 1945.«

ŠČERBAKOV: »Gut sehen wir. Im allgemeinen ist nichts zu vergeben.«

ŽIGULINAS: »Mir scheint, daß man ihnen nichts geben muß. Wir schicken sie in die Sovchosen, die Sovchosen stopfen wir mit allen möglichen Nichtsnutzen voll, ich entschuldige meine Unbescheidenheit.
[...]. Geben Sie uns eine Anweisung, wo wir mit ihnen hin sollen.«

ŠČERBAKOV: »Geben Sie ihnen kein Land!«[357]

Žigulinas war ein Parteifunktionär, der keine Beziehungen zur Landwirtschaft hatte, die Rückkehrer nur unter politischem Aspekt sah und deren wirtschaftliches Potential nicht wahrnahm. Zu politischen Eigenmächtigkeiten in größerem Maßstab griffen diese Funktionäre nicht, sondern ließen ihre Entscheidungen aus Wilna gutheißen. Im Sommer 1946 verengte sich die hauptstädtische Parteioptik unter den Aspekten des Klassenkampfes, wie es in der Parteisprache hieß, was bedeutete, daß die Bewohner kategorisch in Freunde und Feinde geteilt und keine neutralen Verhaltensweisen ihnen gegenüber mehr geduldet wurden. Für das Jahr 1947 sind Anträge auf Land von Zurückgekehrten nicht existent. Sie mußten erst einmal in den Sovchosen Arbeit finden.

Die Bodenreform war Anfang 1948 im Memelland abgeschlossen, bevor weitere Rückkehrer eintrafen. Die memelländischen Bauern, die wieder einen Hof besaßen, schufen sich rasch eine erträgliche Existenz – wenn sie auch im Vergleich zu ihrer Wirtschaft der Vorkriegszeit äußerst bescheiden war.

In der Eingabe eines Memelländers wurde ein Resümee gezogen: »*Mit Stichtag 15. Mai 1948 sind in den Kreis Klaipėda 300 Bauernfamilien zurückgekehrt, in den Kreis Pagėgiai 500, in den Kreis Šilutė 205. Beobachtungen von 45 Bauernfamilien, die repatriiert wurden und 1945–47 in die Heimat zurückkehrten, haben ergeben, daß sie sich schon eingerichtet haben und sich mit Landwirtschaft auf ihren früheren Höfen befassen, oder auf anderen Gehöften, die sie erhalten haben. Aber ein großer Teil dieser Bauern ist besonders stark auf Kredite zum Erwerb von Vieh und landwirtschaftlichem Gerät angewiesen. Die Lage der repatriierten Bauern, die mit ihren Familien 1948 in die Heimat gekommen sind, ist schlechter, da ihre Wirtschaften schon mit Neusiedlern besetzt sind oder früher Zurückgekehrten übergeben wurden und es nicht möglich ist, sie den ehemaligen Eigentümern zurückzugeben. Diese Repatrianten sind bei […] oder bei Verwandten und müssen sich mit verschie-*

denen schlechten Arbeitsstellen begnügen. (Bau, Straßenbau, Sovchose usw.) Die Lage dieser Familien ist sehr schwierig. […] Die Stimmung unter den Repatriierten ist nicht schlecht, alle schauen mit Hoffnung in die Zukunft und glauben, daß sie sich mit Hilfe der sowjetischen Macht ein Zuhause schaffen werden und gut in ihrer Heimat leben werden. Die Repatriierten wollen nicht in andere Kreise gehen. Jeder wünscht und bemüht sich, in seinem Kreis Fuß zu fassen und in dem Dorf, in dem er früher gelebt hat.«[358]

Der zweite Teil der Bodenreform – die agitatorische Vorbereitung auf die Kolchosen – verlief nicht plangerecht. Die Einführung des politischen Terminus *Kulak* wollte 1946 im Memelland nicht glücken. *»Die Kreisorganisationen haben die Wachsamkeit der Parteiorganisationen im Kampf gegen die litauisch-deutschen Nationalisten, ihren Untergrund und die Kulaken nicht mobilisiert. Selbst das Wort Kulak war in keinem einzigen Auftritt erwähnt. Insgesamt spricht man im ganzen Kreis nicht über Kulaken. Man hält den Begriff für fremd.«*[359]

Dieses Zitat ergänzt genau die Charakteristik der Parteifunktionäre vom Schlage Žigulinas; sie verschafften sich Rückendeckung aus Wilna, um restriktiv vorzugehen, unternahmen selber aber keine politischen Vorstöße, um die Sache des Kommunismus voranzutreiben.

Politisch lag das Memelland 1948 immer noch im Windschatten. Die Landwirtschaft befand sich drei Jahre nach Kriegsende im Aufwind. Im Gegensatz zu Kaliningrad war die Region kein Zuschußgebiet. Resümierend konnte die sowjetlitauische Regierung ihr Ansiedlungsvorhaben als geglückt betrachten.

VII.2. Die landwirtschaftliche Situation im nördlichen Ostpreussen

In Königsberg wurde 1945 der gesamte landwirtschaftliche Sektor in den staatlichen Bodenfonds überführt, wodurch alle in der Landwirtschaft tätigen Arbeitskräfte in ein Lohnarbeitsverhältnis gerieten. Im Gegensatz zum Memelland, wo für jeden Hof eine Akte angelegt wurde, vollzog man die Verstaatlichung in Ostpreußen mit einem Federstrich.[360] Einziger landwirtschaftlicher Arbeitgeber war vorläufig die Rote Armee, die im Frühjahr 1945 eine nicht fixierte Anzahl von Nebenwirtschaften einrichtete, auf denen Deutsche arbeiten mußten.[361] (Zum 30. September wurde die Anzahl dieser Wirtschaften auf 57 beziffert und deren gesamte Anbaufläche mit 27.612 ha angegeben.) Bei den Arbeitskräften handelte es sich zum Teil um Zwangsverpflichtete, in manchen Fällen aber auch um Insassen von politischen Lagern, ein besonders prägnantes Beispiel stellten die Landwirtschaftsbetriebe des Lagers Preußisch Eylau dar.[362] In dem Bericht der Gruppe des NKVD/NKGB »Über die administrative Aufteilung und Wirtschaft in Ostpreußen« vom Dezember 1945 heißt es: *»Ein großer Teil der Bevölkerung (mit Ausnahme der Stadt Königsberg) ist mit landwirtschaftlichen Arbeiten beschäftigt.«*[363] An anderer Stelle wurde weiter ausgeführt: *»Der größte dieser Betriebe ist die Nebenwirtschaft des Speziallagers des NKVD, die eine Gesamtfläche von 6000 ha umfaßt.«*[364]

Das System der Nebenwirtschaften [podsobnye chozjajstvo] war in der UdSSR weit verbreitet und nicht nur Kriegszeiten geschuldet. Sämtliche Institutionen von Großbetrieben bis hin zu Behörden, Armeeeinrichtungen und Krankenhäusern vervollständigten auf diese Art ihr Kantinenangebot. (Auch die in den Ostblockstaaten stationierten Einheiten der sowjetischen Armee unterhielten solche Einrichtungen.)

Um die finanzielle Belastung zu mindern – die sich auch dadurch ergab, daß überhaupt nicht effizient produziert wurde –, entlohnte man die Arbeiter a) nur mit Essen und b) nur an Arbeitstagen und gab im Gegensatz zur sonstigen Versorgung in den Sovchosen keine Lebensmittel für die nichtarbeitenden Angehörigen aus. Im Frühjahr 1945, also noch vor Kriegsende, ließ die Armee den Hauptteil des landwirtschaftlichen Inventars – Maschinen und Geräte – verladen und in das Innere der UdSSR bringen. Ostpreußische Viehherden wurden nach Leningrad getrieben und mußten von jungen Deutschen unter Aufsicht sowjetischer Armeekader begleitet werden. Auch das sowjetlitauische Landwirtschaftsministerium erhielt unter anderem einen Bestand von 2000 Pferden. An Vieh und Gerät blieb nichts mehr übrig, so daß auch die Nebenwirtschaften der Armee kaum über eine Ausstattung an Inventar bzw. Tieren verfügten. Wie bereits erwähnt, ging es bei diesen Demontagen nicht in erster Linie um wirtschaftlichen Nutzen für die UdSSR, sondern vielmehr um die Angleichung des wirtschaftlichen Niveaus an die sowjetischen Bedingungen.

Mit Beschluß vom 28. Januar 1946 wurde die Gründung von 30 Militärsovchosen eingeleitet, denen je ca. 10.000 ha unterstanden.[365] Für Leitungsaufgaben verpflichtete die Armee 450 Offiziere. Gleichzeitig beschäftigten die Sovchosen demobilisierte Soldaten der Roten Armee als Agronome, Chauffeure, Mechaniker etc. Am 1. Juni 1946 erhielten diese Sovchosen 148 Traktoren und 7143 Pferde aus Beständen der Roten Armee. Vorher hatten sich meist deutsche Arbeitskräfte vor die Pflüge spannen müssen. Sowjetische Historiker haben die These aufgestellt, daß den Militärsovchosen die Pilotfunktion zur Entwicklung der sozialistischen Landwirtschaft im Kaliningrader Gebiet zukam.[366] An diesem Beispiel läßt sich noch einmal gut demonstrieren, daß man sich in der UdSSR – schon allein aus rein ideologischen Gründen – keinerlei Kontinuitätsgedanken hingab, wobei finanzieller Aufwand keine Rolle spielte. Zur Errichtung des Fundaments für eine sozialistische Institution – in diesem Fall die sozialistische Landwirtschaft – war die

Zerschlagung der alten dringend erforderlich – Umwertungen hingegen unmöglich. Bei Teilaspekten spielte auch die Unkenntnis der neuen sowjetischen Verwalter eine Rolle, so wurde keine Niederungswirtschaft in Rußland betrieben, Meliorationssysteme waren den meisten russischen Bauern gleichfalls fremd. Im großen und ganzen aber wurde die Umgestaltung der ostpreußischen Landwirtschaft im Namen der sozialistischen Fortschrittsideologie betrieben und damit eine Scheinmodernisierung um der Modernisierung willen durchgesetzt.

Die Landarbeitskräfte kamen aus der deutschen Bevölkerung und aus der Gruppe ehemaliger Zwangsarbeiter und Kriegsgefangener, die sich noch im Gebiet befanden und deren Repatriierung aus wirtschaftlichen Gründen bis etwa 1948 verschoben wurde. Im allgemeinen fand also eine *Entbäuerlichung* statt. Kleine Hoflandwirtschaften existierten nur noch in abgelegenen Dörfern, die nicht zum Einzugsbereich einer Sovchose gehörten und in denen so wenige Menschen lebten, daß es sich für die Militärkommandantur nicht rentierte, Arbeitskräfte abzutransportieren. Im März 1946 wurden zwanzig weitere Sovchosen (Tierhaltungsgüter) des Ministeriums für Milch- und Fleischwirtschaft im Gebiet geschaffen. Für die Mehrzahl der Standorte wurden Orte im fast gänzlich entvölkerten Osten des Gebietes ausgewählt. (s. Tabelle) Für die Betriebe verpflichtete die Administration vorrangig Deutsche aus Königsberg, die dann unter russischer Anleitung arbeiten mußten.

Für die Besetzung von Leitungsaufgaben wurden sowjetische Zivilisten aus der UdSSR entsandt. Qualitativ gab es keine Unterschiede zwischen den Beschäftigungsverhältnissen dieser Sovchosen und denen der Militärsovchosen: Die Entlohnung erfolgte in Naturalien, aber nur für tatsächliche Arbeitstage. Sofern es aus Witterungsgründen oder auf Grund schlechter Organisation keine Arbeit gab, entfielen auch die Essensleistungen, was bedeutete, daß die Arbeiter im Winterhalbjahr keine Verpflegung bekamen.

Einrichtung von Tierhaltungssovchosen[367]

Kreis	Ort
Darkehmen	Altragaischen, Gailboden, Jurgaitschen
Gumbinnen	Großtrakehnen
Heinrichswalde	Groß Skaisgirren
Insterburg	Aulowöhnen, Grünheide, Lidike, Muplaken, Neumischken,
Kreutzburg	Tharau
Labiau	Dedave, Popelken
Pillkallen	Großschorellen, Warnakallen
Ragnit	Jurgaitschen
Samland	Dobrinken, Plinken
Stallupönen	Tollmingkehmen
Tapiau	Grünhain

Den Neusiedlern des Jahres 1946 wurden aus dem Bestand der Militärsovchosen 60 Siedlungen mit insgesamt 58.300 ha zu gesprochen. Das Militär transportierte alle deutschen Arbeitskräfte aus den zu übergebenden Ortschaften ab (siehe XIII.2., Tabelle 4). So kamen die Neubauern in menschenleere Dörfer, in denen sie keinerlei Möglichkeit hatten, Informationen über Bodenbeschaffenheit, Besonderheiten beim Anbau, Wetterverhalten, dörfliche Traditionen etc. zu erhalten. Im Herbst 1946 wurden insgesamt 295 Kolchosen von den Neusiedlern gegründet. Ein Kontingent von 670 Familien wurde auf Tierhaltungssovchosen geschickt und außerdem in jedem Rayon eine MTS gegründet.[368] Im Kaliningrader Gebiet herrschte eine Form von Kollektivwirtschaft, bei der nicht nur das Land, sondern auch die Betriebsmittel einschließlich des Viehbestandes vergesellschaftet waren, wobei aber zusätzlich kleine, zu den Höfen gehörige Privatlandwirtschaft betrieben wurde.

Die Kolchosen im Kaliningrader Gebiet, die von den sowjetischen Neusiedlern ab Herbst 1946 gegründet wurden, stellten zu jener Zeit keine Neusiedlungen dar, sondern wurden durch die Zusammenfassung der bäuerlichen Einzelwirtschaften gebildet bzw. durch die schon erwähnte Übertragung von Militärsovchosen. Wirtschaftsgebäude größerer Bauernhöfe verwendete man für die Zwecke der Kolchosen. Andere Baulichkeiten, wie Kirche oder Pfarrhaus, wurden für Gemeinschaftszwecke umfunktioniert und in Scheunen, Speicher, Garagen, Klubhäuser oder Kinos verwandelt. Obwohl solche sowjetrussischen Strukturen rasch eingeführt wurden, blieb die Umgebung mit ihrer andersartigen Landschaft, der Architektur und dem eigenen Gepräge den Neusiedlern fremd. Nicht nur die Vegetation unterschied sich von der Heimat der Ankömmlinge, auch die Art der Feldanlagen war anders, die ostpreußischen Flüsse – auch die kleinen – hatten zumeist Dämme, und insbesondere die gut gepflegten Wälder mit ihren Waldwegen und Einhegungen für Wild verblüfften die Neuzuwanderer. Die ersten Neusiedler kamen überwiegend so spät im Herbst 1946, daß sie keine Felder mehr bestellen konnten. Sie gingen ohne Vorräte in den Winter 1946/1947, der der strengste der gesamten Nachkriegszeit war. Schon zum 1. Oktober 1946 hatte die Gebietsverwaltung die Brotrationen für nichtarbeitende Familienangehörige gekürzt, später im Winter gab es überhaupt nichts mehr zu essen. Alle, gleich ob Deutsche oder Russen, hungerten in jenem Winter.

Das Hauptproblem der sowjetischen Agrarpolitik bestand seit jeher in der Steuerung des Verhältnisses zwischen dem Privatinteresse der Kolchosmitglieder an der Bewirtschaftung ihres Landes und ihren Verpflichtungen in der Kollektivwirtschaft. Auch aus den Erträgen der Privatwirtschaft mußten Naturalabgaben geleistet werden. In den ersten Nachkriegsjahren, als Mangel an Lebensmitteln herrschte, die Neusiedler aber zeitweise von Abgaben befreit waren, konnten die Bauern durch Verkauf ihrer Produkte weitaus mehr verdienen, als durch ihre Arbeit im Kolchos. Eine Milchkuh trug nicht nur zur Ernährung der Familie bei, sondern brachte auch noch bares Geld ins Haus, da sich die Milch gut ver-

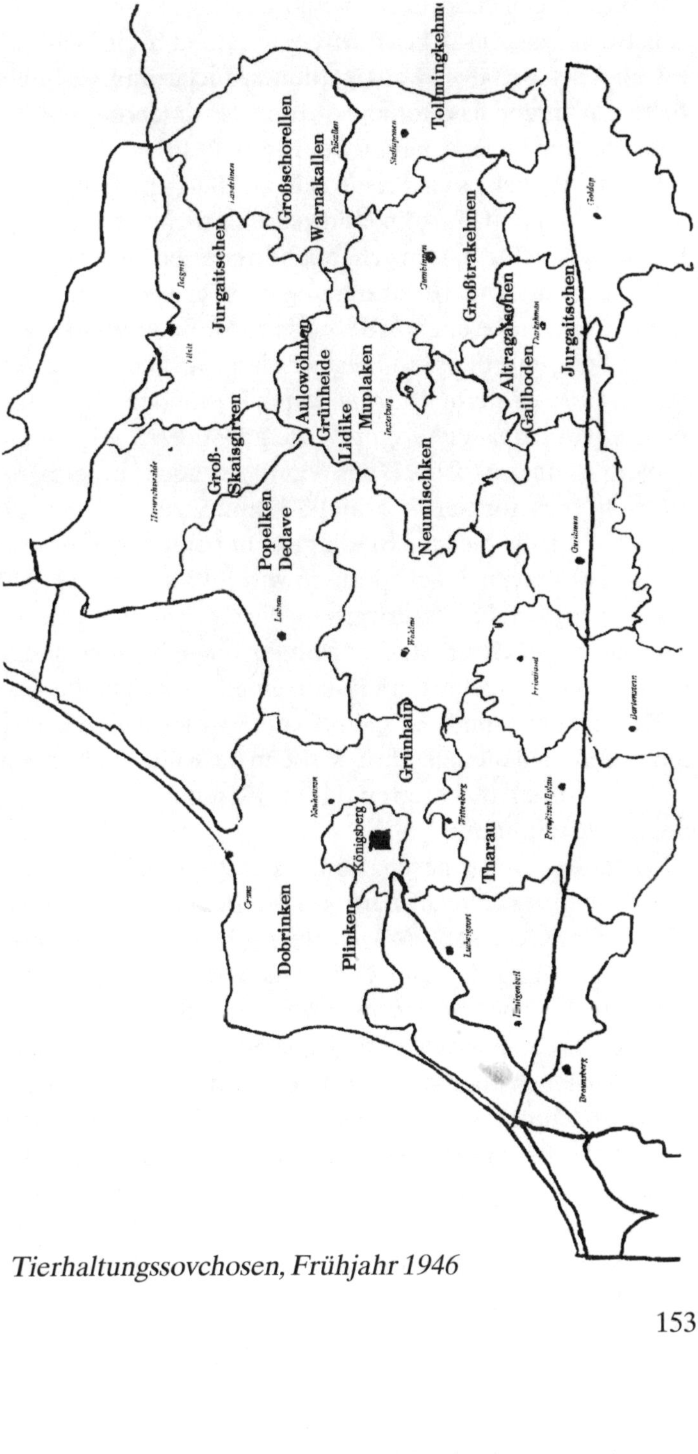

Tierhaltungssovchosen, Frühjahr 1946

kaufen ließ. Üblicherweise bewirtschafteten die Familien privat etwa 0,5 ha. Zusätzlich durften sie eine Kuh, ein Schwein, bis zu zehn Schafe, zwanzig Bienenstöcke und Geflügel halten. Während das Hofland offiziell der Kolchose gehörte, aber von den Kolchosbauern meistens als Privatland angesehen wurde, gab es ein Privatrecht an Haus und Hofgebäuden, an Vieh und einigem landwirtschaftlichen Gerät. Die Eigentumsrechte hatten erhebliche materielle Bedeutung, da der Lebensstandard der zugezogenen Bauern sehr niedrig war. Unter anderem wurde in dem Maßnahmeplan zur Ansiedlung unter Punkt 11 festgehalten: *»c) Jeder Umsiedlerfamilie wird aus den vorhandenen Beständen ein Wohnhaus mit den dazugehörigen Wohngebäuden übergeben.«*

Wer ein unzerstörtes Haus – zumeist noch mit einigen Einrichtungsstücken – erhielt, konnte zufrieden sein, kamen doch die meisten Siedler nur mit einem Koffer und einigen Hühnern. Nach dem schweren Winter 1946/1947 erweiterte die Gebietsverwaltung die Genehmigungen zur Tierhaltung auch auf Stadtbewohner. Viele Neubewohner kauften im benachbarten Litauen eine Kuh und hielten sie in Kellerräumen und Garagen. Später wurden diese Genehmigungen wieder eingeschränkt, denn die Kühe blockierten zu bestimmten Tageszeiten die Straßen und hinterließen überall ihre Spuren.

Witterung, Bodenbeschaffenheit und Siedlungsstruktur unterschieden sich recht stark von den Bedingungen, die die Neusiedler von zu Hause kannten und erschwerten ihnen die Eingewöhnung – auch in die landwirtschaftlichen Verhältnisse. Hinzu kam, daß viele der Anwerbung gefolgt waren, weil sie die materiellen Vergünstigungen verlockt hatten, vom Dorfleben aber sehr wenig verstanden, von deutscher Landwirtschaft erst recht nichts. Zum Beispiel kannten die sowjetischen Bauern kein Weidesystem mit Zäunen, bei dem die Tiere der Reihe nach Wiesen abweideten. Bevor sie begreifen konnten, welches System dahinter steckte, hatten sie schon die Zaunpfähle verheizt. Auch das Meliorationssystem war den Kolchosbauern nicht geläufig, was dazu führte, daß sie es nicht warteten, sondern in Unkenntnis zerstörten. Zwar gab es in dem Maßnahmeplan zur Ansiedlung unter Punkt 18 die Verpflichtung, *»1946–1947 eine detaillierte Untersuchung der Meliorationseinrichtungen auf dem Territorium des Kaliningrader Gebietes durchzuführen …«* Letzten Endes aber mündete diese Selbstverpflichtung in eine Forderung an den MVD nach Arbeitskräften aus Lagerbeständen.[369] Die im Sommer 1947 für Meliorationsarbeiten angeforderten deutschen Kriegsgefangenen trafen jedoch erst zu Beginn der Frostperiode ein.[370] Schon im Herbst 1946, bei der Übergabe von Siedlungen aus den Militärsovchosen an das Landwirtschaftsministerium, kam es zu Auseinandersetzungen über die landwirtschaftliche Verwaltung im Königsberger Gebiet. Das Militär wollte seine Positionen nicht ohne weiteres aufgeben.[371] Die Armeeführung argumentierte vor allem damit, daß die Versorgung im Gebiet planmäßig zum 1. Oktober 1946 auf Allgemeinnorm umgestellt werden würde, nachdem die sowjetischen Soldaten und Zivilangestellten vorher Lebensmittel nach Norm 2 erhalten hatten.[372] (Der Mehrbedarf an Lebensmitteln durch die Neusiedler konnte gebietsintern von Anfang an nicht gedeckt werden.)[373] Dennoch mußte das Militär seine Sovchosen zum Teil aufgeben, was den Verlust von Arbeitsplätzen und die drastische Verschlechterung der Ernährungslage für Armeeangehörige bedeutete. Ende 1947 wurden das Budget der sowjetischen Armee weiter gekürzt, die Demobilisierungen fortgesetzt. So konnte das Militär die dreißig großen Sovchosen auch mit bereits reduzierten Ländereien nicht weiter unterhalten. Aus diesen Landwirtschaftsbetrieben wurde am 15. Januar 1948 die staatliche Vereinigung der Sovchosen gegründet. Damit war das Militär nicht länger Arbeitgeber der Deutschen.

Das Sovchosenmodell erfreute sich weder im Memelland noch im Kaliningrader Gebiet großer Beliebtheit. Von den 30.000 sowjetischen Familien, die in den Jahren 1946/1948 in die Landwirtschaft umgesiedelt worden waren, hatte man 9032 in Sovchosen verpflichtet. Trotzdem gab es am 1. August 1948 noch freie Sovchoseländereien mit einer Gesamtfläche von 158.000 ha, davon 48.000 ha Ackerland.[374] Man versuchte, diese Flächen mit Hilfe weiterer Neusiedler zu bewirtschaften, was aber nur völlig unzureichend gelang, da es außerdem noch immer an Maschinen mangelte. Das unbewirtschaftete Land versteppte. Auf den bearbeiteten Flächen wurde nicht effizient produziert. Die Region hatte sich infolge politischer Maßnahmen (Demontage und Plünderung einerseits – vorrangig zum Zweck der wirtschaftlichen Nivellierung[375] – und Ausschaltung der Wirtschaftsbefugnis der einheimischen Bevölkerung andererseits – aus ideologischen Gründen) in kürzester Zeit zum Zuschußgebiet entwickelt. (Ein Zustand, der nun schon fünfzig Jahre anhält.) Ščerbakov, Sekretär des Kaliningrader Gebietsparteikomitees, resümierte am 4. September 1948: *»In den Sovchosen und Industriebetrieben herrscht erheblicher Arbeitskräftemangel, der sich in diesem Jahr im Zusammenhang mit der völligen Aussiedlung der deutschen Bevölkerung außerordentlich verschärft hat… «*[376]

VII.3. Integration oder Ausgrenzung?

Obwohl die Deutschen nördlich und südlich der Memel keine sowjetischen Staatsbürger waren, hatten sie dem gesamten Pflichtkodex (mit Ausnahme der Wehrpflicht) vom ersten Tag der Besatzung an zu genügen, während ein Rechtekatalog auf Grund nicht vorhandener sowjetischer Staatsbürgerschaft entfiel. Der Wandel der russischen Propagandapolitik gegenüber den Deutschen vollzog sich nur innerhalb Deutschlands. Östlich der Oder hatte der Stalinsche Ausspruch von den Erfahrungen der Geschichte, die besagen, daß die Hitler kommen und gehen, aber das deutsche Volk bleibt, keine Geltung.

Die Geschichte der Deutschen im Königsberger Gebiet und im Memelland unterschied sich wiederum voneinander.

Während die Litauer im Memelland vom ersten Tag an bemüht waren, das Gebiet in Besitz zu nehmen, herrschte in Königsberg ein generelles Entscheidungsvakuum, auch in landwirtschaftspolitischer Hinsicht. Das Territorium verwandelte sich zwischen Sommer 1945 und Jahresende in ein großes Internierungs- und Filtrationslager. Ein Jahr lang diente das Gebiet außerdem quasi als »Zwischenablage« für das zu demobilisierende Militär.[377] Wirtschaft wurde nur zur minimalen Eigenversorgung betrieben. Erst mit Eingliederung der *»Kenigsbergskaja oblast«* in die RSFSR erhielten die Deutschen Personaldokumente, die aber anders als die der Russen nur eine Gültigkeitsdauer von drei Jahren besaßen.[378] Der Status der Deutschen im Kaliningrader Gebiet war insgesamt ungeklärt. Auch ihre provisorischen Ausweise in Deutsch und Russisch galten nur innerhalb des Gebietes. Die sowjetischen Behörden weigerten sich, zivilrechtliche Formalitäten für Deutsche, z. B. Eheschließungen, zu registrieren. Die Memelländer erhielten bis 1947 grüne Staatenlosenausweise, waren also auch Bürger zweiter Klasse – jedoch nur in rechtlicher Hinsicht, nicht in wirtschaftlicher.

Im Memelland herrschte Naturalwirtschaft. In den Geschäften gab es nichts, auf den Dörfern existierten von jeher keine Läden. Geld kam erst mit der Rubelreform 1947 richtig in Umlauf. So lebte man als Eigenversorger und war nicht grundlegend von einem Arbeitgeber abhängig. (Natürlich standen sich Bauern besser als Sovchosearbeiter, aber hungern mußte niemand. Zwar gab es immer wieder staatliche Anweisungen, nach denen Bauern verboten war, auf dem Markt Getreide, Mehl und gebackenes Brot zu verkaufen, solange der Staatsplan in der gesamten Republik nicht erfüllt war, was durch die Miliz kontrolliert werden mußte.[379] Doch ließen sich diese Anweisungen nicht strikt durchsetzen.)

Im Kaliningrader Gebiet funktionierte die Lebensmittelversorgung nur über ein Kartensystem innerhalb eines Beschäftigungsverhältnisses. Hauptarbeitgeber war die Rote Armee. Insgesamt waren im Frühjahr 1947 in den Sovchosen (sowohl des Militärs als auch des Ministeriums für Milch- und Fleischwirtschaft) 5350 sowjetische Bürger und 16.000 Deutsche beschäftigt.[380] Das Arbeitsverhältnis auf den Sovchosen hatte Zwangscharakter. Die Sovchoseverwaltung zog normalerweise die Personalpapiere ein, um eine Flucht der Arbeitskräfte zu verhindern. Wer keine Arbeit hatte, wurde kriminalisiert, da es keine alternativen Erwerbsquellen gab. Mit legaler Arbeit ließ sich allerdings auf dem Land nicht genügend verdienen, um sein Leben zu fristen. Normalerweise mußten auch noch nicht arbeitsfähige Familienmitglieder, Kinder und Alte mitversorgt werden. Überdies gab es im Gebiet definitiv zu wenig Arbeitsplätze, da die sowjetische Administration nicht in der Lage war, Arbeitsstellen, Beschäftigungsverhältnisse und Bezahlung zu organisieren. In dem Moment, als die Kolchosbauernumsiedlung einsetzte, mußten sich alle Verwaltungskräfte anstrengen, um die neuen sowjetischen Siedler auch nur minimal zufriedenzustellen. In einem Gebiet, in dem die gesamte Infrastruktur durch Kriegshandlungen, Vandalismus und Demontage zerstört worden war, war dies kein leichtes Unterfangen. Da die Befriedigung der Grundbedürfnisse der Neuankömmlinge politische Priorität hatte, gerieten die Deutschen immer mehr ins Hintertreffen und wurden von den Verwaltungsorganen, die mit ihren Aufgaben überfordert waren, verstärkt als Störfaktor empfunden.

Während Eigeninitiativen zur Versorgung in Kaliningrad als illegal galten, wurden sie im Memelland gefördert. Private Landwirtschaft durfte in Ostpreußen nicht mehr existieren, da hier das sowjetische Dogma des alleinigen Staatseigentums regierte. Somit herrschte im Kaliningrader Gebiet ein extremes Abhängigkeitsverhältnis zwischen sowjetischen Arbeitgebern in der Landwirtschaft und ihren deutschen Arbeitnehmern. Versuche, per Eigeninitiative etwas zu säen oder anzubauen, wurden normalerweise mit Beschlagnahmung geahndet. Oft verschwanden junge Pflanzen oder Früchte schon vor der Reife, da der Hunger überall zum Diebstahl trieb.

Die Gründung der Kolchosen war eine interne sowjetische Angelegenheit. Zumeist hatte man die Deutschen vorher aus den für die Umsiedler bestimmten Dörfern vertrieben. Normalerweise funktionierte dies nach dem folgenden Muster: Eine Ortschaft geriet auf die Liste als neuer Siedlungspunkt. Daraufhin fuhr ein LKW vor, verlud die noch dort lebenden Einwohner und brachte sie an einen anderen Ort. Meistens erfolgten diese Abtransporte ohne vorherige Ankündigung, so daß sich die Einwohner nicht auf ihre Abreise vorbereiten konnten und ihr letztes Eigentum zurückließen. Am neuen Ort empfing man die Deutschen ebenfalls ohne Enthusiasmus, denn dann hieß es immer, noch stärker zusammenzurücken und sich weiter einzuschränken. Verblieben noch Deutsche in Dörfern mit sowjetischen Neuansiedlern, wurden sie nicht in die Entscheidungen der sowjetischen Kolchosbauern einbezogen. Äußerlich rechtfertigte man dies vor allen Dingen mit der Sprachbarrierre. Doch dahinter standen weitere Gründe. Die Gebietsverwaltung hatte ausdrücklich die Bildung von Dorfgemeinschaften der Neusiedler angeordnet, so daß von sowjetischer Seite niemand auf die Idee kam, die Deutschen zu integrieren. Mit etwas Glück bekam die Restbevölkerung im Kolchos eine Arbeitsstelle, die jedoch nicht rechtlich abgesichert war. Es konnte geschehen, daß ein Deutscher einen Arbeitsplatz verlor, wenn dieser für einen Russen attraktiv erschien. Auch die Austeilung der schon erwähnten kleinen Privatlandwirtschaften erfolgte nur an Kolchosmitglieder – also nur an Sowjetbürger.

Memelländische Bauern nutzten alle staatlichen Instanzen und Förderungsmöglichkeiten, die im Bereich der Landwirtschaft existierten. Ungeachtet ihrer staatsbürgerlichen Situation wurden die Memelländer in die agrarpolitischen Prozesse der Region einbezogen. Sie klagten immer wieder ein, daß die Institutionen auch für sie zuständig wären. So beantragten sie auch wiederholt die Rückgabe ihrer verstaatlichten Höfe, die aber nur in den wenigsten Fällen genehmigt wurde. In den Akten der Gemeinde Katyčiai ist ein Protokoll der Gemeindesitzung vom 1. März 1948 enthalten, während der neun memelländische Bauern die Rückgabe ihrer Höfe forderten, was jedoch mit Hinweis auf bereits erfolgte anderweitige Vergabe abgelehnt wurde.[381] Oft zeigten sich aber die Neueigentümer auch beeindruckt von der Hartnäckigkeit der Altbesitzer, und es fand sich eine Regelung unter Umgehung der staatlichen Instanzen.

Ostpreußen nutzten die bessere Lage im Memelland und arbeiteten dort in den grenznahen Sovchosen Piktupėnai und Bubliškes. Ihre Beschäftigungsverhältnisse waren legal. Sie lebten in den Dörfern, die im Einzugsbereich der Landwirtschaftsbetriebe lagen, und waren auch in den Dorfbüchern [ukinės knygos] registriert.[382] Im Frühjahr 1947, als sich die Gerüchte über die bevorstehende Aussiedlung der Ostpreußen verdichteten, gingen sie in das Kaliningrader Gebiet zurück (siehe XIII.2., Tabelle 3 sowie XV.). Die Sovchose Piktupėnai konnte daraufhin den Plan zur Frühjahrsbestellung nicht erfüllen.

Beide deutschen Bevölkerungsgruppen waren über das Schicksal der jeweils anderen informiert. Kurzfristig schienen die Memelländer das bessere Los gezogen zu haben. Langfristig – was sich damals jedoch noch nicht prognostizieren ließ – hatten die Ostpreußen die günstigere Perspektive.

VIII. Die Reste deutscher Dörfer

VIII.1. Andere Macht – andere Sprache

In den ersten Jahren wurde bei amtlichen Angaben im Memelland – wie auch schon bei der Repatriierung – selten eine Angabe der Nationalität gefordert. Verlangten Behörden diese jedoch, bevorzugten die meisten Deutschen die Angabe *vietinis* (autochthon). Interessantes Beispiel hierfür sind die *ukinės knygos* (Hofbücher), die in den einzelnen Gemeinden geführt und in denen jährlich alle Bewohner eines Dorfes verzeichnet wurden. Dazu erfolgten genaue Angaben über die familiäre Lage, den Verbleib von Angehörigen im Ausland, Angaben zur wirtschaftlichen Situation, zum baulichen Zustand des Gehöftes einschließlich der Größe des Gartenlands, zur Anzahl des Viehs etc.[383] Zahlreiche Einwohner gaben 1945 als Nationalität *deutsch* an. 1946 wechselte die Mehrheit zu der Angabe *vietinis.* 1947 gaben wieder einige *deutsch* an, wahrscheinlich hofften sie anläßlich der Gerüchte um die bevorstehende Aussiedlung der Deutschen aus dem Kaliningrader Gebiet, ebenfalls eine Chance zur Ausreise zu erhalten, andere blieben bei *vietinis.* Litauendeutsche aus dem Kreis Tauragė gaben schon 1945 generell *litauisch* als Nationalität an. 1948 und in den Folgejahren wurde auch bei den Memelländern in der Spalte Nationalität überwiegend *litauisch* vermerkt. Die wechselnden Angaben wurden vor allem von Einwohnern im arbeitsfähigen Alter getätigt. Personen, die über sechzig waren, blieben bei ihrer Angabe *vietinis* oder *deutsch* und gaben in der Regel auch keine lituanisierten Namensvarianten an. Nach 1948 galt auch die Bezeichnung *vietinis* als anrüchig. Behörden schrieben dann manchmal *suvokintas lietuvis* (germanisierter Litauer), wenn es sich um eine memelländische Person handelte, die sich als Litauer ausgab, aber kein Litauisch sprach, was gerade in Klaipėda häufig vorkam. (Während auf dem Land alle zweisprachig waren, beherrschte die Stadtbevölkerung nur wenige litauische Ausdrücke.) In den meisten Fällen handelte es sich wirklich um schwebendes Volkstum. Nicht selten trafen Mitglieder ein und derselben Familie zum gleichen Zeitpunkt verschiedene Definitionen ihrer Ethnizität. Pfarrer Ansas Baltris notierte nach Kriegsende in sein Tagebuch: *»Es fällt auf, daß die Kinder der Gemeinde Plicken [und nicht nur sie, wie sich aus Behördenunterlagen erkennen läßt – R. K.], geboren 1930–1938, fast alle auf deutsche Namen getauft wurden. Aber fast alle Nachnamen sind rein litauisch, was bezeugt, daß es sich bei den Familien um Litauer handelt. Und zweitens: Die Eltern dieser Kinder sind fast alle [...] noch unter deutscher Herrschaft geboren und mit biblischen Namen getauft. Ergibt sich die Frage: Warum haben diese litauischen Eltern, die mit biblischen Namen getauft waren, ihren Kindern deutsche Namen gegeben? Und diese Frage verstärkt sich noch mehr, da sie im Memelland geboren wurden, als dieses Teil des unabhängigen Litauens war. Was wollten diese Litauer, ihre Eltern, damit ausdrükken und gleichzeitig damit erreichen?«*[384]

Sprachschwierigkeiten hatten vor allem die Kinder, die erst nach 1939 zur Schule gekommen waren und kaum Litauisch gelernt hatten (siehe XIII.1., Dokument 2). Probleme mit Namen, Familiennamen und Ortsbezeichnungen gab es hingegen nicht. Die memelländischen Familiennamen stellten schon seit Jahrhunderten eine deutsch-litauische Synthese dar, von allen in der Gegend gängigen Vornamen gab es auch litauische Varianten. (Aus Martin wurde Martynas, aus Johann Jonas, aus Martha Morta, aus Ruth Ruta. Schwieriger war es schon mit Namen wie Sieglinde oder Horst. Träger dieser Vornamen wählten sich meistens einen zweiten, ganz anderen.) Auf Grund dessen klingt aber die Schlußfolgerung von Baltris, die Familien mit litauischen Nachnamen

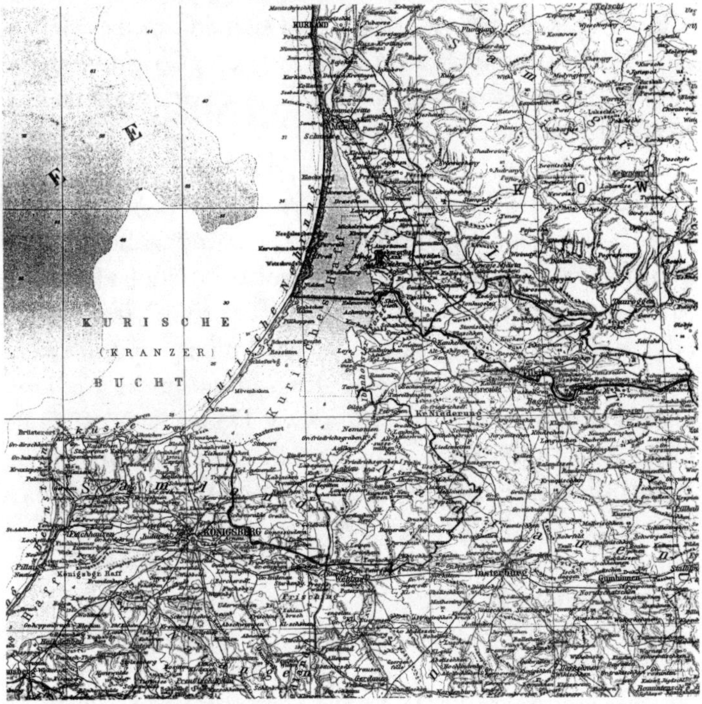

Lage der Kreise Pogegen und Labiau

seien litauisch, intendiert. Sie läßt sich dadurch erklären, daß Baltris in seiner gesamten Tätigkeit ausdrücklich die kleinlitauische Richtung, die der litauisch orientierten Memelländer, vertrat.

Für die Ortsnamen gilt in etwa, was für die Familiennamen gesagt wurde (siehe XIII.2., Ortsverzeichnis). Es wurden keine Neubenennungen eingeführt. Die vereinzelten Umbenennungen nach 1939 (beispielsweise: Michelsakuten in Mädewald) hatten sich generell keiner großen Beliebtheit erfreut und gerieten rasch in Vergessenheit. Agitatorisch-propagandistische Namenstaufen fanden im Memelland überhaupt nicht statt. Allerdings war Deutsch als offizielle Umgangssprache verboten, obwohl keinerlei schriftliche Richtlinie dafür vorlag. Unter anderem trug die Terminologie der sowjetischen Kriegspropaganda, die nach 1944 im Sprachgebrauch der neuen Funktionäre auch ins Memelland schwappte, zu diesem Verbot bei. Nun wurden die Deutschen nicht nur beschuldigt, seinerzeit (1939) »das Memelland gestohlen zu haben« [pavogė mums Klaipėdos kraštas], sondern man bezeichnete die Deutschen seitdem noch bis in die achtziger Jahre als fašistai [Faschisten].

Seit November 1945 erfolgte die Ausgabe neuer Personalpapiere [pasportizacija], ein Verfahren, das sich im Memelland sehr lange hinzog. Wie viele andere Prozeduren der Nachkriegszeit wurde auch diese weidlich unter sicherheitsdienstlichen Aspekten ausgenutzt, das heißt: Die Mitarbeiter der Meldebehörde nutzten die Möglichkeit, um alle Einwohner über 16 Jahre nach ihrem Vorleben zu befragen und antisowjetische Elemente ausfindig zu machen. Das nahm natürlich viel Zeit in Anspruch. Zum 1. Februar 1946 hatten im Kreis Pagėgiai erst 38 % aller Einwohner Personalpapiere erhalten.[385] Dazu sei angemerkt, daß viele Personen nur befristete Papiere erhielten, für einen Zeitraum von drei oder sechs Monaten. Alle Namen wurden lituanisiert. Deutsch als Nationalität wurde nicht mehr eingetragen, im günstigsten Fall wurde die Spalte Nationalität überhaupt nicht ausgefüllt. Da deutsche Urkunden generell keine Gültigkeit mehr besaßen und meistens entweder von der Roten Armee oder den Repatriierungsbehörden bereits eingezogen worden waren, stellten die Behörden auch neue sowjetlitauische Geburtsurkunden aus – die natürlich ebenfalls keinen Nationalitätenvermerk deutsch enthalten durften.

Im Kaliningrader Gebiet gab es für Deutsche keinerlei sprachliche Restriktionen und keinen administrativen Zwang, Russisch zu lernen. Vor der Ausweisung kam auch niemand auf die Idee, Deutsche per Dokument zu russifizieren, ihnen die sowjetische Staatsbürgerschaft anzubieten. (1948 allerdings boten Behörden einigen deutschen Spezialisten an, dort zu bleiben, aber nur unter der Bedingung, Nationalität und Staatsbürgerschaft aufzugeben und die sowjetische anzunehmen.) Bestimmte Propagandaschriften wurden auch auf Deutsch veröffentlicht;[386] ab 1947 existierte die Neue Zeit – eine deutsche Wochenzeitung, in der vorrangig Nachdrucke politischer Artikel erschienen. Theoretisch mußten überall auf Ämtern Dolmetscher Hilfe leisten, in der Praxis hingegen standen nicht immer welche zur Verfügung. Andererseits wurden ab 1946 im Gebiet alle Ortschaften nach dem Geschmack der russischen Verwaltung umbenannt. Während sich ein Teil der deutschen Bevölkerung der russischen Sprache gänzlich verweigerte, eigneten sich andere umfangreiche Kenntnisse an – als Teil einer Überlebensstrategie.

VIII.2. Der Kreis Pagėgiai/Pogegen

Die Akten der örtlichen Verwaltung im Memelland für das Jahr 1945 sind bei weitem nicht vollständig – noch trieb die Bürokratie innerhalb Sowjetlitauens keine Blüten. So kann auch die Entwicklung des Kreises Pagėgiai in statistischer Hinsicht nur mühsam nachvollzogen werden. Hier fallen genaue Angaben schwer, da immer wieder mit verschiedenen Größen operiert wurde: Man zählte Familien, Höfe oder Einwohner. Bereits am 25. Mai 1945 meldete der Parteisekretär des Kreises Pagėgiai die Ansiedlung von 1661 Wirtschaften im Kreis, teilte aber nicht mit, welcher Anteil auf Neusiedler bzw. auf Rückkehrer entfiel. Die größte Welle der ansiedlungswilligen Litauer war 1945 zu verzeichnen. Bis Ende April kamen 680 Familien aus dem Kreis Tauragė (dem unmittelbaren Nachbarkreis) und 266 aus dem Kreis Raseiniai.[387] Im Herbst ließ die Ansiedlung nach, es wurden insgesamt 8832 Neusiedler verzeichnet. Zwischen Februar 1945 und August 1946 (Stichtag 12. 8. 1946) kehrten 1033 Personen aus Deutschland in den Kreis Pagėgiai zurück.[389] Die Anzahl der Rückkehrer in den Gemeinden, die ja aus vielen kleinen verstreut liegenden Siedlungen bestanden, war äußerst verschieden. So kehrten nach Natkiškiai überdurchschnittlich viele Personen (159) zurück, nach Katyčiai ebenso recht viele (98), aber nach Plaškiai nur drei

Projektplan zur Besiedlung des Kreis Pagegiai mit Bauern aus anderen Kreisen[388]

Gemeinde	bewohnte Höfe	unbewohnte Höfe	zu besiedeln	aus dem Kreis	Anteil Einheimischer
Usenai	29	232	250	Utena	12,50 %
Viešvilė	18	287	250	Raseiniai	6,27 %
Katyčiai	129	200	250	Tauragė	64,50 %
Vilkiškiai	47	189	150	Raseiniai	24,86 %
Natkiškiai	30	410	250	Tauragė	7,31 %
			100	Ukmergė	
			50	Raseiniai	
Rukai	63	316	250	Utena	19,93 %
			50	Raseiniai	2,46 %
Piktupėnai	38	267	200	Šiauliai	14,23 %
Smalininkai	40	191	150	Raseiniai	20,94 %
Galzdonai	2	81	150	Alytus	2,46 %
Lauksargiai	43	183	200	Ukmergė	23,49 %
			50	Raseiniai	
Pagėgiai			300	Ukmergė	
					=19,60 %

Einwohner. Wie schon erwähnt, hatten Fluchtweg und Fluchtverlauf Entscheidungen für die Rückkehr deutlich mitgeprägt. Eine zukunftsbestimmende Rolle kam auch den Organisatoren der Evakuierung innerhalb der einzelnen Gemeinden – Pfarrern, Bürgermeistern oder Ortsbauernführern – zu. Nicht nur ihr organisatorisches Engagement für die Gemeinde, auch ihr politischer Weitblick beeinflußten mitunter das Geschick ganzer Dörfer. Einige setzten durch, mit den Trecks Ostpreußen noch im Herbst 1944 rechtzeitig verlassen zu können, andere warnten ihre Gemeindemitglieder sehr deutlich vor den Konsequenzen der Rückkehr.

Der Wiederbesiedlungsplan des Memellandes sollte bis zum 15. Juli 1945 erfüllt sein, wobei man 4700 Familien für den Kreis Pagėgiai vorgesehen hatte. Die Anzahl der Einwohner stieg stetig. Gab es im Mai 1945 genau 1661 bewohnte Bauernhöfe, waren es zum 1. Januar 1947 schon 2949 Höfe oder 16.591 Personen.[390] Neben Litauern wurden im Kreis Pagėgiai auch Russen angesiedelt – vor allem Demobilisierte. Ihr Anteil an der Gesamtbevölkerung betrug 1946 etwa 5 %.[391] Obwohl ihre numerische Anzahl gering war (im Kreis Klaipėda betrug der Anteil der Russen zum gleichen Zeitpunkt nur 4 %), stärkte allein ihre Anwesenheit die sowjetische Macht vor Ort – insbesondere in Bezug auf die Sowjetisierungs- und Russifizierungspolitik.[392]

Die administrativen Grenzen des Kreises Pagėgiai bestanden bis 1950 fort. Der Kreis umfaßte 15 Gemeinden und die Kreisstadt. Die industriellen Einrichtungen waren durch die Kampfhandlungen kaum in Mitleidenschaft gezogen worden, weshalb sich die neueingesetzte Verwaltung bemüht zeigte, alle Einrichtungen möglichst schnell wieder in Betrieb zu nehmen, auch um sie vor sowjetischer Demontage zu bewahren. So wurden alle wirtschaftlichen Einrichtungen (13 Windmühlen, 7 Wassermühlen, 7 Dampf- oder mechanische Mühlen und 6 Sägewerke) im Sommer 1945 wieder in Gang gesetzt.[394] Diese Taktik war jedoch nicht immer erfolgreich, die in Betrieb stehende Kleinbahnstrecke des Kreises von Smalininkai bis Panemunė beispielsweise wurde im Auftrag der sowjetischen Hauptverwaltung für Kriegsbeute [Glavnoe trofejnoe upravlenie] demontiert.[395]

Repatriierte Personen des Kreises Pagegiai bis zum 12. August 1946[393]

Gemeinde	*Anzahl der Personen*
Usėnai	82
Piktupėnai	98
Natkiškiai	159
Vilkiškiai	106
Stubriai	4
Pagėgiai	72
Pagėgiai (Stadt)	80
Žukai	11
Smalininkai	57
Viešvilė	19
Plaškiai	3
Lauksargiai	89
Katyčiai	98
Rukai	88
Galzdonai	10
Galzdonų Žemaitkiemis	57

Obwohl es zahlreiche Übergriffe gab, versuchte die neu eingesetzte Verwaltung dennoch alles in ihren Möglichkeiten Stehende, um Ausplünderungen zu unterbinden. Beispielsweise ließ sie im Frühjahr 1945 Kontrollen und Wachen auf Betrieben und Höfen errichten, um Diebstähle zu verhindern.[396] Es gab Anweisungen, Eigentum vor Diebstahl und *»Ausfuhr aus dem Kreisgebiet zu schützen«*.[397] Mitglieder der neuen Administration, die selbst aus der Landwirtschaft kamen, versuchten, alles Erforderliche zu

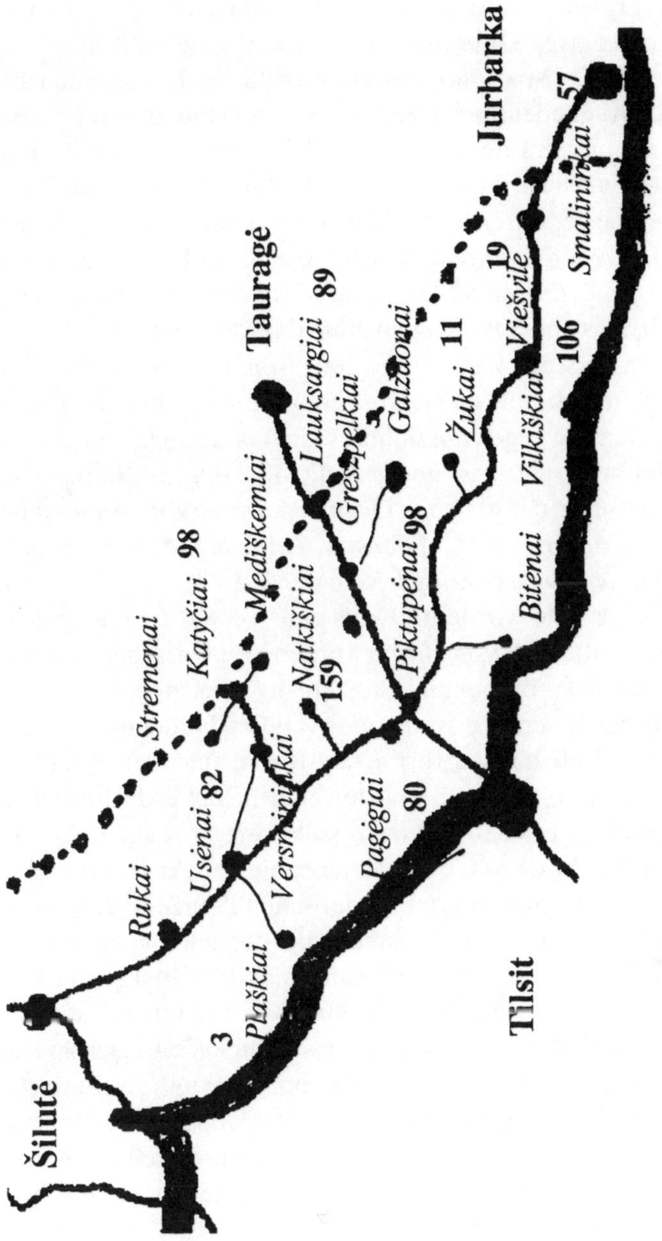

Repatriierte im Kreis Pogegiai, August 1946

veranlassen und ordneten unter anderem auch die dringend nötige Säuberung der Meliorationsgräben an.[398]

Die Kreisparteiorganisation zählte am 1. Dezember 1945 75 Mitglieder und 16 Kandidaten. Von ihnen waren 50 Russen und 28 Litauer.[399] Ein Jahr später wohnten im Kreis schon 208 Parteigenossen und 55 Kandidaten. 17 der Parteimitglieder waren im Vorjahr aufgenommen worden, der Rest zugezogen. Während sich die Anzahl der Kommunisten insgesamt verdreifacht hatte, konnten die Litauer mit 49 Mitgliedern ihre Quote nicht einmal verdoppeln.[400]

In Pagėgiai wurde eine Garnison der 3. Belorussischen Front stationiert. Das Kreiskomitee versuchte, die Zivilbevölkerung gegen Disziplinlosigkeit und Rowdytum der Soldaten zu schützen, und verpflichtete das Militär u. a.: *»die Häuser in der gleichen Ordnung, wie sie vorgefunden werden, zu verlassen [...] Fenster, Türen u. ä. dürfen weder beschädigt noch herausgerissen werden.«*[401]

Erst 1946 wurde im Kreis eine Verwaltung des NKVD geschaffen.[402] Von nun an wurden die politischen Überzeugungen der Bürger und ihre Vergangenheit überprüft. Offiziell existierten zwei Kategorien von Beschuldigungen, entweder lautete der Vorwurf: *Kriegsverbrecher* oder *Volksfeind.* In die erste Gruppe gehörten alle, die in Verdacht standen, mit der deutschen Besatzung kollaboriert zu haben. Zur zweiten Gruppe rechnete man jene, die den Anschein trugen, nicht konform mit der sowjetischen Politik zu gehen – die Memelländer standen immer unter doppeltem Verdacht. Mit dem Einzug des NKVD begann auch die Tätigkeit der schon genannten *stribai,* einer halbmilitärischen Organisation, deren Mitglieder »Volksfeinde« ausrotten sollten. Auch im Kreis Pagėgiai wurde eine Gruppe von 110 Mann stationiert.[403]

Die Wahl zum Obersten Sowjet der UdSSR im Winter 1946 war das erste große politische Ereignis nach dem Krieg. Wie bereits erwähnt, besaßen die Memelländer kein Wahlrecht. Die Anzahl der Wahlberechtigten im Kreis betrug bei einer Einwohnerzahl von ca. 14.000 nur 9973, davon waren etwa 2000 Russen. In einigen Gemeinden wählten die Memelländer trotzdem, da sich die Mitglieder der lokalen Wahlkommissionen nicht an ihre Anweisungen hielten.[404]

Der Parteisekretär des Kreises berichtete an das ZK: »*Im Kreis Pagėgiai gibt es keine einheitliche Meinung der führenden Mitarbeiter des Kreises nicht nur zu den Memeldeutschen, die aus Deutschland zurückgekehrt sind, sondern man geht auch frei mit den deutschen Kriegsgefangenen um.*[405] *Die Kriegsgefangenen gehen ohne jegliche Bewachung zur Arbeit, viele leben in Privatwohnungen. Abends laufen sie frei durch die Städtchen, gehen ins Kino usw.*« – »*In der ersten Maihälfte weigerten sich Memeldeutsche, die in einer Abteilung des Sovchos Lauksargai arbeiten, zur Arbeit zu kommen. Auf die Forderung des Abteilungsleiters, unverzüglich zur Arbeit zu erscheinen, drohten die Deutschen damit, daß bald die Engländer kommen und wir dann mit euch abrechnen […] Am 16. Mai 1946 sagte eine Deutsche in der Gemeinde Plaškai den Bauern Sladevičius und Kuzulis Jakubas, daß bald keine Litauer mehr im Kreis sein werden. Mit Hilfe der Engländer werden die Deutschen hierher kommen. Weder die Sicherheitsorgane noch das Parteikomitee, die von der antisowjetischen Agitation der Deutschen wissen, haben Maßnahmen eingeleitet. Das Parteikomitee und die Organe des MVD erkennen die Gefährlichkeit der konterrevolutionären Elemente nicht. Sie argumentieren: ›Bei uns gibt es keine Banden, wer hier was tut, kommt aus den anderen Kreisen.‹*«[406]

Antworten der Parteileitung aus Wilna auf derartige Berichte sind nicht bekannt. Verglichen mit der politischen Situation in anderen Teilen Litauens verlief das Leben im Memelland friedlich. Hier gab es keine Widerständler, die die sowjetischen Funktionäre mit Waffengewalt bedrohten. Das wußte offensichtlich auch die lokale Parteiorganisation, denn sie verlieh ihren Beschwerden keinen besonderen Nachdruck. Mit der Zeit stabilisierte sich die Administration und der NKVD griff härter durch. Das Zusammenleben von Litauern und Memelländern verstrickte sich auf alle nur erdenklichen Weisen (siehe XIII.1., Dokument 1).

Fälle wie jener der Litauerin Ona Kamarauskienė, die den alten Hofeigentümer – wenn auch ohne Wahrung weiterer Anspruchsrechte – dulden mußte, da die Behörde ihren Verpflichtungen gegenüber den Repatrianten nicht nachkam, gab es häufig. Dann war manchmal entscheidend, wer von beiden Parteien den längeren Atem hatte. In dem hier geschilderten Fall wurde die Frau als Großbäuerin *(Kulakin)* nur unter einem formalen – aber gesetzlich legitimierten – Vorwand eingestuft.[407] Offensichtlich besaß sie als Frau eines ehemaligen *stribas* und Kreisvorsitzenden keine Sympathien in der Gemeinde und konnte sich in Abwesenheit ihres Mannes auch innerhalb der Dorfgemeinschaft nicht wehren. In solchen Situationen verjagten dann die kulakisierten Litauer normalerweise ihre memelländischen Untermieter, was sie jedoch nicht vor einer Eintragung in das Verbannungsverzeichnis bewahrte.

Die einheimische Bevölkerung versuchte in den ihr möglichen Bereichen ihre Traditionen fortzuführen, so auch die des kirchlichen Lebens. Es gab noch einige Pfarrer und vor allem auch zahlreiche *»sakytojai«*, sogenannte »Stundenhalter« aus der im Memelland starken pietistischen Bewegung. Hinzu kam, daß die nationalsozialistische Regierung in der Zeit von 1939–1944 litauischsprachige Gottesdienste, mit Ausnahme von Beerdigungen, verboten hatte: Der erste wieder litauischsprachige Gottesdienst fand am 24. April 1945 in Plikai/Plicken statt. Die meisten Kirchen waren beschädigt, ihr Inventar verschwunden. Pfarrer Ansas Baltris[408] notierte in seinem Tagebuch über die Kirche in Deutsch Crottingen: *»Am Ende des Altarraums, in der Sakristei war eine Granate oder Bombe detoniert, die Kirchenbänke waren verschwunden, (vermutlich verheizt).«*[409] Da die meisten Kirchen zerstört waren, fanden die Gottesdienste bei Bauern statt. Im Städtchen Pagėgiai verfügte die Kreisverwaltung im Herbst 1946, das evangelische Kirchgebäude zum Getreidelager umzufunktionieren. Von der katholischen Kirche des Ortes, die erst in der litauischen Zeit errichtet worden war, durfte nur der Turm für die Feuerwehr stehenbleiben. 1947 wurden alle Religionsgemeinschaften neu registriert. Je 20 Mitglieder einer Kirchgemeinde mußten per Unterschrift ihre Zugehörigkeit bestätigen. In jener Zeit ließen sich diese Unterschriften leicht sammeln, denn das Bekenntnis zur evangelisch-lutherischen Kirche war die letzte noch mögliche Form einer öffentlichen Bekundung der regionalen Identität. 1948 waren im Memelland (mit Ausnahme Klaipėdas, wo keine Erfassung zugelassen wurde) 7.169 Mitglieder evangelisch-lutherischer Gemeinden registriert, davon allein in Katyčiai 1000.[410] Die Kirchenstatistik weist für diese Gemeinde 44 Trauungen und 4 Taufen im Jahr 1948 auf.[411]

Nach der Verkündung des Gesetzes, nach dem die Memelländer litauischer Nationalität die sowjetische Staatsbürgerschaft erhielten, gab es einen neuen Rückkehrerschub. Nun verknappten sich Wohnungen und Arbeitsplätze. Das politische Klima wurde rauher. Später beschwerten sich die deutschen Rückkehrer bitter darüber, daß *»man die Litauer in das Memelland gelassen habe«*. Im Februar 1945 war jedoch eine Rückkehr der Deutschen in großem Ausmaß nicht vorherzusehen. Hätten damals nicht sofortige Bewirtschaftungsinitiativen stattgefunden, wäre es zweifellos rasch zu Verwüstungen wie im benachbarten Ostpreußen gekommen, wodurch eine Wiederbesiedlung deutlich weniger Chancen gehabt hätte.

VIII.3. Der Kreis Polessk/Labiau

Eingangs sei bemerkt, daß die sowjetische Administration bis zur Umbenennung der Ortschaften, die zwischen Sommer 1946 und Herbst 1947 erfolgte (in kleineren Orten oft noch später), die bis 1938 gültigen Namen benutzte.[412] Häufig änderten die Behörden die Umbenennungen nochmals, da die örtlichen Entscheidungen nicht untereinander abgestimmt waren und verwirrende Namenshäufungen auftraten.

Deshalb wurden in den ersten Jahren zur sicheren Identifizierung immer noch die deutschen Namen beigefügt.[413]

Wie bereits an anderer Stelle erwähnt, kehrte ein erheblicher Teil der im Kreis Labiau von der Front überrollten Bewohner in ihre Heimatgemeinden zurück.[414] Die Anzahl der Rückkehrer betrug (im Vergleich zur Einwohnerzahl 1941) in den einzelnen Orten bis zu 30 %, meistens etwa ein Zehntel.[415] Zwischen Februar und April 1945 wurde die übriggebliebene Bevölkerung aus dem Kreis in Marschkolonnen zur Zwangsarbeit nach Pilkallen geschickt; die schon erwähnten Lager, im Volksmund *Vergeltungslager*[416] oder *Juden-Vergeltungs-Lager*[417] genannt, sind hier gemeint. Die landwirtschaftlichen Arbeiten unter härtesten Bedingungen forderten ihre Opfer: infolge von Arbeitsbelastung und schlechter Ernährung gab es zahlreiche Tote. Ein Teil der Überlebenden flüchtete im Laufe des Sommers aus den Lagern und kehrte in die Heimatorte zurück.[418] Andere Bewohner des Kreises waren auf polnischem Gebiet von der sowjetischen Front aufgehalten worden, bekamen den Befehl, in den Heimatort zurückzukehren und kamen dort ebenfalls im Sommer an – sofern sie nicht unterwegs in einem Rückkehrerlager aufgehalten wurden.[419]

Im Sommer 1945 gab es im Kreis Labiau viele kleine Militärkolchosen (u. a. Erlenfliess, Schaudienen, Münchenwalde, Blumenfelde, Neuwiese), auf denen zum Teil auch deutsche Kriegsgefangene arbeiteten.[420] Aus anderen Dörfern zog man die Bewohner zu Standorten der größeren Militärkolchosen ab, von denen im ersten Halbjahr mindestens zehn innerhalb des Kreises existierten.

Eine erste Statistik gibt an, daß sich zum 1. September 1945 insgesamt 8184 Bürger im Kreis Labiau aufhielten, von denen 1282 aus anderen Kreisen stammten.[421] Eine weitere Statistik bezieht sich auf den Stichtag 1. Mai 1946. Demzufolge lebten zu jener Zeit im Rayon Labiau 7978 Deutsche, 619 Sowjetbürger und 323 zu repatriierende Sowjetbürger.[422] Zur Gruppe der Sowjetbürger zählten vor allem Mitarbeiter der Militäradministration und der Verwaltung der Militärsovchose Kaimen.[423] Zur letztgenannten Bevölkerungsgruppe gehörten Kriegsgefangene und ehemalige Ostarbeiter, sowjetische Staatsbürger, die nach Anweisung der sowjetischen Regierung an ihre Heimatorte zurückkehren und sich dort politisch überprüfen lassen mußten. (Einige siedelten sich nach dieser Filtration wieder im Kaliningrader Gebiet an.) Zu jener Zeit konnten sich sowjetische Bürger (mit Ausnahme von Militärangehörigen, die ihrer Demobilisierung im Raum Kaliningrad unterlagen) nicht freiwillig niederlassen, da nur nach dem Delegierungsprinzip angesiedelt wurde. Man kann davon ausgehen, daß in der vorliegenden Statistik alle Bürger ab 16 Jahren, wie damals in der UdSSR üblich, erfaßt und stationierte Militäreinheiten nicht berücksichtigt wurden.[424] Jedoch kann es sich dabei nur um ungefähre Angaben handeln, denn erst am 12. Juli 1946 wurde durch den Befehl Nr. 258 die Registrierung der gesamten Zivilbevölkerung sowie deren Ausstattung mit vorläufigen Personalausweisen angeordnet. Bis dahin wurden lediglich Lebensmittelkartenempfänger gezählt.[425] Zu der Zahl der Deutschen gehörte auch ein gewisser Prozentsatz Königsberger Bürger, die laut Verordnung Nr. 6 der Militärverwaltung vom 15. Februar 1946 zur Arbeit in die Militärsovchosen geschickt wurden, speziell in die Militärsovchose 14 (Kaimen).

Im April 1946 wurde in einem Erlaß des Generalmajors Guzij »Über die Gründung deutscher Schulen« die Zahl der deutschen Kinder zwischen 7 und 16 Jahren für den Rayon Labiau auf Grund einer Schätzung mit 2000 angegeben.[426] Der zentrale Ansiedlungsplan für das Kaliningrader Gebiet sah vor, 780 Kolchosbauernfamilien im Rayon

Labiau anzusiedeln, 195 von ihnen sollten vier Kolchosen gründen. Die restlichen 585 Familien sollten auf Ländereien, die bis dahin der Militärsovchose unterstellt waren, Wohnungen erhalten. Die Gebietsbehörde beschloß am 1. August 1946, insgesamt 600 Kolchosbauernfamilien im Rayon Labiau anzusiedeln,[427] darunter zahlreiche Tschuwaschen. Insgesamt wurden 300 Familien aus der Tschuwaschischen ASSR 1946 im Kaliningrader Gebiet angesiedelt, vermutlich alle im Rayon Labiau. Wie aus einer Zeitungsmeldung vom Oktober 1947 hervorgeht, bauten die tschuwaschischen Bauern insgesamt acht Kolchosen auf: *Kalinin* (Alt Gertlauken), *Čapajev* (Adl. Laukischken), *Iskra* (Kraken), *Roter Oktober* (Kukers), *Neues Dorf* (Neu Kirschnabeck), *Rote Fahne* (Kirschnabeck), *Weg zum Kommunismus* (Petruschkemen) und *Lenin* (Pustlauken). Anfangs erfaßte die sowjetische Schulbehörde auch die Nationalität der Schulkinder. So gab es zum 1. Januar 1947 im Kaliningrader Gebiet 516 tschuwaschische Schulkinder. Damit lag diese Bevölkerungsgruppe zahlenmäßig an dritter Stelle hinter den Russen und Belorussen, vor Mordwinern, Ukrainern und Tataren. Wenig später wurde die Frage nach der Nationalität der Kinder durch die Feststellung der Zugehörigkeit zur Pionier- oder Komsomolorganisation ersetzt.

Bis zum 1. Oktober 1946 wurden im Gebiet außerdem 1294 Fischerfamilien vor allem am Ufer des Kurischen Haffes angesiedelt, genaue Angaben über deren territoriale Verteilung auf einzelne Ortschaften liegen nicht vor. Die Fischer stammten vorwiegend aus dem Moskauer und Astrachaner Gebiet, aber auch aus Krasnodarsk, Rostov und Belorußland.[428]

Die Siedler gründeten im Rayon 18 Kolchosen.[429] Auch die Militärsovchose Kaimen wurde von den Kolchosbauern übernommen. (Die Statistik vom 12. Juli 1947 gibt für Kaimen eine rein sowjetische Einwohnerschaft von 43 Bürgern an.) Im Herbst 1947 trafen weitere 100 Familien im Rayon ein, die in den Ortschaften Ranghusen und Pustlauken unterkamen. In Labagienen mußten noch neun von Militäreinheiten besetzte Häuser für die Siedler geräumt werden.[430]

Die Statistik beweist deutlich, wie rasch die sowjetische Bevölkerung in den Sommermonaten 1947 zunahm. (Aufgrund der wochenlangen Anreise in Viehwaggons erfolgte die Ansiedlung nur von Frühsommer bis Herbst.)

Eine statistische Aufstellung vom 12. Juli 1947, in der die Landgemeinden nach Ortschaften aufgeschlüsselt sind, ergibt zum ersten Mal ein klares Bild über die Verteilung von Sowjetbürgern und Deutschen im Rayon. Darunter sind Ortschaften mit rein sowjetischer Bevölkerung (vor allem Dörfer mit Kolchosen) wie z. B. Alt Gertlauken, Kelladen, Groß-Legitten, Dörfer (darunter allerdings nur drei Kolchosen) mit deutschem Mehrheitsverhältnis (Groß Drosden, Moriten, Nautzken, Rotswalde) sowie mit überwiegend sowjetischen Kolonisten (Groß Baum, Rinderort, Schlepecken) und auch hundertprozentig deutsche Dörfer (Hagenwalde, Augstagirren, Friedrichswalde, Agilla, Neu-Sussemilken, Sussemilken, Wilhemsrode, Franzrode, Hindenburg, Lablacken). Außerdem ist eine Anzahl unbewohnter Ortschaften angegeben (Alt-Bärwalde, Groß Schepeln, Ewersdorf, Klein Scharlack, Sillkaim)[431] (siehe XIII.2., Tabelle 3).

Wurde vorher behauptet, es sei anläßlich der Ansiedlung sowjetischer Bürger zu keinen größeren Umsiedlungsaktionen gekommen, heißt das lediglich, daß die ortsansässige Bevölkerung nicht aus dem gesamten Gebiet vertrieben wurde, sondern nur aus einzelnen Orten, die für den Aufbau eines Kolchos vorgesehen waren.

Für die Gegenüberstellung wurden nur solche Gemeinden ausgewählt, deren Verwaltung im Vergleichszeitraum nicht wechselte.

Der Zuwachs an Deutschen in einigen Gebieten resultiert auch daraus, daß andere vollständig von der deutschen Bevölkerung geräumt werden mußten.

Bevölkerungsveränderungen im Kreis Labiau

Landgemeinde	12.07.1947[432] Gesamtbevölkerung	davon Deutsche	20.09.1947[433] Gesamtbevölkerung	davon Deutsche
Golovkino (Nemonien)	531	379	907	378
Iličevskij (Kelladen)	1427	348	1601	249
Mordovskij (Groß Legitten)	814	177	1236	132
Slavjanskij (Pronitten)	1722	1168	3008	1299
Polessk (Labiau)	1223	221	2188	837

Vorwiegend wurde die einheimische Bevölkerung aus den noch intakten Häusern gewiesen, um die Kolonisten mit Wohnraum zu versorgen. Während sich einzelne Deutsche in Nachbardörfern ansiedelten, gingen andere in die Städte wie nach Kaliningrad (wo die Zahl der Deutschen stetig zunahm), wieder andere verließen das Gebiet, um eine minimale Existenzgrundlage in Litauen zu finden. Die Gesamtzahl der Deutschen im besprochenen Gebiet (siehe Tabelle 3) schrumpfte vom 1. Mai 1946 bis zum 12. Juli 1946, innerhalb von 14 Monaten, von 7978 auf 4349 (um 45,48 %). Welche Gründe lagen dafür vor?

Vor 1948 basierten solche Angaben zum Teil auf Schätzungen. Viele Einwohner versuchten, einer Registrierung zu entgehen, da sie Repressalien befürchteten. Und es gab die bereits erwähnte Migration in die baltische Region. (Aus dem Kreis Labiau gingen sehr viele nach Litauen, vor allem als Arbeitskräfte.) Die wenigen Geburten gingen zum Teil auf Vergewaltigungen zurück. Daß in einer Gemeinde neun Mädchen bzw. Frauen Kinder von Russen auf Grund von Vergewaltigungen geboren hatten, war eine Ausnahme.[434] Die häufigsten Todesursachen waren Hunger, Mord und Folgen von Vergewaltigungen, ein bestimmter Prozentsatz wird Verschleppungsaktionen zuzurechnen sein, ein anderer entfällt auf Migranten und Unfälle. Auch die Einsicht in standesamtliche Unterlagen würde keine annähernd konkreten Zahlen über Sterbefälle ermöglichen, da zahlreiche Tote nicht registriert wurden.[435] Die Auswertung der Seelenlisten des Kreises Labiau – in denen häufig ganz konkrete Todesursachen mitgeteilt wurden, hat ergeben, daß bis zur Ausweisung 1249 Personen nachweislich verhungerten[436] – eine bittere Statistik für einen ausgeprägt land- und fischwirtschaftlichen Kreis und ein eindeutiger Beweis dafür, daß die Lebensbedingungen 1945–1948 dieser Bezeichnung nicht entsprachen.

Am Stichtag 12. Juli 1947 besaßen die Landgemeinden Nemonien (71,37 %) und Pronitten (67,83 %) noch den größten Anteil an deutscher Bevölkerung. Nur zwei Monate später (20. 9. 1947) hatte sich die Prozentzahl (Nemonien: 41,68 %; Pronitten: 43,18 %) schon erheblich durch eine gebietsweite erneute Ansiedlungswelle verschoben. Gleichzeitig veränderten sich aber auch die Zahlen im jetzigen Polessk: Betrug der Anteil der Deutschen zum 12. Juli 1947 insgesamt 221 Personen (18,07 %) an der Gesamtbevölkerung von 1223, so stieg dieser zum 20. September 1947 auf 837 (38,25 %) von insgesamt 2188. Konkrete Ursachen hierfür können nicht benannt werden.

Angaben zur Entwicklung des deutschen Bevölkerungsanteils in Stadt und Kreis Polessk/Labiau

Datum	Labiau (Stadt)	Landgemeinden	Insgesamt
04. 06. 1945	1633[437]		+
01. 09. 1945			8184 (1282 kreisfremde)[438]
01. 04. 1946			7645[439]
01. 05. 1946			7978[440]
12. 07. 1947	221	4128	4349[441]
20. 09. 1947	1016	3075	4091[442]
September 1947	837	3081	3918[443]
01. 01. 1948		3614[444]	
Ausreise 1947–1949	629	4966	5595

Vermutlich stellten die Obdachlosigkeit auf dem Land, hervorgerufen durch die erneute Ansiedlungswelle, und das Gefühl, in der Stadt, gemeinsam mit anderen Deutschen, vor Übergriffen sicherer zu sein, die Hauptgründe dar. Jedoch wäre es von Interesse, die verschiedenen Migrationen zu erörtern.

Bis auf wenige Ausnahmen – einige Einzelpersonen und die Insassen des Kinderheims Polessk[445] – wurde die deutsche Bevölkerung des Kreises Labiau erst im Herbst 1948 ausgesiedelt. Selbst wenn man nur von Schätzungen ausgeht, fällt der Unterschied zwischen der registrierten Einwohnerzahl im September 1947 und der tatsächlichen Anzahl der aus dem Kreis Labiau Ausgesiedelten auf. (Gründe dafür wurden bereits angeführt.) Setzt man die Zahl der Überlebenden (5595)[446] in bezug zu der Personengröße der namentlich Bekannten, die den Hungertod starben (1249)[447], wird die ungefähre Größenordnung der Nachkriegsopfer deutlich, die sich noch um die Zahl der Opfer von Gewaltverbrechen erhöht. Alles in allem bietet sich hier eine Bilanz für den kurzen Zeitraum von 3, 5 Jahren, die prägnant verdeutlicht, daß die Region keinerlei Lebensperspektiven bot.

Königsberg, 9. April 1945

Der Korrespondent M. D. Bumsin interviewt sowjetische Aufklärer, Ostpreußen 1944

Die Rote Armee in Ostpreußen, 1945

Die Rote Armee in Ostpreußen, 1945

Kolonne der Roten Armee in Ostpreußen, 1945

Szene des sowjetischen Vormarsches, 1945

Straßenkampf in Königsberg, 1945

Das Ende der Kampfhandlungen, 10. 04. 1945

Überreste deutscher Geschütze im Zentrum Königsbergs, 1945

Zivilbevölkerung in Königsberg, April 1945

Deutsches Mädchen schenkt sowjetischen Soldaten Blumen, Juni 1945

Zug mit demobilisierten Rotarmisten, Sommer 1945

Einheit der Roten Armee in Klaipėda, Januar 1945

Das Stadtpanorama von Klaipėda im Januar 1945

Klaipėda im Juni 1945

Kriegshandlungen in Klaipėda, Januar 1945

Das kriegszerstörte Klaipėda, 1946

Der Theaterplatz in Klaipėda, 1947

Die Mantu-Straße in Klaipėda, 1947

Demonstration am »Ersten Mai« 1951 in Klaipėda

Kulturhaus in Klaipėda

Die Komsomolsekretärin des Kolchos »Erster Mai« im Kreis Klaipėda liest während der Roggenernte mit den Jugendlichen Zeitung, 1949

Die Kolchosbauern des Kolchos »Sieg« hören eine Rundfunksendung, 1949

Mitarbeiter der Fischfangkolchose »Rosa Luxemburg« in Rusnė

Ehemaliger Gutshof in Lebartai (Memelland), nun Sitz des Staatsgutes

Pfingstgottesdienst auf einem memelländischen Bauernhof, um 1955

Die Bäuerinnen des Kolchos »Stalin« in Vilkyčiai bei der Wahl

IX. Von der Mehrheit zur Minderheit – der Status der Deutschen Ende 1947

IX.1. Hoffnungen der Memelländer

Die Memelländer schufen sich rasch kleine Nischen in ökonomischer und politischer Hinsicht und strebten stark nach einer Normalisierung ihrer privaten Verhältnisse. Die für die Region so typische Existenz in Streusiedlungen oder auf Einzelgehöften begünstigte dieses Verhalten. Die Dörfer wurden durch die Zuwanderer stark durchmischt, unter den litauischen und auch russischen Neusiedlern gab es keine geschlossenen Gruppen. Auf dem Land ließen sich bald – mit Ausnahme von Gottesdiensten – keine größeren rein memelländischen Gruppierungen mehr wahrnehmen. Innerhalb des kirchlichen Rahmens artikulierten sich die Memelländer aber recht stark. (Das beweisen auch die stattlichen Zahlen der Teilnehmer am Abendmahl und der Konfirmanden.)[448] Veranstaltungen zu kirchlichen Feiertagen, Hochzeiten und Sommergottesdienste auf Bauernhöfen stellten wichtige Höhepunkte im Jahresablauf der Memelländer dar, zu denen sie sich zahlreich zusammenfanden. In Schule und Öffentlichkeit neigte man hingegen dazu, sich anzupassen, auch aus Angst vor sozialer Isolation. War allerdings die Sprachbarriere zu groß, wurde man schnell als Außenseiter abgestempelt (siehe XIII.1., Dokument).

Die bisher ansässige Bevölkerung lebte oft nicht mehr auf ihren ursprünglichen Höfen, aber noch im Umkreis des ehemaligen Wohnorts. Infolge des Krieges waren es vor allem Frauen, Kinder und Alte, die einzig verbliebenen Mitglieder ehemaliger Großfamilien. Insgesamt herrschte großer Männermangel, nicht nur durch die vielen Gefallenen, sondern auch, weil die Männer relativ spät aus der

Kriegsgefangenschaft entlassen wurden. Verglichen mit ihrer Lebensqualität vor der Evakuierung hatte die Bevölkerung nach Kriegsende Einschränkungen hinzunehmen – in bezug auf ihren Wohnkomfort (die meisten hatten bei der Rückkehr nur Überreste ihres Mobiliars vorgefunden, zudem fehlten Fenster und Türen), Arbeitsbedingungen (Pferd und Wagen waren zumeist beschlagnahmt, landwirtschaftliches Gerät häufig abtransportiert) und ihren Sozialstatus (deutliche Einbuße an Eigentum und Stellung innerhalb der Dorfgemeinschaft, da fast alle Positionen rasch von Neusiedlern besetzt wurden). (Siehe auch XIII.1., Dokument 1, Anlage.)

Die Neusiedler setzten sich vor allem aus jüngeren kinderreichen Familien zusammen, die in Litauen unter deutlich schlechteren Bedingungen gelebt hatten. (Im allgemeinen herrschte in den ländlichen Gegenden Litauens ein weitaus niedrigeres Lebensniveau als im Memelland, was sich auch in der Ausstattung der Wohnhäuser, den Eßgewohnheiten, dem Speisezettel usw. äußerte. In litauischen Bauernhäusern hatte man in jenen Jahren noch gestampfte Lehmfußböden, häufig bestand das Mobiliar aus einem Bett, einem Tisch und mehreren Bänken, auf denen auch geschlafen wurde. Geschirr war für gewöhnlich Mangelware, man aß gemeinsam aus einer Schüssel, häufig nur mit dem Löffel, buk anderes Brot usw.). Auch das agrotechnische Niveau der Höfe war höher als in Litauen, d. h., die Bauern diesseits der Grenze kannten mehr technische Hilfsgeräte und verwandten verschiedene Kunstdünger. Die Memelländer, seit jeher in einer Grenzregion gebürtig, wußten in etwa um den niedrigeren Lebensstandard der Nachbarn; Stereotype existierten bereits und brauchten nicht erst ausgebildet zu werden.[449] Hinzu kamen die religiösen Gegensätze: Während die Memelländer fast alle zur evangelisch-lutherischen Kirche gehörten, waren die Neusiedler katholisch.[450] Der Mangel an katholischen Kirchgebäuden – mit Ausnahme der Kleinstädte Pagėgiai und Šilutė gab es keine –, führte ebenfalls zu Reibereien. So verfügte die lokale Administration 1946, die Kirche des Dorfes Rukai/Rucken der katholischen Bevölkerung zu übergeben.

In Königsberg wurde das eine totalitäre System direkt durch das andere ersetzt. Im Memelland herrschte dagegen das Prinzip Hoffnung in doppelter Weise: Zum einen hofften die Litauer, daß die Sowjetisierung durch den heftigen Widerstand der Untergrundarmee aufgehalten werden würde. Zum anderen hatten die Memelländer im 20. Jahrhundert schon mehrmals jähe Schicksalswendungen erlebt – erst die Abtrennung vom deutschen Staat, dann den Einmarsch der Litauer und später die Angliederung an das Dritte Reich – und schätzten die sowjetische Besetzung aufgrund dieser Erfahrungen nicht als endgültig ein.

Die unterschiedliche Sozialisierung und Bevölkerungsdichte beider Gebiete trugen auch zur Herausbildung verschiedener Verhaltensweisen bei: so waren die Memelländer stets stärker regional als national orientiert. Die Lebensverhältnisse der Deutschen im Memelland bis 1948 lassen sich in keinerlei Hinsicht mit der kollektiven Entrechtung vergleichen, denen die Deutschen im Kaliningrader Gebiet ausgesetzt waren. Zwar verschlechterten sich ihre sozialen Chancen von Jahr zu Jahr. Doch in sozio-ökonomischer und sozio-kultureller Hinsicht waren die memelländischen Bauern als Einheimische den Zuwanderern gegenüber im Vorteil. Sie konnten mit den vorhandenen Landmaschinen umgehen und hatten langjährige Erfahrungen mit den Böden und Witterungsverhältnissen.

Seit Ende 1944 hatte die Partei formal die Führungsrolle in der Region inne. Das sowjetische Funktionärsprofil bildete sich bei den litauischen Kadern jedoch erst allmählich aus. Sie entschieden eher nach Sachlage als nach den dogmatischen Richtlinien. Ideologische Argumente gingen den Parteikadern noch nicht so leicht von der Zunge und verfingen bei der memelländischen Klientel ohnehin nicht, sondern wurden eher stillschweigend hingenommen. Obwohl die Rechtsordnung von Jahr zu Jahr mehr ins Wanken geriet, nutzten die Memelländer die noch existierenden Möglichkeiten des Einspruchs.

Die Repatrianten stellten Anträge auf Rückerstattung ihres Eigentums – ihrer Häuser und Höfe.[451] Einzelne Personen wurden beispielsweise immer wieder mit Eingaben aktiv und bestachen dabei durch ihre Gewandtheit in Wort und Schrift. In dieser Hinsicht waren sie, auf Grund der besseren Schulbildung, vielen zugezogenen Litauern überlegen. Solange die Privatsphäre nicht in existentielle Bedrohung geriet, die Religion ausgeübt werden durfte und man sich eines Minimums seines Privateigentums sicher sein konnte, ließ es sich einigermaßen leben.

Die Memelländer waren bis 1948 noch nicht in legalen staatlichen Institutionen (Kolchosen) zwangserfaßt und in keiner Richtung organisiert, so daß die gesellschaftliche Atomisierung, der endgültige Zerfall aller sozialen und territorialen Bindungen, in diesem Zeitraum noch nicht eingesetzt hatte.

Wenn in der Einleitung zu diesem Buch von Anpassung und Aussiedlung die Rede war, so muß jetzt auch daran erinnert werden, daß »Anpassung nicht selten ein Euphemismus ist, der ideologisch umschreibt, was Unterdrückung heißen müßte«.[452] Viele Memelländer verbuchten die sie betreffende Staatsbürgerschaftsregelung vom Dezember 1947 als Erfolg. Wahrscheinlich stellte sie aus Sicht der Partei eher eine Belohnung für die wachsende Anpassung der Bevölkerungsmehrheit dar. Zählte man im Frühjahr 1946 über 5.000 Memelländer, die grüne Personalpapiere besaßen, d. h. Dokumente für Einwohner ohne Staatsbürgerschaft der UdSSR,[453] wurden bis zum 1. Juli 1948 im Kreis Klaipėda 3200 sowjetische Pässe an Memelländer ausgegeben, im Kreis Pagėgiai 1.100, im Kreis Šilutė 2.700.[454] (Eine Statistik für grüne Personalpapiere zum 1. Juli 1948 ist nicht bekannt.)

Die Memelländer hofften auf weitere Normalisierung: Verwandte meldeten sich, Männer kehrten aus der Kriegsgefangenschaft zurück, Familien fanden wieder zueinander. Trotzdem existierten kaum mehr vollständige Familienverbände, denn fast alle hatten Angehörige in Deutschland zurückgelassen, die im sowjetisch besetzten Memelland für sich keine Chance sahen. Andererseits verwundert es, angesichts der in Königsberg praktizierten Verfahrensweisen, daß sich ehemalige NSDAP-Mitglieder repatriieren ließen. Allein im Kreis Klaipėda registrierte der NKVD zum Januar 1946 insgesamt 74 ehemalige NSDAP-Mitglieder. Auf derartige Personen wurden natürlich sofort Spitzel angesetzt, wie auch der folgende Bericht des Agenten »Karl« illustriert: *»In der Siedlung Preil, Amtsbezirk Nidden, fand am 20. April 1947, ungefähr 20 Uhr bis 24 Uhr nachts die Mitgliedsversammlung der nazistischen Partei NSDAP, anläßlich des Hitlergeburtstages, statt. Daran nahmen folgende Personen teil: 1. Labrenc Fric Friedrichovic, er war Organisator dieser Versammlung, in der Vergangenheit Leiter der faschistischen Gruppen in Preil und Perwelk, ehemaliger Bürgermeister, sein Ziel ist Emigration. 2. Silbak Martynas, Martinovic, geb. 1898, 3. Kibelka, Martynas, Martinovic, geb. 1907,4. Kairys Mikas, Fricovic, geb. 1894 und andere. Alle genannten Personen wohnen in der Siedlung Perwelk […] Während der Versammlung wurden konterrevolutionäre Gespräche geführt, gerichtet gegen die sowjetische Regierung, es wurde Hitlers Ordnung gelobt. Labrincas hat gesagt, daß bald die Tagung des Ministerrates [gemeint ist der Rat des Außenministers – R. K.] in Moskau zu Ende ist, dann wird man Deutschland frei erklären, der Kreis Memel fällt wieder an Deutschland und Hitler kommt wieder zur Macht. […]«*[455]

Alle in dem Spitzelbericht erwähnten Personen hatten sich repatriieren lassen und – entgegen allen Versprechungen der Repatriierungsoffiziere in Deutschland – ihr Eigentum, vor allem ihre Häuser und Boote, nicht wiedererhalten.

Als die Aussiedlungsaktionen für Ostpreußen 1947/48 in Gang kamen, versuchten auch Memelländer, mit Hilfe gefälschter Papiere in den Genuß der Ausreise zu kommen. Damals war es relativ leicht, über die Memel zu gehen und sich in Sovetsk als deutscher Bürger anzumelden. Bestechungen zahlte man in Naturalien, beispielsweise mit einem Kilo Butter – es wurde im wahrsten Sinne des Wortes geschmiert. In anderen Fällen wurde die geplante Flucht verraten und mit Lager bestraft.[456] Die Transportlisten für die Ausweisung vom November 1949 belegen eine Reihe geglückter Fälle.[457] (Interessant, daß es in einer Region, die seit fast 40 Jahren geteilt war, Möglichkeiten gab, die Identität zu wechseln, sofern es sich anbot. Im übrigen sind nicht nur Fälle von Memelländern bekannt, die mit ostpreußischen Papieren 1947ff. ausreisten. Es kam 1946 auch gegenläufiger Identitätswechsel vor, z. B. gaben sich Ostpreußen, die aus dringenden familiären Gründen – oder um einen Teil ihrer Habe zu retten, nach ihren Eigentumshäusern zu sehen oder nach ihrem vergrabenen Silber zu fahnden – nach Königsberg wollten, als memelländische Repatrianten aus.)

Es wurde in jener Zeit überhaupt viel über Flucht nachgedacht, besonders von den aus Deutschland Zurückgekehrten. Davon zeugen Spitzelberichte, beispielsweise über Fischer von der Kurischen Nehrung, die Pläne hegten, mit einem Boot Schweden zu erreichen.[458] Im Frühjahr 1948 (22.–27. Mai) fand eine erste große Verbannungsaktion in Litauen statt, die unter dem Decknamen »Vjesna« [Frühling] in die Geschichte einging. 39.766 Personen – Litauer, aber auch Litauendeutsche – wurden nach Sibirien deportiert.[459] Durch solche Repressionsakte, die sich vor allem gegen die Landbevölkerung richteten, sollten die Bauern für den Eintritt in die neu zu gründenden Kolchosen gefügig gemacht werden. Vorbereiteten Listen folgend, kamen Soldatentrupps im Morgengrauen, umstellten die Gehöfte und verlasen den Verbannungsbescheid. Da schon Wochen vorher Gerüchte über die bevorstehende Deportationswelle durchgesickert waren, hatten viele bereits das Wichtigste gepackt und Wegzehrung für die wochenlange Reise im Güterwagen vorbereitet. In kürzester Zeit mußte das Allernotwendigste an Kleidung und Hausrat gepackt werden. Haus und Hof mit allem Inventar wurden vom NKVD beschlagnahmt.

Noch wurde das Memelland nicht massiv von dieser Verbannungswelle betroffen. Auf den Listen waren 345 Familien aus allen drei Kreisen (Pagėgiai, Šilutė und Klaipėda) verzeichnet, während in anderen Gegenden manchmal 500 Familien aus einem Kreis verbannt wurden.[460] Außerdem betraf die Verbannung in jenem Jahr die litauischen Zugezogenen weitaus stärker als die Memelländer, die unter dem Vorwand, den litauischen Widerstand unterstützt zu haben, auf die Reise gehen mußten. In einem Bericht des Parteisekretärs von Klaipėda heißt es: »*Nach der Aussiedlungsaktion, das heißt am 22. Mai 1948, war es in der Stadt ruhig, dennoch führten einige Personen vorrangig hiesiger Nationalität Reden (feindliche), zum Beispiel versammelten sich Einwohner am Bahnhof [in Rimkai, einem Vorort von Klaipeda, wo die Verbannten in Güterzüge verladen wurden – R. K.], als die Familie Jurkonis verladen wurde, obwohl das in der Nacht stattfand, und sagten: ›Sieh mal, da verbannen die Russen die Litauer‹.*«[461] Im Herbst 1949 folgte eine weitere große Verbannungsaktion, die schon in größerem Ausmaß den Memelländern galt. Die litauische Historikerin Nastazija Kairukstyte hat errechnet, daß die Aktionen der beiden Jahre 3100 Einwohner der Region betroffen hat, was gerade 5 % der Gesamtzahl der in diesem Zeitraum verbannten Einwohner Litauens ausmacht.[462] Am 21. Mai 1947 faßte das ZK der KPdSU den geheimen Beschluß zur Gründung von Kolchosen in der baltischen Region.

Gestützt auf diesen Beschluß, verabschiedeten das ZK der LKP und der Ministerrat der LSSR am 20. März 1948 die Resolution »Zur Organisation von kollektiven Wirtschaften in der Republik«.[463] Die Bedingungen dafür waren recht ungünstig, da die Landwirtschaft in Litauen – im Gegensatz zu der typischen russischen Dorfgemeinschaft – vor allem von Einzelgehöften bestimmt wurde. Auch die litauischen Eigentumsrechte und Traditionen differierten stark von den russischen; der Individualismus unter den Bauern war weitaus ausgeprägter. Darüber hinaus war der Prozeß der Kollektivierung bereits durch seine Resultate in anderen Unionsrepubliken kompromittiert worden.

Nach gründlichen Archivstudien ließe sich behaupten, daß die Memelländer für die sowjetischen Führungsorgane und auch für den NKVD keinerlei Gefahr darstellten. (Es lassen sich keine speziell auf diese Bevölkerungsgruppe abzielenden Befehle des NKVD finden.) Es bleibt vorläufig ungeklärt, welches Wissen und welche Meinungen zu diesem Thema auf der Führungsebene existiert haben könnten.

IX.2. Perspektiven der Ostpreussen

Im Königsberger Gebiet wurden nach Kriegsende übergangslos die Prinzipien der sowjetischen Gesellschaft eingeführt – völlig unverständlich für die deutsche Bevölkerung. Es gab weder Rechtsordnung noch Privatsphäre. Eigentum außerhalb des Staatseigentums wurde nicht mehr geduldet.

Naimarks Aussage über die SMAD: *»Soviet officers bolshevized the zone not because there was a plan to do so, but because that was the only way they knew to organize society.«*[464] bedarf noch einer Ergänzung. Die sowjetischen Offiziere waren auch gänzlich von der Überlegenheit ihres Systems überzeugt und lehnten jegliche Kritik daran ab. Nach dem ersten Jahr militärischer Besatzung folgte der

Übergang zur zivilen Parteiherrschaft, doch ideologisch veränderte sich nichts.

Die Deutschen existierten als sichtbare Gruppe, die die Sowjetisierungsversuche ablehnte. Diese Versuche waren variantenreich: Einerseits fielen die Deutschen rein äußerlich durch ihre andere Kleidung und ihre Frisuren auf. Immer wieder gab es Lehrer, die z. B. die Haarschnitte deutscher Schüler monierten, da diese eben keine russischen glattrasierten Köpfe zeigten. Sie bezeichneten deren Haartracht als »faschistische Frisuren«. Diese äußerlichen Unterschiede fielen den sowjetischen Neuankömmlingen deswegen überdeutlich auf, weil man im Alltagsleben der Sowjetunion schon lange einen Einheitsstil gewohnt war; eine Handhabe, gegen sie vorzugehen, gab es aber nicht.

Zu den Sowjetisierungsversuchen zählten auch Aufrufe zu Demonstrationen an sowjetischen Feiertagen und dergleichen, die die formale Zustimmung zum kommunistischen System einfordern sollten. Wahrgenommen wurden solche Anlässe jedoch nur von einem verschwindend geringen Bruchteil der Bevölkerung. Gleichwohl bedeutete die Verweigerung der Deutschen gegenüber der Sowjetpropaganda aber nicht, daß sie Widerstand leisteten. So scheiterte auch der Versuch von Gruppen aus dem litauischen nationalen Widerstand im Jahr 1946, im Kaliningrader Gebiet Deutsche zum bewaffneten Kampf gegen die Russen zu sammeln, es gelang noch nicht einmal in Ansätzen. Dies kann als Indiz dafür gelten, daß die Deutschen schon damals für ihre Zukunft in diesem Gebiet keinerlei Hoffnung mehr hatten.[465] Ihre Perspektive bestand in der Ausreise.

Natürlich ist schwer definierbar, wo in einem totalitären Regime aktiver Widerstand einsetzt und welche geringsten Anzeichen einer Aktion bereits als staatsfeindlich anzusehen sind. So kann beispielsweise die Verweigerung von Informationen als eine passive Form des Widerstandes der Deutschen betrachtet werden. Die Dimensionen von Nutzen und Wirkung lassen sich hier sehr schwer ermessen.

Russen berichteten immer wieder, daß Deutsche sich weigerten, Informationen über städtische Betriebe, Kommunikationssysteme, Kanalisation und dergleichen zu geben, sosehr man sie auch einzuschüchtern versuchte. Der Nutzen dieses Verhaltens bestand für die Ostpreußen darin, ihre Ablehnung gegen die neuen Verwalter des Gebietes deutlich kundzutun und die neuen Machthaber auf diese Weise empfindlich zu treffen. Andererseits berichteten Einheimische immer wieder, die neuen Behörden hätten sie nicht um Rat gefragt und seien sowieso nach Meinung und Erkenntnisstand der Besatzungsmacht verfahren.

Im Frühjahr 1947 begannen die sowjetischen Behörden stärker disziplinarisch gegen Deutsche vorzugehen. Willkommenen Anlaß bot ein Liedtext, der sich in kürzester Zeit in der gesamten Region verbreitet hatte:

»Dort im Lande, wo die schöne Ostsee liegt,
wo es keine Sonn- und Feiertage gibt,
stellt der Preuße sorgenvoll und geisterbleich,
nur die eine Frage: Wann geht's heim ins Reich?

Von der Ruhr und Seuchen heimgesucht,
von den Russen ausgeplündert und verflucht,
halbverhungert und ganz geisterbleich,
denkt nur noch ein jeder: Wann geht's heim ins Reich?

Schönes Fest der Deutschen – Weihnachten,
an uns dacht das Reich und auch Amerika,
doch die Teller und die Töpfe bleiben leer -
über diese Spende fiel der Russe her.

Fast zwei Jahre schon vergangen sind,
und der Russe ist noch immer drin;
zähneknirschend und die Ohren steif,
denkt nur noch ein jeder: Wann geht's heim ins Reich?«[466]

Da die Ostpreußen kaum Nachrichten aus dem Ausland erhielten, ist es auch nicht verwunderlich, daß sie noch in der Kategorie des Reiches dachten. Interessant, daß sie – ähnlich wie die benachbarten Litauer – Hoffnung auf Amerika setzten. Spenden gab es zu dieser Zeit höchstwahrscheinlich nicht; daß sie als Motiv im Lied auftauchten, weist aber darauf hin, wie wichtig den Ostpreußen die Illusion war, nicht vergessen worden zu sein. Gerüchte entstanden zu jener Zeit, vor allem aufgrund des Informationsmangels, in rasanter Geschwindigkeit natürlich hauptsächlich in bezug auf Ausreisemöglichkeiten. Aus diesem Grund durften übrigens auch ausländische Schiffe, die im Königsberger Hafen einliefen, innerhalb der sowjetischen Hoheitsgewässer nur die sowjetische Flagge hissen, sie sollten nicht als ausländische Schiffe identifiziert werden können.[467]

Auf Grund des oben zitierten Liedtextes kam es sogar zu öffentlichen Gerichtsverhandlungen. Am 2. Juni 1947 wurden beispielsweise zwölf Frauen und zwei Männer verurteilt.[468] Man beschuldigte sie, eine »antisowjetische Gruppe organisiert« und Lieder und Flugblätter handschriftlich vervielfältigt zu haben, deren Inhalt eine »Verleumdung der Sowjetunion« darstelle.

Die Angeklagten wurden im Sinne des § 58, Abs. 10 und 11 des sowjetischen Strafgesetzbuches für schuldig erklärt. Interessanterweise war immer von Liedern im Plural die Rede, obwohl es sich tatsächlich nur um das eine zitierte gehandelt hat. Die Verurteilten hatten gemeinsam in Fischereibrigaden gearbeitet. Bis zu jenem Zeitpunkt waren gerade die Fischer relativ selten von sowjetischen Behörden reglementiert worden. Es fällt auf, daß die politische Schärfe in dem Moment zunahm, als sich die ersten Ausreisemöglichkeiten eröffneten. Aus anderen Quellen ist bekannt, daß die Kaliningrader Gerichte im 2.Halbjahr 1947 insgesamt 54 Deutsche aufgrund antisowjetischer Agitation verurteilten.

Noch im Winter 1945 hatten es viele Ostpreußen – in Unkenntnis dessen, was sie erwartete – vorgezogen, in der Heimat zu bleiben. In der vertrauten Umgebung fühlten sie sich sicherer als im fernen Deutschland. Zwei Jahre später hatten sich ihre Wünsche radikal gewandelt. Jetzt lautete die Devise: Heim ins Reich. Konkrete Ursachen dafür lagen unter anderem in der zentralistisch-bürokratischen Innen- und Wirtschaftspolitik der UdSSR. Die Menschen – das heißt die deutschen Einwohner, die sich bei Grenzziehung im Sommer 1945 im Gebiet befanden – waren nach der Definition von Otto Luchterhand »radikal verstaatlicht« worden.[469] Es gab keine Privatsphäre mehr, keine Rückzugsmöglichkeiten, der Staat und seine Organe hatten Zugriff auf alle Bereiche. Natürlich setzte sofort die Suche nach Nischen ein, um sich den politischen Zumutungen zu entziehen und auch, um partiell seine Persönlichkeit zu retten. – Juri Sumbatjan beschreibt, in welcher Weise selbst diese von den Sowjetisierungsversuchen betroffen war: *»Das Wesen des totalitären Regimes liegt in der Wechselbeziehung von Persönlichkeit und Gesellschaft. Im Totalitarismus ist kein Platz für die Persönlichkeit. Der Angriff auf die Würde der Persönlichkeit ist das Wesen der geistigen Sphäre des Totalitarismus, der zur geistigen ›Verlumpung‹ der Persönlichkeit führt.«*[470]

Da die Deutschen die immense Kluft zwischen der bolschewistischen Propaganda von der Zukunftsgesellschaft und den Bedingungen ihrer Verwirklichung rasch und deutlich wahrnahmen, kam es zwischen der deutschen Einwohnerschaft und dem sowjetischen Militär zu massiven Wertekollisionen.[471]

Auch auf intellektueller Ebene gab es keine Diskussionen zwischen Deutschen und Russen, da das geistige Potential der Mehrzahl der Offiziere von monolithischen Denkstrukturen und polarisierenden Wertehierarchien geprägt war. (Tieferführende Gespräche fanden nur unter wenigen Augen in allerprivatester Sphäre statt. Im Stalinismus waren die Russen daran gewöhnt, nicht alle Meinungen öffentlich zu äußern.)

Innerhalb des sowjetischen Machtschemas war nur die Partei in der Lage, zivile Interessen durchzusetzen. Die aber vermochte erst ab Mitte 1947 etwas im Gebiet auszurichten. Außerdem waren die Parteikader stark gegen Deutsche indoktriniert. Sie kamen aus anderen Republiken und Oblasten und hatten keinesfalls damit gerechnet, im Gebiet noch Deutsche anzutreffen.

Die neuen Machthaber erwarteten von den Einheimischen eine sowjetpatriotische Neuorientierung, die aber unrealistisch war, da die Mentalitätsunterschiede zwischen beiden Gruppen zu groß waren.

Die beschriebene Konstellation traf in etwa für das Verhältnis der Einheimischen zur sowjetischen Führungsschicht zu. Das Verhältnis zu den Neuankömmlingen aus der UdSSR barg noch andere Nuancen. Die Ostpreußen waren von der Armut und kulturellen Unbedarftheit der Siedler regelrecht geschockt. Die Kolchosbauern hingegen nahmen trotz der lumpigen Überreste, trotz Trümmer und Zerstörung das höhere Niveau der Alltagszivilisation in Ostpreußen wahr und standen ihm – völlig unvorbereitet – hilflos gegenüber. Es gab viele Gerätschaften und Dinge, die sie nicht kannten, von verschiedenen Gepflogenheiten waren sie überrascht. Im Gegensatz zum Memelland, wo die Einheimischen ein Bild von ihren Nachbarn – den jetzigen Neusiedlern – hatten und auch Stereotype verbreitet waren, basierte die Fremdwahrnehmung zwischen Einheimischen und Neusiedlern einzig auf dem Deutungsmuster der Propaganda aus dem vergangenen Krieg.

Zudem besaßen die Ostpreußen keine einzige Einflußsphäre, in der sie ihren Heimatvorteil geltend machen konnten. Somit erklärt sich der im Jahr 1947 deutlich ausgeprägte Wunsch der Ausreise nach Deutschland.

Aber die Administration des Gebietes sah sich auch gezwungen, die Deutschen auszusiedeln, denn die immense Sprachbarriere zwischen Besatzern und Besetzten im Kaliningrader Gebiet behinderte die totale soziale Kontrolle »von oben« und gefährdete dadurch potentiell die ideologische Standfestigkeit der sowjetischen Bevölkerung. Insofern stellten die Deutschen in Kaliningrad eine mentale Bedrohung dar und galten als Störfaktor.

Hätte es für die ostpreußische Bevölkerung einen memelländischen Weg geben können? Die Frage ist ahistorisch, eine Antwort darauf aus mehreren Gründen rein theoretischer Natur. Wenn ja, dann hätte ein Ansatz dazu gleich nach Kriegsende 1945 sichtbar werden müssen. Doch dem standen mehrere Hindernisse im Weg: Erstens fehlte zu diesem Zeitpunkt eine lokale wirtschaftliche Sachverwaltung. Das gesamtsowjetische Interesse, wie es auch in dem bereits zitierten Vortrag von Šerbakov im Sommer 1945 artikuliert wurde, war wiederum fern und abstrakt.[472] Dominierend aber waren eindeutig sicherheitspolitische Interessen. Zum zweiten war die für Königsberg typische Einteilung in »Sieger« und »Besiegte« hinderlich. Die Militärverwaltung war noch stark an das Feindbild des Krieges gebunden und sah keinen Nutzen darin, sich für zivile Interessen, die in diesem Moment deutsche Interessen gewesen wären, stark zu machen.[473] Außerdem konzentrierte sie auf den Sovchosen oder in anderen Betrieben auch immer größere Mengen deutscher Arbeitskräfte, so daß Deutsche stets als Gruppen wahrnehmbar waren und dadurch ihre Andersartigkeit in jeglicher Hinsicht unterstrichen wurde.

Die bereits erwähnte Sprachbarriere bewirkte bei den Russen auf allen Ebenen Verunsicherung. In einem Bericht über den Zustand der medizinischen Einrichtungen der Stadt Kaliningrad beispielsweise kommt das Mißtrauen gegenüber deutschen Ärzten zum Ausdruck: *»Gegenwärtig arbeiten im Gebiet 245 Ärzte, auf Grund des überaus extremen Bedarfs an Fachleuten sind wir gezwungen, Ärzte* *und Feldscher aus der deutschen Bevölkerung einzusetzen.«*[474] An anderer Stelle wurde die hohe Kindersterblichkeit im Gebiet mit der ausschließlichen Tätigkeit deutscher Ärzte begründet. Man resümierte: *»Eine der wichtigsten Aufgaben für 1947 besteht darin, das deutsche ärztliche und mittlere medizinische Personal der Kinderheime gegen sowjetisches Personal auszutauschen.«*[475] Das Mißtrauen saß tief, eine weitergehende Verständigung – inklusive Akzeptanz anderer Arbeitsmethoden – schien ausgeschlossen.

Pläne für die Integration der deutschen Arbeitskräfte in die sowjetische Lebenswelt hatte es von Anfang an nicht gegeben, obwohl man diese eigentlich gut gebrauchen konnte.

Da die sowjetischen Funktionäre den Deutschen im Kaliningrader Gebiet die Wandlungsfähigkeit ihres gesellschaftlichen Bewußtseins in Gänze absprachen, war die soziale Stellung der Deutschen unveränderbar – es gab keinerlei Rehabilitierungs- oder Aufstiegschancen. Deshalb folgte der territorialen Angliederung der bevölkerungspolitische Ausschluß.

IX.3. Weitere deutsche Bevölkerungsgruppen 1945–1948 in der UdSSR

Nach Kriegsende annullierte die Regierung der UdSSR alle Repatriierungsverträge, die infolge des Hitler-Stalin-Paktes mit Deutschland geschlossen worden waren. Vor allem betraf dies Vereinbarungen, die in den Jahren 1939–1941 zu der Bewegung »Heim ins Reich« geführt hatten. Daraus resultierte nach sowjetischer Logik, daß alle damals Repatriierten sowjetische Staatsbürger seien, die es nun neuerlich zu repatriieren bzw. zurückzuführen gelte.

Zum Ende des Jahres 1945 befanden sich große Gruppierungen von Deutschen auf dem Territorium der UdSSR, die sich in ihrem Status unterschieden. Zu ihnen gehörten:

1. Russlanddeutsche: Mit diesem Sammelnamen be-

zeichnet man Deutsche, deren Vorväter seit dem 18. Jh. als Kolonisten in verschiedenen Gegenden Rußlands angesiedelt worden waren. Zu ihnen zählen die Wolgadeutschen, die Schwarzmeerdeutschen und weitere Gruppen, die seit dem Bestehen der UdSSR als »Sowjetbürger deutscher Nationalität« galten. Nach dem deutschen Überfall auf die Sowjetunion im Sommer 1941 wurden sie in entferntere Gebiete der UdSSR deportiert, u. a. nach Sibirien und Kasachstan und in einer sogenannten »Trudarmee« (Arbeitsarmee) zwangsverpflichtet.

2. VOLKSDEUTSCHE: Unter dieser Bezeichnung wurden Deutsche zusammengefaßt, die ehemals im Besitz einer dritten Staatsangehörigkeit waren, wie z. B. einer estnischen, lettischen oder moldawischen und sich einer Vertragsumsiedlung 1939 ff. widersetzt hatten oder, wie es in Litauen vorgekommen war, nach dem Juli 1942 an ihren ursprünglichen Wohnort zurückgegangen waren.

3. REPATRIIERTE VOLKSDEUTSCHE: Die Repatriierungsbehörde der UdSSR sammelte außer den ehemaligen Zwangsarbeitern russischer, weißrussischer und ukrainischer Nationalität weitere Personen zur Rückführung in die Sowjetunion. Dazu gehörten Vertragsumsiedler, die ehemals eine dritte Staatsangehörigkeit besessen hatten, d. h. vor allem Deutsche aus den baltischen Republiken und Bessarabien. Darüber hinaus zählten dazu ebenfalls Administrativumsiedler, die als deutsche Minderheit in der Ukraine mit sowjetischer Staatsangehörigkeit gelebt hatten, ab 1943 nach Deutschland geschickt worden waren und nun per Repatriierungsanweisung in die UdSSR zurückkehrten.

4. DEUTSCHE KRIEGSGEFANGENE: Im Gegensatz zu den vorher erwähnten Gruppen handelte es sich hier um Personen, deren Biographie nur in Ausnahmefällen einen Bezug zu sowjetischem Territorium hatte. Die Kriegsgefangenen waren für die sowjetischen Behörden ausschließlich unter dem Stichwort »Reparation« wesentlich und zählten zu keinem Zeitpunkt als zu Repatriierende. Hinzu kam,

daß sich diese Gruppe ausschließlich aus Männern zusammensetzte, also aus arbeitsfähiger Bevölkerung ohne Anhang.

5. Deutsche Reparationsverschleppte: Bei dieser Gruppe handelte es sich um arbeitsfähige Deutsche, die 1944–1945 aus verschiedenen Ländern als Arbeitskräfte auf Zeit ohne Anhang in das Innere der UdSSR transportiert wurden. Bei deren Behandlung unterschieden die sowjetischen Behörden zwischen Reichsdeutschen und Volksdeutschen.

6. Deutsche Zivilinternierte: So wurden deutsche Reichsbürger genannt, die während des Vormarsches der Roten Armee bzw. bei Kriegsende aus politischen Gründen verhaftet und in die UdSSR transportiert worden waren. Sie unterlagen gleichfalls strengen Arbeitsverpflichtungen.

Andere Gruppen, wie die der deutschen Emigranten vor dem 22. Juni 1941, also vor allem kommunistischer bzw. sozialdemokratischer Herkunft oder die der Spezialisten, die nach Kriegsende aus der SBZ in die UdSSR gebracht wurden, werden hier aufgrund ihrer Sonderrolle vernachlässigt.

Während die Gruppen der Rußland- und Volksdeutschen bei Lageraufenthalten dem GULAG unterstanden – Zemskov führt die Zahl von 1.225.770 an[476] – wurden Kriegsgefangene, Reparationsverschleppte und Zivilinternierte unter der Verwaltung eines neugeschaffenen GUPVI [Glavnoe upravlenie NKVD SSSR po delam voennoplennych i internirovannych = Hauptverwaltung des NKVD der UdSSR für Kriegsgefangene und Zivilinternierte] zusammengefaßt. Anfang Juni 1945 arbeiteten 2.100.000 deutsche und österreichische Kriegsgefangene in Produktionsbetrieben der sowjetischen Volkswirtschaft.[477]

Allen Gruppen Volksdeutscher (Rußlanddeutsche, Wolhyniendeutsche, Litauendeutsche etc.)[478] war gemein, daß sie bei Kriegsausbruch entweder die Staatsbürgerschaft der UdSSR oder eines von der Sowjetunion annektierten Staates besessen hatten. Offensichtlich hielten die sowjetischen

Behörden sie auf Grund dieser Tatsache auch für wiedereingliederungsfähig.[479]

Obwohl die Memelländer am 22. Juni 1941 weder zu den sowjetischen noch zu den litauischen Staatsbürgern zählten, rechnete die Repatriierungsbehörde sie zu den Volksdeutschen, da sie bis zum 21. März 1939 die litauische Staatsbürgerschaft innegehabt hatten.[480]

Zu den Gruppen, die vom GUPVI zusammengefaßt wurden, gehörten u. a. folgende:

a) 111.831 Deutsche aus Rumänien, Jugoslawien und Ungarn, bis zum 15. Dezember 1944 zu Arbeiten in der UdSSR mobilisiert[481];

b) 96.408 Mobilisierte von der Ostfront, Ostpreußen und Oberschlesier, im Zeitraum 11. Februar –16. April 1945 gleichfalls zu Arbeiten in die UdSSR geschickt,[482]

c) 140.056 Deutsche, das sogenannte Kontingent »B«, zum Zwecke der Säuberung des Hinterlandes festgenommen und in das Innere der UdSSR in Lager des GUPVI gebracht.[483]

Materiell standen Internierung, Mobilisierung, Kriegsgefangenschaft etc. unter der Überschrift »Reparationen an menschlicher Arbeitskraft«. Die Arbeit des GUPVI ist bisher zwar unter politischen, aber noch nicht unter ökonomischen Gesichtspunkten untersucht worden.[484] Bislang sind keine Zahlen darüber veröffentlicht worden, ob der Ertrag der gesamten Arbeitsleistungen je den immensen Verwaltungsaufwand des GUPVI und des NKVD aufgewogen, es also einen reellen Nutzen gegeben hat.

Am 17. Mai 1946 forderte Kruglov[485] bereits die Rückführung von 20.000 nicht arbeitsfähigen internierten Deutschen.[486] Spätestens seit diesem Zeitpunkt handelten die Verwalter des GUPVI nur noch nach Effizienz-Aspekten. (Dazu sei angemerkt, daß Kontingente von Arbeitskräften verschiedenen Industrieministerien überschrieben worden waren; geleistete Arbeit und Unterhaltskosten hatten direkten Einfluß auf die Positionen im Fünfjahresplan. Aus diesem Grund bestand bei staatlichen Unternehmen und wirtschaftlich geleiteten Ministerien lebhaftes Interesse daran, sich unrentabler Arbeitskräfte rasch und effizient zu entledigen.)

Deutsche Staatsbürger, die nicht Bewohner annektierter Gebiete waren und die Strapazen der Lager überlebt hatten, wurden in der Regel zurückgeführt.[487]

Der Zeitpunkt ihrer Entlassung aus sowjetischem Gewahrsam richtete sich hauptsächlich nach dem Grad ihrer Arbeitsunfähigkeit. 1946 gab es Entlassungen von nicht mehr arbeitsfähigen Zivilinternierten und Kriegsgefangenen, die zumeist in äußerst schlechtem gesundheitlichen Zustand, wenn nicht sogar unheilbar krank, nach Deutschland kamen. Doch darf nicht unerwähnt bleiben, daß gute Facharbeiter und sogenannte »Spezialisten«, wie die sowjetischen Behörden vor allem Personen mit seltenen technischen Berufen und hoher Qualifikation bezeichneten, auch innerhalb dieser Gruppen äußerst schlechte Rückführungschancen besaßen. Bis heute existieren keine Statistiken und nur allzuwenig Berichte über diejenigen Deutschen, denen nach Kriegsende rigoros erklärt wurde, daß sie Deutschland nie wieder sehen würden, da ihre professionellen Kenntnisse für den Aufbau der UdSSR von hoher Notwendigkeit seien.

Die Deutschen im nördlichen Ostpreußen stellten eine Sondergruppe dar. Einerseits waren sie Bewohner eines annektierten Gebietes wie die Memelländer. Somit wären sie auch als Autochthone für ein Sowjetisierungsprogramm prädestiniert gewesen. Der lange Zeitraum ihrer politischen Überprüfung (bis Jahresende 1945) könnte darauf schließen lassen, daß man die Bevölkerung perspektivisch tatsächlich in die UdSSR eingliedern wollte. Dagegen sprach die deutsche Staatsbürgerschaft der Ostpreußen, auf die sie nicht verzichten wollten. Somit fielen sie in die Gruppe der deutschen Zivilinternierten, von denen sie aber zwei Merkmale unterschieden:

Im Gegensatz zu anderen Gruppen von deutschen Reichsbürgern, die sich nach Kriegsende zwangsweise auf dem Territorium der UdSSR befanden, waren sie in ihrer Heimatregion interniert. Darüber hinaus lebten sie gemeinsam mit nicht arbeitsfähigen Familienangehörigen. Der Anteil der Arbeitsfähigen betrug allerhöchstens 50 % an der Gesamtgruppe.

Aus Gründen der Effizienz hätte die Aussiedlung nicht arbeitsfähiger Ostpreußen schon 1946, zum Zeitpunkt der Entlassung anderer Zivilinternierter oder Kriegsgefangener, erfolgen können. Diese hätte konsequenterweise bedeutet, daß die Option der gesamten Gruppe perspektivisch Aussiedlung gewesen wäre, da die Ostpreußen ihre familiären Bindungen nicht aufgeben wollten. Zu diesem Zeitpunkt sollte die Aussiedlung augenscheinlich aber nicht erfolgen. So kann eigentlich nur die These formuliert werden, daß 1946 auf sowjetischer Seite noch die Idee herrschte, die Ostpreußen in die UdSSR einzugliedern.

X. Ihr seid die Zukunft der Sowjetunion

X.1. Das sowjetlitauische Modell

Während der ersten Besatzung (1940/41) fanden sich weder zeitliche noch organisatorische Reserven, das sowjetische Schulsystem in Litauen einzuführen. Um so intensivere Maßnahmen wurden nach der Besetzung im Sommer 1944 eingeleitet. In Litauen gab es vor dem Krieg vier Volksschuljahre, dann ein zweijähriges Progymnasium. Diesem folgte das dreijährige Gymnasium. (In den Nachkriegsjahren bezeichnete man die »unvollständige Mittelschule« immer noch als Progymnasium und die »Mittelschule« als Gymnasium.) Das sowjetische Schulsystem bestand zu jener Zeit aus drei Stufen: der vierjährigen Volksschule, der siebenjährigen Volksschule (oder auch »unvollständige Mittelschule« genannt) sowie der Mittelschule bzw. zehnjährigen Schule mit den speziellen Mittelschulklassen 8–10. Allgemeine vierjährige Schulpflicht herrschte in der UdSSR erst seit 1934; 1940 war sie auf sieben Jahre erweitert worden, hatte sich aber längst noch nicht durchgesetzt.[488] Als die Schulen (1944 in Litauen, 1945 im Memelland) wieder geöffnet wurden, unterrichteten viele Lehrer der Vorkriegszeit. Vorübergehend durften einige Lehrbücher aus der deutschen Besatzungszeit benutzt werden, während die Bücher aus der Zeit der litauischen Unabhängigkeit verboten wurden. Die Mehrzahl der memelländischen Lehrer hingegen kehrte aus der Evakuierung nicht zurück. Mit den Neusiedlern kamen Lehrer aus den benachbarten litauischen Gebieten in das Memelland. Viele Lehrer verhielten sich apolitisch.

Bis zum 3. April 1945 war von der Abteilung Volksbildung

einzig ein Inspektor aus dem Kreis Tauragė in das Memelland geschickt worden. Am 5. April 1945 begann der Aufbau der Volksbildungsbehörde, unterstützt durch einheimische Lehrer. Die Unterlagen der ersten Jahre sind unvollständig und eher sporadisch angelegt worden. Am 10. April begann der Unterricht in den Grundschulen Šilutė mit 55 Schülern und Pašyšiai mit 50 Schülern.[489] Aus einem weiteren Bericht geht hervor, daß seit dem 5. April 1945 ein Kreiskulturhaus unter der Leitung *»des Komsomolzen von 1941«*, des Genossen Andrius Eriksonas, tätig war, in dem unter anderem eine Maifeier mit Komsomolzen stattfand.

Am 23. Juni 1945 fand eine Konferenz der Grundschullehrer des Kreises Šilutė und der Mitarbeiter der Abteilung Volksbildung statt. Der Leiter der Abteilung, Juozas Šikšnius, sprach über das sowjetische Schulwesen und die politische Erziehung und *»empfahl zur Erziehung der Jugend die Pionierorganisation«*.[490] Unter Punkt 8 des Konferenzberichtes ist verzeichnet: *»Genosse Zacharovas informierte in seinem Beitrag die Zuhörer über den NKVD. Er forderte die Lehrer auf, die Massen über die Feinde der Gesellschaft – die litauisch-deutschen Faschisten – aufzuklären.«*[491]

An einer weiteren Lehrerkonferenz, die vom 29.–31. August 1945 in Šilutė stattfand, nahm der Zweite Sekretär der LKP des Kreises Šilutė, Genosse Olšauskas, teil. Er *»rief die Lehrer dazu auf, sich in den Kampf gegen die deutschen Nationalisten einzureihen, sich der wahren Volksarbeit anzuschließen«*.[492] Diese Postulate zeigten nur allmählich Wirkung. Zuallererst mußten die Lehrer einen hundertprozentigen Schulbesuch erreichen, was mit viel Überzeugungsarbeit verbunden war.

Die Unterrichtssprache war litauisch, deutsch wurde nur im Deutschunterricht geduldet. Die russische Sprache fungierte als wichtiges Instrument zur Russifizierung der Litauer unter dem Stern der Völkerfreundschaft.

Russisch wurde an allen Schulen als erste Fremdsprache unterrichtet und sollte als »zweite Muttersprache« aufgefaßt werden. Deutsch als zweite Fremdsprache trat allmählich – auch aus Lehrermangel – in den Hintergrund. Lehrmittel und Lehrkräfte für den Russischunterrricht wurden auf Beschluß des RdV der UdSSR von der RSFSR zur Verfügung gestellt.[493]

Die meisten Schulbücher wurden aus dem Russischen übersetzt. Die Lesebuchtexte wie auch die Diktate hatten ideologische Inhalte, zum Beispiel Erzählungen aus den Biographien Lenins und Stalins. Die Geschichte Litauens war kein Einzelfach, sondern in die Geschichte der UdSSR integriert. Die amtliche Förderung des Russischen ist also weniger als Ausdruck des Kommunikationsbedürfnisses des multinationalen Staates zu verstehen. Vielmehr spiegelt sich darin die politisch-ideologische Zielsetzung, die sich aus dem historisch-revolutionären Führungsanspruch der Russen ableitete.

Sowjetisches Bildungssystem und ideologische Erziehung waren identisch. Die Pionierorganisation galt als wichtiger außerschulischer Erziehungsträger. Also forderte die Abteilung Volksbildung bald, auch an den Schulen Pionier- und Komsomolgruppen einzurichten. Während die Pioniergruppen nur geringen Zulauf hatten, entstanden recht schnell Komsomolgruppen, da gute Bildungs- und Berufschancen an deren Mitgliedschaft gekoppelt waren. Zur Zeit Stalins erhielten sogar ausschließlich Mitglieder des Kommunistischen Jugendverbandes (Komsomol) Stipendien zur Hochschulbildung. (Ohne finanzielle Beihilfe konnten sich damals nur wenige – vor allem dörfliche Jugendliche – den Besuch einer Hochschule leisten.)

Im Schuljahr 1945/46 wurde im Memelland bereits an 130 Schulen mit 172 Lehrern unterrichtet. Die Gesamtzahl der Schüler betrug 4801.[494] Mit Ausnahme der 2. Grundschule von Šilutė, die von 73 russischsprachigen Kindern besucht wurde, waren alle Schulen litauisch.[495] In der Stadt Klaipėda waren zum Stichtag (19. Oktober 1945) noch keine Schulen eröffnet worden.[496] Insgesamt gaben von den

84 Grundschullehrern des Kreises Klaipėda nur 6 als Nationalität russisch an.[497] Es mangelte insgesamt in Litauen an Lehrern, da gerade aus dieser Berufsgruppe besonders viele 1941 nach Sibirien verbannt worden waren. Über die Hälfte der jetzt tätigen Lehrkräfte konnten zwar einen Gymnasialabschluß, aber kein Studium vorweisen, waren also Neulehrer. Personelle Kontinuitäten brachen rasch ab, da memelländische Lehrer – manchmal unter Vorwänden, manchmal mit der direkten Begründung, zu den *Autochthonen (vietinis)* zu gehören – ab 1947 entlassen wurden.[498] Bei diesen Lehrern handelte es sich vorwiegend um Personen, die sich vor dem Zweiten Weltkrieg stark für das Litauertum im Memelland engagiert hatten. Das zählte nun nicht mehr. Allein ihre regionale Herkunft ließ sie verdächtig erscheinen.

Die Memelländer nahmen in Kauf, daß es nur litauischen Schulunterricht gab. Für sie, die um Normalisierung ihrer Lebenssituation und um Anpassung bemüht waren, war es wichtig, das – wenn auch mangelhafte – Bildungsangebot wahrzunehmen. Auf Grund schlechter Litauischkenntnisse wurden Kinder von Repatrianten oft um mehrere Klassen zurückgestuft. So begannen die Eltern mit den Kindern zu Hause hauptsächlich litauisch zu sprechen, um ihnen die Gewöhnung an das Litauische in der Schule und auf der Straße zu erleichtern.

Ausgewählte Schulstatistiken aus dem Memelland zum 19. Oktober 1945

Kreis	Anzahl der Grundschulen	Anzahl der Progymnasien	Anzahl der Gymnasien
Pagėgiai	73	3	1
davon geöffnet	38	3	1[499]
Šilutė	62	–	1
Davon geöffnet	34	–	1[500]
Klaipėda	58	–	–
Davon geöffnet	34	–	–
Klaipėda (Stadt) noch nicht in Betrieb			

Im Gegensatz dazu gingen viele Kinder der litauischen Neusiedler nicht zur Schule, da sie vom Elternhaus traditionell weniger dazu angehalten wurden. In den memelländischen Familien war die Diskrepanz zwischen formalem Bildungssystem und informeller Erziehung noch recht groß. Im Gegensatz zu den Zuwanderern bestanden bei ihnen stärkere religiöse Bindungen, die sich in den ersten Nachkriegsjahren auch sehr auf die Erziehung der Kinder auswirkten. In den ersten Jahren überwogen die familiären Traditionen gegenüber Anpassungsversuchen an das neue System, das ja den Memelländern keineswegs attraktiv erschien.

Arunė Arbušauskaitė kommentiert: »*Besonders auffällig ist der Bildungsgrad der Neusiedler. Dieser Tatbestand hat nachhaltig die heutige Mentalität der Bevölkerung beeinflußt. Die autochthone Bevölkerung besaß eine erheblich bessere Schulbildung als die Neusiedler, von denen ein Viertel entweder gar nicht oder kaum lesen konnte.*« Und sie begründet dies: »*Sicherlich hat die Dauer der Schulpflicht diesen Unterschied bedingt, die in Deutschland bis zum 14. Lebensjahr galt, während man in Litauen lediglich den Abschluß der Grundschule verlangte.*«[501]

Die Zwergschulen der ersten Jahre verfügten häufig nur über eine Lehrkraft. Ihre Wiedereröffnung diente eher der Propagierung des Ziels »Bildung für alle« – jedenfalls war sie angesichts der spärlichen Besiedlung der Dörfer ineffizient. Memelländische und litauische Kinder besuchten gemeinsam die Schule, wobei kleinere Konflikte zwischen Einheimischen und Zugewanderten an der Tagesordnung waren, der Grad der Schärfe jedoch häufig von der politischen Einstellung des Lehrers abhing. Die Sowjetisierung des Bildungssystems begann, erreichte aber im Memelland noch nicht ihren Höhepunkt. Zwar waren die Schulen schon formal an das sowjetische Modell angepaßt, von einer inhaltlichen Gleichstellung läßt sich bis 1948 aber noch nicht sprechen.

X.2. »Nichtrussische Schulen« und deutsche Kinderhäuser

In Königsberg waren Militär und NKVD im Spätsommer 1945 vollauf mit der Überprüfung der Zivilbevölkerung beschäftigt, für schulische Belange blieb keine Zeit. 1945 eröffnete die Militärverwaltung eine einzige Schule im Königsberger Gebiet, die ausschließlich für die Kinder der Angehörigen der Roten Armee bestimmt war. Mit dem Anschluß Königsbergs an die RSFSR, der Umbenennung der Stadt in Kaliningrad und der Einführung einer sowjetischen Zivilverwaltung ab 1. Juni 1946 wurde auch den letzten Deutschen, die noch auf eine baldige Gebietsrückgabe an Deutschland gehofft hatten, klar, daß die Besetzung endgültig war. Auf allen Ebenen führte die Verwaltung nun sowjetische Strukturen ein, in Bezug auf die Deutschen vorrangig zum Zweck der ideologischen Einflußnahme, wozu in erster Linie die Errichtung deutscher Schulen, die Einrichtung deutscher Klubs und die Herausgabe einer Wochenzeitung in deutscher Sprache zählte.

Anders als im Memelland wurde der Gebrauch der deutschen Sprache nicht verboten. Es wurde von der Bevölkerung auch nicht per Anweisung gefordert, auf Arbeitsstellen oder Behörden Russisch zu sprechen.[502]

Die Anzahl der Waisenkinder war in Ostpreußen extrem hoch. Viele Väter waren im Krieg gefallen oder in Kriegsgefangenschaft geraten, ein großer Teil der Mütter im Frühjahr 1945 zur Zwangsarbeit in das Innere der Sowjetunion verschleppt worden. Für das gesamte erste Nachkriegsjahr finden sich in den Kaliningrader Akten keinerlei Vermerke über die Kinderheime des Gebietes. Anscheinend wurde während der Militärverwaltung weder über politische Einflußnahme auf das Kinderheimpersonal noch über besondere Lebensmittelzuteilung entschieden, da die Einrichtungen mehr oder weniger informell existierten. (Laut Bericht der operativen Gruppe des NKVD/NKGB vom Dezember 1945 waren für einen nicht näher angegebenen Zeitraum 8 Kinderheime für insgesamt 652 Kinder eingerichtet worden.)[503] Erst im April 1946 kam es zu dem Beschluß, die Anzahl der Kinderheime aufzustocken. So wurden unverzüglich sechs Kinderheime auf dem Land mit einer Gesamtkapazität von 1.370 Plätzen eingerichtet sowie drei weitere in Königsberg. Weiterhin beschloß die Abteilung Volksbildung Maßnahmen, um elternlose Kinder ausfindig zu machen und sie unterzubringen.[504] Derartige Maßnahmen konnten natürlich allenfalls die Spitze eines Eisberges bewältigen, die Registrierung und Versorgung aller Waisen war unmöglich. Außerdem war das Personal der Kinderheime, dem diese Aufgabe in erster Linie zukam, nicht unbedingt an Neuzugängen interessiert.

In einem der ersten Berichte der Kaliningrader Abteilung Volksbildung aus dem Jahr 1946 wurde der Zustand der Kinderheime wie folgt beschrieben: *»Die Kinderheime in der Kaliningrader Oblast müssen nicht nur einfach wiederaufgebaut werden, sondern Neubauten müssen organisiert werden, denn auf dem Gebiet des ehemaligen Ostpreußens gab es keine Gebäude, die sich nach unserem Verständnis für die Einrichtung von Kinderheimen eignen, sowie keinerlei geeignete Ausstattungen und Möbel. Geeignete Kader für die Kinderheime waren überhaupt nicht vorhanden. Erzieher, pädagogische Leiter, Direktoren waren anfänglich gewöhnliche Leute. Die Sachlage erschwerte sich dadurch, daß sechstausend deutsche Kinder in der Kaliningrader Oblast waren, die das erste Kontingent der eilig organisierten Kinderheime darstellten […].«*[505]

»Gewöhnliche Leute« bedeutet, daß es sich hier nicht um Pädagogen handelte, die nach sowjetischem Muster ausgebildet waren. Die Zahl »*sechstausend*« läßt stutzen, so viele Kinder befanden sich laut Statistiken weder 1946 noch 1947 in Kinderheimen, in denen es am 1. Oktober 1946 nur 2.500 Plätze gab.[506]

Es stellt sich die Frage nach den Intentionen der sowjetischen Verwaltung, Kinderheime oder »Kinderhäuser«, wie sie von den Insassen meist genannt wurden, einzurichten. In den zwanziger Jahren hatten die Behörden in der Sowjetunion genug negative Erfahrungen mit verwahrlosten Kinderbanden gesammelt, die ja schließlich einen Makarenko auf den Plan gerufen hatten.[507] Angesichts der vielen elternlosen Kinder mußten also Präventivmaßnahmen ergriffen werden, um wenigstens die potentielle Kriminalität von Minderjährigen einzudämmen. Innerhalb der UdSSR funktionierte ein System der Kinderaufnahmestellen des Innenministeriums,[508] das minderjährige Obdachlose, von der Polizei aufgegriffen, unter militärische Aufsicht stellte. Laut Vorschrift mußten die Kinder binnen vier Wochen an ein Kinderheim weitergeleitet werden, was oftmals aus Platzgründen nicht möglich war. Da eine derartige Binnenstruktur innerhalb des Kaliningrader Gebietes noch nicht bestand, griff man vorläufig auf traditionelle Formen zurück. Im April 1947 wies der Leiter des MVD in Kaliningrad, Generalmajor Trofimov, dann die Einrichtung von Kinderaufnahmestellen im Gebiet an, mit folgender Kapazität: Kaliningrad 100 Plätze, Černjachovsk 50 Plätze, in Sovetsk gleichfalls 50 Plätze.[509]

Zweifellos hätte man das Kontingent dieser Kinder mühelos in das Innere der UdSSR transportieren, sie dort aufteilen und so binnen weniger Jahre ihre Russifizierung vollziehen können. Die Tatsache, daß dieses nicht geschah, läßt die Hypothese zu, daß die endgültige Entscheidung über die deutsche Bevölkerung des Gebietes noch nicht gefallen war, als man den Beschluß über die Erweiterung und Förderung der Kinderheime faßte und daß man sich in diesem Schwebezustand, noch vor der Neubesiedlungswelle mehrere Optionen offenhalten wollte. Die Geburtenrate der UdSSR war während des Krieges sehr stark zurückgegangen, und es gab Bestrebungen der sowjetischen Verwaltung, diese demographischen Defizite aufzufüllen. Für den

Fall, daß die Bevölkerung als Arbeitskraft im Gebiet bleiben sollte, hätte man sich mit diesen Kindern eine neue sowjettreue Kaderschicht herangezogen. Im Fall der Ausweisung der Deutschen konnten die sowjetischen Behörden auf ihre humanen Handlungen verweisen.

Während des Schuljahres 1946/47 wurden 1.224 Kinder in Heime aufgenommen, davon die meisten während des Winters. In einem Bericht heißt es: *»[...] Der besondere Andrang von Kindern in den Monaten Februar – April erklärt sich durch die bemerkenswerte Arbeit der Volksbildung, die elternlose Kinder erfaßte und sie in Kinderheimen unterbrachte.«*[510]

Vermutlich handelte es sich hier weniger um ein Verdienst der Volksbildung, als um die Folgen äußerst widriger Witterungsumstände. In den Kinderheimen Nr. 2 und Nr. 4 der Stadt Kaliningrad wurden provisorische Aufnahmestellen eingerichtet, in denen Kinder, die von der Straße kamen, erst einmal untergebracht werden konnten. Die hohen Zugangsziffern führten zu Kapazitätsproblemen. In Sovetsk eröffnete man ein weiteres Kinderheim mit 240 Plätzen sowie ein Haus in Zelenogradsk/Crantz mit 160 Plätzen, wodurch der Platzmangel aber nicht behoben werden konnte. Besonders in den Kinderheimen der Rayons Pravdinsk, Gussev und Černjachovsk herrschte große Enge. Die Zöglinge schliefen zu zweit oder zu dritt in einem Bett.[511] Andere Häuser waren nicht renoviert, und man klagte über Mangel an Inventar. Über das Kinderheim in Slavsk heißt es in einem Bericht: *»[...] Der sanitäre Zustand des Kinderheims ist außerordentlich unbefriedigend: Staub in den Unterkünften, schmutzige Fußböden, die Wände müßten geweißt werden, die Trinkwasserbehälter werden mit unabgekochtem Wasser gefüllt und nicht verschlossen, einige Kinder schlafen zu zweit in einem Bett (es fehlen 15 Betten), das Geschirr ist schmutzig – ein Teil der Löffel und Teller müssen unbedingt ausgetauscht werden. Von den vorgesehenen 9 Rubeln, die pro Kind für die Ernährung bestimmt sind, werden nur 6 ausgegeben.«*[512]

Die Ernährungslage war, wie in der gesamten Oblast, auch in den Kinderheimen äußerst schlecht. Das Verwaltungspersonal und die Küchenkräfte bereicherten sich an den Lieferungen auf Kosten der Kinder. Deshalb wurden von den Behörden immer wieder Überprüfungen der Lebensmittelversorgung angeordnet, womit regelmäßig der Auftrag verknüpft war, die Schuldigen an der Kürzung der Rationen herauszufinden und sie zur Verantwortung zu ziehen.[513]

Der Gesundheitszustand der Kinder, die aufgenommen wurden, war im allgemeinen miserabel: *»[...]Viele Kinder haben Malaria und andere Krankheiten. In dem Kaliningrader Kinderheim für Vorschulkinder Nr. 5 hat jedes Kind zwischen drei und sieben Krankheiten überstanden. Im Kinderheim Malomožaisk sind 24 der 98 Zöglinge im schulpflichtigen Alter Tbc-infiziert. Im Kinderheim Slavsk sind 50% der Kinder Tbc-infiziert. Im Kinderheim Gussev wurde festgestellt, daß 17 Personen unter chronischer Malaria leiden.«*[514]

Aber die gesundheitliche Betreuung in den Heimen war ebenso unzureichend. Die Arbeit der Ärzte wurde von der Gesundheitsfürsorge zu wenig überwacht, an Medikamenten herrschte chronischer Mangel. Die angeordneten Verbesserungsmaßnahmen griffen nicht.[515]

Mit Einführung der Zivilverwaltung in der Kaliningrader Oblast begann auch die ideologische Beaufsichtigung und Schulung von Erziehern und Zöglingen. Bereits am 22. Juni 1946 wurde die Durchführung von drei- bis fünftägigen Kursen für Direktoren und leitende Erzieher von »Waisenkindern der einheimischen Bevölkerung« im Sommer angewiesen, auf denen Instruktionen zur pädagogischen Arbeit erteilt werden sollten.[517] Weitere Kurse sollten folgen. Bald darauf verordnete die Erziehungsbehörde: *»Bis zum 15. November muß ein zehntägiges Seminar mit den Angestellten der Kinderheime durchgeführt werden, wobei Fragen der Lehr- und Erziehungsarbeit in den Kinderheimen behandelt werden.«*[518]

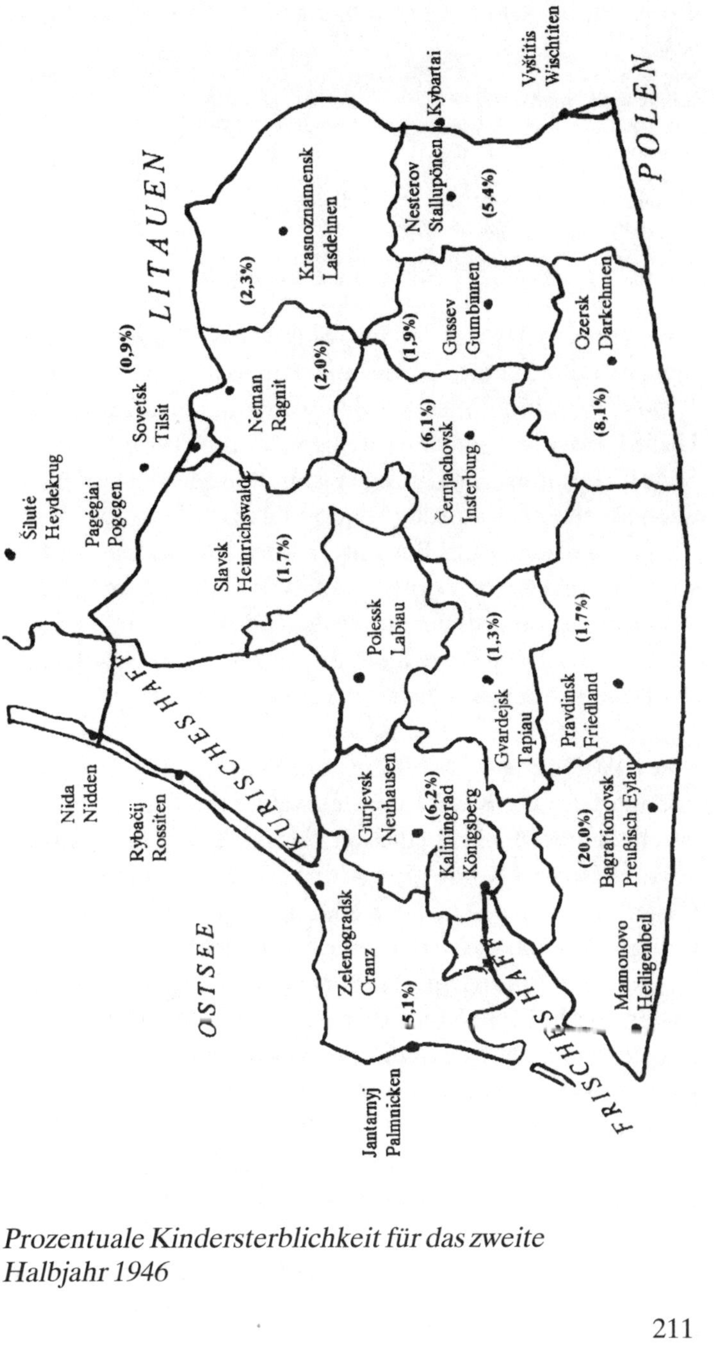

Prozentuale Kindersterblichkeit für das zweite Halbjahr 1946

Prozentuale Kindersterblichkeit für das zweite Halbjahr 1946[516]

Kaliningrad (Stadt)	6,2 %	Černjachovsk (Stadt)	6,1 %
Sovetsk	0,9 %	Primorsk (Rayon)	5,1 %
Bagrationovsk	20,0 %	Gvardejsk	1,3 %
Gussev	1,9 %	Gurjevsk	keine Angaben
Krasnoznamensk	2,3 %	Nesterov	5,4 %
Laduškin	keine Angaben	Ozersk	8,1 %
Pravdinsk	1,7 %	Slavsk	1,7 %
Sovetsk	2,0 %	Černjachovsk	keine Angaben

Im Oktober 1946 wurden im gesamten Kaliningrader Gebiet russische Schulen sowie »nichtrussische Schulen für die Kinder der einheimischen Bevölkerung« eröffnet. In der UdSSR existierte seit den dreißiger Jahren ein einheitliches Schulprogramm für Kinder nationaler Minderheiten, so auch für rußlanddeutsche Kinder. Es trug die Bezeichnung »Nichtrussische Schulen mit Unterricht in der Muttersprache« [nerusskije sovetskie školy na rodnom jazyke]. Die Administration ordnete an: »Alle Zöglinge im schulpflichtigen Alter sind in den wieder einzurichtenden Schulen für deutsche Kinder zu registrieren und zu deren Besuch anzuhalten.«[519] Schon im Frühsommer war von der neugegründeten Abteilung Volksbildung ein Plan zur Eröffnung von »Schulen für die Kinder der deutschen Bevölkerung« verabschiedet worden. Laut diesem Plan gab es im Gebiet 24.860 schulpflichtige Kinder im Alter von 7–16 Jahren.[520] Im Gegensatz zu den Schulen des Memellandes wurden im Kaliningrader Gebiet die deutschen und nichtdeutschen Kinder getrennt unterrichtet. Es sind keine Beispiele bekannt, in denen russische Kinder am deutschen Schulunterricht teilgenommen hätten oder umgekehrt. Während des Sommers 1946 fanden Kurse zur Vorbereitung der Lehrer für die deutschen Schulen statt. Anders als im Memelland, wo Neulehrer aus Litauen zum Einsatz kamen, rekrutierte die Behörde in Kaliningrad Lehrkräfte aus der deutschen Bevölkerung. Diese wurden in einem Schnellkurs auf ihre Aufgaben vorbereitet. Vorrangig stellten diese Stunden eine

Einführung in sowjetische Pädagogik und sowjetische Geschichte dar, gekoppelt mit Russischunterricht. Fachliche Anforderungen stellte die sowjetische Auswahlkomission hintenan.

Schüler nach Muttersprachen in den Schulen des Kaliningrader Gebietes am 1. Januar 1947[521]

In russischen Schulen:	Gesamt	Kl. 1–4	Kl. 5–6	Kl. 8–10
russisch	23.130	19.708	2.747	675
Tschuwaschisch	516	485	31	–
mordwinisch	336	332	4	–
ukrainisch	122	111	11	–
tatarisch	12	12	–	–
Belorussisch	1.094	1.091	2	1
insgesamt	25.210	21.739	2.795	676
in nichtrus. Schulen:				
deutsch	4.487	4.452	35	–

Wichtig war, daß die Kandidaten politisch unbelastet waren, denn sie sollten ja als »Transmissionsriemen«, wie ein sowjetischer Propagandaausdruck lautete, dienen.

Naimark gibt an, daß etwa 85 % der Lehrer in der SBZ Mitglieder der NSDAP gewesen waren.[522] Von einer vergleichbaren Größe muß man bei den ostpreußischen Pädagogen ausgehen. Jedenfalls hatten Neulehrer in Kaliningrad nur in Ausnahmefällen eine pädagogische Ausbildung. Bei Hamm-Brücher findet sich für das nachkriegstypische Sammelsurium bunt zusammengewürfelter, unzureichend ausgebildeter Lehrer der recht zutreffende Begriff »pädagogischer Volkssturm«.[523] Lehrer und Erzieher waren zumeist Deutsche, Kinderheim- und Schuldirektoren vorwiegend Russen – auf alle Fälle sowjetische Staatsbürger. Zum sowjetischen pädagogischen Personal zählten auch Demobilisierte der Roten Armee. Es kam vor, daß jüdische Lehrer nun deutsche Kinder unterrichteten. Das Bildungssystem wurde von Grund auf neu errichtet – bildungspolitische Kontinuität gab es weder in inhaltlichen noch in personellen Formen. Von Kontinuität konnten einzig die Schulgebäude zeugen.

Mit einer Verspätung von zwei bis zweieinhalb Monaten begann der Unterricht des Schuljahres 1946/47 in 36 Grundschulen und 8 siebenjährigen Schulen mit insgesamt 4.927 Schülern.[524] Nach dem Krieg existierten in der UdSSR sogenannte »stabile« Lehrbücher, d. h. es gab für jedes einzelne Lehrfach ein einheitliches obligatorisches Lehrbuch, das vom Kollegium des Volkskommissariats für Bildungswesen bestätigt und vom Staatlichen Lehrbuchverlag herausgegeben wurde. Andere Materialien durften nicht verwendet werden. In den deutschen Klassen 1 bis 4 im Kaliningrader Gebiet gab es überhaupt keine Schulbücher. Für die Klasse 3 wurde ein russisches Lehrbuch für den Deutschunterricht zur Verfügung gestellt.

Nach einer Verordnung des RdV der UdSSR vom 16. September 1940 sollte bis 1943 der Unterricht in einer Fremdsprache (Deutsch, Englisch, Französisch) von der 5. Klasse an in allen Mittelschulen in der UdSSR eingeführt werden.[525] Theoretisch sollten gemäß der noch gültigen Verfügung auch die deutschen Kinder in Kaliningrad Englisch- oder Französischunterricht erhalten, der jedoch aus Lehrermangel nicht stattfand.

Schulsprache war Deutsch. Russisch wurde von russischen Lehrern in allen Klassen unterrichtet. An den russischsprachigen Schulen des Gebietes, die erste wurde im September 1945 eröffnet, wurde Deutsch – traditionell – als erste Fremdsprache unterrichtet, jedoch gleichfalls von Russen. Dabei trat schon die »Begründerin der neuen sozialistischen Pädagogik«, Nadežda Krupskaja, dafür ein,[526] daß das Erlernen der Fremdsprache mit dem Studium des zeitgenössischen Lebens und der jüngsten Geschichte des Landes verbunden werden müsse: *»Das Studium dieses Landes muß ebenso Unterrichtsziel sein, wie das Erlernen der Sprachtechnik.«*[527] Wie diese Forderung allerdings in den russischen Schulen

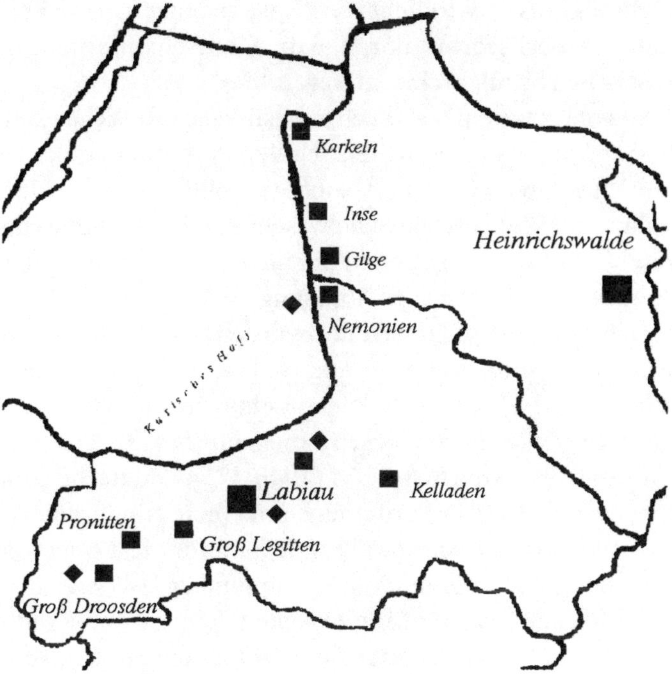

Deutsche Schulen im Kreis Labiau

Legende:

◆ **Schulen für deutsche Kinder**

Labiau	Polessk
Hindenburg	Belomorskoje
Groß-Droosden	Zuravlevka
Groß Legitten	Mordovskij
Kelladen	Ilicevskij
Nemonien	Golovkino
Pronitten	Slavjanskij

■ **Fischerdörfer am Kurischen Haff**

Gilge	Matrosovo
Inse	Pricalyj
Karkeln	Mysovka

Kaliningrads verwirklicht wurde, ist im einzelnen nicht bekannt. Überliefert ist nur, daß die Deutschkenntnisse der russischen Schüler schlecht waren.[528]

Sowohl in formaler als auch in inhaltlicher Hinsicht war das System der »nichtrussischen Schulen im Kaliningrader Gebiet« nicht nur sowjetisiert, sondern stellte eine reine Übernahme des sowjetischen Schulwesens dar. Es herrschte chronischer Lehrermangel, nicht nur an den deutschen Schulen. Auch Anforderungen der Abteilung Volksbildung nach Lehrern für die russischen Schulen wurden ungenügend beantwortet. So sollten zum 1. August 1947 aus den Gebieten Vladimir und Moskau 390 neue Lehrer in das Gebiet delegiert werden, aber von diesen kamen nur 214.[529]

Es gab im ersten Schuljahr (1946/47) 44 deutsche Schulen, davon 19, die in Verbindung mit einem Kinderheim organisiert worden waren.[530] Ein Bericht der Kaliningrader Abteilung Volksbildung vom 30. September 1947 zeigt deutlich die enge Verknüpfung zwischen Schulen und Kinderheimen: *»1947 sind für den Schulunterricht der deutschen Kinder im Kaliningrader Gebiet 38 Grund-, 10 siebenklassige und 1 Mittelschule in Betrieb. Die Schulen werden von 5632 Kindern besucht. Für die Waisenkinder wurden 19 Kinderheime eingerichtet. In ihnen werden 3.698 Kinder erzogen. In Schulen und Kinderheimen für deutsche Kinder arbeiten etwa 300 deutsche Lehrer und Erzieher.«*[531]

Die Schulsituation im Rayon Polessk war typisch für das gesamte Gebiet. In dem oben erwähnten Plan zur Errichtung von Schulen war die Anzahl der schulpflichtigen Kinder für den Rayon auf 2.000 beziffert worden.[532]

Insgesamt besuchten jedoch nur 304 Schüler die Bildungseinrichtungen. In Polessk (Labiau) war die Schule mit einem Kinderheim gekoppelt. In Gemeinden mit größeren Anteilen ursprünglicher Bevölkerung (z. B. Nemonien, Hindenburg) war die deutsche Bevölkerung am Schulunterricht interessiert. In anderen Orten, wie Lablacken und Nautzken (siehe XIII.2., Tabelle 4) war zwar der Anteil der

Deutsche Schulkinder im Rayon Polessk (Labiau) zum 1. September 1947

Ort	Gesamtzahl	Kl. 1	Kl. 2	Kl. 3	Kl. 4	Kl. 5	Kl. 6	Kl. 7
Groß-Droosden[533]	51	18	24	5	4	–	–	–
Hindenburg[534]	35	15	9	6	5	–	–	–
Polessk[535]	92	30	28	28	34	–	–	–
Taudehnen[536]	86	44	14	28	–	–	–	
Nemonien[537]	40	26	11	3	–	–	–	
	304	133	62	65	39	–	–	

deutschen Bevölkerung sehr hoch, doch handelte es sich dabei um Deutsche aus anderen Dörfern, die als Arbeiter von Militärsovchosen hier konzentriert worden waren. In vielen Fällen war die Sovchosenverwaltung an den Kindern als mithelfende Arbeitskräfte interessiert, wodurch der Schulbesuch nicht gefördert wurde.

Die deutschen Schulen im Kaliningrader Gebiet konnten nicht mehr als ein Mindestangebot an Lese-, Schreib- und Rechenunterricht bieten. Kinder, die über 10 Jahre alt waren, mußten schon zum Lebensunterhalt beitragen und hatten ja vor Kriegsende bereits einige Klassen besucht. So wurden in der Regel nur die Sieben- bis Neunjährigen zur Schule geschickt, um sie zu beschäftigen. Ein weiterer Anreiz war das bescheidene Schulessen. Das Klassengefälle war in allen Schulen etwa gleich. Die nachstehende Tabelle illustriert recht augenfällig die dargelegten Verhältnisse.

Die Mehrheit der deutschen Schulkinder waren Kinderheiminsassen, für die – wenigstens für die Grundschuljahre – Schulpflicht herrschte. Weder in Schulen noch in Kinderheimen warb man die deutschen Insassen für die Pionier- oder Komsomolorganisation. Mit der ersten Ausreisewelle im Oktober/November 1947 wurden die Kinderheimzöglinge in die SBZ ausgesiedelt und infolgedessen viele Schulen aufgelöst. Im Frühjahr 1948, als die zweite Ausreisewelle einsetzte, schlossen die letzten deutschen Schulen.

In mehreren Dörfern fand der Schulunterricht im dortigen Kinderheim statt. In Kaliningrad wurde neben anderen

Siebenjährige nichtrussische Schule Nr. 1 in Kaliningrad. Statistik für das 1.Halbjahr (20. 10.–31. 12. 1946) des Schuljahrs 1946/47[538]

Anwesenheit	Kl. 1a	Kl. 1b	Kl. 2	Kl. 3	Kl. 4	Kl. 1–4	Kl. 5	Kl. 6	Kl. 7	Kl. 5–7
Anwesend am 20. 10. 1946 =259	38	44	39	51	36	208	22	13	16	51
Zugang seitdem =159	1	8	6	28	29	72	26	35	26	87
Abgang seitdem =101	3	16	14	24	18	75	12	5	9	26
Anwesend am 31. 12. 1946 = 317	36	36	31	55	47	205	36	43	33	112
Abgang in andere Schulen	–	–	–	–	–	–	–	–	–	–
Krank = 45	1	16	5	6	5	33	5	–	7	12
Unent schuldigt abwesend = 56	2	–	9	18	13	42	7	5	2	14

Schulen ein Gebäude für ein Kinderheim und eine Sieben-Klassen-Schule für deutsche Kinder bereitgestellt. Gleichzeitig ordnete die Administration an: *»Alle Zöglinge im schulpflichtigen Alter sind in den wiedereinzurichtenden Schulen für deutsche Kinder zu registrieren und zu deren Besuch anzuhalten.«*[539] Aber auch diese Anweisung ließ sich nicht gänzlich durchsetzen. Eine Kommission stellte fest, daß durch Verschulden von Direktoren der Kinderheime sowie Mitarbeitern der Abteilung Volksbildung 281 der 855 Zöglinge im schulpflichtigen Alter keine Schule besuchten.[540]

Selbst die Vorgesetzten werteten: *»Die Volksbildungsabteilung der Oblast betont, daß sich die Erziehungsarbeit in vielen Kinderheimen auf äußerst niedrigem Niveau befindet. Die Kinder erhalten unzureichende Unterweisung* *in kulturvollem Benehmen, Liebe zur Arbeit und zum Lernen wird ungenügend vermittelt. In den Kinderheimen in Sovetsk, Bolšakovo Nr. 2 und Polessk gibt es weder Pionierorganisationen noch Pionierleiter.*[541] *In einigen Kinderheimen werden antipädagogische Methoden zur Erziehung der Kinder angewandt. Im Kinderheim in Sovetsk (Direktor Rumjanzev) wurden die Zöglinge in den Karzer gesteckt, mußten ohne Mittagessen bleiben, erhielten körperliche Strafen. Im Kinderheim Slavsk (Direktor Katcovič) wird an Stelle einer Erziehung zu bewußter Disziplin gefährlicher Drill ausgeübt [...].«*[542]

Ein weiteres Problem für die sowjetischen Instanzen bestand darin, daß 90 von den insgesamt 180 Erziehern Deutsche waren. In den meisten Waisenhäusern arbeiteten bis zum Frühjahr 1947 noch keine sowjetischen Erzieher.[543] Im Jahresbericht 1946/47 hieß es: *»Als man in der Oblast begann, russische Waisenkinder aufzunehmen, deren Eltern im Großen Vaterländischen Krieg umgekommen sind, wurde es unbedingt erforderlich, das Eindringen fremder Arbeitsmethoden in unsere Kinderheime aufmerksam zu verfolgen.«*[544]

Die Behörden konnten nicht sofort auf die deutschen Arbeitskräfte verzichten, da sie genug eigene Kaderprobleme hatten. So löste man das Problem anders. Bis zum 15. Mai 1947 mußten alle russischen Waisenkinder aus den bisher gemischten Kinderheimen in ein extra für sie geschaffenes Spezialkinderheim nach Zelenogradsk »transferiert« werden.[545] Als später russische Kindertransporte aus anderen Gebieten eintrafen, während die deutschen Kinder schon kurz vor der Abreise standen, versuchten die sowjetischen Erzieher, beide Gruppen voneinander abzuschirmen. Ostpreußische Zeitzeugen sind der Meinung, daß deutsche Kinder aus Waisenhäusern in das Innere der Sowjetunion gebracht wurden. Es ist jedoch schwierig, aus dem vorliegenden Aktenmaterial Hinweise auf die Verschleppung von Kindern zu finden. Mit Sicherheit sind Kinder unter drei Jahren –

die nicht in den Zuständigkeitsbereich der Abteilung Volksbildung, sondern des Gesundheitswesens fielen, von Russinnen adoptiert worden, ein Bereich, der bis heute ebenfalls nicht erforscht ist.

In dem bereits eingangs erwähnten Bericht des Jahres 1946 der Kaliningrader Abteilung Volksbildung wird die Anzahl von 6.000 deutschen Kinderheimkindern angegeben.[546] Die tatsächlich registrierten Zahlen der Kinderheiminsassen weichen stark von dieser Angabe ab. Am 1. Juni 1946 waren in den 18 Kinderheimen der Oblast 2.231 Kinder registriert, am 1. Januar 1947 bereits 2557.

Zum 1. Juli 1947 waren es 3.455 Kinder, davon 3.355 deutsche. Für den Stichtag 1. Juli 1947 existiert außerdem eine Auflistung nach Alter der Insassen. Danach waren insgesamt 167 Kinder unter fünf Jahren in der Obhut der Kinderheime und ebenfalls 167 Kinder im Alter von 15 Jahren und darüber. Alle dazwischen liegenden Altersstufen waren etwa gleich stark vertreten.[547] Wurde die Zahl 6.000 im Bericht der Abteilung Volksbildung als kumulative Ziffer gebraucht, um Wirkung zu erzeugen? Oder werden in dem Bericht Insassen berücksichtigt, die in ein Heim im Inneren Rußlands verlegt wurden? Die Statistiken verzeichnen immer wieder Überweisungen in andere Heime, allerdings ohne Ortsangabe. Außerdem wurden Kinder in Pflege gegeben, deren Spur sich im Dunkel verliert.

Am 3. Mai 1947 teilte die Abteilung Volksbildung der SMAD der Zentralen Verwaltung für Volksbildung in der SBZ mit, daß Ende Mai mit der Ankunft von 2.830 anhanglosen deutschen Kindern aus Königsberg gerechnet werden müsse. Gleichzeitig äußerte die sowjetische Behörde den Wunsch, diese Kinder in Heimen unterzubringen.[548] Doch die Kinder trafen nicht ein. Am 20. September 1947 versuchte der Präsident der Zentralverwaltung für Umsiedler (ZVU), Engel, eine Klärung herbeizuführen. Er schrieb an die SMAD: *»Nachdem wir nun fast vier Monate in den bereitgestellten Heimen alle verfügbaren Plätze freigehalten* *haben, wäre uns eine baldige Entscheidung in dieser Angelegenheit erwünscht. […]«*[549]

Oberstleutnant Karnaševski, der Bevollmächtigte für die Umsiedlung der Deutschen bei der SMAD, vermerkte am 1. Oktober 1947 handschriftlich:

»Die Frage der Umsiedlung von Kindern aus dem Kaliningrader Gebiet ist vorläufig von der Tagesordnung abgesetzt.«[550]

Nur 10 Tage später fiel in Moskau der Beschluß über die Aussiedlung von 30.000 Deutschen aus dem Kaliningrader Gebiet.

Bei Beginn der Aussiedlung im Herbst 1947 wurden insgesamt 4.760 Kinderheiminsassen in die SBZ transportiert, also 1.400 mehr, als in der Statistik vom Sommer 1947 angegeben waren. Wie in dieser kurzen Zeit angesicht der beschriebenen Kapazitätsschwierigkeiten so viele Zöglinge aufgenommen werden konnten, läßt sich nicht genau nachvollziehen.[551] 450 weitere Kinder reisten im März 1948 aus, darunter einige, die im Herbst aus Krankheitsgründen von der Reise zurückgestellt worden waren. Der größere Teil der Kinder aus den Transporten des Jahres 1948 hatte aber erst nach November 1947 Aufnahme im Heim gefunden. Die letzte Gruppe von 205 Kindern, die im Oktober 1948 nach Deutschland kamen, war offensichtlich erst im Laufe des Sommers von der Miliz aufgegriffen und in ein Kinderheim eingewiesen worden.[552] So wies die Statistik am 1. September für die Kinderheime der Oblast 161 Zöglinge auf, am 1. Oktober 1948 waren es 205 deutsche Kinder.[553] Auch nach dem offiziellen Abschluß der Aussiedlungsaktion waren bei den Kinderaufnahmen immer wieder Zugänge von deutschen Kindern zu verzeichnen.[554] Die neu aufgenommenen Kinder waren Jungen, die in der Mehrzahl auf Straßen und Bahnhöfen aufgegriffen worden waren.[555] Sie hatten ihre sowjetischen Pflegeeltern verlassen[556] und flüchteten bei der ersten besten Gelegenheit wieder aus der Obhut des MVD. Einige von ihnen waren bei der Miliz für eine Aussiedlung in die DDR vorgemerkt.[557]

X.3. Propaganda und Erziehung

Im Gegensatz zu den deutschen Schulen in Kaliningrad wurden im Memelland in den ersten Jahren kaum Hospitationen der Volksbildungsbehörde durchgeführt. Einer der wenigen vorhandenen Hospitationsberichte vom 17. März 1948 in der Dorfschule Gaideliai (Gemeinde Juknaičiai, Kreis Šilutė) schildert unter dem Stichwort Bildungsinhalte: *»Lehrer Pranas Norvilas, Lehrer seit 1925, seit 1. 9. 1946 in Gaideliai tätig. Von insgesamt 54 Schülern sind 7 Pioniere. Die Schüler der 1.–4. Klasse kennen die Bilder der größten Führer und die Schüler der 3. und 4. Klasse können kurze Biographien wiedergeben.«*[558]

In den Kaliningrader Schulen hospitierten die Schulinspektoren ständig – jedoch ohne sichtbare Erfolge (siehe XIII.1., Dokument 3). Zwischen Schuldirektoren und Lehrern gab es zahlreiche Konflikte, die sich an den dogmatischen sowjetischen Normen entzündeten. Auch hatten die sowjetischen Lehrkräfte Schwierigkeiten, den engen Rahmen ihrer rigiden Didaktik zu verlassen und Abweichungen im Unterrichtsstil und Unterrichtsverhalten der Deutschen zu tolerieren. Schon die bereits erwähnte Krupskaja unterstrich, daß der Appell an die Gefühle des Kindes für die kommunistische Erziehung von großer Bedeutung ist.[559] Die sowjetischen Pädagogen hofften und hielten es eigentlich für selbstverständlich, die junge Generation für ihre Ziele begeistern zu können. So nimmt es nicht wunder, daß in der Bibliothek der Kinderaufnahme des MVD in Kaliningrad die Inventarliste mit folgenden Titeln begann: *»Marx, Kapital; Stalinbiographie ... «.*[560]

Die Erziehung in der Sowjetunion richtete sich nach den

drei Prinzipien von Makarenko: 1. Führung und Disziplin, 2. Kraft der erzieherischen Einwirkung des Kollektivs, 3. Formbarkeit durch geplante Erziehung. Diese ohnehin starren Prinzipien reduzierten sich in der praktischen Anwendung auf Schlagworte wie: Disziplin, Kollektiv und Plan. Die sowjetische Pädagogik betonte außerdem das Prinzip der »Einheit von Unterricht und Erziehung«. Zu den wichtigsten Lernzielen gehörte vor allem eine einheitliche Bewußtseinsformung im Sinn der ideologischen Postulate des Marxismus-Leninismus.[561] Forderungen wie *»Die Erziehung zum sowjetischen Patriotismus ist die wichtigste Aufgabe der ideologischen Arbeit in der Schule«*[562] waren für das sowjetische Schulpersonal selbstverständlich. Daraus resultierten auch die Formulierungen für die Schulordnung, wie beispielsweise in der Schulordnung der 23. nichtrussischen Schule in Kaliningrad nachlesbar, die mit dem Satz begann: *»Jeder Schüler ist verpflichtet: 1. Mit Ausdauer und Beharrlichkeit sich Kenntnisse zu erwerben, ein gebildeter und kultureller Bürger zu werden und der Sowjetheimat möglichst viel Nutzen zu bringen.«*[563] Anders als die sowjetischen Pädagogen übernahmen die deutschen Lehrkräfte solche Agitations- und Propagandaformeln nicht selbstverständlich.

In einem Inspektionsbericht der nichtrussischen Schule Nr. 2 in Kaliningrad spiegelt sich das Erstaunen der sowjetischen Lehrer darüber: *»1. Schwach entwickelt ist die Unterrichts- und Erziehungsarbeit unter den Schülern, ja sogar unter den Lehrern. So wurde der Tag der Stalinschen Konstitution nur ungenügend begangen. Mit den Schülern wurde am 4. Dezember nur ein 15-minütiges Gespräch geführt, was völlig unzureichend ist. Die Lehrer aus der ansässigen Bevölkerung wußten nicht einmal genau, welcher Feiertag am 5. Dezember begangen wird, sie informierten die Kinder ungenau. Die anschauliche Agitation befindet sich auch nicht auf dem notwendigen Niveau. In einer der Klassen hängt z. B. die apolitische Losung: ›Der 7. November ist* *der Tag der Revolution von 1917‹. Eine Durchsicht der Hefte ergab, daß den Schülern völlig ungenügend das Material beigebracht wird, das von den Ideen der kommunistischen Erziehung erfüllt ist. Nirgendwo findet sich ein Wort der Verurteilung der verbrecherischen faschistischen Clique und ihrer Tätigkeit. Die Sprachübungen enthalten äußerst neutrales Material.«*[564] (Weitere Hospitationsberichte siehe XIII.1., Dokument 3.)

Während deutsche Lehrer Tierfabeln als Lese- und Schreibübungstexte benutzten, trugen in den sowjetischen Lehrplänen die Diktattexte Überschriften wie: »Lenin auf der Fuchsjagd« oder »Die Flugzeuge der Faschisten«.[565]

Nach ihren Maßstäben und Möglichkeiten bemühte sich die sowjetische Administration auch um die deutschen Waisenkinder. Dabei verfolgte sie vorrangig das Ziel, ihre Zöglinge zu Anhängern des sowjetischen Systems zu erziehen. Man kann nicht mit Bestimmtheit sagen, ob die sowjetischen Erzieher in den Kinderheimen davon ausgingen, daß die Zöglinge eines Tages sowjetische Staatsbürger sein würden, oder nicht. Jedenfalls wurde ihnen oft gesagt: *»Ihr seid die Zukunft der Sowjetunion.«* In den Dokumenten wird immer wieder auf dringend notwendige politische Agitation und ideologische Infiltration hingewiesen. So heißt es in einem Bericht aus dem Jahr 1947: *»Bei der politischen Erziehung wurden viele Bemühungen aufgewandt, um die Kinder so zu erziehen, daß sie der sowjetischen Regierung, der kommunistischen Partei und dem Genossen STALIN persönlich für die Sorge um die Waisenkinder der deutschen Bevölkerung dankbar sind. Nachdem alle Kinderheime zum ersten Mal eine Stofflieferung [für neue Kleidung – R. K.] bekamen, wurden in allen Häusern Gespräche geführt. Im Kinderheim Černjachovsk hatte der Direktor Bušujev Diagramme vorbereitet, aus denen hervorging, wieviel die Sowjetmacht zum Wohl des Černjachovsker Kinderheims ausgibt. Während des Gespräches wurde den Kin-*

dern auseinandergesetzt, daß man im Laufe dieses Jahres für die Ernährung eines Kindes zweieinhalbmal soviel ausgibt wie im Vorjahr. Im Kinderheim Polessk führte der Stellvertreter des Direktors, Genosse Velmakin, während einiger pädagogischer Stunden Gespräche mit den Zöglingen über die Fürsorge der UdSSR für die Kinder. Er erzählte von der allseitigen Ausbildung der Kinder, von Pionierpalästen und Pionierlagern, Kindererholungsheimen, Sanatorien usw. Velmakin stellte den Kindern die Frage, ob sie nach Deutschland fahren oder in der UdSSR bleiben wollen. Die Kinder antworteten, daß sie in der UdSSR leben möchten.«[566]

Auch bei der Lektüre versuchte man, das Weltbild der Zöglinge zu formen, wie die folgende Passage beweist: »*... In der gesamten Oblast gibt es in den Kinderheimen 400 deutsche Bücher. Nur in neun Kinderheimen hat man begonnen, Bibliotheken zu organisieren [...]. Im Kinderheim Gurjevsk existieren 20 Bücher in deutscher Sprache, darunter ein Roman von Šolochov und ein großer sowjetischer Kalender in einer Berliner Ausgabe von 1946 für die Sowjetische Besatzungszone Deutschlands. Das ist ein wertvolles und notwendiges Buch. Es wäre wünschenswert, daß alle Kinderheime so eine Ausgabe besäßen.«*[567]

Es ist nicht nachvollziehbar, wieviel Gegengewicht die deutschen Erzieher leisten konnten und durften, welche Perspektive die älteren Zöglinge für ihr Leben sahen.

Im Memelland war die Abteilung Volksbildung insgesamt vorsichtiger mit politischen Formulierungen, da sie damit rechnen mußte, daß die Mehrheit der Lehrer sie ablehnen würde. Die Kaliningrader Administration hatte an der Existenz der deutschen Schulen großes Interesse und versuchte *politische Wachsamkeit* zu üben. In den Schulen der Kreise Pagėgiai, Šilutė und Klaipėda hingegen wurde nicht übermäßig politisiert – ganz im Gegensatz zu den Gymnasien im übrigen Litauen, wo sich Sympathisantengruppen für den nationalen Widerstand bildeten. Entsprechend schwächer funktionierte auch die politische Instrumentalisierung der Lehrkräfte an memelländischen Schulen. Trotzdem herrschte auch hier das Mißtrauen der sowjetischen Führungskräfte. Der Leiter der Bildungsabteilung im Exekutivkomitee Klaipėda, Žižys, verlor 1946 seinen Posten, da es ihm an Klassenbewußtsein und politischer Wachsamkeit mangelte. Er wurde von einer Russin abgelöst.[568]

Bildungsinhalte aus der Zeit des unabhängigen Litauens durften, auch mit entsprechend verbrämter antifaschistischer Stoßrichtung, nicht verwendet werden. So erfolgte 1947 ein Antrag des Direktors des 1. Gymnasiums von Klaipėda an den Ministerrat der LSSR, diese Schule wieder, wie in der litauischen Zeit, »Gymnasium Vytautas Magnus« zu nennen. Seine Begründung lautete: *»Klaipėda und das Gebiet haben ständig unter den Kreuzrittern und schließlich unter den deutschen Aggressoren gelitten, sind von ihnen verfolgt und vernichtet worden. Vytautas der Große, der bei Tannenberg die Deutschen zermalmte, versetzte ihnen einen tödlichen Schlag, sein Name wird auch für die Schüler ein Lehrbeispiel sein, in Sowjetlitauen auf Wacht gegen den ewigen Feind Deutschland zu stehen.«*[569]

Dem Antrag wurde nicht stattgegeben, da die Nomenklatura die Verwendung von Gestalten aus der litauischen Geschichte mehr fürchtete als eine klare antideutsche Aussage.

Im September 1947 resümierte der Leiter der Abteilung Volksbildung des Gebietsparteikomitees Kaliningrad, Ševerdakin, in einem Schreiben an die Schulabteilung des ZK: *»Es gibt keine Beschlüsse hinsichtlich der Erziehung der deutschen Kinder in antifaschistischem Geist. Das erklärt sich daraus, daß die russischen Erzieher der Kinderheime nicht Deutsch können und die Deutschen nicht darauf vorbereitet sind, die Kinder in der notwendigen Richtung zu erziehen. [...] Die Kontrolle der erzieherischen Arbeit in* *den Kinderheimen ist gleichfalls ungenügend, da die Inspektorengruppe der Volksbildung die deutsche Sprache kaum beherrscht.«*[570]

Schreiben dieses Inhalts finden sich mehrfach. Ševerdakin forderte sogar 65 Dolmetscher für die Direktoren der Schulen und Kinderheime an.[571] Sein Resümee stellte das Eingeständnis des Scheiterns der sowjetischen Absichten auf dem Bildungssektor dar. Einerseits war nicht genügend Überzeugungsarbeit am deutschen pädagogischen Personal geleistet worden. Andererseits kapitulierte man schlicht an der Sprachbarriere.

Die Diskrepanz von Inhalten des formalen Bildungssystems – dem, was die deutschen Lehrer vermitteln wollten und durften – und der informellen häuslichen Erziehung war immens. Etwas anders verhielt es sich bei den Kinderheimkindern, da auch deutsche Erzieher – vor allem junge – von der Sowjetisierung beeinflußt worden waren. Augenfällig stellt sich dieses am Beispiel der Eingabe einer aus Kaliningrad ausgesiedelten Erzieherin dar, die am 29. November 1947 beim Zentralsekretariat der SED anfragte: *»Ist es überhaupt notwendig, diese an die Methode der Sowjetpädagogik gewöhnten Kinder, die bisher eine große glückliche Gemeinschaft bildeten, auseinanderzureißen und in Familien aufzuteilen? Sollte man es sich nicht vielmehr überlegen, für die Zurückbleibenden Kinderheime zu gründen derselben Art, die es im Kaliningrader Gebiet gab? Die Kinder jener Kinderheime waren dazu berufen, einmal am aktivsten am Aufbau einer neuen glücklichen Welt mitzuarbeiten. Zerstören wir nicht eine begonnene Arbeit, wenn wir den Kindern keinen Ersatz für ihr verlassenes Heim geben?«*[572]

In den Unterlagen des Zentralsekretariats finden sich keine Antworten auf die mehrfachen Schreiben der Erzieherin. Die Sowjetisierung des Bildungswesens war in der SBZ noch nicht weit genug fortgeschritten, um die Anregungen aus Kaliningrad mit Begeisterung aufzunehmen. Hinzu kam ein weiterer Faktor: Berichte über die Nachkriegszeit in Kaliningrad waren offiziell unerwünscht. Die Kinder wurden aufgeteilt, in Pflegefamilien gegeben, die kollektive Erinnerung wurde damit getilgt.

XI. Zwischen Wunsch und Weisung Die Aussiedlung aus Kaliningrad 1947–1949

XI.1. Von der Ausreisemöglichkeit zur Aussiedlung

Wagt man den Versuch, die Hintergründe für die Aussiedlung der deutschen Bevölkerung aus dem Kaliningrader Gebiet 1947–1949 zu analysieren, stellt sich erst einmal die Aufgabe, alle verfügbaren Informationen zusammenzutragen, da bisher keine Übersicht über den zeitlichen und inhaltlichen Verlauf der Entscheidungsfindung existiert: Im August 1946 teilte der Chef der Sowjetischen Militäradministration in Deutschland (SMAD), Gardeoberleutnant Balakin, der Deutschen Zentralverwaltung für Umsiedler (ZVU) auf deren Anfrage mit, daß die Ausreise aus Ostpreußen *»vorläufig nicht gestattet wird«*.[573]

Am 31. Januar 1947 richtete der Innenminister der UdSSR, Sergej Kruglov, ein geheimes Schreiben an den Außenminister, Genossen Molotov, in dem es hieß: »Im Konsulatsbüro der SMAD sind Schreiben von Deutschen, wohnhaft in der sowjetischen Besatzungszone Deutschlands, eingegangen, mit der Bitte, den Zuzug ihrer Familienangehörigen, wohnhaft im Gebiet Kaliningrad, zu gestatten. Bis zum jetzigen Zeitpunkt sind 90 derartige Briefe mit der Bitte um die Übersiedlung von 215 Personen eingegangen. Der Innenminister der UdSSR hält es für möglich, der Bitte der Deutschen zu genügen und die Übersiedlung der im Gebiet Kaliningrad wohnhaften Bürger zu gestatten. Ich bitte um Ihre Entscheidung.«[574]

Der Wortlaut des Molotovschen Dokuments »Über die Ausreise von Familienmitgliedern von Deutschen im Kaliningrader Gebiet nach Deutschland« ist bisher nicht freigegeben worden, jedoch bezeugen weitere Archivquellen, daß der Außenminister noch am gleichen Tag, am 31. Januar 1947, eine positive Entscheidung traf.[575]

Am 14. Februar 1947 erließ der Stellvertretende sowjetische Innenminister Ivan Serov eine Anweisung zwecks Antragstellung, die auf einer Genehmigung Molotovs fußte und an den Leiter der Behörde des Innenministeriums in Kaliningrad, Generalmajor Trofimov, gerichtet war. Zum gleichen Zeitpunkt teilte die Konsularabteilung der SMAD der ZVU mit: »daß Anträge zur Rückführung aus dem Kaliningrader Gebiet nach Deutschland von den betreffenden Personen direkt bei dem ›Innenamt‹ in Kaliningrad einzureichen sind.«

Mit gleichem Datum ging ein Schreiben des Präsidenten der ZVU, Rudolf Engel, an die Zentralkommandantur der SMAD, in dem folgendes stand: *»In der Beilage überreichen wir Ihnen einige Listen mit den genannten Anschriften von Personen, welche sich noch in der Provinz Kaliningrad befinden und um deren Rückführung die in Deutschland lebenden Familienangehörigen bitten. Gleichzeitig legen wir einige Abschriften von Briefen bei, welche wir in diesem Zusammenhang erhalten haben. In den meisten dieser Fälle handelt es sich um Kinder, alte, kranke oder gebrechliche Personen. Im Interesse der Zusammenführung der Familien und im Hinblick darauf, daß Tausende von Kindern und Müttern dankbar sein würden, bitten wir Sie, diese Angelegenheit einer wohlwollenden Überprüfung zu unterziehen und ihre Unterstützung zu gewähren.«*[576]

Im April 1947 richtete Trofimov ein Schreiben an Kruglov, in dem er berichtete:

»[...] In Übereinstimmung mit der Weisung des Stellvertretenden Innenministers der UdSSR, Generaloberst Genosse Serov, Nr. 85 vom 14. Februar 1947, habe ich am 2. April 1947 mit der teilweisen Aussiedlung Deutscher aus dem Gebiet Kaliningrad, die Verwandte in der Sowjetischen Besatzungszone Deutschlands haben, begonnen. Bis heute

habe ich die Aussiedlung von 265 Personen genehmigt. Diese Maßnahme hat eine Flut von Anträgen von Deutschen mit der Bitte um Ausreisegenehmigungen nach Deutschland ausgelöst, die sowohl mit dem Wunsch nach Familienzusammenführung, als auch mit den schweren materiellen Lebensbedingungen im Gebiet Kaliningrad begründet werden. Mit dem Datum vom 15. April 1947 wurden im Gebiet Kaliningrad insgesamt 110.217 Deutsche gezählt, darunter 36.201 Kinder und Minderjährige unter 16 Jahren. Ein bedeutender Teil dieser Deutschen ist infolge einer starken körperlichen Schwäche nicht erwerbsfähig und geht keiner gesellschaftlich nützlichen Arbeit nach. Der Rest von 36.600 Menschen arbeitet vorwiegend in den Sovchosen des Ministeriums der Streitkräfte, zum Teil in den Sovchosen der Fleisch- und Milchindustrie und in anderen Industriebetrieben und wirtschaftlichen Einrichtungen des Gebietes. Die erwachsene deutsche Bevölkerung zählt 31.112 Männer und 42.806 Frauen. Die nicht berufstätige deutsche Bevölkerung erhält mit Ausnahme von Invaliden und Kindern, die in Kinder- und in Altersheimen untergebracht sind, keinerlei Lebensmittelzuteilung und ist deshalb äußerst ausgezehrt. Als Folge dieser Situation nahm in der letzten Zeit unter der deutschen Bevölkerung die Kriminalität zu (Lebensmitteldiebstähle, Raubüberfälle und sogar Morde). Im ersten Quartal 1947 gab es sogar Fälle von Kannibalismus, im ganzen Gebiet wurden insgesamt zwölf registriert. In Fällen von Kannibalismus verwendeten manche Deutsche nicht nur das Fleisch von Leichen als Nahrung, sondern töteten ihre Kinder und Angehörige. Es gibt vier durch Kannibalismus verursachte Morde.

Unter dem erwerbstätigen Teil der deutschen Bevölkerung gibt es Fälle von Sabotage. Die Anwesenheit der deutschen Bevölkerung wirkt zersetzend nicht nur auf den instabilen Teil der sowjetischen Zivilbevölkerung, sondern auch auf Angehörige eines großen Teils der im Gebiet stationierten Einheiten der sowjetischen Armee und Flotte und begünstigt die Verbreitung von Geschlechtskrankheiten. Das Eindringen der Deutschen in sowjetische Haushalte durch deren Verwendung als schlecht bezahlte oder gar kostenlose Bedienstete trägt zur Entwicklung der Spionage bei. Da die deutsche Bevölkerung, wie oben ausgeführt, die Erschließung des neuen sowjetischen Gebietes negativ beeinflußt, sehe ich es als zweckmäßig an, die Frage einer organisierten Aussiedlung der Deutschen in die Sowjetische Besatzungszone Deutschlands aufzuwerfen. Ich erwarte ihre Weisung [...]«[577]

In der Zwischenzeit fanden die ersten Einzelaussiedlungen statt. Die Ausgesiedelten, die ausschließlich aus Kaliningrad stammten, erreichten im Juni Berlin, teilweise sogar mit fahrplanmäßigen Zügen.[578]

Aus den Akten des Zentralsekretariats der SED geht hervor, daß man einen Beauftragten für die Aussiedlung in das Gebiet geschickt hatte. Leider liegt der Wortlaut des Berichtes vom Genossen Nettball vom 29. Mai 1947 aus Kaliningrad nicht vor.[579]

Unter Verwendung der Vorlage von Generalmajor Trofimov richtete Innenminister Kruglov am 30. Mai 1947 ein Schreiben an Molotov[580], das jedoch kürzer gehalten war und weder den Kannibalismus unter den Deutschen noch die Instabilität der sowjetischen Zivilbevölkerung thematisierte. Kruglov bat um eine allgemeine Klärung der Ausreise für die Deutschen. Nach Kaliningrad erteilte er Anweisung, die Bearbeitung der Anträge vorläufig einzustellen.

Am 14. Juni 1947 wurden 160 Umsiedler aus Kaliningrad, die in Berlin am Plaza-Bunker in der Nähe des Schlesischen Bahnhofs eingetroffen waren, von einer Kommission der ZVU unter Anwesenheit Oberstleutnant Maslennikovs (SMAD) und Major Scotlands (der amerikanischen Besatzungsmacht) zu den Umständen der Ausreise befragt, wobei sie berichteten, daß zur freiwilligen Umsiedlung ein Antrag gestellt werden mußte, dem eine Freistellung des Arbeitgebers beizufügen war. Nach fünf bis sechs Wochen Wartezeit entließ man sie auf dem Schienenweg nach Berlin, wobei zur Beförderung manchmal Personenwaggons an einen Güterzug angehängt wurden.[581]

In einem internen Bericht der ZVU vom 7. Juli 1947 heißt es: »*Durch das weitere unorganisierte Eintreffen von Personen aus dem Kaliningrader Gebiet ergaben sich durch die Schließung der Lager im sowjetischen Sektor in Berlin eine Reihe von Schwierigkeiten. Auf Anordnung von Oberstleutnant Maslennikov wurde eine sofortige Weiterleitung der Personen nach dem Quenzlager Brandenburg verfügt. Dies war aus transporttechnischen Gründen nicht immer möglich, da der Zug nach Brandenburg nur eine beschränkte Anzahl von Personen täglich mitnehmen kann. Insgesamt trafen vom 12. 6.–29. 6. 1641 Personen ein, welche sämtlich nach dem Quenzlager in Brandenburg weitergeleitet wurden. Herr Oberstleutnant Maslennikov wurde von dieser Lage in Kenntnis gesetzt und besichtigte mit Herrn Major Scotland das Lager Plazabunker, wo sich Umsiedler aus Kaliningrad befanden, um die Dinge direkt in Augenschein zu nehmen. Herr Oberstleutnant Maslennikov gab weiterhin die Zusage, daß er von sich aus den Behörden in Kaliningrad Mitteilung geben wird, daß die Transporte vorher avisiert werden sollen und daß man den Teilnehmern die Personalpapiere beläßt […]*«[582]

Noch im Juni 1947 richtete die Verwaltung des Innenministeriums in Kaliningrad einen detaillierten Bericht über die deutsche Bevölkerung mit Angabe ihrer Beschäftigungsverhältnisse an die vorgesetzte Moskauer Behörde. Darin hieß es unter anderem: »*[…] Ein großer Teil der deutschen Bevölkerung äußert den Wunsch, nach Deutschland auszureisen. Im Jahre 1947 hat der Strom von Ausreiseanträgen von Deutschen besonders zugenommen. Bis zum 10. Juni 1947 wurden 6.526 solcher Anträge bei den Organen der*

Miliz der Verwaltung des Innenministeriums eingereicht, von denen 1.744 Genehmigungen zur Ausreise in die sowjetische Besatzungszone erteilt wurden. Von den Antragstellern, die eine Genehmigung erhielten, sind 1.121 nach Deutschland ausgereist. […]«[583]

Laut den Kaliningrader Unterlagen des UMVD[584] wurden von April bis Juni Ausreisebescheinigungen für 3.390 deutsche Personen ausgegeben.[585]

Am 17. Juni 1947 schrieb der sowjetische Innenminister Sergej Kruglov an den Stellvertretenden Vorsitzenden des Ministerrates der UdSSR, Aleksandr Kossygin: »*Entsprechend Ihrem Auftrag lege ich den Beschlußentwurf des Ministerrates der UdSSR über die Umsiedlung der Deutschen aus dem Gebiet Kaliningrad in die Sowjetische Besatzungszone Deutschlands vor. […] Ein Großteil der deutschen Bevölkerung äußert den Wunsch, ihren Wohnsitz in Deutschland zu nehmen. Zum 10. Juni 1947 haben die Milizorgane der UMVD Ausreiseanträge für Deutschland von 6.526 Personen entgegengenommen. Ausgehend davon, daß ein beachtlicher Teil der Deutschen, die im Gebiet Kaliningrad leben, bislang keinerlei Arbeit leisten, ist es äußerst zweckmäßig, die Deutschen in die Sowjetische Besatzungszone Deutschlands umzusiedeln. Die beigelegte Beschlußvorlage des Ministerrates sieht die Umsiedlung aller Nichterwerbstätigen sowie aller Kranken, Invaliden, Menschen im Greisenalter und Kinder – insgesamt rund 48 Tausend Personen – im Jahre 1947 vor. Die Umsiedlung ist in der Sommerzeit (vom Juli bis einschließlich September) vorzunehmen. Die Umsiedlung des erwerbstätigen Teils der deutschen Bevölkerung und ihrer Familien – insgesamt 59 Tausend Personen – ist in der ersten Hälfte des Jahres 1948 vorzunehmen, damit die jeweiligen Ministerien und Behörden, in denen Deutsche beschäftigt sind, die Möglichkeit haben, sich auf ihre Vertretung durch Sowjetbürger vorzubereiten.*«[586]

Ende Juni 1947 wurde Generalmajor Trofimov in die LSSR

versetzt, sein Nachfolger Generalmajor Djomin wandte sich am 17. Juli über das Kremltelefon an den stellvertretenden Innenminister Ivan Serov. Seine Anfrage wurde schriftlich fixiert: *»[...] Der Chef der Verwaltung der Kommandantur der Sowjetischen Militäradministration in Deutschland (SMAD), Generalmajor Gorochov, hat sich an uns mit der Bitte um Umsiedlung von 292 Deutschen aus dem Gebiet Kaliningrad nach Deutschland gewandt. Genosse Gorochov weist darauf hin, daß die Umsiedlung dieser Deutschen von der deutschen Zentralverwaltung beantragt wurde. Die Kommandantur ist bereit, die genannten Deutschen anzunehmen, falls sie wohl organisiert, mit entsprechenden Personalpapieren und Passierscheinen in die Stadt Brandenburg geschickt werden.«*[587]

Ein Antrag der ZVU vom Juni 1947, die Ausreise von 292 Deutschen in das Land Brandenburg zu genehmigen, wurde von Serov mit der Bemerkung *»nicht notwendig«* abgelehnt.

Am 19. Juli 1947 richtete der stellvertretende Vorsitzende des Ministerrates der UdSSR, Aleksandr Kossygin, ein Schreiben an den Außenminister Molotov, in dem er folgenden Vorschlag unterbreitete: *»Im Gebiet Kaliningrad leben zur Zeit 107.408 Personen deutscher Bevölkerung, von ihnen sind nur 32,5 Tausend Personen mit gesellschaftlich nützlicher Arbeit beschäftigt. Ich würde es als erforderlich erachten, im laufenden Jahr deutsche Familien, die aus nicht erwerbsfähigen Personen bestehen und keinerlei gesellschaftlich nützliche Arbeit leisten, sowie die sich in Kinderheimen befindenden deutschen Kinder und die in Invalidenheimen untergebrachten Deutschen im Greisenalter insgesamt 30 Tausend Personen – in die Sowjetische Besatzungszone Deutschlands umzusiedeln. Vom Ministerium des Innern der UdSSR (Gen. Serov) wurde diesbezüglich eine Beschlußvorlage des Ministerrates der UdSSR angefertigt, die die Umsiedlung der genannten Deutschen im September l. J. vorsieht. Im Entwurf wird den umgesiedelten Deutschen das Recht eingeräumt, das ihnen gehörende*

Vermögen (nicht mehr als 500 kg) mit Ausnahme der Gegenstände und Wertsachen, die aufgrund der Zollvorschriften nicht ausgeführt werden dürfen, je Familie mitzunehmen. Das übrige Vermögen hat das Kaliningrader Exekutivkomitee zu übernehmen, zu veräußern und den Erlös dem Unionsetat zukommen zu lassen.[...] Die Umsiedlung der übrigen Deutschen aus dem Gebiet Kaliningrad ist zu erörtern, sobald der Ministerrat der RSFSR Vorschläge zu ihrer Unterbringung in den östlichen Regionen der Sowjetunion vorgelegt hat, diesbezüglich ist im Entwurf ein Auftrag an den Ministerrat der RSFSR vorgesehen. Ich bitte Sie, die beigelegte Beschlußvorlage des Ministerrates der UdSSR zu erörtern und zu bestätigen.«[588]

Am 3. September fragte Djomin bei Innenminister Kruglov wegen der Deutschen nach. Inzwischen ging es nicht nur um den Personenkreis, für den das Zentralsekretariat der SED über die SMAD und auch die ZVA Anträge gestellt hatten, sondern auch um 300 Spezialisten, die 1946 im Auftrag des Flottenkommandos mit Reparationsgut nach Baltijsk geschickt worden waren. Unter anderem hieß es dort: *»Das Gebietskommando der WKP (b)*[589] *unterstützt den Antrag des Flottenkommandos und bittet um eine schnelle Entscheidung in dieser Frage, weil die Anwesenheit der erwähnten Deutschen in den Grenzen der Stadt Baltijsk, einem bedeutenden Marinestützpunkt, äußerst unerwünscht ist. [...]«*[590]

In den sowjetischen Akten findet sich eine Mahnung Kruglovs an Molotov mit Datum 13. September 1947: *»Im Juli 1947 hat sich das Zentralsekretariat der SED über die Verwaltung der SMAD an das UMVD des Kaliningrader Gebietes gewandt, mit der Bitte, die Ausreise von 108 Familien führender Funktionäre der SED zu gestatten. Im Zusammenhang damit, daß die Ausgabe von Ausreisegenehmigungen für Deutsche aus dem Kaliningrader Gebiet eingestellt wurde, erhielten die Familien der Funktionäre der SED keine Genehmigungen.*

Der Leiter der Verwaltung Information der SMAD, Oberst Tulpanov, hat sich mit einer analogen Bitte an das Kaliningrader Gebietskomitee der KPdSU gewandt, die diese Bitte unterstützt. Darüber hinaus hat der Militärrat der 4. Kriegsflotte über das UMVD des Kaliningrader Gebietes und des Gebietskomitees der Partei einen Antrag gestellt, 300 deutsche Spezialisten nach Deutschland auszusiedeln, die 1946 auf Anweisung des Flottenkommandos aus der englischen Besatzungszone in die Stadt Baltijsk (Pillau) zur Vertragsarbeit auf Schwimmkränen geschickt wurden.

Jetzt sind die deutschen Spezialisten auf den Schwimmkränen durch russische Arbeitskräfte ersetzt worden und nach dem Ablauf der Vertragszeit müssen die Deutschen zurückgeschickt werden.

Auch das Kaliningrader Gebietskomitee der KPdSU unterstützt den Antrag des Flottenkommandos, die genannten Deutschen nach Deutschland umzusiedeln.

Das MVD hält es für sinnvoll, die Ausreise von 108 Familien führender SED-Funktionäre und 300 Deutschen, die sich in Baltijsk befinden, zu gestatten, und bittet um Ihre Entscheidung.«[591]

Am 18. September folgte ein weiteres Schreiben Kruglovs an Molotov:

»[...] In Ergänzung unseres Schreibens vom 13. September dieses Jahres bezüglich der Aussiedlung von 108 Familien leitender Funktionäre der SED in die Sowjetische Besatzungszone Deutschlands und 300 Deutschen aus der Stadt Baltijsk teile ich Ihnen mit: In Verbindung mit den Anträgen von Deutschen, die in der Sowjetischen Besatzungszone leben, und aufgrund des Schreibens des Innenministeriums der UdSSR vom 31. Januar dieses Jahres wurde von Ihnen die Zustimmung erteilt, die Aussiedlung der deutschen Familien aus dem Gebiet Kaliningrads zu ihren Verwandten in der Sowjetischen Besatzungszone Deutschlands zu genehmigen. Das Innenministerium hatte

Ihnen von 90 Anträgen von Deutschen auf Aussiedlung von 215 Familienangehörigen berichtet. In Erfüllung Ihrer Entscheidung wurden Genehmigungen für die Aussiedlung von insgesamt 265 Personen ausgegeben. In der folgenden Zeit trafen massenweise Anträge von Deutschen mit der Bitte ein, sie im Rahmen der Familienzusammenführung wegen der materiellen Lebensumstände und aus anderen Gründen ausreisen zu lassen.

Das Innenministerium der UdSSR richtete entsprechende Berichte zu Ihren Händen an den Ministerrat der UdSSR am 30. Mai dieses Jahres. Die Verwaltung des Innenministeriums des Gebietes Kaliningrad wurde angewiesen, bis zur grundsätzlichen Entscheidung keine Ausreisegenehmigungen zu erteilen. [...]«[592]

Obwohl bereits an anderer Stelle erwähnt, soll hier zur Vervollständigung des chronologischen Duktus noch einmal die Anfrage des Präsidenten der ZVU erwähnt werden, der am 20. September 1947 um baldige Entscheidung für den Kinderheimtransport bat und zur Antwort erhielt, daß die Frage vorläufig von der Tagesordnung abgesetzt worden sei.[593]

Am 11. Oktober nahm der Ministerrat der UdSSR den Beschluß Nr. 3547–1169 s an: *»Über die Umsiedlung der Deutschen aus dem Kaliningrader Gebiet der RSFSR in die sowjetische Besatzungszone Deutschlands«*. Drei Tage später folgten Anweisungen des sowjetischen Innenministers Kruglov zur Durchführung der Transporte.

Noch im Oktober des gleichen Jahres sollten 10.000 Deutsche ausgesiedelt werden, im November weitere 20.000. In erster Linie waren davon die Bewohner der Stadt Baltijsk und der Ostseeküste betroffen. Aus den anderen Rayons des Gebietes sollten die Familien der nicht Arbeitsfähigen und der *»nicht gesellschaftlich nützlichen«* ausreisen, die deutschen Kinder aus den Kinderheimen sowie die Alten, die in Pflegeheimen untergebracht waren. Den Umsiedlern wurde gestattet, bis zu 300 kg persönliche Habe pro Familie mit sich zu führen, mit Ausnahme der Dinge und Wertgegenstände, deren Ausfuhr laut Zollgesetz untersagt war. Dieser Passus war eine bloße Formalität, denn kaum eine Familie besaß mehr, als sie auf dem Leibe trug. Eine operative Gruppe, bestehend aus örtlichen Verwaltungsfunktionären sowie MGB[594]- und MVD-Mitarbeitern legte Details der Ausreise fest. So wurden unter anderem für jeden Zug zwölf Begleitsoldaten angeordnet, die Tätigkeit eines informellen Mitarbeiters (gleichfalls pro Zug) zur Berichterstattung über die Äußerungen der Auszusiedelnden sowie eine Anzahl von Ärzten und Krankenschwestern. Am 22. Oktober 1947 wurden die ersten ausgesiedelt. Erst an diesem Tag teilte die SMAD den deutschen Behörden mit, daß die Übersiedlung erfolgen werde.[595]

Die Aussiedler erhielten 24 Stunden vor der Abreise Bescheid. Am 22. Oktober 1947 verließen die ersten Züge Kaliningrad, weitere folgten am 24., 26., 28. und 30. des Monats. Insgesamt reisten im Oktober 11.352 Personen aus. Im November folgten zehn weitere Züge. In ihnen saßen außer den Bewohnern der Küste und Kaliningrads Einwohner der Gebiete an der Grenze zu Polen.

Der erste Haltepunkt in der SBZ war, laut Festlegung der SMAD, Pasewalk. Die ZVU wie auch die SMAD versuchten, genaue Zahlen über künftige Umsiedlerkontingente sowie Mitteilungen darüber zu erhalten, wann die Umsiedlung abgeschlossen sein würde.

Alle Bemühungen blieben erfolglos. Verbindliche Zahlen konnten nur für den folgenden Monat mitgeteilt werden. Entgegen der Anordnung der SMAD kamen die ersten Transporte in Frankfurt/Oder an, wurden dann über Eberswalde nach Pasewalk geleitet, dort nach einer Kontrolle durch das sowjetische Militär freigegeben und anschließend in die jeweiligen Auffanglager der einzelnen Länder weitergeleitet. Die sowjetische Begleitmanschaft erhielt eine Aufnahmebescheinigung des Lagers, die nach der Rückkehr dem MVD in Kaliningrad auszuhändigen war.[596]

Im Winter wurden die Aktionen, vor allem aus Witterungsgründen, ausgesetzt. Mit Datum vom 17. Januar 1948 formulierte der Chef der Rückwärtigen Dienste, Armeegeneral Chrulev, eine Stellungnahme zur Beschlußvorlage des Ministerrates der UdSSR über die Umsiedlung der Deutschen aus dem Gebiet Kaliningrad in die Sowjetische Besatzungszone Deutschlands, die er an den Leiter der Kanzlei Čadaev adressierte. Sie lautete:

»Zur Beschlußvorlage der Regierung über die Umsiedlung der Deutschen aus dem Gebiet Kaliningrad in die Sowjetische Besatzungszone Deutschlands teile ich mit:

1. *Auf Grund der Meldung der Sowjetischen Militäradministration in Deutschland kann die Aufnahme von 62.300 Deutschen aus dem Gebiet Kaliningrad nur zu folgenden Zeitpunkten gesichert werden: im März – 12.300 Personen, im April – 13.000 Pers., und 37.000 in der Zeit vom August bis Oktober l. J. [laufenden Jahres – R. K.] Für die Züge ist folgende Strecke festzulegen: Kaliningrad, Stettin, Pasewalk (Land Mecklenburg).*
2. *Ich bin der Meinung, daß in erster Linie Deutsche aus Städten des Kaliningrader Gebietes umgesiedelt werden sollten. Personen, die bei der Frühjahrsbestellung eingesetzt sind, sollten bis zum Abschluß dieser Arbeiten nicht umgesiedelt werden.*
3. *Auf dem Territorium des Kaliningrader Gebietes, in Betrieben und Wirtschaften des Kriegsressorts sind 1.755 Deutsche (darunter 332 Fachleute) beschäftigt, mit den Mitgliedern ihrer Familien – insgesamt rund 5.000 Personen. Die Umsiedlung dieser Deutschen ist folgendermaßen durchzuführen: 30 Prozent von dieser Zahl nicht früher als im April, die übrigen 70 Prozent – im Oktober.*
4. *Durch einen Regierungsbeschluß sind das Ministerium für Verkehrswesen und die örtlichen Behörden*

des Gebiets Kaliningrad zu verpflichten, die Eisenbahnzüge für die Umsiedler sorgfältig auszurüsten, eine sanitäre Bearbeitung und dementsprechend eine sanitäre Untersuchung der Verschickten auf dem Transport zu organisieren, die erforderlichen Voraussetzungen für den Transport von Kranken usw. zu schaffen.

Im vergangenen Jahr wurden bei der Zusammenstellung und der Leitung der Züge mit den Umsiedlern diese Bedingungen nicht erfüllt, so daß der Abtransport der Deutschen aus dem Kaliningrader Gebiet unorganisiert verlief und eine Reihe von unerwünschten Folgen hatte. […]«[597]

Am 15. Februar 1948 faßte der Ministerrat der UdSSR einen weiteren Beschluß »Über die Umsiedlung der Deutschen des Kaliningrader Gebietes der RSFSR in die Sowjetische Besatzungszone Deutschlands«, in dem es u. a. hieß:
»Der Ministerrat der Union der SSR verordnet:

1. *Im Jahre 1948 sind aus dem Gebiet Kaliningrad alle im Gebiet lebenden Deutschen in die Sowjetische Besatzungszone umzusiedeln, dabei im März – April 25.000 Personen und im August – Oktober alle übrigen – insgesamt 37.300 Personen. In erster Linie sind die in den Städten des Kaliningrader Gebiets lebenden Deutschen umzusiedeln.*
2. *Die Organisation der Umsiedlung der Deutschen aus dem Kaliningrader Gebiet wird dem Innenministerium der UdSSR, ihre Unterbringung in der Sowjetischen Besatzungszone Deutschlands wird der Sowjetischen Militäradministration übertragen. […]«*[598]

Im Frühjahr 1948 stellte man die nächsten Transporte zusammen. Schon am 16. Februar 1948 wurden der SBZ weitere 25.000 Deutsche aus dem Kaliningrader Gebiet avisiert.[599] Vom 16. März bis zum 15. April 1948 wurden 12 Züge mit insgesamt 25.194 Personen abgefertigt. Dann geriet die Ausreise von neuem ins Stocken. Deutsche Behörden in der SBZ, darunter auch die Gewerkschaft FDGB, mahnten die Fortführung an.[600] Im Juni 1948 informierte die SMAD:

»[...] Aus Kaliningrad werden ab Mitte September 1948 die letzten 30.–40.000 Umsiedler erwartet. Einzeltransporte bzw. Einzelanforderungen von Kaliningrad werden weder angenommen noch durchgeführt. [...]«[601]

Zwischen dem 24. August und dem 26. Oktober 1948 trafen 21 Transporte mit 42.094 Personen in der SBZ ein, worunter sich auch ein Krankentransport befand. Der offiziell letzte, 48. Zug mit deutschen Aussiedlern verließ Kaliningrad am 21. Oktober 1948. Damit war die eigentliche Aussiedlung beendet. Es stellte sich aber als schwierige Aufgabe heraus, *alle* Deutschen ausfindig zu machen bzw. sie plötzlich am Arbeitsplatz zu ersetzen. Deshalb fuhr am 8. November aus Kaliningrad noch ein *Spezialzug* mit 138 Personen ab.[602] Ein weiterer folgte am 11. Dezember 1948 – diesmal war es ein nicht avisierter Zug, der keine Registriernummer trug, eher den Charakter eines Lumpensammlers hatte und auch nicht in Pasewalk, sondern in Gronenfelde, einem Umsiedlerlager in der Nähe von Frankfurt/Oder, eintraf.[603] Die letzten Passagiere hatte der NKVD vorwiegend in Litauen ausfindig gemacht. Insgesamt wurden 1947/48 – nach sowjetischen Statistiken – 102.125 Personen ausgesiedelt, nach den Unterlagen der ZVU aber kamen nur 99.481 Personen an. (Die Differenz beruht vermutlich auf Rechenfehlern der sowjetischen Seite.) 48 Menschen starben unterwegs, darunter 26 an Erschöpfung und 11 an Altersschwäche. Ein weiterer Transport von 1.401 Personen – teilweise mit Spezialisten – fuhr am 12. November 1949 aus Kaliningrad ab.[604] Obwohl er vorher avisiert worden war, traten nach einem Bericht des Transportleiters Hauptmann Gansicki bei der Abnahme in der DDR Schwierigkeiten auf.[605] Am 7. Januar 1950 wurden noch sechs Einzelreisende aus Kaliningrad gezählt, wodurch sich die Gesamtzahl der Umsiedler aus dem Kaliningrader Gebiet auf 100.891 erhöhte.[606]

Danach verschwand das Herkunftsgebiet »Kaliningrad« aus der Umsiedlerstatistik der ZVU. Jetzt wurde alles unter »UdSSR« subsumiert. Nach dem letzten Transport, der auf Beschluß des Ministerrates der UdSSR vom 10. Januar 1951 zum 12. Mai 1951 in der LSSR zusammengestellt wurde und neben 189 Personen aus dem Kaliningrader Gebiet vor allem Bürger erfaßte, die aus Ostpreußen in die baltische Region geflüchtet waren, erhöhte sich die Zahl der Umgesiedelten auf 104.575.[607]

XI.2. Die Befürwortung einer beschleunigten Umsiedlung

Wie viele ostpreußische Flüchtlinge sich nach Kriegsende in der SBZ befanden, wie sich die Verteilung der rechtzeitig Evakuierten und Geflüchteten auf die vier Zonen insgesamt darstellte, ist unbekannt. Als Tendenz kann nur benannt werden, daß bei Bekanntwerden der Zonenaufteilungen viele Flüchtlinge, gerade aus Intelligenzkreisen, häufig illegal weiter nach Westen gingen. Seit Oktober 1946 kamen Tausende von Zivilgefangenen aus den sowjetischen Internierungslagern zurück, die zuerst das Entlassungslager Frankfurt/Oder, Gronenfelde, durchliefen, darunter *»sehr viele aus dem ehemaligen Ostpreußen«.*[608] Zahlreiche Entlassene, die noch Angehörige in der Heimat vermuteten, blieben im Osten, da sie aufgrund der entstehenden politischen Konstellationen hofften, im sowjetischen Machtbereich eher etwas für die Zusammenführung ihrer Familien tun zu können. 1947/1948 kamen zusätzlich 36.000 ostpreußische Flüchtlinge aus dänischen Lagern in die SBZ.[609] Zieht man in Betracht, daß es eine ständige Abwanderung ostpreußischer Bevölkerung (wie auch anderer Flüchtlingsgruppen) in Richtung Westen gab, aber 1953–1956 immerhin noch 38,43 % aller ostpreußischen Rückkehrer aus der Zivilverschleppung ihre Verwandten in der DDR hatten (siehe XIII.2., Tabelle 5) muß man davon ausgehen, daß sich 1946 etwa die Hälfte der ostpreußischen Flüchtlinge in der SBZ aufhielt.

Die Ostgebiete bzw. die Ostgrenzen waren ein ständiges Thema nach dem Krieg. Viele Flüchtlinge hofften auf eine Rückkehr. Bezüglich der Gebiete, die unter polnischer Verwaltung standen, gab es keine definitiven Äußerungen. Der Anschluß Königsbergs an die RSFSR (7. April 1946) und die Umbenennung der Stadt (4. Juli 1946) zeigten jedoch, daß es wohl nicht so rasch eine ostpreußische Perspektive geben würde. Eine Passage der Rede des amerikanischen Außenministers Byrnes in Stuttgart vom 6. September 1946 schien dies zu bestätigen, denn in ihr hieß es: *»[...] Die Staatsoberhäupter erklärten sich damit einverstanden, bei den Friedensregelungen den Vorschlag der Sowjetregierung hinsichtlich der endgültigen Übertragung der Stadt Königsberg und des anliegenden Gebietes an die Sowjetunion zu unterstützen. Sofern die sowjetische Regierung ihre Auffassung diesbezüglich nicht ändert, werden wir an diesem Abkommen festhalten. [...]«*[610] (Eine weitere öffentliche westliche Affirmation der sowjetischen Inbesitznahme von Königsberg hat es in den Folgejahren nicht mehr gegeben – die Spielregeln des Kalten Krieges ließen derartige Äußerungen nicht mehr zu.) Zu diesem Zeitpunkt hegte die UdSSR anscheinend keinen Zweifel mehr an der jetzigen und künftigen Besitzlage im nördlichen Ostpreußen. Hatte man noch im August 1945 beispielsweise im sowjetisch-polnischen Grenzvertrag die Festlegung der Grenze in Ostpreußen *»bis zur endgültigen Entscheidung der territorialen Fragen bei Friedensschluß«* aufgeschoben,[611] fielen solche Einschränkungen jetzt fort – formal und faktisch hatte Moskau Besitz von dem Gebiet ergriffen. Aus diesem Grunde sollte Königsberg auch nicht im Zusammenhang mit deutschlandpolitischen Optionen der UdSSR betrachtet werden. Moskau gab den deutschen Kommunisten schon sehr rasch zu verstehen, daß an der polnischen Eingliederung von Ostgebieten nicht zu rütteln sei, woraus schon rein geographisch resultierte, daß das nördliche Ostpreußen in sowjetischem Besitz bleiben würde. Die Wandlung vom Provisorium zum Besitz hatte in frappierender Geschwindigkeit stattgefunden. Königsberg spielte – jedenfalls ab 1946 – definitiv keine Rolle mehr in Stalins Deutschlandplänen. Hatte die deutsche Bevölkerung des Gebietes noch eine Funktion?

Seit Potsdam existierte also das Problem eines Friedensvertrages. Königsberg war unter die unmittelbare Verwaltung der UdSSR gestellt worden. Inwiefern war die Bereitschaftserklärung Trumans und Attlees, sich auf einer Friedenskonferenz für die Abtretung des nördlichen Ostpreußens an die Sowjetunion einzusetzen, über deren Personen hinaus bindend?

Der Ausgang der Landtagswahlen im Herbst 1946 in der SBZ mit einem nur relativen Erfolg für die SED in den Ländern und einer Niederlage in Berlin zwang die SMAD, stärker als geplant Rücksicht auf die Stimmungen in der Bevölkerung zu nehmen und die Sowjetisierung vorläufig nur mäßig voranzutreiben. Die Beibehaltung eines Schwebezustands in Deutschland lag im Interesse der Molotovschen Außenpolitik, die die Bildung eines westlichen Bündnisses zu verhindern suchte. Die sowjetische Führung verfolgte in ihrer Deutschlandpolitik mehrere Ziele. Einerseits hätte sie ein selbständiges, aber von der UdSSR abhängiges Deutschland mit prokommunistischer Perspektive bevorzugt. Für den Fall des Scheiterns dieser Variante verfolgte Moskau den Plan, einen kommunistischen Teilstaat zu schaffen.[612]

Auf der 4. Tagung des Rates der Außenminister, die vom 10. März bis 24. April 1947 in Moskau stattfand, wandte sich Molotov bei Beginn der Tagung gegen den anfänglichen amerikanischen Plan, Deutschland die künftige Friedensregelung in Form eines Friedensstatus aufzuerlegen. Nach Molotov sollte ein zukünftiger Friedensvertrag erst nach Bildung einer deutschen Zentralregierung abgeschlossen werden. (Bei jener Tagung wurde auch die zukünftige Ostgrenze Deutschlands diskutiert, aber das nördliche Ostpreußen stand nicht zur Debatte. Das State Department hatte schon in seinen vorbereitenden Papieren *»the Koenigsberg district«* ausgeklammert.) Ein für mehrere Jahrzehnte letzter Vorschlag für das nördliche Ostpreußen – ein Auszug aus einem Papier mit dem Titel *»A Program of Germany«* – wurde zur sechsten Tagung des Rates der Außenminister (23. Mai bis 20. Juni 1949) vom Office of German and Austrian Affairs des State Department zur amerikanischen Position verfaßt. Darin ging es um mögliche polnische Zugeständnisse in der Frage der Oder-Neiße-Gebiete, für den Fall, daß die Sowjetunion bereit sein würde, auf den nördlichen Teil Ostpreußens zugunsten Polens zu verzichten: *»27. Boundary commissions shall be established to study all problems with respect to the frontiers of Germany and to make recommendations for an equitable final settlement of frontier problems taking into account the needs of the population directly affected. A review will be undertaken of the Eastern German frontier, including the territory at present under the provisional administration of the Polish Government, and also of the provisional adjustements along Germany's Western frontier. Although the United Staates recognizes its committment at Potsdam to support the incorporation of the northern part of East Prussia into the Soviet Union, it should state that it would welcome a proposal of the Soviet Union to yield its claim in Poland's favor in order to facilitate a reasonable settlement of the Polish-German frontier problem.«*[613]

Der Gedanke an eine Zentralregierung begann jedoch genau zu jener Zeit in weite Ferne zu rücken, wie die weiteren Ereignisse des Jahres 1947 zeigen sollten. Nach der Pariser Marshall-Plan-Konferenz wurde die Konferenz von Szklarska Poręba/Schreiberhau (22.–27. September 1947) einberufen. Die SED war an ihr nicht beteiligt – vermutlich wollte sich Moskau zu diesem Zeitpunkt offiziell noch alle Optionen in der Deutschlandpolitik offenhalten,[614] obwohl die Gründung eines deutschen Oststaates bereits erörtert wurde. Die auf der Konferenz getroffenen grundsätzlichen Entscheidungen – die Bindung der kommunistischen Parteien an Moskau und die Rückkehr zur offenen Strategie des Klassenkampfes – können als Antwort der Sowjetunion auf die amerikanischen und britischen Bemühungen um wirtschaftlichen Wiederaufbau in ihren Besatzungszonen und damit längerfristig um eine Westintegration betrachtet werden.

Kurz vorher hatte der II. Parteitag der SED stattgefunden (20.–24. September 1947), der quasi das Parteivotum für die Beschlüsse von Schreiberhau vorweggenommen hatte, denn auf diesem *»wurden alle vom Westen kommenden Lösungsversuche für Deutschland abgelehnt und eine bedingungslose Unterstützung der sowjetischen Außenpolitik zugesagt. Gleichzeitig wurde mit einer Umwandlung der SED in eine ›Partei neuen Typus‹ nach dem Vorbild der KPdSU begonnen.«*[615]

Somit standen im Oktober 1947 die Zeichen sowohl für einen Friedensvertrag mit Deutschland als auch für ein einheitliches Nachkriegsdeutschland äußerst ungünstig. Genau in diesem Moment fiel die Entscheidung für die Aussiedlung der Ostpreußen – zufällig oder mit tieferer Absicht?

Um darauf eine Antwort geben zu können, muß man die Situation in der SBZ und die Stellung der SED noch einmal genauer betrachten.

Die antisowjetischen Stimmungen waren beträchtlich, die Sowjetisierung des Alltags nahm rapide zu. Der Journalist

Isaac Deutscher beschrieb dies wie folgt: *»Es ist, als ob die Entfernungen zwischen dem Ural und dem Baikalsee und der Spree und Elbe plötzlich zusammengeschrumpft wären, als ob ein phantastischer Erdrutsch Leipzig und Dresden in die nächste Nähe von Charkow und Tscheljabinsk geworfen hätte.«*[616]

Die fortlaufenden Demontagen, Verhaftungen ehemaliger SPD-Mitglieder und ähnliche Aktionen wie auch »Ossawakim« – der Abtransport deutscher Techniker und Spezialisten in die UdSSR – nährten die Negativstimmungen beträchtlich und schwächten deutlich die Position der SED, die von der Bevölkerung für alle Dinge, die im Zusammenhang mit der sowjetischen Besatzung geschahen, verantwortlich gemacht wurde. Ihre Positionen waren bei weitem nicht so fest, wie ihre Führer es sich wünschten. Jede unpopuläre Aktion der SMAD versetzte der neuen Partei Nackenschläge und ließ sie nach jedem nur erdenklichen Mittel greifen, um Einflußsphären zu erobern und sie zu sichern. So hieß es in dem Rundschreiben 9/46 des Zentralsekretariats der SED vom 27. Juni 1946: *»[...] Es hängt von uns ab, ob die große Masse der Umsiedler und Heimkehrer unsere Freunde oder unsere Gegner werden. Die bürgerlichen Parteien, in denen sich Nazisten, Reaktionäre und Militaristen sammeln, bemühen sich ernsthaft um diese Massen. Ihre Erfolge sind für uns Niederlagen [...]«*[617]

Die SED und der ihr nahestehende FDGB versuchten ihre Beziehungen zur SMAD soweit wie möglich für ihre Popularität zu nutzen und wurden so zum Fürsprecher für die Heimkehr von Kriegsgefangenen und Zivilinternierten aus der UdSSR. Der FDGB erbat die baldige Entlassung von Kriegsgefangenen und argumentierte mit dem Bedarf an männlichen Arbeitskräften in der SBZ. Andererseits gingen Schreiben des FDGB, Hauptabteilung Umsiedler, beispielsweise an den Vorsitzenden der DWK (Deutschen

Wirtschaftskommission), in denen es u. a. hieß: *»Auf die Dauer ist es nicht möglich, den Prozeß der Verschmelzung zwischen Alt- und Neubürgern fortzusetzen, wenn die Umsiedler nicht die notwendigsten Möbel, Textilien und Schuhwaren besitzen.«*[618]

Die Beziehungen der SED zur SMAD waren jedoch nicht so gut, wie man in der Bevölkerung annahm und wie man glauben zu machen versuchte.

Im Sommer 1946 unternahm Rudolf Engel, der Präsident der ZVU, den ersten Versuch, sich bei der SMAD nach der Ausreisemöglichkeit für Königsberger zu erkundigen.[619] Einerseits gab es in der SBZ mehr als genug Flüchtlinge, verbunden mit allen erdenklichen Versorgungsschwierigkeiten. Andererseits nährte die Ungewißheit über die Situation der ostpreußischen Familienangehörigen antisowjetische Stimmungen. In einem internen Bericht der SED hieß es: *»Eine sehr vermißte offizielle Aufklärung über die Umsiedlungsfrage unterblieb ganz und schuf in Verbindung mit der Stimmungslage die Voraussetzungen für wildeste Gerüchte.«*[620] Die Partei versuchte sich also in der Umsiedlerfrage zu profilieren und gleichzeitig ein Gegenargument für antisowjetische Stimmungen zu schaffen.

Die Argumentationsweise der SED gegenüber der SMAD spiegelt sich in einem Briefentwurf von Paul Merker aus dem Zentralsekretariat wieder: *»Vor der Besetzung der früheren ostpreußischen Gebiete durch die Rote Armee gelang es dem größten Teil der nazistischen Elemente, nach dem Westen zu entfliehen. Es blieben jedoch zahlreiche antinazistisch eingestellte Einwohner dort, unter ihnen viele Angehörige von antinazistischen Heeresangehörigen, die unterdessen demobilisiert oder aus der Kriegsgefangenschaft entlassen wurden und in der Ostzone leben. Eine größere Anzahl von ihnen üben wichtige Funktionen in der Sozialistischen Einheitspartei oder als Mitglieder der Partei in den Gewerkschaften, in anderen Massenorganisationen und in den staatlichen und kommunalen Verwaltungen aus.*

Die Betreffenden sind noch immer von ihren in dem Gebiet Kaliningrad lebenden Angehörigen getrennt.«[621] Es ist davon auszugehen, daß die SED den Anteil der Familienangehörigen von Genossen aus taktischen Gründen in den Vordergrund spielte und sich tatsächlich für die in Königsberg verbliebenen Deutschen insgesamt einsetzte.

Eine der ungelösten Fragen im Zusammenhang mit dem Beginn der Aussiedlung besteht in dem zeitlichen Zusammentreffen der Molotovschen Entscheidung, Ausreiseanträge zu gestatten (31. Januar 1947), und dem Besuch einer SED-Delegation (Wilhelm Pieck, Otto Grotewohl, Walter Ulbricht, Max Fechner und Fred Oelßner als Dolmetscher) in Moskau (30. Januar – 7. Februar 1947). Kein Dokument konnte bisher die Gewißheit erbringen, daß beide Ereignisse im Zusammenhang gestanden haben, keine Unterlagen gestatten einen Hinweis darauf, daß die SED-Delegation das Thema »Königsberger Bevölkerung« angeschnitten hat. Auch in der Edition von Piecks Aufzeichnungen ließ sich keine Bemerkung dazu finden.[622] Immer wieder wurde bei diesem Treffen von der deutschen Seite der Arbeitskräftemangel thematisiert. Vertreter berichteten über verschiedene Beispiele: *»Fluktuation der Arbeitskraft: im Mansfelder Eisenhüttenkombinat haben 50 % die Arbeit eigenwillig verlassen. Bei der Demontage des Bergwerks Regis im 1. Quartal diesen Jahres haben 3.000 Arbeiter die Arbeit eigenwillig verlassen. Von 4.000 in Thüringen eingesetzten Arbeitern gingen 1.200 ab.«*[623]

Auch in dem Gespräch mit Michail Suslov am 4. Februar 1947 wurde der Arbeitskräftebedarf wiederholt signalisiert.[624] Wie schon im Fall des FDGB erwähnt, galt das Thema Arbeiterbedarf immer auch als Synonym für die Bitte um Entlassung von Kriegsgefangenen und Zivilinternierten.

Wilfried Loth, der Herausgeber der Notizen Piecks, schreibt: *»Stalins extreme autokratische, auf institutionelle Absiche-*

rung seines permanenten Mißtrauens bedachte Regierungsweise schließt aus, daß bei den von Pieck überlieferten Spitzengesprächen offizielle Protokolle angefertigt wurden, und läßt es auch als wenig wahrscheinlich erscheinen, daß parallele Aufzeichnungen von gleicher Dichte entstanden sind.«[625]

Der Anlaß für die Entscheidung Molotovs bleibt vorläufig unklar. Jedenfalls wurde sie von der sowjetischen Führung während des Besuches der SED-Delegation weder propagandistisch instrumentalisiert, noch hat sie Niederschlag in Notizen oder Meldungen gefunden. Es ist daher eher zu vermuten, daß die Mitglieder der Delegation gar nichts von diesem zeitgleich gefaßten Beschluß erfahren haben, zumal er auf der SMAD gefaßt worden war und dann auch offiziell durch die Kanäle dieser Behörde nach Berlin gelangte.

Anfang 1947 wurde die Zentralverwaltung für Umsiedler und Heimkehrer darüber informiert, daß eine allgemeine Umsiedlung der Deutschen aus dem Kaliningrader Gebiet noch in diesem Jahr erfolgen werde.[626]

Am 11. April 1947 reichte die SED eine – nach dem Schreiben der ZVU vom 14. Februar 1947 – zweite Namensliste von Personen ein, deren Ausreise gewünscht wurde.

Einer der noch zu rekonstruierenden historischen Vorgänge, die diesen Informationsfluß bezeugen, liegt auf der Kommunikationsebene Berlin (SED) – Karlshorst (SMAD) – Moskau (Kreml). Einige Dokumente sind inzwischen in den Archiven aufgetaucht, über weiteren Schriftwechsel können zur Zeit nur Vermutungen angestellt werden. Zu den interessantesten Punkten, die noch im Dunkeln liegen, gehört die Frage der Reise einer SMAD-Delegation mit SED-Funktionären nach Kaliningrad, *»um den Rücktransport zu organisieren«*[627], die – nach Unterlagen zu urteilen – Ende Mai 1947 stattgefunden haben muß.

Dann erfuhr die ZVU durch erste Einzelaussiedler:

»Ausreise-Antrag aus dem Königsberger Gebiet können nur nicht beschäftigte Personen stellen. In den meisten Fällen muß die Ausreisegenehmigung durch Bestechungsgelder erkauft werden, so daß die vollkommen unbemittelten Personen dort kaum aus ihrer Elendslage herauskommen ... «[628] Die in Berlin eingetroffenen Einzelpersonen aus Kaliningrad wurden durch die ZVU am 3. Juni 1947 mittels eines geschlossenen Transportes in das Quenzlager bei Brandenburg befördert.[629]

Die Zentralverwaltung erläuterte ihre Maßnahme wie folgt und erhob auch bei der SMAD Einspruch:

»Es gilt zu verhindern, daß die Transporte nach Berlin kommen, weil politische Agitatoren Personen auffordern, nach dem Westen zu fliehen (Altersheim Berlin Rudow). Aus den Berliner Lagern kann sich nach Ankunft jeder entfernen und zurück bleiben hauptsächlich die Alten, Kranken und die Rückkehrer, die keine Angehörigen haben, die dann in der Mark Brandenburg zur Eingemeindung verbleiben.«[630]

Im Arbeitsbericht der Transportabteilung der ZVU für Juli 1947 hieß es dann:

»Das Einströmen von kleineren Gruppen von Umsiedlern aus Kaliningrad hat seit Anfang Juli nachgelassen. Laut Mitteilungen der SMA soll die Rückführung der dort noch weilenden Umsiedler geschlossen erfolgen.«[631] Augenscheinlich hatte die SMAD ihren Wunsch nach geschlossenen Transporten durchsetzen können. De facto waren schon Ende Mai die Genehmigungen für Einzelaussiedlungen eingestellt worden, da zeitgleich sowjetische Überlegungen zu einer Gesamtlösung des Problems stattfanden. Nebenbei sei bemerkt, daß zu jenem Zeitpunkt keine einzige Person der von der ZVU und der SED aufgestellten Listen eingetroffen war.

So versuchte das Zentralsekretariat wieder bei der SMAD nachzuhaken: *»[...] Auf Vorstellung dieser Funktionäre haben wir uns bemüht, die Umsiedlung ihrer Angehörigen aus dem Gebiet Kaliningrad zu erwirken. Nach Rück-*

sprache mit Oberst Tulpanov reichten wir am 11. April 1947 eine entsprechende Liste ein. Kurze Zeit danach trafen einige Umsiedlertransporte aus dem Gebiet Kaliningrad in Berlin ein, jedoch niemand von den durch die Liste empfohlenen Familienangehörigen. Die Liste wurde nach Mitteilung der SMAD am 15. August nach Kaliningrad weitergeleitet. Seitdem haben wir von der Angelegenheit nichts mehr gehört. Die Unruhe unter den in Frage kommenden Funktionären ist infolgedessen noch mehr gestiegen. Wir erhalten Briefe von ihnen, die von einer sehr verbitterten Einstellung dieser Funktionäre Zeugnis geben. Es ist eine Tatsache, daß dadurch die politische Aktivität dieser Funktionäre und oftmals auch ihres Umkreises leidet. Auch das Vertrauen zur Parteiführung leidet unter dem bestehenden Zustand, da diese Funktionäre zu der Auffassung gelangen, daß von uns nichts in ihrem Interesse unternommen wird. […] Wir richten deshalb die Bitte an Sie, doch darauf hinzuwirken, daß 1. die von uns überreichte Liste durch die Umsiedlung der Betreffenden schnellstens ihre Erledigung findet. […]«[632]

Es wurden eine ganze Reihe von Schreiben in diesem Duktus verfaßt. Vertreter anderer Parteien beschwerten sich darüber, daß diese Anträge nicht im Namen der Einheitsfront gestellt wurden. Die SED konterte damit, daß die Bevölkerung bei massiven Schwierigkeiten immer Anträge an die SED stelle und auch von anderen Parteien dazu motiviert werde, die Einheitspartei für Probleme verantwortlich zu machen, woraus ihr eine besondere Belastung erwachse.[633]

Die SED und die ZVU rechneten kaum mehr mit einer schnellen Entscheidung für die Ausreise. Daß sie dennoch – nach recht langem Zögern – erfolgte, ist nicht das alleinige Verdienst der SED, obwohl sie zweifellos einen Anteil daran hatte. Neben sicherheitspolitischen Problemen in Kaliningrad spielten höchstwahrscheinlich Überlegungen zu einem kommunistischen Separatstaat eine Rolle. In bezug darauf betrachtete Moskau die Umsiedler als potentielle Unterstützergruppe der SED, deren Position als Partei dringend gefestigt werden mußte, wollte sie regierungsfähig werden. Andererseits waren die Umsiedler als Arbeitskräfte in den SDAG-Betrieben[634] gut einsetzbar. Die UdSSR, die ja eigentlich bestrebt war, alle arbeitsfähigen Deutschen so lange wie möglich als ihre Wirtschaftskräfte zu behalten, betrachtete wohl die SBZ als ihren Wirtschaftsraum und somit die Übersiedlung der Arbeitskräfte als Binnentransfer. Damit lautet das Resümee, daß die Aussiedlung der Ostpreußen auf ein Zusammentreffen von deutschen und sowjetischen Interessen zurückzuführen ist, wobei sich jeder Interessenvertreter bemühte, die Personengruppe für seine Ziele zu instrumentalisieren. Wie bereits erwähnt, sind die SED und die Organe der Besatzungszone von dem Aussiedlungsbeschluß Molotovs erst nach dessen Inkraftsetzung unterrichtet worden, dies beweist ein Schreiben Paul Merkers an den General Makarov der SMAD vom 16. Oktober 1947, in dem neuerlich um Umsiedlung von Deutschen aus Kaliningrad gebeten wurde. (In einem weiteren Dokument ist davon die Rede, die SMA habe am 22. 10. 1947 mitgeteilt, *»daß auf Grund unserer [der SED – R. K.] Eingabe die Angehörigen [...] nunmehr nach Deutschland übersiedelt werden.«*[635]) In einem anderen Schreiben formulierte Paul Merker, der sich dieser Aufgabe ganz besonders angenommen hatte: *»Das Zentralsekretariat hat die beschleunigte Umsiedlung dieser Menschen bei der SMA befürwortet, um die endgültige Regelung ihrer Situation zu ermöglichen.«*[636]

Vorsichtig versuchte die ZVU nun, die Länderverwaltungen auf die Ankömmlinge vorzubereiten. In einem Tagungsprotokoll der neugebildeten Landeskommission für Neubürger des Landes Thüringen am 28. Oktober 1947 heißt es: *»[...] In diesen Wochen also bis Ende November bekommen wir noch ca. 12.000 Umsiedler aus dem russischen Ostpreußen. Wir müssen heute schon die zuständigen Kreise* *darauf aufmerksam machen, daß unter diesen Umsiedlern sehr viele Arbeitsunfähige sein werden. Zu den 12.000 Umsiedlern kommen noch 1400 elternlose Kinder, denen wir in Thüringen eine neue Heimat geben und die wir auch einmal in Familien unterbringen sollen, damit ihnen das Elternhaus ersetzt werden kann. Außerdem kommt noch ein Lazarettzug von ca. 500, der sehr viele Kranke enthalten wird, von denen 200 ebenfalls Kinder sein werden, so daß nicht nur 1400 sondern sogar 1600 Kinder in Thüringen unterzubringen sind. Dazu kommen jetzt noch 600–700 Alte und Gebrechliche, die bisher noch nicht genannt worden sind, über deren zusätzliche Aufnahme werden wir uns noch mit der ZVU auseinandersetzen. Alle diese Männer und Frauen, Kinder und Alte, die zu uns kommen, müssen in unserem Lande eine neue Heimat finden.«*[637]

Bei allen anderen Transporten hätte die ZVU im Spätherbst die Annahme verweigert und eine Verschiebung erzwungen. Im Falle der ostpreußischen Umsiedlungen war man froh, daß sie endlich begannen. Allerdings entstanden dadurch Anforderungen, die sämtliche Kapazitäten und Organisationsreserven überstiegen. So schrieb Wilhelm Pieck am 4. November 1947 in einer Hausmitteilung an Otto Grotewohl: *»[...] Die aus Ostpreußen eintreffenden Transporte müssen voraussichtlich längere Zeit in den Lagern bleiben, so daß die Lager bald nicht ausreichen [...]«*[638]

Der Präsident der Zentralverwaltung für deutsche Umsiedler übte Kritik an der Art und Weise, in der die Transporte im Herbst 1947 in der SBZ eintrafen. Insbesondere kritisierte er gegenüber der SMAD, daß die Transporte überbelegt waren, *»das heißt, durchschnittlich 40–60 Personen in einem Waggon«* reisen mußten, die Waggons trotz der langen Reise keine Strohschütte hatten und *»die Umsiedler in äußerst geschwächtem und stark verschmutztem Zustand ankommen.«*[639] So formulierte er auch gegenüber den SMAD-Vertretern: *»Nach den zweijährigen Erfahrungen in der*

Umsiedlung glauben wir, daß es durchaus möglich wäre, auch von Kaliningrad aus den Abtransport der Umsiedler zu organisieren, daß Härten vermieden werden.«[640]

Zahlreiche Transporte waren außerordentlich stark verlaust.[641] Darum forderten Vertreter der ZVU in einer Unterredung mit Genossen der SMAD Anfang November 1947 unter anderem: *»[...] Von Seiten der Freunde in Kaliningrad sollten die wegen der Umsiedlung getroffenen Vereinbarungen in Bezug auf die Größe der Transporte, die Verpflegung und die Transportwege unbedingt eingehalten werden, damit sowohl verpflegungsmäßig als auch vom sanitären Gesichtspunkt aus die notwendigen Maßnahmen beim Eintreffen der Transporte durchgeführt werden können. [...]«*[642]

Schon im Juni 1947 hatten Vertreter der ZVU beim Leiter der Umsiedlungsabteilung der SMAD, Oberstleutnant Maslennikov, gefordert, den Umsiedlern die Personalpapiere zu belassen. Das Ersuchen war nicht berücksichtigt worden. Allen Ostpreußen waren bei Ausreisekontrollen sämtliche deutsche und russische Urkunden abgenommen worden.

Vermutlich hatte man von vornherein mit einer Zonenquotierung für dieses Umsiedlerkontingent gerechnet, denn in der Mitteilung vom 27. Oktober 1947 an die Landesvorstände, in der die Ankunft dieser Transporte angekündigt wurde, hieß es: *»Der davon auf die sowjetische Besatzungszone entfallende Teil wird voraussichtlich sofort in die Länder unserer Zone weitergeleitet.«*[643]

Alle Transporte kamen zur Quarantäne in Lager, die weitab gelegen waren.

Aus Gründen der *»politischen Notwendigkeit«* versuchte man, *»die Umsiedler unter keinen Umständen in zerlumptem Zustand ihren Ansiedlungsorten zuzuführen.«*[644]

Gleich unter den ersten Transporten wurden Arbeitskräfte für die SDAG Wismut Aue (Uranbergbau) geworben – wobei man sogar die Quarantänezeit in den Lagern abkürzte, da dort bisher zwangsverpflichtete Arbeitskräfte gearbeitet hatten, die meistens bei der ersten Gelegenheit in den Westen geflohen waren.[645]

Die Vertreter der ZVU, die ja von den Umsiedlertransporten einiges gewohnt waren, resümierten im Spätherbst 1947: *»Der Gesamteindruck ist folgender: Die Leute machen keinen Hehl daraus, daß sie froh sind, in Deutschland zu sein. Eine ganze Reihe äußerte sich durchaus zuversichtlich über ihre Zukunft. Nach meiner Ansicht wird es mit ihnen bei richtiger Behandlung keine besonderen Schwierigkeiten geben.[...]«*[646]

In den Lagern erhielten die Umsiedler dann nach und nach Zuweisungen in neue Wohnorte und Arbeitsstellen. Die Ostpreußen aus den Transporten im Frühjahr 1948 wurden vorwiegend in den sächsischen Erzbergbau, den mitteldeutschen Kohlenbergbau, in die Chemieindustrie und in die Eisen- und Stahlwerke geschickt, da dort noch zahlreiche Arbeitskräfte benötigt wurden.[647] Personalpapiere händigten ihnen die Einwohnermeldeämter erst am neuen Wohnort aus. So versuchten die Behörden die Quote der Abgänge in den Westen zu senken. Vor allem aber fanden in den Lagern politische Schulungen statt. Währenddessen registrierten die Schulungsleiter genau, mit welchen Meinungen die Ostpreußen in Versammlungen auftraten, und verfaßten bisweilen dazu auch Aktennotizen.[648] Im Prinzip handelte es sich bei dem Quarantäneaufenthalt also um ein Äquivalent zu den Verfahren der sowjetischen Filtrationslager. In einer Anweisung der ZVU für die Frühjahrstransporte hieß es: *»Unter ihnen befinden sich zahlreiche Mitglieder der früheren Sozialdemokratischen und Kommunistischen Partei und andere Antinazisten. Diese müssen schon in den Lagern registriert und zusammengefaßt werden. Mit ihrer Unterstützung ist eine umfassende politische Aufklärungsarbeit unter den Umsiedlern noch vor ihrer Einweisung in ihre neuen Heimatorte und Arbeitsstellen durchzuführen.«*[649]

Die Umsiedler wurden bereits zu künftigen DDR-Bürgern konditioniert.

XI.3. Eine zweckmässige Lösung

Seit der Eingliederung des Königsberger Gebietes versuchten die deutschen Einwohner ihre Wünsche nach Ausreise zu formulieren, was sehr kompliziert war, da es im Kaliningrader Gebiet keinerlei Einrichtungen gab, in denen man Ausreiseanträge stellen konnte. Außerdem war das Thema auch staatlicherseits nicht sanktioniert. Durch den vermehrten Zuzug sowjetischer Bürger ab Sommer 1946 verschlechterten sich Wohn- und Arbeitsbedingungen für die deutsche Bevölkerung drastisch. In den Städten standen den Deutschen seit jenem Zeitpunkt eigentlich nur noch Kellerräume zur Verfügung, da der restliche Wohnraum von den Russen als Eigenbedarf deklariert wurde.

Die Deutschen stießen mit ihrem Ausreisewunsch auf völliges Unverständnis der sowjetischen Administration. Die sowjetischen Kader waren überzeugt von der Überlegenheit des bolschewistischen Weges und zeigten sich gänzlich überrascht, daß die Deutschen nicht mit ihnen gemeinsam den Weg in die lichte Zukunft beschreiten wollten. Es gab Ärger und Schuldzuweisungen. Woran lag es denn, daß die Deutschen den Wert des sowjetischen Systems nicht begriffen? In den Augen der sowjetischen Funktionäre einzig und allein an den Deutschen. Andererseits gab es auch keine ernsthaften und überzeugenden Versuche von sowjetischer Seite, die Deutschen zu integrieren.[650]

Die Molotovsche Entscheidung vom 31. Januar 1947 ließe sich vielleicht als das Steigenlassen eines Versuchsballons umschreiben – man wollte herausfinden, wie hoch tatsächlich der Anteil der ausreisewilligen Bevölkerung war. Mit dem plötzlich einsetzenden Ansturm hatte wahrscheinlich keine der sowjetischen Behörden gerechnet. Natürlich hing das auch damit zusammen, daß das Thema Ausreise in der UdSSR generell tabu war. Viele sowjetische Bürger hatten – es mag sehr zynisch klingen – nur durch den Krieg die Chance erhalten, ein Stück Ausland zu sehen. Solange sich das Gebiet des früheren Ostpreußens quasi in einer Vakuumsituation befunden hatte, ging die sowjetische Verwaltung davon aus, daß die Prozedur der politischen Überprüfung von 1945 noch ihre disziplinarischen Auswirkungen zeitigen würde. In dem Maße aber, in dem verstärkt sowjetische Bevölkerung in das Gebiet gelangte, stellte sich heraus, daß die beiden Gruppen im Sinne des sowjetischen Sicherheitsbedürfnisses inkompatibel waren. Die deutsche Gruppe galt als ideologisch ungefestigt und wies außerdem viele kulturelle Merkmale auf, die die Sowjetbürger längst als überlebt abgestreift hatten. Die sowjetischen Neuzuwanderer ließen sich jedoch vielfach von den ihnen fremden Gewohnheiten der Deutschen beeindrucken und beeinflussen, viel stärker, als es nach Ansicht der sowjetischen Sicherheitsorgane duldbar war. Inwieweit dies der Realität entsprach, in welchem Ausmaß Xenophobie und Sprachbarriere diesen Eindruck verstärkten, ist schwer zu ermessen. In einem Bericht über die politische und wirtschaftliche Lage des Kaliningrader Gebietes zum 1. Januar 1947 heißt es:

»Obwohl es im Gebiet nur wenige Fakten antisowjetischer Aktionen seitens der deutschen Bevölkerung gibt, ist die Haltung der Deutschen zur Sowjetmacht und ihre Maßnahmen zum Wiederaufbau der Industriebetriebe und der kommunalen Wirtschaft durch stille Sabotage in den verschiedensten Formen gekennzeichnet. Die Sabotage kam durch Arbeitsscheu, absichtliche Tempoverzögerung bei der Durchführung der Arbeitsaufträge, und sobald sie vom technischen Personal nicht beaufsichtigt werden, durch direkte Beschädigung der Ausrüstung, Werkzeuge und des Materials usw. zum Ausdruck. Die Sabotage durch die deutsche Bevölkerung wurde vor allem von Mitgliedern der NSDAP (nationalsozialistische Partei), der ›Hitlerjugend‹ (Organisation der faschistischen Jugend) und dem ›BDM‹ (faschistische Mädchenorganisation) organisiert.«[651] (Abgesehen davon, daß es den deutschen Arbeitskräften natür-

lich an *sozialistischem Elan* und dem dazugehörigen Arbeitstempo mangelte, läßt sich nicht beurteilen, ob und in welchem Umfang der Bericht der Wahrheit entspricht. Er wurde hier nur eingefügt, um das Bild der sowjetischen Administration von den deutschen Arbeitskräften zu illustrieren. Russische Arbeitskollegen, die später als Zeitzeugen nach den Gewohnheiten ihrer früheren deutschen Kollegen befragt wurden, berichteten von einem auffallend anderen Arbeitsstil der Deutschen. Sie hätten sichtlich langsamer gearbeitet, dafür mit Überlegung und deutlich besseren Resultaten.

Die letzte Passage des obigen Zitates stellt ein typisches sowjetisches Erklärungsmuster dar: Sabotage konnte nach sowjetischer Meinung nur organisiert stattfinden, also mußten selbst Organisationen und deren Vertreter zur Begründung herhalten, die in der zeitgenössischen Gesellschaft gar nicht mehr existierten.)

Generalleutnant Trofimov, der Leiter der Behörde des Innenministeriums in Kaliningrad, erwähnte im April 1947 in einem Schreiben an seinen Vorgesetzten, Innenminister Kruglov, daß er es als zweckmäßig ansehe, *»die Frage einer organisierten Aussiedlung der Deutschen in die Sowjetische Besatzungszone aufzuwerfen [...]«* [652] Beckherrn interpretiert dieses Schreiben als »ungewöhnlich«, weil der General darin einen Vorschlag äußert, einen politischen noch dazu. *»Normalerweise wurde nichts von unten nach oben vorgeschlagen. Unten wurden die Befehle von oben ausgeführt.«* [653] Dem ließe sich entgegensetzen, daß der Leiter der Kaliningrader Behörde angesichts der unerwartet hohen Zahl von Ausreisewilligen unter Handlungsdruck stand und sich in Erklärungsnot befand. Angesichts dieser Situation schien es die klügste Verteidigung zu sein, einen Vorschlag einzureichen. Um diesem die notwendige Gewichtigkeit zu verleihen, mußte die Situation nachdrücklich ausgemalt werden.

Kannibalismus war zweifelsohne das gewichtigste Argument, das sich finden ließ. Es war allerdings nicht das erste

Mal, daß über Kannibalismus im Königsberger Gebiet berichtet wurde. Schon im Mai 1946 waren Deutsche wegen Handels mit Menschenfleisch verhaftet worden. Innenminister Kruglov hatte Stalin darüber Mitteilung gemacht und erklärend hinzugefügt, die Lebensmittelversorgung für die Deutschen im Königsberger Gebiet sei unzureichend.[654] Abgesehen davon galt Umsiedlung in NKVD-Kreisen als gängige Befriedungsmaßnahme. Da die Verwaltung in der UdSSR – wie an anderer Stelle schon erwähnt – bevölkerungspolitisch in Familienkategorien dachte und gerade hier im Gebiet Arbeitskräfte mit nicht arbeitenden Familienangehörigen stark durchmischt waren, bot sich eine organisierte Aussiedlung geradezu an. (Auch die litauische Parteiführung hatte ja in Moskau um die Umsiedlung der Memelländer gebeten.) Trofimov hätte auch eine Umsiedlung nach Sibirien vorschlagen können. Er handelte jedoch nicht im Interesse der Deutschen, sondern sorgte sich um das Sicherheitspotential seines Machtbereiches.

Sein Vorschlag, die Deutschen in die SBZ auszusiedeln, hängt unmittelbar mit den schon einsetzenden Einzelgenehmigungen zusammen, ist also nicht qualitativ neu. (Die Anzahl der Einzelgenehmigungen und der Ausgereisten differieren in den verschiedenen Dokumenten. Tatsächlich erwarben Personen Ausreisescheine, blieben aber dennoch im Gebiet, da ihre Angehörigen entweder nicht reisefähig waren oder über keinerlei finanzielle Mittel zur Antragstellung verfügten. Darüber hinaus gab es offensichtlich einen Schwarzhandel mit Genehmigungen.)

Auf der Potsdamer Konferenz hatte sich Stalin die Option der Ostpreußen offengehalten, d. h. er hatte in keiner Weise auf eine Entscheidung über die Einwohner gedrungen. Diese Bevölkerungsgruppe befand sich im wahrsten Sinne des Wortes »in der Hand der Russen«. Wahrscheinlich beließ man die Bevölkerung zunächst als Übergangsvariante im Königsberger Gebiet bis feststand, in welchem Maße das Territorium von der UdSSR in Besitz genommen werden konnte. Vermutlich hat es also im Hinblick auf die deutsche Einwohnerschaft im nördlichen Ostpreußen keine langfristige Planung gegeben, sondern kurzfristige Lösungen nach momentanen Erfordernissen.

Im Sommer 1947 zögerte das Außenministerium in Moskau, eine endgültige Entscheidung zu fällen. Es stand fest, daß der NKVD die deutsche Bevölkerung in Kaliningrad nicht auf Dauer dulden würde. Allerdings standen solchen sicherheitspolitischen Erwägungen häufig ökonomische Erfordernisse entgegen. Die UdSSR verzichtete ungerne auf mehr als 32.000 Arbeitskräfte. Zu ihnen gehörten aber weitere ca. 70.000 Personen, die nicht erwerbsfähig waren und wenigstens minimal versorgt werden mußten. Die Kranken und nicht Erwerbsfähigen hätte man gerne abgeschoben, was auch der Vorschlag Aleksandr Kossygins vom 19. Juli 1947 beweist.(Siehe S. 217ff.) Über Gespräche, Diskussionen und Vorschläge zwischen Juli und Oktober 1947 läßt sich nur mutmaßen.[655]

Die Zivilverwaltung im Kaliningrader Gebiet rechnete nicht mehr mit einer baldigen Ausreiseregelung. Hinweise dafür geben beispielsweise Dokumente der Abteilung Volksbildung, wie ein Brief vom 12. August 1947: »*... Im Zusammenhang damit, daß uns in diesem Jahr eine große Arbeit mit der deutschen Bevölkerung in der Oblast bevorsteht, große Arbeit mit den Lehrerkollektiven der deutschen Schulen und den Erziehern der Kinderheime für deutsche Kinder, bittet die Schulabteilung des Kaliningrader Oblispolkom [Bezirkskomitee – R. K.] die Schulabteilung des ZK: 1. Schicken Sie in unsere Oblast 12 erfahrene Lehrer, die gut Deutsch können.[...] 2. Gestatten Sie die Durchführung zehnmonatiger Kurse in der Kaliningrader Oblast für 60 Personen zur Vorbereitung für Lehrer der deutschen Schulen aus dem überprüften Teil der deutschen Bevölkerung. [...] Um die Lehr- und Erziehungsarbeit unter den deutschen Kindern systematisch kontrollieren und verbes-*

sern zu können sowie eine planmäßige Arbeit mit deutschen Lehrern und Erziehern zu organisieren, ist ein Instrukteur vonnöten, der ausreichend Deutsch kann.

Ich bitte Sie, Genosse Jakovlev, diese Frage zu entscheiden. Diese Fragen wurden nicht früher gestellt, da es den Vorschlag gab, die deutsche Bevölkerung aus der Kaliningrader Oblast in die SBZ Deutschlands umzusiedeln.«[656]

Man versuchte, sich auf einen längeren Verbleib der Deutschen einzustellen, und war bemüht, eine systematische Kontrolle zu organisieren. Die Behörde des Innenministeriums hingegen fragte immer wieder in Moskau wegen der Umsiedlungspläne nach. Auf deutscher Seite bewiesen SED und ZVU massives Interesse an einer Weiterführung der Umsiedlung. Die sowjetischen Behörden waren – wie mehrere Beispiele im Verhältnis SMAD -SED zeigen, nicht unbedingt geneigt, im Sinne der ostdeutschen Partei zu handeln, sahen aber wohl, daß hier die Interessenlagen weitestgehend übereinstimmten. Mit der Lösung des eigenen Sicherheits- und Versorgungsproblems würde man ausnahmsweise der ostdeutschen Administration einen Gefallen tun. Der Zeitpunkt der Entscheidung war vorrangig jahreszeitlich bedingt. Umsiedlungen und Verbannungen fanden im allgemeinen nur von Frühjahr bis Herbst statt. Wollte man ein gravierendes Versorgungsproblem für den nächsten Winter lösen, mußte spätestens Anfang Oktober gehandelt weden. Zu beachten ist, daß der Aussiedlungsbeschluß vom 11. Oktober 1947 nicht die gesamte deutsche Bevölkerung des Kaliningrader Gebietes betraf, sondern vorrangig den nicht arbeitsfähigen Teil. Im Prinzip kann man diesen Vorgang daher eher als Abschiebung bezeichnen. In der sowjetischen Presse, auch in den Lokalzeitungen wie »Kaliningradskaja Pravda«, erschienen keinerlei Meldungen über die Ausreise, weil das Thema ideologisch schwierig zu erklären war oder weil darin eine versteckte Niederlage der sowjetischen Umerziehungspolitik gesehen wurde. Im Dezember 1947 –

wie bereits im Kapitel über die litauische Landwirtschaft erwähnt – fand eine Rubelreform statt, wodurch sich das Warenangebot und damit die Lebensumstände für die städtische Bevölkerung verbesserten. Wenn Ausgesiedelte später kommentierten, man habe sie ausgewiesen, als es endlich anfing ihnen wirtschaftlich besser zu gehen, handelt es sich um eine Beobachtung, die auf einem zufälligen zeitlichen Zusammentreffen beruht. Hätte die Rubelreform früher stattgefunden, wären zwar einige existentielle Probleme gemildert worden, aber das Hauptproblem – die aus innenpolitischen Gründen unerwünschte Koexistenz zweier Bevölkerungsgruppen – wäre dadurch nicht behoben worden.

Die Option, die ostpreußischen Arbeitskräfte zu behalten, hielt sich Moskau weiterhin offen. Die Vorlage des Chefs der Rückwärtigen Dienste, Armeegeneral Chrulev, zeigt deutlich die Prämissen, unter denen die sowjetischen Behörden die Deutschen vom ersten Besatzungstag betrachteten. Man benötigte sie als Arbeitskräfte und Spezialisten, vor allen Dingen in Armeebetrieben und in der Landwirtschaft.

Der Aussiedlungsbeschluß vom 15. Februar 1948 ist ein qualitativ anderer als der vom 11. Oktober 1947, da er fordert, *»alle im Gebiet lebenden Deutschen in die Sowjetische Besatzungszone umzusiedeln«.* Nach der teilweisen Abschiebung folgte nun die Gesamtlösung. Was bewog die sowjetische Führung nach einigem Zögern zu dieser Variante? Zum einen löste man dadurch ein Sicherheitsproblem auf zwei Ebenen gleichzeitig: Die innenpolitische Situation im Kaliningrader Gebiet wurde gefestigt und die Zahl der Familien mit ausländischer Verwandtschaft und den dazugehörigen Kontakten minimiert. Natürlich wurde die Entscheidung auch durch das asymmetrische Verhältnis von nicht arbeitsfähiger und arbeitender Bevölkerung beeinflußt. (Hätten die Arbeitenden überwogen, wäre eine Gesamtumsiedlung in die östlichen Gebiete der RSFSR für die sowjetischen Behörden effizienter gewesen.)

Zum anderen zeichnete sich Anfang 1948 schon recht deutlich die Entstehung eines sowjetisch orientierten Separatstaates auf deutschem Gebiet ab. Das auszusiedelnde Arbeitskräftepotential war in gewisser Weise eine Investitionsanlage in diesen zukünftigen Staat. In diesem Sinn begann man die zukünftigen Aussiedler noch in Kaliningrad zu beeinflussen. Die deutsche Zeitung »Neue Zeit« veröffentlichte den Brief eines Deutschen aus Nürnberg und kommentierte: *»[...] Der Brief von Hans Andres ist lehrreich für alle diejenigen, die ihr Schicksal in die Hände von Onkel Sam legen und auf die ›Segnungen‹ des Marschall-planes hoffen. Viele Deutsche aus dem Kaliningrader Gebiet und Kriegsgefangene aus der Sowjetunion kehren jetzt nach Deutschland zurück. Sie haben in der UdSSR die weiten Gebiete gesehen, die von den Hitlerfaschisten zerstört worden sind. Sie haben aber auch gesehen, daß das Sowjetvolk alle Kräfte für den Wiederaufbau einsetzt und trotz der schweren Mißernte des Jahres 1946 seine Lebensbedingungen von Jahr zu Jahr besser werden. Hier herrscht Optimismus und besteht Aussicht auf weiteren Wohlstand.«*[657]

Die SED konnte einen Erfolg verbuchen. Wer in der SBZ blieb, lernte rasch, daß er besser nicht allzuviel über die Nachkriegszeit in Ostpreußen redete. Allmählich wurde selbst der Terminus »Ostpreußen« zum Unwort. Die Eingliederung der Umsiedler in die Gesellschaft der späteren DDR und ihre Integration stellen ein anderes, noch nicht erforschtes Kapitel der Zeitgeschichte dar.

XII. Die Brücke von Tilsit

XII.1. Die Brücke von Tilsit

1945 lebte in der sowjetischen Besatzungszone Deutschlands, im nördlichen und südlichen Ostpreußen sowie im Memelland deutsche Zivilbevölkerung unter sowjetischer Militärverwaltung. Die Verwaltungsformen in den genannten Gebieten weisen neben prinzipiellen Gemeinsamkeiten gravierende Unterschiede auf. Der Grad der Sowjetisierung des öffentlichen Lebens war in der SBZ vergleichsweise am geringsten.[658] Hier legten die sowjetischen Besatzungsoffiziere gemeinsam mit der deutschen Verwaltung Wert auf die Entwicklung eines neuen demokratischen Deutschlands. Dieses Modell sollte auch auf die Bewohner der anderen deutschen Besatzungszonen attraktiv wirken. Die sowjetische Militäradministration bemühte sich in vielen Bereichen um einen demokratischen Anstrich ihrer Politik, da sie wußte, daß sie nur so in der direkten Nachbarschaft zu den westlichen Alliierten konkurrenzfähig bleiben konnte. In Königsberg forderte die Konfrontation von Russen und Deutschen eine radikale Verwaltung heraus. Hier prallten Sieger und Verlierer unmittelbar aufeinander. Die Sieger führten sofort ihr System mit allen ideologischen Facetten ein. Darin gab es keinen Platz für die Deutschen, keine Chance einer positiven Entwicklung im Sinne einer antifaschistischen Umerziehung. Es bestand einzig der Zwang zur Unterordnung in dieser neuen Diktatur. Im Memelland übten die Litauer eine ambivalente Pufferfunktion aus.[659] Von der sowjetischen Militärverwaltung wurden sie eher als Besiegte (als Komplizen der Deutschen) gesehen; die Deutschen nahmen die Litauer häufig als Instrument der Besatzungsmacht wahr.

Die baltischen Staaten, die Nordbukowina, Bessarabien und Teile der Ukraine waren zwischen 1939–41 kurzfristig von der UdSSR besetzt worden. Auf Grund der einschneidenden Erfahrungen dieser Besatzungszeit flohen viele Bewohner 1944 vor der sich nähernden sowjetischen Front. Die Bevölkerung des Memellandes und des Königsberger Gebietes hatte dagegen noch keine Erfahrungen mit dem sowjetischen System erworben und glaubte in den ersten Nachkriegsmonaten, sich mit den neuen Verhältnissen arrangieren zu können. Obwohl sich Herrschaftsanspruch und Herrschaftsstrukturen nördlich und südlich der Memel wenig voneinander unterschieden, wurde die deutsche Bevölkerung unterschiedlich behandelt. Zusammenfassend lassen sich folgende Gründe hierfür nennen:

1. Die Vertreter aller Machtstrukturen der LSSR, einem Land mit vorwiegend agrarischer Prägung, waren aus wirtschaftlichen Gründen stark daran interessiert, das Memelland samt seiner Einwohnerschaft zu integrieren. Darüber hinaus wirkte das nationale Motiv, die moralische Niederlage vom Frühjahr 1939, als das Gebiet per Ultimatum an Deutschland abgetreten werden mußte, wettzumachen.
2. Die sowjetlitauischen Behörden hatten nur geringe sicherheitspolitische Bedenken gegenüber den Memelländern, obwohl die Erinnerungen an die Ereignisse 1938/39 noch recht frisch waren.[660] Sie fielen kaum ins Gewicht im Vergleich zu dem massiven oppositionellen Verhalten der Litauer gegenüber der sowjetischen Besatzungsmacht 1945/48.
3. Die memelländische Bevölkerung hatte sich in den vergangenen Jahrzehnten im Zuge der wechselnden politischen Zugehörigkeit des Territoriums sprachlich und kulturell flexibel gezeigt. Die regionale Identität der Bewohner, ihre Verwurzelung in der Heimat, bedeutete ihnen weitaus mehr als der Besitz der einen oder anderen Staatsbürgerschaft.

4. Der Status der Ostpreußen entschied sich erst im Laufe der sowjetischen Besatzungszeit. Durch die radikale Entheimatung innerhalb des Gebietes drängte der Wunsch nach Wahrnehmung staatsbürgerlicher Rechte das regionale Identitätsbewußtsein in den Hintergrund.
5. Die vollständige Ausweisung der Ostpreußen konnte erst in Gang gesetzt werden, als sich politische Argumente für den Abtransport fanden, die weitaus gewichtiger waren als das Potential der deutschen Arbeitskräfte im Kaliningrader Gebiet.
6. Das Zusammenleben der Ostpreußen und Russen barg für die sowjetischen Institutionen Sicherheitsrisiken, da durch die Sprachbarriere keine totale soziale Kontrolle über die deutsche Gruppe gewährleistet war, die sowjetische Administration keinerlei Eingliederungspolitik konzipiert hatte und die Ostpreußen sich den allgemeinen Indoktrinationsversuchen widersetzten.
7. Welche außen- bzw. deutschlandpolitischen Gründe für die Ausweisung der Königsberger Deutschen entscheidend waren, ist im Gesamtkontext der Politik des GUPVI und der Stalinschen Deutschlandpolitik zu erforschen. So ist zu untersuchen, inwiefern die Entscheidung über Entlassung von Zivilinternierten und Kriegsgefangenen aus sowjetischen Lagern für den politischen Entwicklungsprozeß der SBZ instrumentalisiert wurde.[661]

Die Memel trennte und verband Memelländer und Ostpreußen. Die Brücke von Tilsit spielte in der gesamten Nachkriegsgeschichte eine besondere Rolle, ja sie bestimmte das Schicksal vieler Anwohner. 1944 wurden Familien auf der Flucht auseinandergerissen, als alle Memelbrücken von der Wehrmacht auf dem Rückzug gesprengt wurden, im Sommer 1945 versperrten die Grenztruppen des NKVD an dieser Stelle memelländischen Rückkehrern den Weg in die Heimat und wiesen ihnen Arbeitsplätze in Sovchosen der

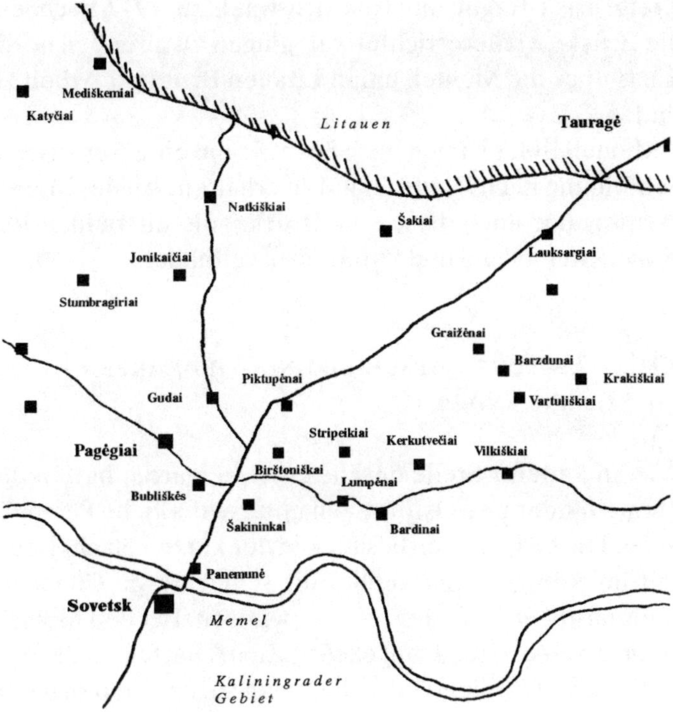

Ortschaften um Piktupoenen

Kreise Tilsit-Ragnit und Heinrichswalde zu. 1947, nachdem die Brücke wiedererrichtet war, gingen Ostpreußen nordwärts über die Memel, um in Litauen Brot und Arbeit zu finden.

Memelländer kamen nach Sovetsk, um eine Ausreisegenehmigung nach Deutschland zu erhalten. An der Memel existiert nur noch diese eine Brücke, die die beiden Regionen Memelland und Ostpreußen verbindet.

XII.2. Zwischen Abschied und Wiederkehr – die Memelländer

Wie an anderer Stelle bereits erörtert wurde, hatten die Memelländer und Ostpreußen unterschiedliche Perspektiven: Die Ostpreußen besaßen in der kurzen Nachkriegszeit im Königsberger Gebiet die schlechteren Chancen, aber dafür bessere Langzeitperspektiven. Bei den Memelländern war es genau umgekehrt: Zuerst hatten sie die besseren Lebensbedingungen, doch verschlechterten sich ihre Chancen ab 1949 extrem. Besonders gravierend wirkte sich die Kollektivierung der Landwirtschaft aus, denn dadurch verlor die Bevölkerung ihre autarke Ernährungsbasis. Zudem erstreckten sich die Deportationen von 1949 bis 1951 auch auf Memelländer. Sprachliche und kulturelle Identität ließ sich nur noch im häuslichen und kirchlichen Rahmen pflegen. Nur zu Hause oder während des Kirchganges redete man Deutsch oder traf sich mit anderen Memelländern. Andere Bereiche waren sehr stark litauisch durchsetzt und man duldete kein Deutsch. Mit Verschärfung der Situation drängten die Memelländer – nicht nur deutsche, sondern auch litauisch orientierte – auf Ausreise.

Nachdem Ende der vierziger, Anfang der fünfziger Jahre Alteingesessene und Neuangesiedelte mit unverkennbarer Distanz nebeneinanderher gelebt hatten, etablierten sich viele litauische Neueinwohner in dem Gebiet, was mit einer gewissen regionalen Anpassung einherging. Mit der Zwangskollektivierung setzte der Niedergang der Landwirtschaft ein (trotzdem war das agrarische Niveau im ehemaligen Memelland immer höher als in den anderen Gegenden der LSSR). Da im Dorf und in der Landwirtschaft kein beruflicher Aufstieg möglich war, suchte die junge Generation nach anderen Perspektiven. Der Staat förderte die Abwanderung in die Städte und industriellen Zentren und damit auch die weitere Vernichtung von sozialen Strukturen und Bindungen. Zum einen wurden in vielen industriellen Aufbauzentren Arbeitsplätze mit vergleichsweise hohen Verdienstmöglichkeiten ausgeschrieben, zum anderen bot die kommunistische Jugendvereinigung Komsomol zahlreiche Studien- und Stipendienmöglichkeiten an, die gerne wahrgenommen wurden. Mitte der fünfziger Jahre bürgerten sich Mischehen ein.

Am 8. April 1958 wurde eine Repatriierungsvereinbarung zwischen der Sowjetunion und beiden deutschen Staaten unterzeichnet. Bewohner der UdSSR, die am 21. Juni 1941 die Deutsche Reichsbürgerschaft besessen hatten, konnten nunmehr die Ausreise beantragen. Damit versuchten die Vereinbarenden in gewisser Weise die Repatriierungsmaßnahmen von 1945–1948 zu korrigieren. Obwohl infolge der Übereinkunft ca. 6000 Memelländer in die Bundesrepublik und in die DDR ausreisen durften, handelte es sich dabei im Grunde um einen kosmetischen Akt: Die sowjetischen Behörden schoben vor allem nicht sowjetisierungsfähige Elemente ab und blockierten die Ausreise von Arbeitskräften in Kolchosen und Sovchosen mit allen nur erdenklichen Mitteln. Mit einem Wort – die Ausreisevereinbarung wurde von der sowjetischen Administration zur Säuberungsaktion instrumentalisiert. Zu jener Zeit existierten schon zahlreiche Mischehen zwischen Memelländern und Litauern. Zwar hieß es in der mündlichen Erklärung zur Repatriierungsvereinbarung: *»Bei Mischehen wird die Frage der Ausreise solcher Personen von der sowjetischen Seite je nach* *den konkreten Umständen unter Berücksichtigung der Interessen der Familie wie auch der einzelnen Familienmitglieder entschieden.*«[662] In der Praxis bedeutete das jedoch, daß die UdSSR die »Interessen der litauischen Familien schützen« mußte, die nicht daran interessiert sein durften, plötzlich Westverwandtschaft und Westkontakte zu besitzen. Aus diesem und anderen Gründen kam es nur zu einer Teilaussiedlung und nicht zu einer ganzheitlichen Lösung wie zehn Jahre zuvor im Nachbargebiet. Diese Tatsache wurde von den bundesdeutschen Behörden verschwiegen, da ein Bekanntwerden derartiger Fakten den Erfolg der Repatriierungsvereinbarung geschmälert hätte. Die Bevölkerung in der Region – nicht nur die zurückbleibenden Deutschen, auch die Litauer – verbuchte diesen Aderlaß als traumatische Erfahrung.

Alle Memelländer hatten zwischen 1958 und 1960 über die Ausreise nachgedacht oder sogar einen Antrag gestellt. Die Demütigung, die sie durch die willkürlichen Entscheidungen der sowjetischen Behörden erfuhren, ist bei vielen Bürgern noch heute lebendig. Die Abgelehnten begriffen in der Mehrzahl, daß es sich um eine einmalige Chance gehandelt hatte und begannen ihr Deutschtum so weit wie möglich zu verbergen, zu vergessen und ihre Namen noch stärker zu lituanisieren. Sie wollten künftig wegen ihrer deutschen Herkunft nicht mehr benachteiligt werden.

Bis 1987 war das Memelland für Ausländer gesperrt. Selbst Reisen zu Verwandten waren nicht gestattet. Seit der Öffnung brach der Besucherstrom nicht ab. Anders als im Kaliningrader Gebiet, wo nur die Überreste der früheren Wohnorte zu besichtigen sind, pflegen hier ehemalige Bewohner Kontakte zu Verwandten, Bekannten und ehemaligen Nachbarn. Die erste Besuchswelle löste bei den daheimgebliebenen Memelländern einen Schub zur Wiederfindung der ursprünglichen Identität aus, der in gewissem Maße von den Litauern in der Region wohlwollend begleitet wird.[663]

Noch während der Sowjet-Ära wurden der deutsch-litauische Kulturverband in Klaipėda gegründet (1989) und das Denkmal des Ännchen von Tharau wieder in der Stadt aufgestellt (ebenfalls 1989). Die Lokalverwaltung von Klaipėda wußte das Engagement der besuchsweise zurückgekehrten Memelländer zu würdigen, begriff es als Chance und pflegt heute den Kontakt ohne Ressentiments. Neben dem deutsch-litauischen Kulturverband wurde 1989 auch der Verein der Kleinlitauer [Mažosios Lietuvos bendrija], der litauisch orientierten Autochthonen gegründet. Eine der ersten Initiativen dieses Vereins bestand darin, die evangelischen Kirchen im Memelland wieder aufzubauen und zu renovieren. Ein Großteil der Arbeiten ist inzwischen abgeschlossen. Die Kirchgemeinden haben einige Gepflogenheiten bewahrt, die von Besuchern als verstaubt empfunden werden. Von dem starken Traditionsbewußtsein der Memelländer zeugt z. B. die altpreußische Liturgie der Gottesdienste, die in Deutschland nur noch die Großelterngeneration kennt.

Der Wiederfindungsprozeß gestaltete sich für die deutsche Minderheit schwieriger als für die jüdische oder polnische. Ein hauptsächlicher Grund dafür liegt wohl darin, daß den Deutschen zwischen 1945 und 1989 keinerlei eigenständige Kulturarbeit erlaubt war. Es gab weder eine landeseigene Presse noch Radiosendungen in deutscher Sprache. Zwar konnten die Einwohner DDR-Zeitungen abonnieren und DDR-Rundfunk hören, doch es fehlte dabei der memelländische Bezug.[664] Zudem hatten viele mit ihrem Deutschtum gebrochen, nachdem ihnen die Ausreise 1958/1960 verwehrt worden war. Die Zurückgebliebenen durchlebten eine kollektive biographische Krise, in jedem memelländischen Lebenslauf hinterließ die Ablehnung Spuren. Das Selbstwertgefühl der autochthonen Gruppe, bzw. ihres Restes, wurde deutlich geschwächt. Wie tief der Einschnitt war, beweist u. a. die Tatsache, daß die Zurückgebliebenen die Zahl der damals Ausgereisten bis heute viel höher einschätzen, als sie je gewesen ist. Oft erzählen die Betroffenen bei Befragungen auch, daß sie früher Deutsche waren. Nun sind sie Litauer.

Die indirekte Aberkennung der ethnischen Zugehörigkeit durch die sowjetischen Behörden war der Auftakt zum Assimilationsprozeß, der äußerlich häufig mit einer Namensänderung einsetzte. Familiengeschichte wurde nur sehr marginal tradiert, wenn nicht tabuisiert. Ein Grund dafür mag sein, daß die Memelländer die Ereignisse der endvierziger Jahre nicht in den historischen Kontext einordneten und stattdessen häufig als Willkür interpretierten. Die Art und Weise, wie sich dieser Personenkreis – auch heute noch – seiner Vergangenheit erinnert und sie deutet, verrät viel über die prinzipiellen Schwierigkeiten, sich in der Gegenwart geistig und politisch zu verorten.

Auch im Memelland – das heißt in den Städten Šilutė und Klaipėda – haben deutsche Mütter, die selbst fließend deutsch sprachen (etwa Jahrgang 1938–40) und in den sechziger und siebziger Jahren regelmäßig Verwandte in der DDR besuchten, ihren fast erwachsenen Kindern erst nach 1990 allmählich – in Salamitaktik – von ihrer eigenen Geschichte erzählt. Viele Eltern hatten ihre Familiengeschichte gänzlich verdrängt, da sie glaubten, die Kinder auf diese Art und Weise vor Gewissenskonflikten und Anfeindungen schützen zu können. Heute stehen viele fassungslos vor ihrem eigenen Schweigen[665] und können ihre – zum Teil – hochgradigen Anpassungsmechanismen weder ihren Kindern noch sich selbst deuten oder sie gar entschuldigen.

Die deutschen Minderheiten[666] in Litauen unterscheiden sich noch in einem weiteren Punkt von anderen Minderheiten: Längst nicht alle Einwohner deutscher Nationalität beherrschen die deutsche Sprache, so daß in den Versammlungen der deutschen Vereine meist litauisch gesprochen wird. Gut qualifizierte und hoch engagierte litauische Germanisten haben meistens keinen Zugang zu deutschen Vereinen und wissen auch kaum etwas über die Minderheit und deren Geschichte.

Der Verein der Memelländer ist heute die größte und aktivste Gruppe unter den deutschen Minderheiten in Litauen und zählt mehr als 1200 Mitglieder. Die 1993 gegründete deutsch-litauische Minderheitenschule des Vereins in Klaipėda ist ein Paradigma für den Wiederfindungsprozeß, in dem sich die Memelländer befinden. Hier lernen Kinder Deutsch und Litauisch parallel. Sie lernen eine Sprache, die ihre Eltern in der Regel nicht verstehen. Wollen die Kinder im Familienkreis deutsch sprechen, müssen sie sich an die Großeltern wenden. Eine Schule und ein Bildungsprojekt, das nicht ohne kritische Anfragen verläuft, aber auch ein Experiment darstellt. Hat die deutsche Minderheit in Litauen noch eine Zukunft? Wird diese Schule ihrem Auftrag im Sinne der Minderheitenpolitik gerecht oder bedient sie nur konjunkturelle Neigungen?

In den Familien mit Angehörigen mehrerer Generationen, die in staatsbürgerschaftlicher Hinsicht vorwiegend litauisch orientiert sind, sich mit dem litauischen Staat, seiner Geschichte und seiner Politik identifizieren, aber über deutsche Wurzeln und einen deutschen Kulturanteil verfügen, existieren verschiedene Erfahrungen im Umgang zwischen Autochthonen und Zuwanderern. Wie hoch der Verschmelzungsgrad zwischen litauischen und deutschen Kulturinhalten heute ist, zeigt die Tatsache, daß etwa genau so viele Schüler dieser Schule den katholischen Religionsunterricht besuchen wie die evangelische Christenlehre.

Ob Kulturinhalte der Autochthonen künftig in der Region eine aktive Rolle spielen, hängt stark von der Intensität des Dialogs zwischen den Generationen ab. Wird er nicht ausreichend gepflegt und zu einem interkulturellen Gespräch weiterentwickelt, beginnen allgemein deutsche Elemente regionale zu verdrängen. Das bedeutet, daß die junge Generation zwar deutsche Geschichte, Literatur und Folklore kennt, aber keine Regionalgeschichte, keine memelländische Literatur und einheimischen Lieder. Der heimische Dialekt ist schon fast verlorengegangen. Ein Dialog schließt die Bereitschaft ein, sich mit den vorangegangenen Konflikten zu beschäftigen und sie aufzuarbeiten.

Im Memelland gibt es, unabhängig von der alten autochthonen Bevölkerung, starke Tendenzen zu einer regionalen Identität. Die Einwohner haben in dem Gebiet Wurzeln geschlagen und betrachten es als ihre Heimat, wobei sie sich häufig stärker mit ihrer Stadt und ihrem Gebiet identifizieren, als mit dem Staat, dessen Bürger sie sind. Zur Herausbildung dieses Phänomens hatte auch die Abgeschlossenheit des Gebietes in der sowjetischen Zeit beigetragen. Insgesamt läßt sich zur Zeit in den baltischen Staaten ein Trend zur Regionalisierung verzeichnen. Die Bürger zeigen eine stärkere Beziehung zu ihrer Heimatgegend, zu ihrer Heimatstadt, auch in dem Gefühl, in ihrem direkten Umfeld gestalterisch wirken zu können. Solche Tendenzen waren während der sowjetischen Herrschaft nicht gestattet. Der Hang zur Regionalisierung hat eine weitere Ursache: Viele Bürger, die jahrelang als Litauer, Letten und Esten für die Unabhängigkeit ihrer Staaten gekämpft haben, sind jetzt von der Regierungspolitik ihrer Staaten enttäuscht, vor allem von den mangelnden Möglichkeiten der Einflußnahme auf das Wohl ihres Landes. Sie wollen sich deshalb nicht mehr nur mit ihrem Staat identifizieren und suchen so eine regionale Heimat.

XII.3. Kant oder Lenin – Zur Entwicklung in Kaliningrad

Die territoriale Siegesbeute hatte nach dem Zweiten Weltkrieg für Stalin und die Rote Armee hohen symbolischen Wert, doch im ersten Nachkriegsjahr verfügte Moskau über keinen konkreten Maßnahmeplan für das Gebiet. Vorläufig regierte das Militär. Eine politische Idee bezüglich des Gebietes entstand erst nach dem Anschluß an die UdSSR. Die sowjetische Regierung wollte hier ein Musterland des Kom-

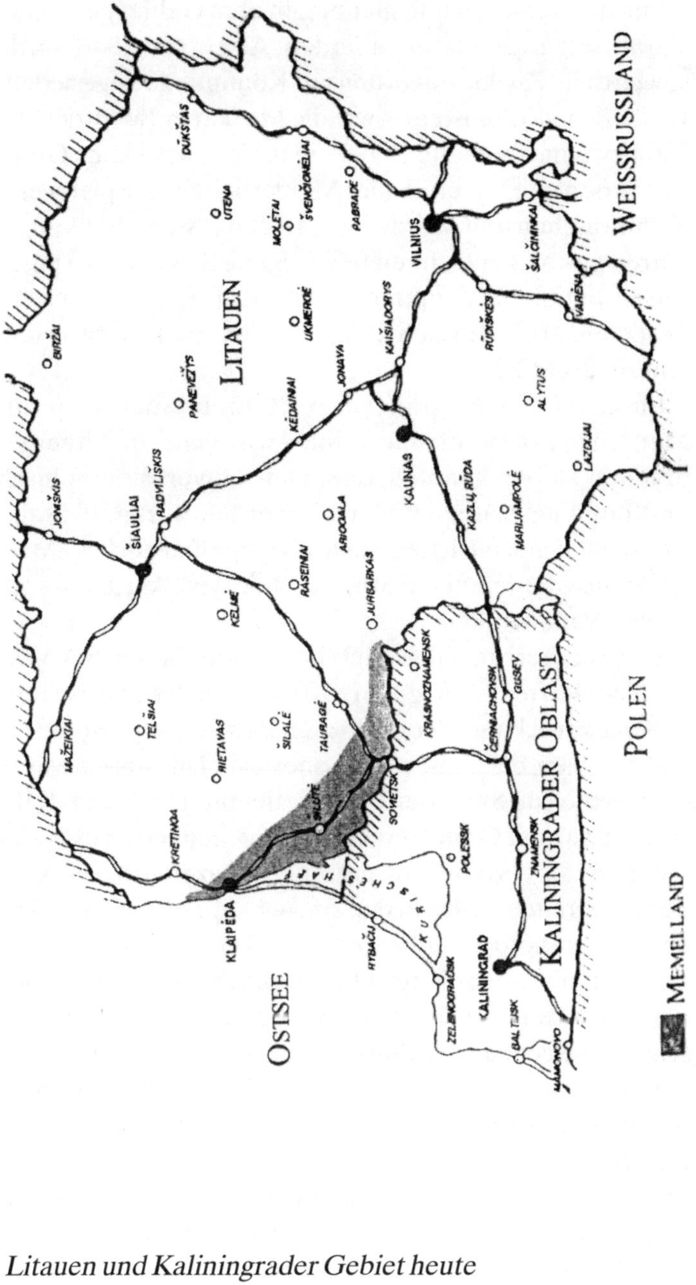

Litauen und Kaliningrader Gebiet heute

munismus schaffen und glaubte, in dem Gebiet geeignete Voraussetzungen dafür zu finden. Ab Herbst 1946 wurde sowjetische Zivilbevölkerung auf Kommando angesiedelt. Unter den »Kolonisten« – wie die Moskauer Behörden die Neubewohner betitelten – befanden sich auch kleine Gruppen verschiedener nationaler Minderheiten, beispielsweise Tschuwaschen und Mordwinen. In den ersten Nachkriegsjahren gestand man ihnen noch eigene Schulen zu, später waren nationale Gruppierungen nicht mehr erwünscht. Trotzdem erhielten sich kleine Sprach- und Kulturinseln innerhalb der Region.

Im neuen Kaliningrader Gebiet konnte der Staat mit Menschen operieren, die keine Ansprüche an Althergebrachtes stellen konnten, da sie kurz zuvor geographisch und bindungsmäßig entwurzelt worden waren.[667] Stalin wünschte sich seine Kriegsbeute als kommunistisches »Musterländle«, besiedelt mit atheistischer Bevölkerung *sowjetischer* Nationalität.

Trotz der territorialen Einbindung war das Gebiet während der letzten fünfzig Jahre so weit von der gesellschaftlichen Entwicklung der russischen Zentren abgeschnitten, daß es schien, der Geist von Glasnost und Perestroika würde die westlichste Stadt der UdSSR niemals erreichen. Kaliningrad galt auf Grund seines hohen Militarisierungsgrades nicht nur als »größter sowjetischer Flugzeugträger«, sondern verbreitete selbst in den Endachtzigern noch das Flair des letzten Biotops der Brežnev-Ära. Das ideologische Korsett hielt hier sogar lange über den August 1991 hinweg – das Gebiet war wie eine Insel, auf der noch nach sozialistischer Art Recht und Ordnung herrschten und sozialer Frieden bestand, während anderenorts die sowjetische Gesellschaft, die *pax sovietica*, schon auseinanderzubrechen drohte. Jahrzehntelang wucherten unter den neuen Siedlern üppige Mythen über die ehemaligen deutschen Bewohner, richtete man sich eher provisorisch ein. Die Legende von den Deutschen, die doch zurückkommen würden, hielt sich zäh am Leben. Schon lange bevor die ersten Deutschen kamen und am Pregel vom Wiederaufbau des Doms laut zu träumen begannen, hieß es in Kaliningrad, die Russen müßten fort, wenn erst wieder ein Dach auf dem Dom sei.

Als die ersten Touristenbusse 1991 anrollten, standen die Bewohner vor einer psychisch kaum zu bewältigenden Situation, auf die sie niemand vorbereitet hatte. Ihr Leben lang waren ihnen monolithische Denkstrukturen und polarisierende Wertehierarchien propagiert worden, was selbstverständlich durch mehrere Generationen hindurch Spuren hinterlassen hatte: Die sinnstiftende Befriedigung des menschlichen Harmoniebedürfnisses war an relativ eindeutige Wertezuweisungen gekoppelt worden. Dieser metageschichtliche Maßstab hatte die eigene Orientierung erleichtert. In diesem Muster galten die früheren deutschen Bewohner als Faschisten. Dieses der menschlichen Psyche eher bequeme, undifferenzierte Schwarz-Weiß-Schema war geeignet, sich im Massenbewußsein zu verfestigen und als stabiles Aneignungsmuster bis zum Zeitpunkt der Öffnung des Gebietes weiterzuwirken. Verstärkt wurde diese Sichtweise zudem durch einen einseitig ausgeprägten Antifaschismus, der im kommunistischen System eine wichtige Rolle spielte, sowie durch die familiären und gesellschaftlichen Muster in der Tradierung des Zweiten Weltkrieges.

Die Heimwehtouristen – allein 60.000 in der ersten Saison – gaben sich nicht mit der Besichtigung der sozialistischen Errungenschaften Kaliningrads zufrieden. Sie fuhren in die Kleinstädte und Dörfer, besuchten ihre Geburtshäuser und einstigen Schulen. Plötzlich fühlten sich die jetzigen Bewohner gezwungen, die Verkommenheit ihrer neuen Heimat zu rechtfertigen. Erst die Begegnung zwischen einzelnen Personen oftmals gleicher Jahrgänge, das private Gespräch und die persönliche Erfahrung, daß die früheren Ostpreußen ihr Hab und Gut nicht zurückforderten, bot den Ansatz zu einer Entspannung, die vor allem nicht als Stellvertreterpose auf dem Podium stattfand, sondern als

Geste von Tausenden zwischen Pregel und Memel erlebt wurde.

Mit der Öffnung des Gebietes konnte endlich ein Schlußstrich unter die Nachkriegszeit gezogen werden, ließen sich die Ereignisse der Geschichte zuordnen, konnte aufgrund der nun existierenden Zäsur eine Aufarbeitung einsetzen. Hieß es noch 1995 in Deutschland, anläßlich der historischen Tagungen und Kolloquien zum Jahr 1945: *»Flucht und Vertreibung in der Mitte und im Osten Europas am Ende des Zweiten Weltkriegs entziehen sich noch immer dem geschichtlichen Urteil«*,[668] läßt sich mittlerweile für das Kaliningrader Gebiet konstatieren, daß der immens verspätete Beginn der historischen Aufarbeitung innerhalb der Region aus eigenem Impetus beachtenswerte Fortschritte zeitigt.

Jetzt, im achten Jahr der Öffnung, schreitet die Normalisierung der Kaliningrader Lebensverhältnisse, im Sinne einer Angleichung an die Situationen anderer russischer Großstädte, voran – stellenweise im Verborgenen, anderenorts hingegen deutlich wahrnehmbar. Die *pax sovietica* ist nun auch hier implodiert. Kaliningrad erfährt soziale Umbrüche, die auch eine sich rasch ausbreitende Kriminalität bewirken – sie ist immerhin eine Großstadt mit allen Nuancen.

Die Normalisierung der Region besteht aus zwei Gegenbewegungen: Einerseits wird der alte sowjetische Denk- und Repräsentationsstil fortgesetzt, der inzwischen schon zur Tradition mehrerer Generationen geworden ist, wenn auch ohne den früheren ideologischen Druck. Andererseits unterwirft sich die Bevölkerung gierig allen nur erdenklichen neuen Einflüssen und durchbricht bisher bestehende Verbote, wodurch plötzlich der Eindruck entsteht, es existierten zwei verschiedene Zeitrechnungen nebeneinander.

Das Gebiet ist voller lokaler Asynchronitäten und kultureller Kontraste. Lenin, der von den Kriegsveteranen und älteren Bürgern sowjetischer Prägung traditionell sehr verehrt wird, wurde am gleichen Tag geboren wie Immanuel Kant, der bekannteste Bürger Königsbergs, wenn auch 124 Jahre später. Am 22. April scheiden sich regelmäßig die Geister der Stadt Kaliningrad. Während die eine Gruppe mit Blumen und Spruchbändern zum Denkmal Lenins an den ehemaligen Nordbahnhof zieht, versammeln sich die anderen – gleichfalls mit Blumen – am Sarkophag Kants. Da die beiden Veranstaltungen zeitgleich stattfinden, müssen sich Anhänger beider Persönlichkeiten für eine von beiden entscheiden.

Im Mai 1995 wurde ein Gesetz erlassen, demzufolge alle Lenindenkmäler – obligatorische Ausstattung jeder Rayonstadt – unter Denkmalsschutz gestellt wurden. (In anderen Regionen Rußlands haben die Stadtverwaltungen ihre Lenin-Denkmäler schon vor Jahren für Devisen ins Ausland verkauft. Dieser Erlaß betrifft nicht die Denkmäler für Kalinin in Stein und Buchstaben, aber noch wird offiziell die Erinnerung an den engen Freund Stalins gepflegt. An der Peripherie zahlreicher Marktplätze, die bis heute von Lenindenkmälern beherrscht werden, finden heute Rekonstruktionsarbeiten an alten deutschen Kirchenruinen statt. An solchen Orten wird deutlich, daß sowjetische und deutsche Vergangenheit eine kuriose Smybiose eingehen.)

Viele hochrangige ehemalige Eroberer von Königsberg wohnen bis heute in nobel möblierten Wohnungen nationalsozialistischer Funktionäre, mit Volksempfänger, schweren Herrenzimmermöbeln oder kitschigem Glasnippes, die im April 1945 beschlagnahmt wurden. Weder die pensionierten Offiziere noch die russischen Kolchosbauern, die 1947/48 rasch die Hinterlassenschaften der ausgewiesenen Deutschen unter sich aufteilten, verfielen jemals auf die Idee, daß dieser Zuwachs in ihrem meist ärmlichen Privatbesitz ideologisch bedenklich sein könnte, hob er doch Wohlstand und Lebensgefühl. (Seit Frühjahr 1995 kann man übrigens in der Dauerausstellung des Kaliningrader Geschichtsmuseums auch ein deutsch-russisch eingerichtetes Wohnzimmer als typisches Symptom der Nachkriegszeit bewundern.) Große Mengen Geschirr, Kunstwerke und Schmuck sind auf mehr oder weniger verschlungenen Wegen in die Hände der Neubewohner gelangt und werden von ihnen in Ehren gehalten. Auf diese Weise ist ein Stück Geschichte am Ort geblieben und wird nun auf ganz eigene Weise tradiert.

Allmählich legen die Einwohner die ihnen verordneten sowjetischen Tarnkappen ab, um wieder Ukrainer, Polen, Mari, Tschuwaschen, Juden, Litauer und auch Deutsche zu sein. Es existieren bereits zahlreiche Kulturvereine, Sonntagsschulen, nationalsprachliche Kindergärten und Schulklassen. Nach und nach entwickelt sich in den Städten auf diese Weise eine responsive Umwelt, die auch eine persönliche Identitätsfindung wieder ermöglicht, nachdem die in der Sowjetunion existierenden Muster an kollektiver und ideologischer Identität zusammengebrochen sind. Es ist eine interessante Basis für eine multikulturelle Gesellschaft entstanden: Kinder aus gemischten Familien – und deren Situation überwiegt – können sich heute schwer für eine Volkszugehörigkeit entscheiden, da sie zu den Heimatregionen ihrer Eltern kaum Beziehungen haben. Jugendliche des Gebietes wissen heute häufig kaum mehr etwas über die ursprüngliche Herkunft ihrer Großeltern vor 1946; sie sind in der Region verwurzelt. Am liebsten würden sie »Kaliningrader« als Nationalität in den Paß eintragen lassen. Ganz im Gegensatz zu ihren Großvätern, den Eroberern von Königsberg, die Ostpreußen immer noch mehr als Siegestrophäe denn als Heimat ansehen.

Obwohl in Gesamtrußland die Bevölkerungszahlen sinken, kann die Kaliningrader Region Zuwachs vermelden. Der erste polnische Konsul in Kaliningrad, Jerzy Bahr, hat vor zwei Jahren resümiert, daß immer mehr Menschen hier trotz aller Schwierigkeiten eine Zukunftschance für sich entdecken. So siedeln sich ständig weitere Bürger der GUS, vor allem aus den mittelasiatischen Krisenregionen, an.

Aus diesen Gebieten zählte Ostpreußen bisher keine Zuwanderer. Heute ist Kaliningrad ein *melting pot;* der weniger durch ein nationales Bewußtsein charakterisiert werden kann, als vielmehr durch eine regional determinierte kollektive Identität.

Im Kaliningrader Gebiet schwelt seit Jahren, spätestens seit der Öffnung der Region für Ausländer (1991), ein Generationskonflikt. Die ältere Generation wurde hier in den Nachkriegsjahren demobilisiert und angesiedelt, nachdem sie erbittert gegen die Deutschen gekämpft hatte.

Die Jungen wuchsen in Kaliningrad – fern von Rußland – auf und können sich nicht mehr recht mit der Heimat ihrer Eltern identifizieren. Moskau, Kasan und die Wolga kennen die meisten nur von Postkarten. Die Silhouetten alter russischer Städte mit ihren Zwiebelturmkirchen, die Weite der russischen Landschaft erscheinen Studenten der heutigen Generation fremd. Kaliningrader Schüler malen rote Ziegeldächer auf ihre Häuser, was völlig atypisch für russische Kinderzeichnungen ist.

Die Kinder der Veteranen stießen zunächst überall auf deutsche Hinterlassenschaften und Spuren, später auf die Tabus der Vor- und Nachkriegsgeschichte. Derzeit betont die junge Generation die deutsche Vergangenheit des Gebietes und hofft auf einen wirtschaftlichen Aufschwung mit europäischer und deutscher Hilfe. (Trotzdem sind die wenigsten rein deutsch fixiert. Englisch bleibt die beliebteste Fremdsprache, denn im Kontakt mit der anglophilen Welt sehen die Jugendlichen die besten Perspektiven für eine berufliche Zukunft.)

Erst 35 Jahre nach Stalins Tod konnte der erste orthodoxe Priester sein Amt in der Kirche von Juditten/Kaliningrad antreten. Heute sind Gotteshäuser verschiedener Konfessionen sehr gut besucht und russisch-orthodoxe Trauungen gehören unter jungen Leuten bereits zum guten Ton. Religion und Gottesdienst stellen machtvolle Instrumente dar, typisch für ein Gebiet, das vierzig Jahre durch strikt verordneten Atheismus glänzte. Die russische orthodoxe Kirche hat ihre Möglichkeiten, aber auch ihre Konkurrenten rasch wahrgenommen. Aufmerksamen Beobachtern fällt sofort auf, wie eng sich die Beziehungen zwischen den Funktionären dieser Kirche und den Kräften der früheren Kommunisten gestalten. Die orthodoxe Kirche ist ein Instrument der russischen Etatisten und führt so einen Glaubenskrieg gegen alle anderen Religionen, die sich bemühen, im Gebiet Fuß zu fassen. Damit stellt sie eine Russifizierungsmaßnahme anderer Art dar.

Die Bewohner des Gebietes wissen um die wirtschaftlich miserable Situation der russischen Exklave, dieses Stiefkindes der Moskauer Verwaltung. Allein dreimal während der Jahre 1990 bis 1993 wurden Strategien der regionalen Entwicklung verändert. Das Vertrauen zum Kreml ist gering, das Wissen um die autoritären Strukturen und dogmatischen Führungsansprüche Moskaus um so größer. 50 Jahre nach dem Anschluß des Gebietes an die UdSSR hat man sich vor Ort in der Situation eingerichtet – aber nicht mit ihr abgefunden. Die neue Generation, die in der Normalisierungsphase erwachsen geworden ist und sie als eine Befreiung erlebt, besitzt zweifellos die Chance, sich über das Erbe ihrer Großväter hinwegzusetzen und eine neue Phase der Entwicklung einzuleiten.

Im Übergangsstadium vom verordneten Internationalismus zur Selbstfindung bleibt als Anker nur das Heimatgefühl zur Region, der Wunsch, Kaliningrader zu sein.

Bei den früheren Funktionären hingegen hat sich »regionale Identität« schon zum Unwort entwickelt, man wittert dahinter so etwas wie »schleichende Regermanisierung«. Dieser Begriff wurde inzwischen von den Kommunisten zur hauptsächlichen Verbalwaffe gegen ausländische Einflüsse hochstilisiert, die einen Windhauch von Demokratisierung mit sich bringen könnten. Sie beharren auf der russischen Prägung des Gebietes und auf der russischen Nationalität seiner Bewohner; der multinationale und multikulturelle Charakter der Einwohnerschaft wird von ihnen ignoriert. Es fällt den Kommunisten schwer, ohne konkrete und gültige Feindbilder leben zu müssen und innerhalb der jetzt existierenden diffusen Umgebung noch eine eigene Meinung zu artikulieren.

Der vom ehemaligen DDR-Außenministerium so beliebte Terminus »Einmischung in innere Angelegenheiten« wurde seinerzeit von Moskau in Umlauf gesetzt und erfreut sich dort noch reger Verwendung.

Die jahrelange interne Kaliningrader Diskussion um eine Namensänderung der Stadt brach in jenem Moment ab, als Gräfin Dönhoff auf der Titelseite der ZEIT eine Umbenennung der Stadt forderte.[669] Nun konnte eine Umbenennung nicht mehr stattfinden, denn es hätte immer so ausgesehen, als seien die Russen einem deutschen Vorschlag gefolgt. Um weiteren Vorschlägen zur Umbenennung aus dem In- und Ausland einen Riegel vorzuschieben, verabschiedete die Duma 1994 ein Gesetz, laut dem geographische Bezeichnungen des Kaliningrader Gebietes nicht verändert werden dürfen. (Ein neuerlicher Grund dafür, daß die Region heute äußerlich sowjetischer wirkt als der Rest Rußlands. Solche Erlasse, die der Konservierung des Zustandes dienen, sollen eigentlich nur vertuschen, daß die Entwicklungen in dem Gebiet voranschreiten.) Nachdem das Ausland nun zum Namensthema schweigt und man den Eindruck gewonnen hat, Moskau wolle den Namen der Stadt Kaliningrad auf ewig konservieren, schreiten die russischen Initiativen in Kaliningrad zu einer Umbenennung voran. Russische Historiker stellten vor einigen Jahren fest, daß es seinerzeit auch eine russische Variante des Namens Königsberg *»Korolowiec«* gegeben habe und versuchen nun diesen Vorschlag zu propagieren.

Im Gegensatz zum russischen Landesinneren – wo der Zusammenbruch der Sowjetunion schwierigere Lebensbedingungen schuf und die Bürger sich an die Brežnev-Ära als eine gute Zeit erinnern – sind im Westen des Imperiums durch den Reiseboom der letzten Jahre weite Schichten der Bevölkerung zumindest oberflächlich mit anderen Denk- und Lebensformen konfrontiert worden. Hinzu kommt, daß sich die postkommunistische Nostalgie in Kaliningrad auf Funktionäre und Militärs beschränkt, da der Rest der Bevölkerung nicht sonderlich privilegiert war und ursprünglich auch viele nicht freiwillig hierher gefunden hatten. Im Gegensatz zu denjenigen, die in der russischen Heimat blieben, glauben die Kaliningrader an eine – wie auch immer geartete – Perspektive, da sie wissen, daß ihre Region international im Gespräch ist.

Verbleibt nur noch zu hoffen, daß der Weg in die Zukunft Russisch-Ostpreußens in einem Wechselspiel außen- und innenpolitischer Faktoren verläuft – quasi als zweifache Internationalisierung – innerlich und äußerlich. Die Chancen für einen innenpolitischen Pluralismus sind höher, als es im ersten Moment erscheinen mag. Aber noch leben die Kriegsveteranen, die Eroberer von Königsberg.

In den ersten Jahren der Perestroika gab es im Kreml keine Kaliningrad-Politik. Pragmatische russische Interessen wurden erst nach dem Zerfall der UdSSR artikuliert. Heute hat Rußland nicht nur immense wirtschaftliche Probleme. Die Russen befürchten, international weiter an Einfluß zu verlieren und trauern den Zeiten hinterher, als sie noch eine unumstrittene Großmacht waren. So ist Moskau sehr darauf bedacht, nicht noch mehr Territorium zu verlieren und nicht allzu stark unter ausländischen Druck zu geraten, – im Grunde eher eine *idée fixe*, die aber das mangelnde staatliche Selbstvertrauen der Russen demonstriert.

Im Kaliningrader Kontext, in den Gesprächen und Diskussionen um die Zukunft des Gebietes, gibt es wieder ein neues Modewort – das der »Geopolitik«. Die russischen Militärs reden sogar von geostrategischen Überlegungen. Man spricht in Moskau von der »politischen Insel« Kaliningrad[670] oder fürchtet um den russischen Einfluß in der »baltischen Enklave«[671].

Sowohl im russischen wie auch im europäischen Interesse muß die Doppelgesichtigkeit der Exklave vorläufig politisch gewahrt bleiben, damit die potentielle Brückenfunktion des Gebietes, die es zweifelsohne aus geographischen und politisch-historischen Gründen besitzt, auch wirksam werden kann. Aber, zieht man eine historische Parallele zum früheren Westberlin, besitzt Kaliningrad eine andere Insellage. (Westberlin und Kaliningrad ist gemein, daß sie geographische Kuriositäten verkörpern: Von Westberlin konnte man – in welche Himmelsrichtung auch immer – nur nach »Osten« schauen. An der jahrhundertealten Grenze in Kybartai/Eydtkuhnen verlief der Weg immer ostwärts gen russisches Territorium, heute fährt man westwärts Richtung Rußland.) Polen und Litauen sind direkte Nachbarn mit unterschiedlichem politischen Klima. In den letzten Jahren kam es beispielsweise zu Situationen, in denen die Litauer die Transitregelungen für Russen sehr verschärften. In solchen Momenten bot Polen günstigere Varianten an.

Bevor Moskau nicht eigene Fragen geklärt hat, kann auch die Kaliningrader Entwicklung nicht wesentlich vorwärts schreiten. Schon einmal – zwischen 1945/1946 – hat das Gebiet schweren wirtschaftlichen Schaden erlitten, durch Steuerungsprobleme des Kreml, die zu einem Entscheidungsvakuum führten. Die Selbstdefinition der Russischen Föde- ration ist noch nicht abgeschlossen. Soll sie sich als Nation begreifen oder als Imperium mit dem Auftrag, die GUS-Staaten wieder einzugliedern? Soll sich Rußland mehr an den Westen anlehnen – im Muster einer prinzipiellen Wertegemeinschaft – oder eine eigene spezifische eurasische Identität entwickeln und sich dabei chinesischer, indischer und japanischer Entwicklungsmodelle bedienen?

Hinsichtlich materieller und ideeller Unterstützung für innere Transformationsprozesse ist für Kaliningrad nur Anlehnung an den Westen denkbar. Sollte Moskau mehr zu einem eurasischen Modell tendieren, wird Kaliningrad irgendwann im ideellen Spagat leben müssen, der sich in anderer Weise schon jetzt abzeichnet.

Kaliningrad war bisher Beispiel *par excellence* für den russischen Versuch, innere Probleme durch äußere Expansion zu lösen, anstatt eine Modernisierung des Landes zu betreiben. Falls künftig an der Ostsee tatsächlich eine Modernisierung stattfinden sollte, könnten bisherige Akzente gleichsam verschoben werden und Kaliningrad als Antrieb für Veränderungen in Rußland wirken.

XII.4. Annäherung durch Entsowjetisierung

Bis 1991 existierte an der Tilsiter Brücke eine quasi unsichtbare Grenze. Außer einigen sowjetischen Polizisten und bewaffneten Brückenwächtern wies nicht viel darauf hin, daß man aus der LSSR in das Kaliningrader Gebiet fuhr – nur auf der litauischen Seite stand auf einem großen blauen Schild der Name der Republik in weißen Buchstaben. Nach der Wiederherstellung der litauischen Unabhängigkeit und dem Abschluß eines litauisch-russischen Grenzvertrages vom 17. Juli 1992 begannen beide Seiten mit dem Bau von Grenz- und Kontrollanlagen. Je mehr die südliche Grenze des Kaliningrader Gebietes nach Polen hin Durchlässigkeit zeigte, desto stärker wurde die Abschottung an der nördlichen Grenze – zu Litauen. Damals hieß es im Scherz mit einem Körnchen bitterer Wahrheit, die Berliner Mauer sei nun zur Tilsiter Brücke verlegt worden.

Vor der Aufarbeitung der weißen Flecken in der Geschichte auf beiden Seiten stand also die regionale Abschottung. Es war die Antwort der Litauer auf die Öffnung des Kaliningrader Gebietes, eine Antwort, die vor allem aus mentalen Gründen erfolgte und in ihren Strukturen stark der Politik der anderen baltischen Staaten glich, Litauen als direkter

Nachbar aber die härteste Position einnahm. In bezug auf Determinanten von Minderheitenpolitik, auf Selbstbild und Fremdbild herrschten und herrschen unter den Bewohnern der baltischen Staaten Vorurteile, die einer Überprüfung bedürfen. Bisher wurden sie nur ansatzweise diskutiert und endeten häufig in einer Art Aufrechnung.

Immer wieder melden sich in Litauen einzelne Stimmen zu Wort, die das Kaliningrader Gebiet als altes litauisches Gebiet propagieren, auf das die Russen keinerlei Anspruch erheben dürften, das vielmehr den Litauern in Jalta und Potsdam vorenthalten worden sei. Wie man der Lokalpresse mehrfach entnehmen konnte, lautet das populärste Argument der Kaliningrader gegenüber dem nördlichen Nachbarn zur Zeit, daß Litauen gar nicht über das Memelland verfügen dürfe, da dieses Territorium als Kriegsbeute der Sowjetunion zugefallen sei und nun in Rechtsnachfolge an das nördliche Ostpreußen angeschlossen werden müsse. Natürlich enthalten die Konstruktionen beider Seiten logische Fehler und sind nach völkerrechtlichen Kriterien nicht haltbar. Vernachlässigt man den litauischen anachronistisch ethnofundamentalistischen Anspruch auf die *»alte litauische Erde«* (nach dessen Logik Berlin auch nicht Hauptstadt Deutschlands sein dürfte), bleibt nur die verletzte Eitelkeit, 1990 nicht zu den 2+4-Verhandlungen zugelassen worden zu sein[672] und somit der symbolische Versuch, eine Nachbesserung einzuklagen. Die Kaliningrader Diskutanten hingegen negieren tapfer die politische Geschichte des Memellandes vor 1945 inklusive der Versailler Option für Litauen. Aufgrund dieser hitzigen Wortgefechte und Deklarationen bilden sich jetzt unter der Kaliningrader Bevölkerung völlig neue Vorurteile über die Litauer heraus. Vor allem wird den Litauern unterstellt, sie würden in ihren nationalistischen Territorialansprüchen nicht nachlassen und ihre geopolitische Lage soweit wie möglich ausnutzen, um das russische Gebiet unter Druck zu setzen. (Diese Stereotype erhalten eine zusätzliche Nuance durch wirtschaftliche Konstellationen, die auf starkem Konkurrenzverhalten der Häfen Klaipėda und Kaliningrad beruhen.)

Die Stereotype nördlich der Memel hingegen sind älter und weitaus stärker. Alle Bewohner der baltischen Republiken haben bereits in den siebziger und achtziger Jahren die sowjetischen Versäumnisse in Kaliningrad heftig kritisiert – ohne ähnliche Tendenzen und Erscheinungen im eigenen Land wahrzunehmen. Dabei ging es weniger um Fakten als um einen verbalen Freiraum für antisowjetische Stimmungen. Die baltischen Vorurteile speisen sich auch aus dem Hochmut der Langansässigen (in den baltischen Republiken) gegenüber jeder Art von (russischsprachigen) Zugezogenen, obwohl sich kein Bürger der ehemaligen UdSSR angesichts der willkürlichen Stalinschen Deportations- und Nationalitätenpolitik Bodenständigkeit als persönlichen Verdienst zuschreiben dürfte.

Genauso darf man sich das Selbstvertrauen in das eigene Nationalgefühl nicht als eigenständigen Verdienst zurechnen, zudem es sich ja hierbei in den baltischen Staaten hauptsächlich um die Pflege von Inhalten aus der Vorkriegskonserve handelt. Bis heute vergegenwärtigen sich die meisten Litauer, Letten und Esten, die negativ über Russisch-Ostpreußen reden, nicht, daß sie dieses Gebiet immer noch mit der früheren Sowjetunion identifizieren, daß sie eine Stellvertreterfeindschaft pflegen. Sie bemerken auch nicht, daß sich in der nächsten Nachbarschaft graduell etwas geändert hat. Einzig die Gleichsetzung »Kaliningrad = sowjetisch« auf dem Hintergrund durchaus realer Ängste vor der militärischen Übermacht des Nachbarn ergibt die Basis, die es einer Handvoll litauischer Ethnofundamentalisten erlaubt, kontinuierlich ihre Ansprüche zu propagieren.

Hatten in Litauen Staatspräsident Algirdas Brazauskas und Premierminister Adolfas Slеževicius in den vergangenen Jahren (1994–1996) ständig wiederholt: *»Kaliningrad ist und bleibt russisch«,* kommentierte die litauische Presse bisweilen: »*Da in diesem Gebiet jegliche Entwicklung vorstellbar sei, ist es vielleicht besser, bereits heute eine maximale, das heißt expansionistische Position zu vertreten.*«[673]

Bei der Vertretung von expansionistischen Positionen handelt es sich nicht um wirkliche Ansprüche, sondern um den Wunsch, Stärke zu demonstrieren. Nach dem Regierungswechsel im Herbst 1996 hat der konservative Parlamentspräsident Vytautas Landsbergis die Forderung nach Kaliningrad wieder auf den Tisch gebracht – bezeichnenderweise nicht zu Hause an der Memel, sondern bei einem Staatsbesuch in den USA. (Die litauische Presse kritisierte ihn heftig, aber nicht wegen des Anspruchs auf Kaliningrad, sondern wegen Einmischung in außenpolitische Angelegenheiten, die in das Ressort des Staatspräsidenten fallen, der aber zu den Reformkommunisten, der Oppositionspartei gehörte.) Dieses Verlangen, einen Konflikt zu schüren, verträgt sich auf der anderen Seite nicht mit dem Wunsch der Litauer, der EU und der NATO beizutreten, und spiegelt daher ein mentales Problem der Litauer wieder.

Die realen Konflikte – die lange nicht fixierten Luftkorridore über den baltischen Republiken und die Ölvorkommen im Kurischen Haff -, über die in geheimgehaltenen Gesprächen in Vyštitis nüchtern und sachlich zwischen Vertretern aus Kaliningrad und Wilna verhandelt wurde, hatten 1994/1995 zu einer künstlichen Politisierung in der Presse geführt. Fast alle Kontakte brachen ab. So konnten sich Wissenschaftler nördlich und südlich der Memel einzig auf Konferenzen in Drittländern – wie Polen oder Deutschland begegnen. Der Durchschnittslitauer fuhr nicht mehr wie früher zum Einkaufen nach Kaliningrad, erfuhr somit nicht, welche Veränderungen sich inzwischen dort vollzogen hatten und wollte es sich auch nicht gerne berichten lassen, da Kaliningrad ein Bestandteil des negativen Sowjetunionbildes darstellte.

Einerseits läßt sich die Bedrohung der Litauer, Letten und Esten nachvollziehen, andererseits müssen die Nachbarn auch akzeptieren, daß sich Kaliningrad unter den gegenwärtigen Bedingungen nur weiter in Richtung Europa öffnen kann, wenn eine stabile Verbindung zu Moskau existiert, die vor allem psychologischen Erfordernissen Rechnung trägt. Im Jahre sieben der Unabhängigkeit weiß die litauische Bevölkerung, daß ihr Parlamentspräsident Landsbergis immer noch am liebsten ganz Litauen auf den Antikommunismus einschwören möchte, wobei man aber seine Bemühungen in dieser Richtung nicht mehr ernst nimmt, denn gerade in der Grenzregion gilt es, sehr viele Dinge rasch zu regeln. Die Lokalpolitiker haben in dieser Hinsicht längst die ideologische Brille abgenommen und beginnen pragmatisch über wirtschaftliche, ökologische und verkehrstechnische Details zu verhandeln. Ihre Arbeitstreffen finden zumeist im Memelland statt, wozu jedoch keine Massenmedien eingeladen werden, da die Lokalpolitiker kein großes Bedürfnis verspüren, sich mit diesen Gesprächen zu profilieren. Die Ergebnisse in Wirtschaft, Handel und Grenzverkehr bescheren ihnen Erfolg. Derartige Lokalpolitik ist erst möglich, seitdem die unteren Machtebenen auf beiden Seiten nicht mehr auf Weisungsgehorsam eingeschworen werden, ihren eigenen Handlungsbedarf – gerade auch hinsichtlich der wirtschaftlichen Entwicklungen ihrer Bereiche – sehen und dessen Spielraum auszunutzen wissen. Alle diese Dinge sind wichtige Details einer sich allmählich anbahnenden pragmatischen Entsowjetisierung.

Hieß es in der Einleitung, daß die ideologisch-politischen Faktoren der Sowjetisierung in der Literatur deutlicher beschrieben wurden als die sozioökonomischen, verhält es sich bei der Beschreibung von Dekompositionstendenzen oder Entsowjetisierungsmaßnahmen im großen und ganzen genau umgekehrt, die Medien messen heute den Abstand einer Region zum Sowjetzeitalter häufig daran, wieviel Firmen und Betriebe mit ausländischem Kapital sich inzwischen angesiedelt haben anstatt zu fragen, welche Politiker inzwischen wieviel Demokratieverständnis erworben haben.

Dabei sitzt man im allgemeinen einer Fehleinschätzung auf. Sowjetische Wirtschaftsstrukturen lassen sich leichter modifizieren und umgestalten als mentale Prägungen. Vorsichtige demokratische Ansätze in der Regierungsarbeit verunsichern große Teile der Bevölkerungsschichten, weil sie mit der noch immer real wirkenden sowjetischen Propaganda schwer in Einklang zu bringen sind. Die lange Zeitdauer des Sowjetimperiums und die starke ideologische Abschottung der UdSSR werden noch für lange Zeit spürbar bleiben.

Zu diesem ideologischen Modell gehörten beispielsweise auch sozialistische Auffassungen wie der einseitige Antifaschismus und der Egalitarismus, zwei von vielen Komponenten, die mit den Denkmustern der demokratischen Gesellschaft kollidieren. Einseitiger Antifaschismus bedeutete, daß die sowjetischen Ideologen langjährig verbreitet hatten, die Sowjetunion und ihre Bürger hätten durch ihre aktive Kriegsführung mit hohem Einsatz gegen das nationalsozialistische Deutschland auf der richtigen, der gerechten Seite gestanden. Alle anderen, staats- und menschenfeindlichen Handlungen der UdSSR seien diesem großen leuchtenden Ziel untergeordnet gewesen und dürften nicht separat kritisiert werden. Der sowjetische Bürger habe durch seinen Einsatz im Kampf gegen den Faschismus eine Position erreicht, die Vertreter anderer Völker gar nicht erklimmen könnten. Gerade diese Auffassung erschwerte die Position der Deutschen in der UdSSR erheblich.

Egalitarismus hingegen hieß die ideologische Lehre, die den Bürgern beibrachte, daß alle gleich seien und über die gleichen Rechte verfügten. Aus diesem Grund verbarg die Nomenklatura auch sorgfältig ihre Privilegien. Heute erscheint es vielen postsowjetischen Einwohnern, als habe früher Gleichheit geherrscht, ein Zustand, den die Ideologen ihnen als »demokratisch« verkauften. Diesen idyllischen Zustand wünschen sich viele zurück, ohne sich darüber im klaren zu sein, daß es sich hierbei um einen Mythos handelt.

Bemerkt man heute osteuropäisch-deutsche Inkompatibilitäten in sozialen, kommunikativen und kulturellen Bereichen, handelt es sich in der Mehrzahl nicht um wirkliche kulturelle Unterschiede, sondern um Mißverständnisse, die der Diskrepanz zwischen Diktatur und Demokratie zuzuschreiben sind. (D. h., viele postsowjetische Bürger verstehen Begriffe des demokratischen Vokabulars völlig anders, da diese durch Ideologie und Propaganda fehlgedeutet bzw. zu eigenen Zwecken mißbraucht wurden und sich keiner bisher über den Bedeutungswandel im klaren ist.)

Die Chancen der Region liegen in ihrer Entsowjetisierung. Das grundsätzliche Dilemma besteht darin, daß die mentale Sowjetisierung, die starke Ausprägung des *homo sovieticus* in der Binnensicht, im Land selbst gar nicht wahrgenommen werden kann. Einer unter vielen Gründen rührt aus der starken Formalisierung des sowjetischen Lebens und aus der Überbewertung, die man Formeln und Symbolen im Alltagsleben der UdSSR beimaß. Hinzu kommt der Mangel an kritischer Sicht, hauptsächlich verursacht durch die Nichtwahrnehmung totalitärer Strukturen als automatischer Selbstschutz, ein Phänomen, das heute in der Literatur als »Kundera-Paradigma« bezeichnet wird. Dazu gehörte u. a., daß man sich an zahlreiche diktatorisch-bürokratische Kriterien gewöhnt hatte, sie nicht mehr in Frage stellte und aufhörte, sie als diktatorisch zu empfinden, wie z. B. Bestimmungen und vielfache Eingrenzungen zur Erlangung eines Studienplatzes oder Gewährung einer leitenden Stellung.

Eine geistige Erneuerung gründet sich einerseits in der Manifestierung einer regionalen Identität mit Verankerung in lokalen Strukturen. Andererseits baut sie vor allem auf die Abgrenzung zu sowjetischen Mustern, zur sowjetischen Kultur. Dieser Mechanismus verläuft zu beiden Seiten der Memel ähnlich. Da die Werte der letzten fünfzig Jahre als nicht mehr brauchbar erscheinen, gehen die Bürger auf der Suche nach der geistigen Erneuerung weiter zurück und landen unzweifelhaft in der deutschen Geschichte dieser Region. Ein zusätzlicher Reiz, sich mit diesem Thema zu beschäftigen und kulturelle Muster jener Zeit zu übernehmen, wird durch die starke Tabuisierung der deutschen Kultur unter der sowjetischen Herrschaft ausgelöst. In diesem Moment, in dem die Suche nach neuen Werten einsetzt, beginnt auch die Tilgung der weißen Flecken in der Geschichte – ein Prozeß, der ständig Fortschritte macht, obwohl das Tempo nicht deutschem Verständnis entspricht. Eine neue Art der Zeitgeschichte muß in den postsowjetischen Medien erst heimisch werden, das Verständnis für Geschichte innerhalb der Gesellschaft erst wachsen. Politische Identität und Selbstverständnis der Gesellschaft manifestieren sich in deren Geschichtsbild, das hier sowohl südlich wie auch nördlich der Memel noch nicht abgerundet ist. Diese Entwicklung der Verabschiedung vom verordneten Geschichtsbild hat aber eingesetzt und geht allmählich voran – ein weiteres Detail der ideologischen Entsowjetisierung. Seinerzeit verband der sowjetische Kulturcode auf einer gewissen künstlerischen und medialen Ebene die vielen Völkerschaften.

Heute, in einer Zeit, in der man in der baltischen Region nach Werten sucht, die geistige Erneuerung symbolisieren können, treten im Memelland und im Kaliningrader Gebiet Elemente deutscher Kultur in den Vordergrund, die den beiden Territorien (Memelland und Kaliningrader Gebiet) eigen sind. Sie können inzwischen auch von den Neubewohnern der Region identifiziert werden und so eine Art neuen gemeinsamen Kulturcode schaffen, auf dem sich unzweifelhaft auch Eigenständiges entwickeln wird. (In gewisser Weise läßt sich dieses ebenso für den polnischen Teil Ostpreußens behaupten, der ja auch nicht zum polnischen Kerngebiet gehört hat und zudem nach dem Krieg gleichfalls neu besiedelt wurde.)[674] Zur erneuten Wahrnehmung von architektonischen Wahrzeichen deutscher Kultur haben in allen drei Teilen der ehemaligen deutschen Provinz deren frühere Bewohner beigetragen, vor allem in Form von finanziellen Beihilfen und Lieferung von heimatgeschichtlichen Traditionen. So stellt sich heraus, daß eine dreigeteilte Region in der Gemeinschaft gegen die kulturellen Wertinhalte der letzten fünfzig Jahre auf einer kulturgeschichtlichen Ebene wieder zusammenwächst. (Augenfälligstes Beispiel dafür stellen restaurierte protestantische Kirchengebäude in den Masuren, dem Kaliningrader Gebiet und dem Memelland dar.) Dieser geschilderte Prozeß vollzieht sich langsam, unter großen Schwierigkeiten und gegen viele Widerstände. Aber gerade das führt zu seiner Ernsthaftigkeit und beweist den demokratischen Charakter der Entwicklung. Auch das Entstehen neuer lokaler Vereine, Initiativen und die Gründung von Kirchengemeinden an vielen Orten kennzeichnet das Wachsen pluralistischer Strukturen auf der unteren Ebene und muß genauso unter der Überschrift Entsowjetisierung vermerkt werden.

Wurde in der Einleitung betont, daß 1945 die Dreiteilung Ostpreußens vollzogen wurde, läßt sich heute, nach über fünfzig Jahren, konstatieren, daß trotz verschiedener politisch-administrativer Zugehörigkeiten die Region Zeichen für das kulturelle Zusammenwachsen auf dem Hintergrund der früheren Geschichte zeigt. Wahrscheinlich wird es heute, im Zeitalter der kurzen Entfernungen, allerdings nur unter der Bedingung, daß sich die Demokratiebemühungen festigen, in nächster Zukunft keine wesentliche Rolle mehr spielen, von welchem Staat eine Region verwaltet wird. Die Bürger Litauens, Polens und des Kaliningrader Gebietes genießen schon heute den Vorteil, daß sie sich gegenseitig im visafreien Reiseverkehr besuchen können.

Am Anfang stand gleichfalls die Frage, ob sich das Verschweigen ganzer Kapitel in den Geschichtsbüchern des Memellandes und des Kaliningrader Gebietes rächen würde. Da es trotz verschiedener Bemühungen von Stalin bis zu Brežnev nicht gelang, das Gedächtnis der Region, ihre Besiedlungs- und Bepflanzungsstrukturen, ihre architektonischen Hinterlassenschaften zu tilgen,[675] folgt heute in gewisser Weise eine Wiederauferstehung der verschwiegenen Kapitel, die sich nun auf anderen Wegen von ganz allein zurück in die Geschichtsbücher drängen. Das geschieht bisweilen nicht ohne Widerstand, ist aber andererseits ein Kennzeichen dafür, daß es sich nicht um kurzlebiges Konjunkturverhalten handelt.

Es ist zu bemerken, daß es in der Region nördlich und südlich der Memel deutliche Tendenzen gibt, die Strukturen der verordneten Gesellschaft hinter sich zu lassen. Gewiß sind die Entwicklungen nicht sehr spektakulär. Da sie sich aber im Windschatten der allgemeinen Aufmerksamkeit vollziehen, kann man auf ihre Weiterführung hoffen.

Handelte die gesamte Arbeit von den Sowjetisierungsbestrebungen Moskaus in dieser Region, wobei einzig ein Zeitraum von drei Jahren in Augenschein genommen wurde, muß am Schluß resümiert werden, daß die Sowjetisierung in diesen Territorien innerhalb von fünfzig Jahren zur Gänze vollzogen wurde. Die Merkmale einer totalitären Gesellschaft können heute mühelos, je nach Geschmack des jeweiligen Theoretikers, in fünf bis zwölf Punkten genannt werden. Wie es um die Beseitigung von Spätfolgen totalitärer Diktatur steht, läßt sich schon weitaus schwerer benennen. Hier wurden die Entwicklung eigenständiger Kompetenzen in der Politik, die Verabschiedung vom verordneten Geschichtsbild und die Entwicklung demokratischer Strukturen auf der unteren Ebene genannt.

Der gesamte Prozeß schreitet im östlichen Europa und – im speziellen Fall – an den beiden Memelufern voran. Für das Kaliningrader Gebiet und das Memelland besteht in gewisser Weise eine glückliche Situation, da viele der ehemaligen Bewohner ihrer früheren Heimat heute wieder Zuwendungen angedeihen lassen. Andere vergleichbare Territorien in Europa können nicht von einer derartigen Lobby profitieren. Die Wahrnehmung der Entwicklungen von der Mitte Europas aus sind für alle diejenigen, die nicht in engem Dialog zu der Region stehen, schwierig. Die Erwartungshaltungen gerade in bezug auf Veränderungen unterliegen verschiedenen Maßstäben. Mißverständnisse, mangelnde Erfahrung im Umgang mit anderen gesellschaftlichen Entwicklungen sowie unterschiedliche Zeitvorstellungen und -gefühle erschweren vieles.

Die Fakten und Hintergründe zu der Geschichte des Memellandes und des nördlichen Ostpreußens zwischen 1945 und 1948 werden zum Verständnis für die Geschichte, Entwicklung und Perspektiven dieser Region beitragen.

XIII. Anhang

XIII.1. Dokumente

1. Bevölkerungspolitik im Kreis Pagėgiai

An das ZK Vilnius
Erklärung von Ona Kamarauskienė, Gudai, Gemeinde Piktupėnai, Kreis Pagėgiai[676]

»[...] 1944 nach der Befreiung von den Deutschen ging mein Mann in das Batallion der Volksverteidiger und war dort bis 1945. 1945 tauschte uns die Sowjetmacht unser Land gegen besseres aus, aber der Ort war sehr gefährlich, weil die Banditen damals viel wüteten. Da schrieben wir einen Antrag, daß wir in das Memelland gehen können, und 1945 kamen wir in den Kreis Pagėgiai, wo ich ein Stück Land mit allen Gebäuden im Dorf Gudai bekam. Auf dem Hof war kein Eigentümer und darüber hinaus gab uns die Regierung noch 2500 Rubel Unterstützung. So richteten wir uns 1946 hier ein. Mein Mann wurde zum Kreisvorsitzenden bestimmt und arbeitete während der ganzen Zeit in dieser Funktion. Mit irgendwelchen unbekannten Männern die betrunken waren, begann er Streit und dann schlugen sie sich. Diese unbekannten Männer übergaben den Fall meines Mannes an das Gericht und er wurde zu drei Jahren Freiheitsstrafe verurteilt. [...]

Ich benachrichtigte sofort die Miliz und das Gemeindekomitee, daß mein ehemaliger Hofeigentümer zurückgekommen sei und fragte dann noch, ob es wohl sein kann, daß er bei mir in der Wohnung ist. Da erklärten der Leiter der Miliz Pagėgiai und der Gemeindevorsitzende, daß sie nicht wüßten, wohin mit ihm, denn er sei Invalide und krank, so fand sich Balnis Alfredas bei mir an und lebt dort. Das Arbeitsbüro in Pagėgiai hat ihm keine Arbeit zugeteilt und so ist er gezwungen, sich seinen Lebensunterhalt zu beschaffen. Darum geht er durch den Kreis und verdient sich bei den Bauern seinen Lebensunterhalt. Auch bei mir hilft er als Mann den Hof in Ordnung zu halten und das Inventar, andere Arbeiten verrichtet er bei mir nicht. Denn die Arbeiten, mit denen man etwas verdienen könnte, verrichten wir selbst, und wenn die schwerste Arbeitszeit ist, helfen wir uns mit den nächsten Nachbarn gegenseitig aus. Einen Arbeiter zu halten hat bei uns keinen Zweck. 1948 hat das Gemeindekomitee von Piktupėnai, ohne mein Leben zu überprüfen, beschlossen, mich als Kulak einzustufen wegen Balnis Alfredas. Und dieser Beschluß wurde dem Kreiskomitee übergeben, die haben mich als Kulakin eingestuft und mir zusätzliche Steuern auferlegt, die ich auch bezahlt habe – über 500 Rubel zusätzlich. [...]«

2. Zur Situation von Repatrianten

Repatriierungsabteilung beim Ministerrat der LSSR[677]
An den Leiter Genossen Slavinas

Auf Grund der erhaltenen Beschwerden haben wir die Lage einer Reihe von Bürgern geprüft, die in die Kreise Šilutė und Pagėgiai repatriiert wurden. Die von der LKP und dem ZK gefaßten Beschlüsse zur Arbeitsbeschaffung und Bereitstellung von Wohnraum für die repatriierten Bürger sind von der Stadtverwaltung Šilutė und ganz besonders der von Pagėgiai nicht entsprechend umgesetzt worden. Im Ergebnis dessen lebt ein Teil der Personen unter schwierigen materiellen Umständen.

[...] Endrius Šedeckis ist mit Frau und zwei Kindern im Dezember 1948 aus Deutschland zurückgekehrt. Nach seiner Rückkehr hat sich der Bürger Šedeckis sofort an die Stadtverwaltung gewandt, um Wohnraum zu erhalten. Die Familie war gezwungen, ohne Rücksicht darauf, daß ihre Rückkehr im Monat Dezember erfolgte, drei Tage auf dem Bahnhof Pagėgiai zuzubringen. Ihr Antrag wurde nicht genehmigt, wodurch sie gezwungenermaßen drei Monate bei Bekannten wohnen mußten (11 Personen in einem Zimmer).

Diese Wohnung besteht aus zwei Zimmern. Das eine wurde von einer dreiköpfigen Familie bewohnt, in dem anderen wohnte Šedeckis, dem das Betreten durch die Tür nicht gestattet wurde. Die Familie Šedeckis mußte ihr Zimmer durch das Fenster betreten. Dieserhalb wandte sie sich an die Miliz und die Stadtverwaltung, die aber keine Maßnahmen zur Aufklärung oder Abschaffung ergriffen.

Einige Nachbarn halten die Familie Šedeckis für Deutsche. Die Kinder gehen nicht zur Schule, da sie von den Mitschülern beleidigt und sogar verprügelt werden. Erkundigungen bei Nachbarn bestätigten die Angaben der Beschwerde von Šedeckis. Jetzt wohnt die Familie in der K. Poželos gatvė 21. Einen Personalausweis hat Šedeckis für den Zeitraum von sechs Monaten erhalten, drei Monate nach seiner Rückkehr. Seit September 1949 ist der Paß des Bürgers Šedeckis nicht verlängert worden. Schuld daran ist die Paßabteilung in Pagėgiai.

Šedeckis arbeitet im kommunalen Bau- und Reparaturbüro. In seiner Beschwerde hat Šedeckis geschrieben, daß er für 136 Grabplatten und ein Denkmal für Soldatengräber 1500 Rubel Prämie erhalten sollte, die aber sein Gehilfe bekam, da Šedeckis ein *Deutscher* sei.

Bei der Klärung dieses Sachverhaltes gab der Leiter des kommunalen Bau- und Reparaturbüros, Gen. Stembergas, an, daß so eine Prämie nicht vorgesehen gewesen sei und auch keiner diese erhalten habe. Gen.

Stembergas erklärte, daß Prämien bis zu einer Höhe von 100 Rubel ausgesetzt würden, ohne Rücksicht auf die Nationalität von Meister oder Arbeiter. Aber Gen. Stembergas behauptete, daß Šedeckis ein Deutscher sei, das Kreiskomitee Pagėgiai habe ihm Šedeckis als guten deutschen Meister empfohlen. Eine derartige Empfehlung wurde bestätigt.

3. Schulpolitik in Kaliningrad

Bericht 1

Inspektion der nichtrussischen Grundschule Nr. ... der Stadt Kaliningrad, durchgeführt vom Inspektor der Kommunalabteilung für Volksbildung Borčenko am 6. und 7. Dezember 1946.[678]

Im Ergebnis der Inspektion der Schule kann folgendes festgestellt werden:

1. Die Schule befindet sich in einem unbefriedigenden Zustand. Bis jetzt hat sie kein eigenes Domizil, und die Klassen sind in zwei Gebäude verstreut. Die Kinder des Kinderheimes werden im Heim unterrichtet, und die Kinder der im Einzugsbereich der Schule wohnenden Bevölkerung werden in der siebenklassigen russischen Schule Nr. 6 unterrichtet. Wegen des Fehlens eines Domizils wird der Unterricht in drei Schichten durchgeführt, wobei die ersten Klassen des Kinderheims nur zwei Stunden täglich unterrichtet werden. Die Stunden im Kinderheim werden in einem Raum durchgeführt, der anstelle des Essenraums eingerichtet wurde und geringe Ausmaße hat. Wegen des Mangels an Raum sitzen die Kinder während des Unterrichts in großer Enge, was den normalen Ablauf des Unterrichts behindert. Mit dem notwendigen Mobiliar ist die Schule nicht versehen. Teilweise wird das Mobiliar der russischen Schule und des Kinderheims benutzt.
2. Die Schule ist schlecht ausgestattet mit Schreibmaterial. Die Kinder haben keine Bleistifte oder Tinte, die Kinder schreiben in allen Fächern in ein Heft mit Bleistiftstummeln.
3. Es gibt keinen Stundenplan, zu Beginn und am Ende der Stunden wird nicht geläutet, so daß der Zeitplan nicht strikt eingehalten wird. Die russische Sprache wird nicht gelehrt.
4. Die Dokumentation befindet sich in Unordnung. Die Klassenbücher werden von verschiedenen Lehrern unterschiedlich und unsorgfältig geführt und stimmen nicht mit den in unserer Schule geltenden Regeln überein. Ein Lehrplan existiert nicht, Aufzeichnungen über den erfolgten Unterricht auch nicht. In den Heften, die anstelle eines Klassenbuchs geführt werden, finden sich gewöhnlich auch die Lehrpläne der Lehrer. Die Pläne für die Stunden sind kurz und bündig.

5. Das Lehrerkollektiv stellt noch nichts Bestimmtes dar. Die Lehrer kennen nicht einmal die Namen ihres Schulleiters, sie erfahren keinerlei Anleitung. Sie arbeiten völlig selbständig.
6. Völlig unbefriedigend ist die politisch-erzieherische Arbeit sowohl unter den Lehrern als auch unter den Schülern. So wissen die Lehrer beispielsweise über den Tag der Konstitution fast nichts, eine grundlegende Arbeit hierzu wurde mit ihnen nicht durchgeführt.
7. Eine Durchsicht der Hefte ergab, daß das Material der Übungen im Fach Deutsch zum größten Teil einen politisch neutralen Inhalt hat. Die Ideen der kommunistischen Erziehung finden im Unterricht keine ständige Reflexion.
8. Die Direktorin der Schule, Genossin Vachrušina, die diese Tätigkeit in Stellvertretung ausübt, kann laut ihren Aussagen und infolge der tatsächlichen Situation der Schule nicht genügend Aufmerksamkeit widmen, da sie in ihrer Haupttätigkeit bereits überlastet ist. Einer der Gründe für die unzureichende Leitung ist auch, daß sie die deutsche Sprache nicht beherrscht.
9. Für eine normale Organisation der Arbeit in der Schule muß die Schule unbedingt in einem Gebäude zusammengelegt werden, ausgestattet werden und ein Schulleiter ernannt werden, der sich gründlich mit den wirtschaftlichen, erzieherischen und Unterrichtsproblemen befassen kann.

Bericht 2

Inspektion der nichtrussischen siebenklassigen Schule Nr. 1 der Stadt Kaliningrad, durchgeführt vom Inspektor der Kommunalabteilung für Volksbildung Borčenko vom 3. bis 5. April 1947.[679]

Die Inspektion der Schule wurde unter Berücksichtigung der Befolgung der während der Inspektion im Dezember 1946 erteilten Auflagen durchgeführt.

Die Überprüfung des Zustandes der Schule und die Analyse der Befolgung der Anweisungen ergab, daß der prinzipielle Mangel in der Arbeit darin besteht, daß die Anleitung des Lehrerkollektivs durch die Direktion schwach ist. Die Anweisung während der letzten Inspektion, die Kontrolle der Arbeit der Lehrer möge sich deutlich verbessern, ist weder von der Direktorin noch von der Leiterin des Lehrkörpers in genügendem Maße befolgt worden. Die schlechte Kontrolle seitens der Direktorin V. S. Ivanova zeigt sich daran, daß sie in einem Dreivierteljahr nur in dreißig Stunden hospitiert hat. Auch bewies Genossin Ivanova ungenügende Bemühungen im Erlernen der deutschen Sprache, so daß sich die Hospitationen auf bloße Beobachtung beschränkten. Es gab keine Überprüfung des Lehrstoffs, die Unterrichtsanalyse ist oberflächlich, es fehlt eine politische Beurteilung des Unterrichts. Die Mängel bei der Hospitation gehen auf die schwache Beherrschung der Fremdsprache zurück.

Die Leiterin des Lehrkörpers B. S. Spivak kontrollierte die Arbeit der Lehrer ebenfalls schlecht. Sie machte nicht einmal Aufzeichnungen über ihre Hospitationen, abgesehen von einem abgerissenen Blatt, auf dem sich Notizen über eine einzige Stunde befinden. Die Unsorgfältigkeit in der Erfüllung ihrer Dienstpflicht ging so weit, daß weder die Direktorin noch die Leiterin des Lehrkörpers wissen, welche Aufzeichnungen in deutscher Sprache in den Klassenbüchern enthalten sind, ein Lehrer, der Deutsch kann, informierte darüber. Genossin Spivak kennt weder den Stand an Wissen noch die Richtung der ideologischen Erziehung der Schüler, an einer Unterrichtung der Lehrer ist sie nicht interessiert.

Auf einem niedrigen Niveau finden die Sitzungen des Pädagogischen Rates statt. Die Direktorin und die Leiterin des Lehrkörpers befassen sich nicht ernsthaft mit ihrer Durchführung, sorgen nicht dafür, daß ihre Reden übersetzt werden, geben die Beschlüsse nicht auf deutsch bekannt und überprüfen deren Durchführung nicht.

Hierzu noch weiteres über schlechte Protokolle etc. sowie über schlechte politische Arbeit, die sozusagen gar nicht stattfindet.

Weiter, daß die Kinder schlecht lernen, wenig können, nicht einmal das Einmaleins, und trotzdem gute Zensuren bekommen. Die deutschen Lehrer sind zu nachsichtig.

Die Lehrer wissen, daß sie die Anforderungen heruntergeschraubt haben, doch aus irgendeinem Grund versuchen sie nicht, dies zu ändern. Einige lehren die Kinder ganz falsche Dinge, sie arbeiten bewußt eine entstellende Schrift = Handschrift aus.

3. Unbefriedigend ist der Unterricht in Russisch. Teilweise läßt sich das mit fehlenden Lehrbüchern erklären. Doch hängt hier vieles ab von den Lehrern, den Genossinnen Ivanova und Spivak, die ihre Unterrrichtsmethoden wenig durchdacht haben. Dies führt zu einer nicht erfolgreichen Anwendung der russischen Fibel, wo die vorgesehene Hauptaufgabe im Erlernen der Grammatik besteht. Die Kinder dieser Schule haben einzelne Sätze aus russischen Lehrbüchern gelernt, doch die mündliche Rede beherrschen sie nicht und die Aussprache ist schlecht. Viele Schüler, besonders in den höheren Klassen, lernen nur ungern Russisch. Beide Lehrerinnen beziehen sich nur wenig auf die Muttersprache der Schüler. [...]
4. Es gibt keine ernstliche Arbeit bei der Erziehung der Kinder im kommunistischen Geiste. Alles oberflächlich und hingehauen. So fiel dem Lehrer Selnik, als er über Kaliningrad erzählte, nichts Besseres ein, als zu berichten, daß die Stadt in Bezirke eingeteilt ist und es in jedem von ihnen Polizeiabschnitte gibt. Gespräche über Lenin enden in fast allen Fällen damit, daß er gut lernte und einen gute Vater und eine gebildete Mutter hatte.

Ganz erfolglos war es, die Schüler den Text des Gedichts »Ich zeichne, ich zeichne ... « auf russisch auswendig lernen zu lassen. Das Gedicht klingt aus dem Munde der deutschen Kinder ganz und gar nicht so, wie sich das wohl die Lehrer vorgestellt hatten. Die Versuche, diese Wahl mit Kommentaren zu rechtfertigen, die während des Aufsagens abgegeben wurden, ändern hieran nichts.
Alles Bisherige spricht davon, daß die Schuldirektion der ideologischen Ausrichtung der Lehrtätigkeit wenig Aufmerksamkeit schenkt, den wahren Sachverhalt nicht kennt und von den Lehrern eine wirkliche Durchleuchtung der sowjetischen Realität nicht verlangt.

5. schlechte Disziplin
   Die Kinder stehen kaum auf, wenn sie antworten, in der dritten Klasse stehen sie überhaupt nicht auf. Auch in hygienischer Hinsicht liegt einiges im Argen. Selbst in den ersten Klassen haben die Kinder keine kurzgeschnittenen Haare, alle tragen sie Frisuren à la Hitler. Sie putzen ihre Schuhe nicht und gehen in den Klassen und sogar in den Sportstunden in Galoschen, viele haben schmutzige Hände u. ä.

Bericht 3

Inspektion der Kaliningrader nichtrussischen Grundschule Nr. 3, durchgeführt vom Inspektor der Kommunalabteilung für Volksbildung Borčenko am 11. und 12. April 1947.

Die Inspektion wurde durchgeführt unter Beachtung der Erfüllung der bei einer Inspektion der Schule im 1. Halbjahr gegebenen Hinweise.

Vor allem muß festgestellt werden, daß der Schulleiter Genosse Kacovič während der Inspektion die Dinge an die neuernannte Leiterin Genossin Selenina übergab. Obgleich die neue Leiterin erst einige Tage vor der Inspektion an die Schule kam, wurden die Dinge erst am 11. April übergeben. Deshalb verlief die Inspektion ein wenig ungewöhnlich. Genosse Kacovič, der sich bereits außerhalb der Schule fühlte, war nicht einmal geneigt mit mir zu sprechen und suchte auch nicht die Akte der letzten Inspektion heraus, indem er erklärte, ihm sei jetzt nicht nach Schule, doch versprach er, die Akte noch zu finden. Die neue Leiterin hatte mit der Arbeit gerade erst begonnen, so daß darüber ein Urteil abzugeben noch zu früh ist.

Zu bemerken ist:

1. Genosse Kacovič hat der Inspektionsakte vom letzten Mal keinerlei Beachtung geschenkt und keine Schlußfolgerungen gezogen. Laut seiner mündlichen Erklärung, die er bald nach der ersten Inspektion abgab, hielt er den Lehrern eine gründliche Belehrung wegen der schlechten Disziplin, der schlechten Klassenbuchführung usw. Der wichtigste Hinweis aber auf die Schwäche der erzieherischen Arbeit

unter den Lehrern und Schülern wurde von ihm vergessen. Es gibt keine Arbeit mit den Lehrern hinsichtlich der Überprüfung und Erziehung ihres politischen Bewußtseins. Sie lesen keine russischen Zeitungen und Zeitschriften, bewerten das Material nicht und machen keine Wandzeitungen für die Schüler.

2. Der zweite, nicht weniger wichtige Mangel ist das Fehlen der Kontrolle der Arbeit der Lehrer, die ganz auf sich allein gestellt sind. In der 2. Hälfte des Schuljahres hospitierte Gen. Kacovič in keiner einzigen Stunde. Nur bei einer Lehrerin war er für einige Minuten. Zur Rechtfertigung seiner Untätigkeit in der Schule beruft sich Gen. Kacovič gewöhnlich auf seine starke Inanspruchnahme durch das Kinderheim. Dies geht so nicht, es ist seine Pflicht, sich um die Belange des Unterrichts der ihm anvertrauten Kinder zu kümmern. Mit den Lehrern wird überhaupt nicht gearbeitet, in den Schulangelegenheiten gibt es nichts, was von einer Tätigkeit des Leiters spräche.
3. Es gibt keine Bilanz der erledigten Arbeit. Besonders hinweisend ist hier die Situation im Unterricht der russischen Sprache, der dem Gen. Kacovič obliegt. Die Russischstunden stehen im Stundenplan, doch während der Inspektion z. B. fanden gar keine statt. So ist es nach den Worten der Schüler oft. Manchmal führt der Gen. Kacovič als eine Art Kompensation die Stunden am Abend durch. Doch gibt es keinerlei Aufzeichnungen hierzu oder Pläne, deswegen läßt sich auch nicht feststellen, inwieweit das Programm abgearbeitet wird. Es ist bezeichnend, daß der Leiter Rechenschaft ablegte über seine Arbeit auf einer Sitzung bei der Komm.abteilung für Volksbildung und mit keinem Wort auf die wahren Zustände in seiner Schule einging. In seinem Rechenschaftsbericht hatte alles vorzüglich ausgesehen.
4. Das Erlernen des Russischen für die Lehrer ist nicht organisiert, was in meinen Augen ebenfalls ein Versäumnis des Leiters ist. Bis jetzt kennen die Lehrer nicht einmal die notwendigsten russischen Worte.
5. Schlecht sieht es auch aus mit der Überprüfung des Lehrstoffs bei den Schülern. Die Tabellen, die man ihnen gab, sind nicht in Ordnung. Nicht einmal dreiviertel waren abgeschlossen, obgleich der Leiter seinen Rechenschaftsbericht bei der Konferenz hierauf gründete.

   Es gibt keinen Überblick, was in Russisch bereits gelehrt wurde. Eine Kontrolle über die Qualität des Erlernten fehlt. In der ersten Klasse werden überhaupt keine Zensuren vergeben. Die Lehrerin dieser Klasse war während der Inspektion erkrankt, so daß wir annehmen mußten, daß überhaupt kein Klassenbuch existiert. Die Lehrerin Rechberg führt den Unterricht seit drei Wochen ohne Bilanz und Planung durch, da ihre Vorgängerin ihr keinerlei Aufzeichnungen hinterlassen hat. Diese Klasse befindet sich im Moment in einer schwierigen Situation auch aus dem Grunde, weil sie viel später zusammengestellt wurde als die anderen. Die Kinder dieser Klasse waren lange auf die anderen Klassen verteilt bei verschiedenen Lehrern, die sich nicht verpflichtet fühlten, ihnen genügend Aufmerksamkeit zu schenken. Das wirkte sich natürlich auf die Kenntnisse der Kinder aus.[. . .]

6. Unregelmäßig und unsorgfältig ist auch die Heftkontrolle.[. . .]
7. Auf niedrigem methodischem Niveau werden die Arithmetikstunden in der Klasse der Lehrerin Rechberg geführt. Am Tag der Inspektion schrieben die Schüler nach dem Diktat der Lehrerin den ganzen Tag Beispiele auf und lösten sie selbständig. Die Lehrerin sprach kein Wort zur Unterstützung der Aktivität der Schüler oder um ihr Interesse am Unterricht zu wecken.
8. Ganz unerträglich ist die Situation hinsichtlich des Schul- und Schreibmaterials. Die Schüler haben keine Federhalter, keine Federn, keine Tinte. Sie schreiben alle mit Bleistiften, oft nur mit Stummeln. Daher das niedrige Niveau bei der Abfassung von Briefen.

XIII.2. Tabellen

Tabelle 1
Auszug aus Repatriierungsakten der LSSR 1945[680]

Name	*Vorname*	*Geburtsjahr*	*Heimatort*	*Zeitpunkt der Evakuierung*	*Aufenthalt bei Kriegsende*	*Beruf*
Kapust	Johann	1913	Lesukai, Kreis Memel	Oktober 1944	Neukuhren	–
Martinaitis	Vilius	1902	Pagėgiai	Oktober 1944	Sachsen	eigene Wirtschaft
Penellis	Greta	1927	Šaitai, Kreis Memel	Oktober 1944	Zwickau	
Penellis	Urte	1889	Šaitai, Kreis Memel	Oktober 1944	Zwickau	
Kausaitis	Erna	1914	Plaschken	Oktober 1944	Auerbach	
Scheiderene	Urte	1901	Kreis Memel	Oktober 1944	Zwickau	
Fuke	Emilija	1871	Stadt Memel	August 1944	Poznan	
Schwarz	Marte	1902	Stadt Memel	August 1944	Poznan	Hausfrau
Schwarz		1930	Stadt Memel	August 1944	Poznan	
Plenis	Franz	1930	Stadt Memel	Oktober 1944	Dresden	Wirtschaft der Mutter
Plenis	–	1933	Stadt Memel	Oktober 1944	Dresden	Wirtschaft der Mutter
Tautrimas	Jurgis	1887	Dittauen, Kreis Prökuls	Oktober 1944		eigene Wirtschaft
Tautrimas	Urte	1896	Jankaičius, Kreis Memel	Oktober 1944		eigene Wirtschaft
Tautrimas	Madlena	1901				
Tautrimas	Gertruda	1932		Oktober 1944	Plauen	
Tautrimas	Martinas	1888	Kreis Memel	Oktober 1944		eigene Wirtschaft
Schneiderite	Else	1933	Kreis Memel	Oktober 1944		Wirtschaft der Mutter
Weisheit	Bruno	1929	Kernsdorf, Kreis Memel	Oktober 1944		Wirtschaft der Mutter
Weisaitiene	Anna	1898	Kernsdorf, Kreis Memel	Oktober 1944		eigene Wirtschaft
Kirschis	Henrikas	1916	Melnrage	Wehrmacht	als Inval. ohne Fuß 06. 04. 45 demobilisiert.	
Döring	Karl	1893	Jonikaičiai, Kreis Pogegen	09. 10. 1944		eigene Wirtschaft
Sadeikaitis	Ansas	1921	Šlauniai, Kreis Pogegen	09. 10. 1944	»von der RA in Königsberg befreit«	
Prismanaite	Greta	1913	Laukutschen	10. 10. 1944	Berlin	
Hase	Gottlieb	1880	Apschteln	19. 10. 1944	Mecklenburg	
Kiuschys	Erna	1920	Mellnragen	19. 10. 1944		eigene Wirtschaft
Döhring	Elly	1925	Jonikaičiai	19. 10. 1944		Wirtschaft der Eltern
Priwas	Hugo	1905	Rudnia, Krs. Heydekrug			
Normanas	Petras	1914	Heydekrug	Oktober 1944	Samland	

TABELLE 2

Anhand der für die Ost-Dokumentation erstellten Seelenlisten wurde die Zahl der Rückkehrer ins Memelland (in den Kreis Pagėgiai) ermittelt (wobei es sich um eine Minimalzahl handelt, da – wie in der Tabelle erkenntlich – längst nicht bei allen Personen der Verbleib geklärt werden konnte). Dieser Personenkreis wurde mit den Angaben aus den Dorfverzeichnissen für das Memelland 1945–1948 verglichen. Bei der Auswahl mußte nach der Vollständigkeit vorhandener Unterlagen ausgewählt werden. Die Gegenüberstellung erhebt keinen Anspruch darauf, repräsentative Angaben zu liefern. Sie kann allenfalls nur den Versuch darstellen, quantitative Tendenzen aufzuzeigen.

dabei wurde aus:

Zienau, Leopold:	Cinovas, Leopoldas
Schneiderat, Jakob:	Schneideratis, Jokubas
Prussat, Anna:	Prussaitienė, Ona
Diessel, Anna:	Dieselaitė, Ona

Auf dem Rückkehrweg durch Ostpreußen wurden viele verschleppt oder dort behalten (wie im Fall Bittehnen, wo Todesfälle bekannt sind: Ilner, Amalie gest. 1946 Tilsit;/ Kosgalwies, Albert gest., 1946 Tilsit).

Einwohnerschaft bis 1944 und Landbesitz befanden sich nicht immer am gleichen Ort. Aus einer Reihe von Fällen geht hervor, daß man sich dort anzusiedeln versuchte, wo man Besitz nachweisen konnte.

Die frühen Rückkehrer hatten die besten Chancen, siehe Grieszpelkiai. Beide Bauern kehrten im April 1945 zurück. Spätere Rückkehrer, die ihr eigenes Gehöft besetzt fanden, gingen oft vorläufig in eine andere Ortschaft, versuchten aber später ihr Eigentum zurückzuerwerben.

Die Binnenmigration war weitaus stärker, als bisher angenommen.

Ort	*Einwohnerzahl laut Seelenliste (Schicksal erfaßt)*	*Rückkehrer laut Seelenliste*	*identische Rückkehrer lt. örtl. Angaben*	*weitere Rückkehrer im Ort*
Bittehnen/ Bitėnai	391 (358)	10	6 Personen (1 Familie)	3 Personen
Greszöhnen/ Greženai	keine Angabe	7	3 Personen (1 Familie)	–
Gröszpelken/ Griešpelkiai	315 (237)	15	8 Personen (2 Familien)	7 Personen
Koadjuthen/ Katyčiai	keine Angabe	42	24 Personen (7 Familien)	59 Personen
Laugszargen/ Laugsargai	500 (389)	54	5 Personen (1 Familie)	18 Personen
Lompönen/ Lumpenai	700 (613)	12	–	6 Personen
Medischkehmen/ Mediškiemai	480 (128)	25	5 Personen (1 Familie)	12 Personen
Strehmenen/ Stremenai	223 (197)	46	10 Personen (4 Familien)	–
Wersminigken/ Versmininkai	535 (148)	35	12 Personen (5 Familien)	15 Personen

XIII.3. Quellen

XIII.3.4. Unveröffentlichte Quellen

Archive in der Bundesrepublik Deutschland:
Bundesarchiv Bayreuth (BA):
Ostdokumentation 1 (Gemeindeschicksalsberichte)
Ostdokumentation 2 (Erlebnisberichte)
Bundesarchiv Berlin, Stiftung der Parteien und Massenorganisationen (SdPuM):
Bestand FDGB,
Bestand Zentralsekretariat (ZS),
Bestand Wilhelm Pieck
Bundesarchiv Hoppegarten (BA):
Bestand MdI
Kartei der Zivilinternierten (AZ 192333)
Bundesarchiv Potsdam (BA):
Bestand: O-1-10.Zentralverwaltung für deutsche Umsiedler

Archive in der Republik Litauen:
Litauisches Staatsarchiv [Lietuvos valstybinis archyvas = LVA]
allgemeiner Bestand
Archiv der staatlichen Organisationen Litauens (ehemaliges Parteiarchiv der KPdSU in Litauen) [Lietuvos valstybinio visuomenes archyvas = LVVOA]
allgemeiner Bestand
Staatsarchiv Klaipėda [Klaipėdos valstybinis archyvas = KVA]
allgemeiner Bestand
Archiv des litauischen Innenministeriums [Lietuvos vidaus reikalų ministerijos archyvas = LVRMA]
allgemeiner Bestand

Archive in der Russischen Föderation:
Archiv der Kaliningrader Gebietsbehörde für Volksbildung [Archiv oblastnogo otdela narodnogo obrazovanija = AOBLONO]
Akten zu deutschen Kinderheimen
Archiv der Kaliningrader Gebietsbehörde für Innere Angelegenheiten [Archiv upravlenija ministerstva vnutrennich del = AUMVD]

Akten zur Aussiedlung der Deutschen
Archiv der staatlichen Organisationen des Kaliningrader Gebietes (ehemaliges Parteiarchiv der KPdSU im Kaliningrader Gebiet) [Centr chranenija i izučenija dokumenty novejšych istorii = CCHIDNI]
allgemeiner Bestand
Kaliningrader Staatsarchiv [Gosudarstvennyj archiv Kaliningradskiej oblast'i = GAKO]
allgemeiner Bestand
Staatsarchiv der Russischen Föderation in Moskau (Gosudarstvennyj archiv Russkoj federacji= GARF
Sonderbestand Stalin *[osobaja papka Stalina]*
Sonderbestand Molotov *[osobaja papka Molotova]*
Sonderbestand NKVD *[F.9401.s]*
Sonderbestand Litauen *[F.7021]*

XIII.3.5. Veröffentlichte Quellen

Anušauskas, Arvydas, Lietuvių tautos sovietinis naikinimas 1940–1958 metais, [Die sowjetische Vernichtung des litauischen Volkes 1940–1958], Vilnius 1996.

Barła, Tadeusz: Okręg Mazurski w raportach Jakuba Prawina. Wybór dokumentów 1945 r. [Der Bezirk Mazuren in den Berichten von Jakub Prawin. Dokumente aus dem Jahr 1945 in Auswahl], Olsztyn 1996.

Beckherrn, Eberhard und Dubatow, Alexej: Die Königsbergpapiere. Neue Dokumente aus russischen Archiven. Schicksal einer deutschen Stadt, München 1994.

Die unheilige Allianz. Stalins Briefwechsel mit Churchill 1941–1945. Reinbek 1964.

Dokumentation der Vertreibung der Deutschen aus Ost-Mitteleuropa, in Verbindung mit Adolf Diestelkamp, Rudolf Laun, Peter Rassow und Hans Rothfels, bearb. von Theodor Schieder, hg. vom Bundesinnenministerium für Vertriebene. – Bd. I, 1–3: Die Vertreibung der deutschen Bevölkerung aus den Gebieten östlich der Oder-Neiße, München 1984[2].

Dokumente zur Deutschlandpolitik (DDP); hg. vom Bundesinnenministerium für Innerdeutsche Beziehungen, Reihe I, Bd. 2: Amerikanische Deutschlandpolitik, bearb. von Marie-Luise Goldbach, Bd. 3: 1. Januar bis 31. Dezember 1942. Britische Deutschlandpolitik, bearb. von Rainer A. Blasius, Frankfurt a. M. 1984 – 1989.

Dokumente zur Deutschlandpolitik (DDP); hg. vom Bundesinnenministerium für Innerdeutsche Beziehungen, Reihe II, Bd. 1: Die Konferenz von Potsdam, bearb. von Gisela Biewer, Frankfurt a. M. 1992.

Eisfeld, Alfred/Herdt, Victor (Hrsg.): Deportation, Sondersiedlung, Arbeitsarmee: Deutsche in der Sowjetunion 1941 bis 1956, Köln 1996.

Foreign Relations of the United States (FRUS). Diplomatic Papers 1941, Bd. 1: General. The Soviet Union, Washington 1958.

Kaliningradskaja oblastnaja organizacija KPSS v cifrach. 1947–1975 [Die Kaliningrader Gebietsorganisation der KPdSU in Zahlen 1947–1975], Kaliningrad 1977.

Kaliningradskie archivy: Materialy i issledovanija. Vypusk 1. [Kaliningrader Archive: Dokumente und Forschungen. Ausgabe 1], Kaliningrad 1998.

Kolganova, Energija: Samaja zapadnaja [Die Allerwestlichste], Kaliningrad 1959.

KPSS v resoluzjach i rešenijach sjesdov, konferenzii i plenumov ZK [Die KPdSU in Resolutionen und Beschlüssen der Parteitage, Konferenzen und Plenarien des ZK], Bd. III, Moskau 1954.

Lietuvių kovų ir kančių istorija 1. Lietuvos gyventojų trėmimai 1941, 1945–1952 m. Dokumentų rinkinys [Die Kampf – und Leidensgeschichte der Litauer. 1. Die Verbannungen der litauischen Einwohner 1941, 1945–1952. Dokumentensammlung], Vilnius 1994.

Lietuvos TSR Istatymai [Die Gesetze der LSSR], Bd. I., Vilnius (o. J.).

Nenugalėtoji Lietuva: Lietuvos partizanų spauda (1944–1949)/Sudaryt. A. Liekis [Das unbesiegbare Litauen. Die litauische Partisanenpresse (1944–1949)/Zusammengestellt von A. Liekis], Vilnius 1995.

Stalin, J.W.: Reden, Interviews, Telegramme, Befehle, Briefe, Botschaften, Berlin 1952.

Verletzung von Menschenrechten. Eine Dokumentation der Verletzungen von Rechtsverpflichtungen zum Schutz der Menschenrechte gegenüber Deutschen in den Gebieten des Deutschen Reiches östlich von Oder und Neiße und außerhalb der Grenzen des Deutschen Reiches, Bonn 1985.

XIV. Verzeichnisse

XIV.1. Abkürzungsverzeichnis

GKO *[Gosudarstvennyj komitet oborony SSSR]* Staatliches Verteidigungskomitee der UdSSR. 1941–1945 das allerhöchste Staatsorgan

GPU *[Gosudarstvennoe političeskoe upravlenie]* Staatliche politische Hauptverwaltung. Sowjetischer Sicherheitsdienst von 1923–1934

GULAG *[Glavnoe upravlenie ispravitel'no-trudovych lagerej]* Hauptverwaltung der Besserungsarbeitslager

GUPVI *[Glavnoe upravlenie NKVD SSSR po delam voennoplennych i internirovannych]* Hauptverwaltung des NKVD der SSSR für Kriegsgefangene und Zivilinternierte

KGB *[Komitet gosudarstvennogo bezopasnosti]* Komitee für Staatssicherheit (beim Ministerrat der UdSSR)

KPdSU Kommunistische Partei der Sowjetunion

LKP Litauische Kommunistische Partei

MGB *[Ministerstvo gosudarstvennogo bezopasnosti]* Ministerium für Staatssicherheit (der UdSSR) bis März 1954

MTS Maschinen Traktoren-Station

MVD *[Ministerstvo vnutrennich del]* Ministerium für Innere Angelegenheiten der UdSSR)

NKO *[Narodnyj komissariat oborony]* Volkskommissariat für Verteidigung – bis 1946

NKVD *[Narodnyj komissariat vnutrennich del]* Volkskommissariat für Inneres – bis 1946

NKGB	*[Narodnyj komissariat gosudarstvennogo bezopasnosti]* Volkskommissariat für staatliche Sicherheit
PFL	*[Proveročno-filtracionnyj lager]* Überprüfungs- und Filtrationslager
RdV	Rat der Volkskommissare
SBZ	Sowjetische Besatzungszone (Deutschlands)
SMAD	Sowjetische Militäradministration in Deutschland
SMERŠ	*[Glavnoe upravlenie kontrrazvedki Narodnogo Komiteta Oborony »Smert' špionam«]* Hauptverwaltung für Gegenspionage des Nationalen Verteidigungskomitees »Tod den Spionen«
UMVD	*[Upravlenie Ministerstvo vnutrennich del]* Verwaltung des Ministeriums für Innere Angelegenheiten der UdSSR
WKP (B)	*[Velikaja kommunističeskaja partija Bolševikov]* Vorläuferbezeichnung der KPdSU

XIV.2. Ortsverzeichnis

Alytus	(Kreisstadt im Südwesten Litauens)
Černjachovsk	Insterburg
Kaliningrad	Königsberg
Katyčiai	Koadjuthen
Klaipėda	Memel
Kretinga	Krottingen
Lauksargiai	Laugszargen
Natkiškiai	Nattkischken
Piktupėnai	Piktupönen
Pagėgiai	Pogegen
Polessk	Labiau
Raseiniai	(Kreisstadt in der Mitte Litauens)
Ruka	Rucken
Sovetsk	Tilsit
Smalininkai	Schmalleningken
Šiauliai	Schaulen
Šilutė	Heydekrug
Tauragė	Tauroggen
Ukmergė	(Kreisstadt im Nordosten Litauens)

Utena	(Kreisstadt im Nordosten Litauens)
Viešvilė	Wischwill
Vilkiškiai	Willkischken
Vilnius	Wilna
Železnodorožnoje	Gerdauen

XIV.3. Bibliographie

ALLGEMEINE LITERATUR:

Anweiler/Kuebart/Meyer: Die sowjetische Bildungspolitik von 1958 – 1973, Berlin 1976.

Arbušauskaitė, Arunė: »Demographische Veränderungen auf der Kurischen Nehrung nach 1945«//In: Annaberger Annalen, Nr. 1, 1993.

Akinscha, Konstantin/Koslow, Grigori: Beutekunst. Auf Schatzsuche in russischen Geheimdepots, München 1995.

Badstübner, Rolf/*Loth*, Wilfried: Wilhelm Pieck – Aufzeichnungen zur Deutschlandpolitik, Berlin 1994.

Bährens, Kurt: Deutsche in Straflagern und Gefängnissen der Sowjetunion (Zur Geschichte der deutschen Kriegsgefangenen des Zweiten Weltkrieges, Bd. V, 1–3), München 1965.

Beckherrn, Eberhard/Dubatow, Alexander: Die geheimen Königsberg-papiere, München 1994.

Bethell, Nicolas: Das letzte Geheimnis – Die Auslieferung russischer Flüchtlinge an die Sowjets durch die Alliierten 1944–1947, Frankfurt a. M. 1975.

Beyerstedt, Horst-Dieter: Marxistische Kritik an der Sowjetunion in der Stalinära (1924–1953), Frankfurt a. M. 1987.

Böhme, Kurt W.: Gesucht wird ... Die dramatische Geschichte des Suchdienstes, München 1965.

Bohmann, Alfred: Menschen und Grenzen, Bd. 3, Strukturwandel der deutschen Bevölkerung im sowjetischen Staats- und Verwaltungsbereich, Köln 1971.

Brunner, Georg: Die politischen Grundrechte in der Sowjetunion, Köln 1963.

Brunner, Georg/Westen, Klaus: Die sowjetische Kolchosordnung, Stuttgart 1970.

Brzezinski, Zbigniew: »Die allgemeinen Merkmale der totalitären Diktatur«, in: Seidel, B./Jenkner, S. (Hrsg.): Wege der Totalitarismusforschung (= Wege der Forschung, Bd. CXL), Darmstadt 1968.

Churchill, Winston: Memoiren, Bd. III,2; VI, 2, Stuttgart 1954.

Das Urteil von Nürnberg, München 1946.

Deutscher, Isaac: Reportagen aus Nachkriegsdeutschland, Hamburg 1980.

Fainsod, Merle: How Russia is ruled, Cambridge 1963.
Fischer, Alexander (Hrsg.): Teheran, Jalta, Potsdam, Köln 1968.
Fowkes, Ben: Aufstieg und Niedergang des Kommunismus in Osteuropa (Osteuropa-Studien, Bd. 1), Frankfurt a. M. 1994.
Frantzioch, Marion: Die Vertriebenen: Hemmnisse, Antriebskräfte und Wege ihrer Integration in der Bundesrepublik Deutschland, Berlin 1987.
Friszke, Andrzej: Opozycja polityczna w PRL 1945–1980 [Politische Opposition in der VRP 1945–1980], Londyn 1994.
Funke, M. (Hrsg): Totalitarismus. Ein Studien-Reader zur Herrschaftsanalyse moderner Diktaturen, Düsseldorf 1978.
Galzova, Svetlana: »Die Geschichte des Kaliningrader Gebietes in der sowjetischen Forschung«//In: Nordost-Archiv 2/1994.
Gella, Aleksander: »Zagłada Drugiej Rzeczypospolitej 1945 – 1947« [Die Vernichtung der Zweiten Republik 1945–1947], Warszawa 1998.
Geyer, Dietrich (Hrsg.): Osteuropa-Handbuch, Außenpolitik Bd. 3, Köln, Wien 1976.
Haberl, O. N./Niethammer, L. (Hrsg.): Der Marshall-Plan und die europäische Linke, Frankfurt. a. M. 1986.
Hamm-Brücher, Hildegard: Lernen und arbeiten, Köln 1965.
Hecker, Hans: »Stalin, Stalinismus. Probleme, Tendenzen und Begriffe in der neueren Literatur«//In: Osteuropa, 12, 1979.
Hecker, Hellmuth: »Deutschland, Litauen und das Memelland«// In: Jahrbuch der Albertus Universität zu Königsberg/Pr., 1955, Bd. VI, S. 228–256.
Hermann, Arthur: »Das Schicksal der in der Heimat verbliebenen Memelländer nach 1945«//Annaberger Annalen, Nr. 1, 1993, S. 85.
Hermann, Arthur: Rezension zu Ruth Kibelka: Wolfskinder// In: Nordost-Archiv N. F. Bd. V/1996, Heft 1, S. 220.
Hillgruber, Andreas: Zweierlei Untergang. Die Zerschlagung des Deutschen Reiches und das Ende des europäischen Judentums, Berlin 1986.
Hirsch, Helga: Die Rache der Opfer. Deutsche in polnischen Lagern 1944 – 1950, Berlin 1998.
Israel, Joachim: Der Begriff Entfremdung. Zur Verdinglichung des Menschen in der bürokratischen Gesellschaft, Reinbek 1985.
Karner, Stefan: Im Archipel GUPVI. Kriegsgefangenschaft und Internierung in der Sowjetunion 1941 – 1956, München 1995.
Kershaw, Ian: Der NS-Staat. Geschichtsinterpretation und Kontroversen im Überblick, Reinbek 1988.
Kibelka, Ruth: »In einem großen Wald ... «. Vier Schlaglichter aus dem litauischen Widerstand//In: BALTICA, 3/1995, S. 5–15.
Kibelka, Ruth: »Schicken Sie Briefe positiven Inhalts!«. Einige Aspekte zum System der Repatriierung in Sowjetlitauen 1945 – 1951 //In: Acta Baltica, (XXII) 1994, S. 225–232.
Kibelka, Ruth: Wolfskinder. Grenzgänger an der Memel, Berlin 1996.
Kleßmann, Christoph: Die doppelte Staatsgründung. Deutsche Ge-

schichte 1945 – 1955, 1986[4] (Schriftenreihe der Bundeszentrale für politische Bildung, Bonn).
Korabljow, J. I. u. a.: Kurzer Abriß der Geschichte der Streitkräfte der UdSSR von 1917 – 1972, Berlin (Ost) 1976.
Kopelev, Lev: The Education of a True Believer, London 1981.
Lachauer, Ulla: Paradiesstraße. Lebenserinnerungen der Bäuerin Lena Grigoleit, Reinbek 1996.
Laqueur, Walter: Europe In Our Time: A History 1945–1992, New York 1992 [Seitenangaben nach der lit. Ausgabe: W. L. Europa mūsų laikais 1945–1992, Vilnius 1995].
Lehmann, Albrecht: Gefangenschaft und Heimkehr. Deutsche Gefangene in der Sowjetunion, München 1986.
Levits, Egil: »Der Zweite Weltkrieg und sein Ende in Lettland«//In: Nordost-Archiv, 1/1996.
Linck, Hugo: Königsberg 1945 – 1948, Oldenburg 1949.
Lucas-Busemann, Erhard: So fielen Königsberg und Breslau, Berlin 1994.
Luchterhandt, Otto: Der verstaatlichte Mensch, Köln, München 1985.
Luschnath, Gerhild: Die Lage der Deutschen im besetzten Königsberg 1945 – 1948, Frankfurt a. M. 1995.
Marquardt, Bernhard: Der Totalitarismus – ein gescheitertes Herrschaftssystem. Eine Analyse der Sowjetunion und anderer Staaten Ost-Mitteleuropas, Bochum 1991.
Mastny, Vojtech: Moskaus Weg zum Kalten Krieg: von der Kriegsallianz zur sowjetischen Vormachtstellung in Osteuropa, München, Wien 1980.
Medwedjew, Roy: Die Wahrheit ist unsere Stärke, Geschichte und Folgen des Stalinismus, Bd. 1 und 2, Berlin 1992.
Meißner, Boris: Die Sowjetunion und Deutschland von Jalta bis zur Wiedervereinigung, Köln 1995.
Nahaylo, Bohdan/*Swoboda*, Victor: Soviet disunion. A history of the Nationalities Problem in the USSR, London 1990.
Naimark, Norman M.: »Die sowjetische Militäradministration in Deutschland und die Frage des Stalinismus«//In: ZfG 4/1995, S. 305.
Naimark, Norman M.: The Russians in Germany: a history of the Soviet Zone of occupation, 1945 – 1949, Harvard 1995.
Namsons, Andrivs: »Die nationale Zusammensetzung der Einwohnerschaft der Baltischen Staaten«//In: Acta Baltica, T. 2 (1962).
Polonsky, Antony: The Great Powers and the Polish Question 1941–1945, London/Boston 1980.
Rusis A./Sprudzs, A. (Hrsg.): Res Baltica, Leyden 1968.
Schapiro, Leo: Partei und Staat in der Sowjetunion, Köln, Berlin 1965.
Schiff, Bernhard: Entwicklung und Reform des Fremdsprachenunterrichts in der Sowjetunion, Berlin (Ost) 1966.
Schiller, Otto: Das Agrarsystem der Sowjetunion. Entwicklung seiner Struktur und Produktionsleistung, Tübingen 1960.

Schmidt-Hartmann, Eva (Hrsg.): Kommunismus und Osteuropa. Konzepte, Perspektiven und Interpretationen im Wandel, München 1994.
Schröder, Hans-Henning: Der »Stalinismus« – ein totalitäres System?// Osteuropa, 1995, S. 150 – 163.
Schröder, Hans-Henning: Die Lehren von 1941. Stalinismus, Traditionswandel und die Bedeutung der strategischen Defensive im Verständnis der sowjetischen Militärs heute,Bonn 1988.
Schulze-Wessel, Martin: Rußlands Blick auf Preußen: die polnische Frage in der Diplomatie und der politischen Öffentlichkeit des Zarenreiches und des Sowjetstaates 1697–1947, Stuttgart 1995.
Schwendtke, Arnold (Hrsg.): Wörterbuch der Sozialarbeit und Sozialpädagogik, Heidelberg 1980.
Seaton, Albert: Der russisch-deutsche Krieg 1941–1945, Frankfurt a. M.1973.
Skubiszewski, Krzysztof: Wysiedlenie Niemców po II wojnie swiatowej [Die Aussiedlung der Deutschen nach dem 2. Weltkrieg], Warszawa 1968.
Sowjetisches Modell und Nationale Prägung. Kontinuität und Wandel in Ostmitteleuropa nach dem Zweiten Weltkrieg. Herausgegeben im Auftrag der Fachkommission Zeitgeschichte im J.-G.-Herder-Forschungsrat von Hans Lemberg unter Mitwirkung von Karl von Delhaes, Hans-Jürgen Karp und Heinrich Mrowka (Historische und Landeskundliche Ostmitteleuropa-Studien, 7), Marburg 1991.
Sowjetsystem und demokratische Gesellschaft. Eine vergleichende Enzyklopädie, Freiburg, Basel, Wien 1969.
Stalin, Josef W.: Ökonomische Probleme des Sozialismus in der UdSSR, Stuttgart 1962.
Storl, Werner: Von Chemnitz bis Balga. Ein Bericht, Frankfurt a. M. 1992.
Taagepera, Rein/*Misiunas*, Romualdas: The Baltic States. Years of Dependence 1940 – 1980, London 1986. (Zitiert nach der litauischen Ausgabe: Baltijos valstybes, Vilnius 1992.)
Totalitarismus und Faschismus. Eine wissenschaftliche und politische Begriffskontroverse, München 1980.
Vareikis, Vygantas: »Klaipeda (Memel) in der Nachkriegszeit 1945–1953«// In: Annaberger Annalen, Nr. 3 (1995), S. 52–66.
von Lehndorff, Hans: Ostpreußisches Tagebuch, München 1966.
Vranicki, Predrag: »Socialism and the Problem of Alienation«//In: E. Fromm (Hrsg.): Socialist Humanism, New York 1965.
Wädekin, Karl-Eugen: Privatproduzenten in der sowjetischen Landwirtschaft, Köln 1967.
Woodward, Sir Llewellyn: British Foreign Policy in the Second World War. Vol. II, London 1971.
Žalys, Vytautas: »Das Memelproblem in der litauischen Außenpolitik«//In: Nordost-Archiv, 2/1993.

Zeidler, Manfred: Kriegsende im Osten. Die Rote Armee und die Besetzung Deutschlands östlich von Oder und Neiße 1944/1945, München 1996.
Zimmermann, Michael: »Zeitzeugen«//In: Rusinek, Bernd A./Ackermann, Volker/Engelbrecht, Jörg (Hrsg.): Die Interpretation historischer Quellen. Schwerpunkt: Neuzeit Paderborn, 1992, S. 25.
Zubkova, Elena: »Rußland und das Jahr 1945«//In: Nordost-Archiv 1/1996.
Zunde, Pranas: Die Kollektivierung der Landwirtschaft Sowjetlitauens (Acta Baltica, 2 (1962) Königstein i. T., S. 93–106).

LITAUISCHE LITERATUR:

Anysas, Martynas: Kova dėl Klaipėdos [Der Kampf für Memel. Erinnerungen 1927–1939], Chicago 1978.
Arbušauskaitė Arunė: Deportationen der alteingesessenen Familien der Kurischen Nehrung (Manuskript), Juodkrantė 1996.
Arbušauskaitė, Arunė: Kionigsbergo- Kaliningrado srities civilių gyventojų padėtis 1945–1951 metais [Die Lage der Zivilbevölkerung im Königsberger-Kaliningrader Gebiet 1945–1951], Manuskript im Druck.
Arbušauskaitė, Arunė: Klaipėdos krašto repatriantai. Jų statuso bruožai [Die Repatrianten des Memellandes. Zu ihrem Status.], Manuskript im Druck.
Brakas, Martynas: Mažosios Lietuvos politinė ir diplomatinė istorija, Vilnius 1995.
Donskis, Leonidas: Tarp vaizduotės ir realybės. Ideologija ir utopija nūdienos civilazijos teorijoje [Zwischen Vorstellung und Realität. Ideologie und Utopie in der heutigen Zivilisationstheorie], Vilnius 1996.
Girnius, Kazys: Partizanų kovos Lietuvoje (Der Partisanenkrieg in Litauen), Vilnius 1990.
Gregorauskas, M.: Tarybu Lietuvos Žemes ukis 1940–1960 [Die sowjetlitauische Landwirtschaft 1940–1960], Vilnius 1960.
Grunskis, Eugenijus: »Generolai, kurių bijojo Lietuva«[Die Generäle, die Litauen fürchtete]//In: Politika, 1990, Nr. 4, P. 13.
Grunskis, Eugenijus: »Sovietinių liaudies gynėjų (stribų) Lietuvoje istoriografia« [Die sowjetischen Volksverteidiger (stribai) in der litauischen Historiographie]//In: Laisvės kovų archyvas 19.
Juška, Albertas: Mažosios Lietuvos bažnyčia XVI – XX.amžiuje [Die Kirche Kleinlitauens im 16.–18. Jahrhundert], Klaipėda 1997.
Kairiūkštytė, Nastazija: Klaipėdos pramonė ir darbininkai 1945–1960 metais [Die Industrie von Klaipėda und die Arbeiter 1945–1960], Vilnius 1987.
Kaukas, Kostas: »Rausvos pamarių rasos« [Rote Tautropfen am Haffesstrand], Klaipėda 1995.
Klaipėdos kulturos raidos bruožai [Züge der Kulturentwicklung in Klaipeda], Klaipėda 1992.

Landsbergis, Vytautas: »Potsdamas ir Karaliaučius« [Potsdam und Königsberg]//In: Potsdamas ir Karaliaučiaus kraštas, Vilnius 1996.
Lietuvių kovų ir kančių istorija 1. Lietuvos gyventojų trėmimai 1941, 1945–1952 m. Dokumentų rinkinys [Die Kampf-und Leidensgeschichte der Litauer. 1. Die Verbannungen der litauischen Einwohner 1941, 1945 bis 1952. Dokumentensammlung], Vilnius 1994.
Lietuvininkų Kraštas [Das Land der Lietuvininkai], Kaunas 1995.
Lietuvos Komunistu Partija skaičiais [Die Litauische Kommunistische Partei in Zahlen], Vilnius 1976.
Lietuvos žmonių genocidas nacių ir sovietų okupacijos (Konferencijos medžiaga 12. 06. 1993), Vilnius, Kaunas 1994.
Lukša-Daumantas, Juozas: Partizanai už geležines uždangos [Partisanen hinter dem eisernen Vorhang], Chicago 1950.
Nikžentaitis, Alvydas: Kaliningrado problema Lietuvos ir Vokietijos politikoje [Das Kaliningrad-Problem in der litauischen und in der deutschen Politik]//In: Mokslas ir Gyvenimas 1995, Nr. 1, S. 7.
Pocytė, Silva: Agluonėnai. Kaimas istorijos pagairėje (1939–1990) [Aglöhnen. Ein Dorf in den Wirren der Geschichte], Klaipėda 1994.
Potsdamas ir Karaliaučiaus kraštas [Potsdam und das Königsberger Gebiet], Vilnius 1996.
Starkauskas, Juozas: »Pokario Lietuva čekistų dokumentuose« (Nachkriegslitauen in Dokumenten der Tschekisten)//In: Laisvės kovų archyvas 19.
Starkauskas, Juozas: »Cekistai pasienieciai Lietuvoje pokario metais« (Tschekisten an der Grenze im Nachkriegslitauen)//In: Genocidas ir Resistencija 1997, 1.
Tarybu Lietuvos Valstietija [Die Bauernschaft Sowjetlitauens], Vilnius 1976.
Tininis, Vytautas: »Grėsmingas Maskvos įrankis. VKP(b) Lietuvos biuro politinės veiklos bruožai« [Das gefährliche Werkzeug Moskaus. Merkmale der politischen Tätigkeit des Litauischen Büros der KP]//In: Politika, 1990, Nr. 23/24.
Tininis, Vytautas: Sniečkus 33 metai valdžioje [Sniečkus 33 Jahre an der Macht] Vilnius 1995.
Tininis, Vytautas: Sovietinė Lietuva ir jos veikėjai [Sowjetlitauen und seine Funktionäre], Vilnius 1994.
Truska, Liudas: Lietuva 1938–1953 metais [Litauen von 1938–1953], Kaunas 1995.
Vareikis, Vygantas: »Das deutsch-litauische Verhältnis im Memelgebiet zwischen 1919–1941« (Manuskript im Druck).
Vileišis, V.: Tautiniai santykiai Mažojoje Lietuvoje ligi didziojo karo istorijos ir statistikos sviesoje [Die nationalen Verhältnisse in Kleinlitauen bis zum Weltkrieg im Spiegel der Geschichte und Statistik], Kaunas 1935.
Žalys, Vytautas: »Das Memelproblem in der litauischen Außenpolitik«// In: Nordost-Archiv 2/1993, S. 235–278.

RUSSISCHE LITERATUR:

Afanasev, N.: »Južnee Kenigsberga« [Der Süden von Königsberg]//In: Voenno-istoričeskij žurnal 1980, Nr. 10, S. 42–49.
Balagurčik, N: »Krest'jane-kolchozniki Kaliningradskoj oblasti na vyborach v mestnye sovety 1947 g.« [Die Kolchosbauern des Kaliningrader Gebietes bei den Wahlen für die örtlichen Organe 1947]// In: Severo-zapad v agrarnoj istorij Rossii [Der Nordwesten in der Agrargeschichte Rußlands], Kaliningrad 1986, S. 27–33.
Borisov, Jurij/*Golubev*, Aleksandr: »Totalitarism i otečestvennaja istorija« [Totalitarismus und Heimatgeschichte]//In: Svobodnaja mysl' 1992, Nr. 14, S. 61 – 71.
Chorchordina, Tatjana: »Archyvy i totalitarizm« [Archive und Totalitarismus. Ein Essay in vergleichender Geschichte]//In: Otečestvennaja istorija 1994, Nr. 6, S. 145 – 159.
Direktivy KPSS i sovetskogo pravitelstva. 3 [Direktiven der KPdSU und der sowjetischen Regierung], Moskva 1958.
Erusalimskij, A.S: »Likvidacija prusskovo gosudarstva. Stenogramma publičnoj lekcii pročitannoj 31 marta 1947 goda v lekcionnom zale v Moskve«, Moskva 1947.
Gordeev, I.: »Kaliningradskaja oblast' 1945–46 gg.« [Das Kaliningrader Gebiet 1945–46]//In: Voprosy istorii 1995, Nr. 4, 172 – 174.
Gordeev, I.: »Voennye sovchozy i ich rol' v stanovlenii socialističeskogo sel'skogo chozajstva Kaliningradskej oblasti« [Die Militärsovchosen und ihre Rolle bei der Entstehung der Landwirtschaft des Kaliningrader Gebietes]//In: Severo-zapad v agrarnoj istorij Rossii [Der Nordwesten in der Agrargeschichte Rußlands], Kaliningrad 1986, S. 21 – 27.
Gorkov, Jurij: Kreml'. Stavka. Genštab [Kreml. Hauptquartier. Generalstab], Tver 1995.
Gracianskij, Nikolaj: Kenigsberg. Stenogramma publičnoj lekcii doktora ist. nauk pročit. 19-ogo sentjabrja 1945 goda v lekcionnom zale v Moskve. [Königsberg. Stenogramm eines öffentlichen Vortrages des Doktors der Geschichte am 19. September 1945 im Vortragssaal in Moskau], Moskva 1945.
Igrickij, Juri: »Koncepcija totalitarizma i uroki mnogoletnych diskussii na zapade« [Die Totalitarismuskonzeption und die Lehre der langjährigen Diskussionen im Westen]//In: Istorii SSSR 1990, Nr. 6, S. 172 – 190.
Jankovskij, P: »Kapitulacija gitlerovcev v Kenigsberge«//In: Voenno-istoričeskij Žurnal 1986, Nr. 2, S. 72 – 74.
Kollektivizacija krest'janskich chozjajstv Litovskoj SSR [Die Kollektivierung der Landwirtschaft der Litauischen SSR], Vilnius 1977.
Klemeševa, Marina: Dejatelnost' mestnych sovetov v periode poslevoennogo vosstanovlenija narodnogo chosjajstva [Die Tätigkeit der örtlichen Organe bei der Entstehung der Volkswirtschaft in der Nachkriegszeit], Dissertation, Leningrad 1987.

Knyševskij, Pavel: Dobyča. Tajny germanskich reparacij [Der Raub. Die Geheimnisse der deutschen Reparationen], Moskva 1994.
Kostjašov, Jurij: »Vyselenie nemcev iz Kaliningradskoj oblasti v poslevoennye gody« [Die Aussiedlung der Deutschen aus dem Kaliningrader Gebiet in der Nachkriegszeit]//In: Voprosy istorii 1994/6, S. 186–188.
»Neopublikovannoe inter'vju načal'nika tyla Krasnoj Armii v 1941–1945gg. Generala Armii A. V. Chruleva« [Unveröffentlichtes Interview mit dem Kommandeur der Etappe der Roten Armee, Armeegeneral A. V. Chrulev]// In: Novaja i novejšaja istorija 1995, Nr. 2, S. 65–78.
Koval, Konstantin: »Zapiski upolnomočennogo GKO na territorii Germanii« [Aufzeichnungen des Bevollmächtigten des GKO auf dem Territorium Deutschlands]//In: Novaja i novejšaja istorija 1994, Nr. 3, S. 124–147.
Krupskaja, Nadeshda: Obščestvenno-poleznaja rabota Škol'nikov [Die gesellschaftlich nützliche Arbeit der Schüler], Moskva 1962.
Krupskaja, Nadeshda: Pedagogičeskie sočinenija v desjati tomach [Pädagogische Werke in zehn Bänden], Bd. III, Moskva 1962.
Odincov, Č.: »Religioznye organizacii v SSSR v gody Velikoj Otečestvennoj vojny (1943–1945gg.)« [Religiöse Organisationen in der UdSSR in den Jahren des Großen Vaterländischen Krieges (1943–1945)]//In: Otečestvennye archivy 1995, Nr. 3, S. 41 ff.
Pichoja, R.: »O vnutripolitičeskoj borbe v sovetskom rukovodstve 1945–58 gg.« [Über den innenpolitischen Kampf in der sowjetischen Führung 1945–58]//In: Nova i novešaja istorija 1995, Nr. 6, S. 3 ff.
»Pobeda sovetskich vojsk v Vostočnoj Prussii« [Der Sieg des sowjetischen Militärs in Ostpreußen]//In: Sovetskij archiv 1980, Nr. 2, S. 30 – 35.
Proizvoditel'nost' i ispolzovanie truda v kolchozach v vtoroj pjatiletke. [Produktivität und Ausnutzung der Arbeitskraft im 2. Fünfjahrplan], Izd. IV. Sautin, Moskva, Leningrad 1939.
Poršnev, B.V: »Zavoevatel'nye avantjury v istorii Germanii i gitlerovščinu ...« [Die Eroberungsabenteuer in der Geschichte Deutschlands und die Hitlerclique]//In: Bolševik 1943, 14.
Sbornik dejstvujuščich dogovorov, soglašenij i konvencij, zaklučennych SSR s inostrannymi gosudarstvami, Vypusk XII, Moskau 1956.
Šerbakov, V.: Stalinskaja programma chozjajstvennogo i kulturnogo stroitel' stva Kaliningradskoj oblasti [Das Stalin-Programm zum wirtschaftlichen und kulturellen Aufbau der Kaliningrader Oblast], Kaliningrad (gedruckt in Vilnius) 1947.
Ševjakov, A.: »Repatriacija« [Die Repatriierung]//In: Sbornik naučnych trudov IRI RAN, Moskau 1994.
Semirjaga, Michail: Kak my upravljali Germaniej [Wie wir Deutschland regiert haben], Moskva 1995.
Sovetskoe gosudarstvennoe pravo [Sowjetisches Staatsrecht], Moskva 1948.
Sto sorok besed s Molotovym. Iz dnevnika F. Čueva [140 Gespräche mit Molotov. Aus dem Tagebuch von F. Čuev], Moskva 1991.

Sumbatjan, Juri: »Totalitarizm kak kategorija političeskoj sociologii« [Totalitarismus als Kategorie der politischen Soziologie]//In: Sociologičeskie issledovanija 1994, 1, L. 13–16.
Tjuškevič, S./*Gavrilov*, V: »Možno li čitat' sovetsko-japonskuju vojny 1945 g. čast'ju Velikoj Otečestvennoj Vojny?« [Kann man den sowjetisch-japanischen Krieg 1945 als Bestandteil des Großen Vaterländischen Krieges sehen?]//In: Novaja i novejšaja istorija 1995, Nr. 1.
Zelenin, Ilja: »Osuščestvlenie politiki likvidacii kulačestva kak klassa« (osen' 1930–32 g.) [Die Verwirklichung der Politik, das Kulakentum als Klasse zu vernichten (Herbst 1930–32)]//In: Istorija SSSR 1990, Nr. 6, S. 31–50.
Zemskov, Viktor: »K voprosy o repatriacii sovetskich graždan 1944–1951« [Zur Frage der Repatriierung sowjetischer Bürger 1944–1951]//In: Voprosy istorii 1992, Nr. 5, S. 26–41.
Zemskov, Viktor: »Naselenie Rossii v 1920–1950 g.« [Die Bevölkerung Rußlands 1920–1950]//In: Sbornik naučnych trudov IRI RAN, Moskva 1994.
Zemskov, Viktor: »Repatriacija i vtoraja volna emigracii«//In: Rodina 1991, Nr. 6 – 7.
Zemskov, Viktor: »Zaklučennye, specpereselency, ssyl'noposelency, ssyl'nye i vyslannye« [Gefangene, Zwangsumsiedler, Verbannte, Ausgewiesene]//In: Istorija SSSR 1991, Nr. 5, S. 151 – 165.
Zima, Venjamin: »Golod v Rossii (1946–1947gg.)« [Hunger in Rußland (1946–1947]//In: Otečestvennaja istorija 1993, Nr. 1.
Zima, Venjamin: »Poslevoennoe obščestvo: golod i prestupnost' (1946–1947gg.)« [Die Nachkriegsgesellschaft: Hunger und Kriminalität (1946–1947]//In: Otečestvennaja istorija 1995, Nr. 5, S. 45 – 59.
Zubkova, Elena: Obščestvo i reformy 1945–64 [Gesellschaft und Reformen 1945–64], Moskva 1963.
Zubkova, Elena: »Postvoennoe obščestvo: Rossijane i nemcy. 1945« [Die Nachkriegsgesellschaft: Russen und Deutsche 1945]//In: Otečestvennaja istorija 1995, Nr. 3, S. 90–100.
Zubkova, Elena: »Rußland und das Jahr 1945«//In: Nordost-Archiv 1/1996.
Zukov, Jurij: »Borba za vlast' v rukovodstve SSR v 1945–1952 gg.«[Der Kampf um die Macht in der Führung der UdSSR 1945–1952]//In: Voprosy istorii 1995, Nr. 1, S. 23–39.

Periodika:
Kaliningradskaja Pravda
Lietuvos Rytas (Vilnius)
Neue Zeit (Kaliningrad)
Pravda (Moskva)

Anmerkungen

1 Bei einer Befragung im Jahr 1910 betrug der litauische Bevölkerungsanteil des Territoriums, das später den Namen Memelland erhielt, 50,3 % (Vileišis, V.: Tautiniai santykiai Mažojoje Lietuvoje ligi didžiojo karo istorijos ir statistikos šviesoje [Die nationalen Verhältnisse in Kleinlitauen bis zum Weltkrieg im Spiegel der Geschichte und Statistik], Kaunas 1935, S. 178.)
Die Einbindung der Memelländer bzw. der masurischen *Autochtonen* in die Litauische Sozialistische Sowjetrepublik (LSSR) und in die Volksrepublik Polen (VRP) weisen zahlreiche Parallelen auf. Von einer Einbeziehung des polnischen Teils in die Arbeit wurde jedoch abgesehen, da die Grundvoraussetzung des Vergleichs – das sowjetische Herrschaftssystem – fehlt. Ein Überblick über die Anpassungsmechanismen deutscher Minderheiten in den ersten Nachkriegsjahren für den gesamten mittelosteuropäischen Raum wäre erstrebenswert und würde über den deutschen Aspekt hinaus im Vergleich interessante Details zu den Sowjetisierungsmechanismen in den einzelnen Ländern zu Tage bringen.

2 Der Terminus *Memelländer* ist erst nach 1919 entstanden. Er wird verschieden benutzt und gedeutet. In dieser Arbeit soll er – politisch und national neutral – die Einheimischen des Gebietes bezeichnen, unabhängig von der jeweils aktuellen deutsch-litauischen Durchmischung. Der Begriff *Ostpreuße* wird in dieser Arbeit einzig für die Einheimischen des Königsberger Gebietes gebraucht, im Gegensatz zu der Tatsache, daß sich Teile der Bevölkerung des Memellandes auch als Ostpreußen verstanden. Es handelt sich hier nur um eine funktionale Sprachregelung im Rahmen der Arbeit.

3 Siehe: Pichoja, R.: »O vnutripolitičeskoj borbe v sovetskom rukovodstve 1945–58 gg« [Über den innenpolitischen Kampf in der sowjetischen Führung 1945–58]//In: Novaja i novejšaja istorija 1995, Nr. 6, S. 3 ff.

4 Ein Beispiel dafür ist: Beckherrn, Eberhard/Dubatow, Alexander: Die Königsbergpapiere, München 1994.

5 Auf diese Ereignisse hob auch die sowjetische Militärpropaganda in Vorbereitung der ostpreußischen Operation wiederholt ab: Der ostpreußische Gauleiter Erich Koch habe als Reichskommissar in

der Ukraine ein unmenschliches Regime geführt, wofür jetzt Rache anstünde.

6 BA (Bayreuth) OD 2.21, S. 132.

7 Von Lehndorff, Hans: Ostpreußisches Tagebuch, München 1966; Linck, Hugo: Königsberg 1945–1948, Oldenburg 1949.

8 So auch Arthur Hermanns Rezension zu: Kibelka, Ruth: »Wolfskinder«//In: Nordost-Archiv N. F. Band V/1996, Heft 1, S. 220.

9 Auch bei den Interviews zu den »Wolfskindern« zeigten sich deutliche qualitative Unterschiede in der Art der Darstellungen zwischen jenen, die Zugang zu der erwähnten Literatur besessen hatten, und jenen, die ohne Kenntnis anderer Schilderungen, aus eigener Perspektive, erzählten.

10 Siehe dazu auch: Zimmermann, Michael: »Zeitzeugen«//In: Rusinek, Bernd A., Ackermann, Volker, Engelbrecht, Jörg (Hrsg.): Die Interpretation historischer Quellen. Schwerpunkt: Neuzeit, Paderborn 1992, S. 25.

11 Gerhild Luschnath ist einen anderen Weg gegangen. Sie hat Fakten aus Erinnerungen punktuell an Archivmaterialien in Kaliningrad überprüft. S.: Luschnath, Gerhild: Die Lage der Deutschen im besetzten Königsberg 1945–1948, Frankfurt a. M. 1995.

12 Bundesministerium für Vertriebene, Flüchtlinge und Kriegsgeschädigte (Hrsg.): Dokumentation der Vertreibung der Deutschen aus Ost-Mitteleuropa (bearbeitet von Theodor Schieder), München 1984[2].

13 Popov, G., In: Kaliningradskaja Pravda, 10 (16), 25. 1. 1947.

14 Kolganova, Energija: Samaja zapadnaja [Die allerwestlichste], Kaliningrad 1959, S. 13.

15 Bis heute ist in Kaliningrad die Meinung weit verbreitet, die Ausweisung der Deutschen sei im Potsdamer Abkommen fixiert worden.

16 Klemeševa, Marina: Dejatel'nost' mestnych sovetov v perioda poslevoennogo vostanovlenija narodnogo chozajstva[Die Tätigkeit der örtlichen Organe bei der Entstehung der Volkswirtschaft in der Nachkriegszeit], Dissertation, Leningrad 1987; Gordeev, Ivan: »Voennye sovchozy i ich rol' v stanovlenii socialističeskogo sel'skogo chozjajstva Kaliningradskoj oblasti« [Die Militärsovchosen und ihre Rolle bei der Entstehung der Landwirtschaft des Kaliningrader Gebietes]// In: Severo-zapad v agrarnoj istorii Rossii [Der Nordwesten in der Agrargeschichte Rußlands], Kaliningrad 1986.

17 Matthes, Eckhard (Hg.): Als Russe in Ostpreußen. Sowjetische Umsiedler über ihren Neubeginn in Königsberg/Kaliningrad nach 1945.

18 Dazu auch Galzova, Svetlana: »Die Geschichte des Kaliningrader Gebietes in der sowjetischen Forschung«//In: Nordost-Archiv 2/1994.

19 Bujda, Jurij, In: Literaturnaja gazeta vom 9. 5. 1993; Kostjašov, Jurij, In: Voprosy istorii 1994/6.

20 Vostočnaja Prussija, [Ostpreußen], Kaliningrad 1996.

21 Siehe dazu auch: Levits, Egil: »Der Zweite Weltkrieg und sein Ende in Lettland«//In: Nordost-Archiv 1/1996, S. 58 ff.

22 Arbušauskaitė, Arunė: Zur Bevölkerung der Kurischen Nehrung in der Nachkriegszeit; Vareikis, Vygantas: Klaipėda nach dem Krieg. An beiden Projekten wird noch gearbeitet.

23 Žalys, Vytautas: »Das Memelproblem in der litauischen Außenpolitik«//In: Nordost-Archiv 2/1993, S. 235–278.

24 Beckherrn/Dubatow (a. a. O.).

25 Der Vollständigkeit halber seien hier folgende Arbeiten erwähnt: Luschnath, Gerhild: Die Lage der Deutschen in Königsberg 1945–1948, Frankfurt 1995; Fisch, Bernhard/Klemeševa, Marina: »Zum Schicksal der Deutschen in Königsberg 1945–1948«//In: ZfO 1995. Beide Arbeiten beziehen Dokumente aus dem Kaliningrader Gebietsarchiv mit ein.

26 Siehe a.: Reiman, Michal: »Sowjetisierung« und nationale Eigenart in Ostmittel- und Südosteuropa. Zu Problem und Forschungsstand//In: Sowjetisches Modell und nationale Prägung, Marburg 1991.

27 Vgl. Birke, Ernst/Neumann, Rudolf (Hrsg.): Die Sowjetisierung Ost-Mitteleuropas. Untersuchungen zu ihrem Ablauf in den einzelnen Ländern, Frankfurt a. M./Berlin 1959.

28 So auch: Donskis, Leonidas: Tarp vaizduotės, Vilnius 1996, S. 208.

29 Naimark, Norman M.: »Die Sowjetische Militäradministration in Deutschland und die Frage des Stalininsmus«//In: ZfG 4/1995, S. 305.

30 Die Dienststellen des NKVD/MVD und des NKGB/MGB unterstanden – laut amerikanischen Aussagen – nicht der SMAD-Hierarchie, sondern dem »Stellvertreter des Obersten Chefs für Fragen der Zivilverwaltung«, Generaloberst Ivan Serov – Erster Stellvertreter des sowjetischen Innenministers und Geheimdienstchefs Berija. In anderen Fällen erhielten sie ihre Weisungen direkt aus Moskau. Siehe: Strunk, Peter: »Die Sowjetische Militäradministration in Deutschland (SMAD)«//In: Sowjetisches Modell und nationale Prägung (a. a. O.), S. 153.

31 So ist es beispielsweise bei der heutigen Medienfrequenz schwer vorstellbar, daß der Inhalt der geheimen Zusatzverträge zum Hitler-Stalin-Pakt erst 1948 bekannt wurde und die Debatten der Alliierten in Teheran, Jalta und Potsdam hinter geschlossenen Türen stattfanden.

32 Hierin liegt höchstwahrscheinlich auch eine Interdependenz zu der Rolle, die einige Totalitarismustheoretiker dem Terror zugewiesen

haben. Die Bedeutung des NKVD im Wechselspiel mit den anderen Institutionen in der UdSSR sollte anhand von Aktenlagen hinterfragt werden.

33 Kauka, Tėvų (a. a. O.), S. 251.

34 Kauka, Tėvų (a. a. O.), S. 250.

35 Kauka, Tėvų (a. a. O.), S. 246.

36 LVVOA: F. 1771, Ap. 7, B. 194, L. 75.

37 Ganze Gemeinden wie Traksedžiai/Trakseden oder Czutellen/Čiuteliai wurden gar nicht mehr evakuiert.

38 Glavnoe upravlenie kontrrazvedki Narodnogo Komiteta Oborony »Smert špionam« = Hauptverwaltung für Gegenspionage des Nationalen Verteidigungskomitees »Tod den Spionen«.

39 Narodnyj komissariat gosudarstvennoj beozopastnost'i = Volkskommissariat für staatliche Sicherheit.

40 Narodnyj komissariat vnutrenich del = Volkskommissariat für Inneres.

41 Anušauskas (a. a. O.), S. 172.

42 Juozapavičius an Gedvilas (24. 12. 1944), siehe Kairukštytė, Nastazija: Klaipėdos krašto (a. a. O.), S. 343.

43 Vor allem in Prökuls, wo sich der Armeestab einquartierte.

44 Im Memelland gab es eine ganze Reihe Moorsiedlungen. Die bekannteste unter ihnen hieß Kolonie Bismarck. Nach dem Krieg wurden sie nicht wieder besiedelt, da alle Ortsfremden das Moor fürchteten.

45 DDP II/1 (Die Konferenz von Potsdam), S. 1432.

46 GARF: F. R-7021 O. 49, D. 425, L. 28.

47 LVVOA: F. 1771, Ap. 8, B. 255, L. 4a (31. 3. 1945).

48 GARF: F. R-9401, O. 2, D. 93, L. 258.

49 Zeidler, Manfred: Kriegsende im Osten. Die Rote Armee und die Besetzung Deutschlands östlich von Oder und Neiße 1944/1945, München 1996.

50 Seaton, Albert: Der russisch-deutsche Krieg 1941–1945, Frankfurt a. Main 1973, S. 422.

51 Zeidler (a. a.O), S. 154.

52 Vgl. Schulze-Wessel, Martin (a. a. O.), S. 352 ff.

53 Poršnev, B. V.: »Zavoevatel'nye avantjury v istorii Germanii i gitlerovščinu ...« [Die Eroberungsabenteuer in der Geschichte Deutschlands und die Hitlerclique]//In: Bolševik 1943, Nr. 14.

54 Manusevič, A.: »Kenigsberg«//In: Agitator 1945, S. 17–18.

55 Dokumentation der Vertreibung, a. a. O. (Bd. I,1), S. 138 E.

56 Vgl. GARF: F. R-9401, O. 2, D. 66, L. 27.
In einem litauischen Flugblatt wurde die Situation im Land anschaulich geschildert:
»Während der letzten anderthalb Jahre wurden 2000 Gebäude vorsätzlich zerstört oder abgebrannt [...], zwei Drittel alles Schlachtviehs

und ein Drittel aller Pferde getötet, während dieser anderthalb Jahre blieb 30 % des Bodens unbearbeitet, die Hälfte des übrigen Landes wurde schlecht bearbeitet und schlecht gedüngt, durch Beschlagnahmungen sind etwa 50 % der Höfe ohne Saatgut geblieben, das Lebensniveau der Arbeiter und Angestellten fällt blitzartig. Die Stadtbewohner haben schon alles verkauft, die Lebensmittel auf Karten reichen nicht, denn die Vorräte wandern in ›brüderliche‹ Republiken [...]«. Lietuviai! [Litauer!] Aufruf (ohne Datum) zitiert nach: Nenugalėtoji Lietuva (a. a. O.), S. 189.

57 Zit. nach Meißner, Boris: Die deutschen Ostgebiete auf den Kriegs- und Nachkriegskonferenzen der Alliierten, S. 75. Allerdings fehlt diese Passage in der sowjetischen Edition des Konferenzberichtes. Vgl. Meißner, Boris: Jalta und die Teilung Europas, S. 19.

58 Sowjetische Panzerspitzen drangen am 21. 10. 1944 kurzzeitig in den Ort Nemmersdorf vor. Alle Frauen des Ortes wurden vergewaltigt und ermordet aufgefunden.

59 Siehe: Arnušauskas (a. a. O.), S. 224.

60 GARF: F. R-9401 s., O. 12, D. 191, L. 22.

61 GARF: F. R-9401, O. 2, D. 93, L. 2-3.

62 GARF: F. R-9401, O. 2, D. 93, L 334-337.

63 Siehe: GARF: F. R-9401, O. 2, D. 95, L 38.

64 GARF: F. R-9401, O. 2, D. 95, L. 1–4.

65 GARF: F. R-9401, O. 2, D. 93, L. 2-3; L. 183; L. 184–186; L. 254–259; L. 348–351; L. 352, D. 94, L. 95; D. 95, L. 36–38.

66 Siehe: GARF: F. R-9401, O. 2, D. 96, L. 31-32.

67 Vgl. GARF: F. R-9401, O. 2, D. 98, L. 45.

68 GARF: F. R-9401, O. 2, D. 99, L. 351. Ab Februar 1945 waren die 23., 95. und 97. Grenztruppe an der litauisch-ostpreußischen Grenze stationiert, fußend auf dem Beschluß vom 3. 2. 1945 Nr. 18/2/2/615, nach dem der Verlauf des neuen Grenzabschnittes analog zum Grenzvertrag zwischen Litauen und Deutschland vom 29. Januar 1928 festgelegt worden war. Bis heute kann nicht festgestellt werden, wann genau die Grenztruppen von der Grenze zwischen Litauen und dem Kaliningrader Gebiet abgezogen wurden. (Siehe dazu: Starkauskas, Juozas: »Čekistai pasieniečiai Lietuvoe pokario metais«//In: Genocidas ir Resistencija 1997, 1, S. 44.)
Auch im Januar 1948 war die Demarkation noch nicht abgeschlossen. (Siehe dazu: GARF: F.R-9401, O. 2, D. 203, L. 62–65.)

69 Siehe: GARF: F. R-5446, O. 47, D. 2381, L. 6.

70 Diese waren gewissermaßen Titularsekretäre *in partibus infidelium* (»In den Gebieten der Ungläubigen«- früherer Zusatz zum Titel der Titularbischöfe).

71 Es sind ausschließlich Militärakten vorhanden. Nach dem August 1945 ließ sich Stalin keine Sonderberichte mehr über Königsberg erstellen.

72 Siehe: Bohmann, Alfred: Menschen und Grenzen, Band 3, Strukturwandel der deutschen Bevölkerung im sowjetischen Staats- und Verwaltungsbereich, Köln 1971, S. 189.

73 Siehe: GARF: F. R-7021,O. 49 D. 489, L. 315, 339.

74 Im Kreis Klaipėda waren es 14.000, in Šilutė: 5.000 und in Pagėgiai: 8.000 Personen, siehe: LVVOA: F. 1771, Ap. 10, B. 241, L. 47 (Datum der Aufstellung: 9. 11. 1948).

75 KGB ADS F. 3, B.7/23, L. 9–11, zitiert nach: Arnušauskas, (a. a. O.), S. 211.

76 Siehe: LVVOA: F. 1771, Ap. 8, B. 255, L. 4a.

77 KVA: F.111, Ap. 1, B. 1 (Pagėgiai).

78 KGB ADS F. 3, B.7/23, L. 12, zitiert nach: Arnušauskas, (a. a. O.), S. 211.

79 LVVOA: F. 1771, Ap. 8, B. 256, L 58.

80 Siehe: KVA: F. 236, Ap. 2, B. 2-B.6.

81 Siehe: KGB ADS. F. 3, B. 7/23, L. 64, Bericht Hauptmann Zacharovas an den NKVD über die Tätigkeit in Šilutė, 1945, zitiert nach: Arnušauskas (a. a. O.), S. 212.

82 Siehe LVVOA: F. 1771, Ap. 8, B. 158, L. 106.

83 Vgl. KVA: F. 17, Ap. 1, B. 4 Katyčiai.

84 GARF: F. R-9401, O. 2, B. 104, L. 26.

85 Ihre Beschwerden drangen sogar bis nach Moskau. GARF: D. 9401, O. 1D, B. 104, L. 37 *(osobaja papka Molotova).*

86 Siehe: KVA: F. 111, Ap. 1, B. 2, L. 22 Pagėgiai.

87 LVRMA. F. 135, Ap.7, B. 16, L.9–10 Es handelte sich dabei um die verspätete Ausführung einer Anweisung vom 16. 12. 1944, wobei nicht klar ist, welche Gründe zu dieser Verspätung geführt haben. Die Direktive der Volkskommissare für innere Angelegenheiten und Staatssicherheit, J. Bartašiunas und A. Guzevičius vom 16. 12. 1944, wurde an die operativen Gruppen des NKVD und NKGB erlassen, um die Verbannung deutscher Familien vorzubereiten. Darin hieß es: »*Aus operativen Gründen ergibt sich die Notwendigkeit für die Organe des NKVD und NKGB, Sowjetlitauen von den Personen deutscher Nationalität zu reinigen. [...] In die fernen Rayons der Sowjetunion werden folgende Personen auf ewig verbannt: alle Deutschen, die auf dem Territorium der Litauischen SSR leben. [...] Bei der Erfüllung dieser Arbeit muß berücksichtigt werden, daß die Personen deutscher Nationalität auf Grund ihrer Lage versuchen, ihre Nationalität zu verbergen, so daß man sich bei der Feststellung der Nationalität auf offizielle Dokumente und Angaben der Agentur [des Geheimdienstes] stützen muß.*«

88 Kauka, Rausvos (a. a. O.), S. 136.

89 Der erste evangelische Gottesdienst nach dem Einmarsch der Roten Armee fand am 9. Januar 1945 in Prökuls statt. Juška, (a. a. O.), S. 227.

90 Siehe: LVVOA: F. 1771, Ap. 8, B. 159, L. 62.
91 LVVOA: F. 1771, Ap.190, B. 3, L. 126–127.
92 ZCHIDNI: F.17, Ap. 8, B. 412, L. 12. Arunė Arbušauskaitė hat freundlicherweise diese Quelle zur Verfügung gestellt.
93 Siehe: LVVOA: F. 1771, Ap. 9, B. 276, L. 26–27.
94 In dem Bericht des Bevollmächtigten der Polnischen Regierung für den Bezirk Masuren, Oberst Dr. Jakub Prawin, vom 14. Mai 1945 heißt es: »*Es beginnt ein Zustrom von Deutschen.*« Im Bericht für den Zeitraum 23. Mai bis 10. Juni 1945 merkt er an: »*Weiterhin strömt deutsche Bevölkerung zu. Ich habe die Nachricht erhalten, daß die sowjetischen Militärorgane alle Deutschen an ihren ständigen Wohnort zurückschicken; also muß man damit rechnen, daß das deutsche Element weiterhin zahlenmäßig zunimmt. […]*« Siehe Okręg Mazurski (a. a. O.), S. 58.
95 Siehe: Kibelka, Wolfskinder (a. a. O.), S. 9 ff.
96 OD-2,7, S. 4 (Elchniederung).
97 Siehe: OD 2, 23, S. 2 (Labiau).
98 Siehe: GARF: F. R-9401, O. 1, D. 95, L. 374.
99 GARF: F. R-9401 s, O. 12, D. 191 Befehl 00–1538 des NKVD: O rabote s zadershannymi v Vost. Prussii i ich trudovom ispolzovanii [Über die Arbeit mit den Zurückgehaltenen in Ostpreußen und die Nutzung ihrer Arbeitskraft] (26. 12. 1945).
100 Siehe: GARF: F. R-9401 s, O.12,D.191 Befehl 00–1538 des NKVD: O rabote s zadershannymi v Vost Prussii i ich trudovom ispolzovanii [Über die Arbeit mit den Zurückgehaltenen in Ostpreußen und der Nutzung ihrer Arbeitskraft] (26. 12. 1945).
101 Vostočnaja Prussija (a. a.O), S. 494.
102 Siehe: AUMVD F. 48, Op.1, D. 1. L. 28–37 (zitiert nach: Kaliningradskie archivy: Materialy i issledovanija, Vypusk 1, Kaliningrad 1998, S. 80).
103 Siehe: Semirjaga, Michail: Kak my upravljali Germaniej [Wie wir Deutschland regiert haben], Moskau 1995, S. 312.
104 Machno war ein Anführer anarchistischer und terroristischer Banden, die sich in der Ukraine während der Revolutionsjahre 1905–1907 bildeten und insbesondere in den Jahren 1918–1921 plünderten und mordeten.
105 Auch Raubüberfälle waren an der Tagesordnung. In einem Bericht des Bevollmächtigten der Polnischen Regierung für den Bezirk Masuren wird erwähnt, daß im Abschnitt Gerdauen-Nordenburg 60 Personen in Militäruniformen gefaßt wurden, die sich auf Raubzügen befanden. S.: Okręg Mazurski (a. a. O.), S. 189.
106 Vostočnaja Prussija (a. a. O.), S. 494 f. Unter AUMVD F. 48, Op. 1, D. 1, L. 28–37 (Zitiert nach: Kaliningradskie archivy: Materialy i issledovanija, Vypusk 1, Kaliningrad 1998, S. 82–83.) findet sich eine weitere Statistik zum Stichtag 1. 9. 1945 mit der nur gering-

fügig abweichenden Gesamtsumme von 139.614, die aber in zwei Einzelpositionen insgesamt um eine Zahl in Höhe von 18.903 Personen abweicht.

107 Vgl. Gordeev, Iwan, Kaliningrad 1986.

108 Befehl 00-1538 des NKVD (a. a. O.).

109 Churchill, Winston: Memoiren, Bd. III, 2, Stuttgart 1954, S. 296.

110 DDP I/4 (1943), S. 119.

111 Die Politikgeschichte seit Ende des Ersten Weltkrieges diente auch der Verwischung dieser früheren Gemeinsamkeiten, die man rasch verloren glaubte.

112 Ross, G. (Ed.): The Foreign (a. a. O.), S. 82.

113 DDP I/4 (1943), S. 64.

114 Siehe: DDP I/4 (1943), S. 281.

115 DDP I/4 (1943), S. 119.

116 DDP I/4 (1943), S. 6706.

117 Woodward, Sir Llewellyn: British Foreign Policy in the Second World War. Vol. II, London 1971, pp. 22–23.

118 Teheran, 1. Dezember 1943.

119 Die unheilige Allianz. Stalins Briefwechsel mit Churchill 1941–1945, Reinbek 1964, (Nr. 243), S. 255.

120 Im August 1944 wurden im PKWN erste Überlegungen und Memoranden zu den neuen Gebieten diskutiert. Zu Ostpreußen gab es den Vorschlag, die Landkreise mit überwiegend litauischer Bevölkerung sollten an Litauen fallen. Siehe Okręg Mazurski (a. a. O.), S. VII.

121 DPP II/1 (Die Konferenz von Potsdam), S. 1572.

122 Siehe: DPP II/1 (Die Konferenz von Potsdam), S. 1583.

123 Stalin äußerte diesen Gedanken schon früher. In den Tagebüchern von Georgi Dimitroff findet sich unter dem Datum 8. 9. 41 folgender Eintrag: *»Um 24 Uhr (Mitternacht) Fliegeralarm. War im Luftschutzbunker an der Kirowskaja. Die Stimmung war gut. – Der Chosjain [gemeint ist Stalin] machte die ganze Zeit hintergründige Scherze. –Wenn wir siegen, geben wir Ostpreußen dem Slawentum, dem es schließlich gehört, zurück. Wir werden es mit Slawen besiedeln.«*

124 DDP II/1(Die Konferenz von Potsdam), S. 2284.

125 DDP II/1(Die Konferenz von Potsdam), S. 2285.

126 DDP II/1(Die Konferenz von Potsdam), S. 2286.

127 Churchill, Winston, Memoiren, Bd. VI, 2, Stuttgart 1954, S. 262 ff.

128 Siehe: DDP II/1 (Die Konferenz von Potsdam), S. 873.

129 Vgl. Hecker, Hellmuth: »Deutschland, Litauen und das Memelland«//In: Jahrbuch der Albertus-Universität zu Königsberg/Pr. 1955, Bd. VI, S. 254.

130 DDP II/1 (Die Konferenz von Potsdam), S. 682.

131 DDP II/1 (Die Konferenz von Potsdam), S. 938.

132 DDP II/1 (Die Konferenz von Potsdam), S. 1583.
133 DDP II/1 (Die Konferenz von Potsdam), S. 1583.
134 Siehe: DDP II/1 (Die Konferenz von Potsdam), S. 2010.
135 DDP II/1(Die Konferenz von Potsdam), S. 937.
136 DDP II/1(Die Konferenz von Potsdam), S. 939.
137 Vgl. Polonsky, Antony: The Great Powers and the Polish Question 1941–1945, London/Boston 1980, Dok. 49.
138 Zitiert nach Brakas (a. a. O.), S. 169.
139 Siehe Landsbergis, Vytautas: »Potsdamas ir Karaliaučius« [Potsdam und Königsberg]//In: Potsdamas ir Karaliaučiaus kraštas, Vilnius 1996.
140 Tyrell, Albrecht: Großbritannien (a. a. O.), S. 432.
141 Dokumente zur Deutschlandpolitik I/4 (1943), S. XVI.
142 DDP II/1 (Die Konferenz von Potsdam), S. 1433. – In einem Sonderbericht: »Über die Stimmung der deutschen Bevölkerung und einige Fakten über unwürdiges Verhalten einzelner Angehöriger der Roten Armee«, die der Bevollmächtigte des NKVD für die Samlandgruppe, Kommissar Tkačenko, am 17. März 1945 Berija zustellte und der auch Stalin zuging, teilte Tkačenko mit, daß Deutsche geäußert hätten, lieber unter den Russen als unter den Polen leben zu wollen. Siehe: GARF F. R-9401, Op. 2, D. 94, L. 85–86.
143 DDP II/1 (Die Konferenz von Potsdam), S. 931.
144 DDP II/1 (Die Konferenz von Potsdam), S. 984.
145 DDP II/1 (Die Konferenz von Potsdam), S. 936.
146 Siehe: Meißner, Boris: »Die Frage des Friedensvertrages mit Deutschland vom Potsdamer Abkommen bis zu den Ostverträgen«//In: Meißner, Die Sowjetunion (a. a. O.), S. 48.
147 Tyrell, Albrecht: Großbritannien (a. a. O.), S. 421.
148 Schon das Frontgeschehen unterschied sich: In einem Bericht an Stalin hieß es: *»Besonders häufig nehmen Soldaten der 1. und 2. Polnischen Armee Kriegsgefangene und erschießen sie dann gleich. auf dem Weg.«* Dann folgt ein Beispiel, nach dem 60 Kriegsgefangene festgenommen worden waren, aber nur zwei lebend am Sammelpunkt ankamen. (GARF: F. R- 9401, O. 2, D. 93, L. 336) Die Rote Armee hingegen war nicht daran interessiert, Kriegsgefangene zu erschießen.
149 Liekis, Sudaryt A.: Nenugalėtoji Lietuva: Lietuvos partizanų spauda (1944–1949) [Das unbesiegbare Litauen: Die litauische Partisanenpresse (1944–1949)/Zusammengestellt von A. Liekis], Vilnius 1995, S. 8–9.
150 Mindaugas – erster König in Litauen um 1250.
151 Nenugaletoji Lietuva/A. Liekis, S. 8–9.
152 Bei der Berliner Konferenz handelt es sich um die Potsdamer Konferenz, die ja ursprünglich in Berlin stattfinden sollte und aus Mangel an geeigneten Gebäuden nach Potsdam verlegt wurde.

153 Už tėvų žemę [Für die Erde der Väter] (1. 7. 1945), zitiert nach: Nenugalėtoji Lietuva (a. a. O.), S. 37.
154 Liudas Truska, Lietuva 1938–1953 [Litauen von1938 bis 1953], Kaunas 1995, S. 142.
155 Pravda, 20. 12. 1944.
Misiunas (a. a.O), S. 77.
156 Liudas Truska, Lietuva 1938–1953 [Litauen von 1938 bis 1953], Kaunas 1995, S. 125.
157 Liudas Truska, Lietuva 1938–1953 [Litauen von 1938 bis 1953], Kaunas 1995, S. 125.
158 Siehe: Zemskov, V.: »Repatriacija i vtoraja volna emigracjii« [Die Repatriierung und die zweite freie Emigration]//In: Rodina 1991, Nr. 6–7. Die Mehrzahl dieser Litauer gehörte dem Beamtentum und der Intelligenz an. Erinnert sei stellvertretend für andere Fälle an die Verhaftung von 46 führenden Intellektuellen und Professoren der Universität Wilna im März 1943 nach dem litauischen Boykott der Mobilisierung für die SS. Die Häftlinge wurden in das KZ Stutthof gebracht.
159 Gemeint ist hier vor allem der Bauernaufstand von 1863, bei dem der Rückzug in die Wälder eine wichtige Rolle spielte.
160 Siehe: Truska, Liudas: Lietuva 1938–1953.[Litauen von1938 bis 1953], Kaunas 1995.
161 Siehe: Tininius, Sniečkus (a. a. O.), S. 39.
162 Siehe: Tininius, Sniečkus (a. a. O.), S. 38.
163 Siehe Grunskis (a. a. O.), S. 13.
164 Stalins Pläne für den baltischen Raum zerschlugen sich vor allem durch die Weigerung der Alliierten, die sowjetische Okkupation dieser Gebiete anzuerkennen.
165 GARF: F. R-9401, Op. 2, D. 102, L. 44–49.
166 Siehe: Sniečkus, S. 38.
167 Siehe: Truska, (a. a. O.), S. 137.
168 LVVOA: F. 1771, Ap. 8, B. 150, L. 41.
169 Fowkes, Ben: Aufstieg und Niedergang (a. a. O.), S. 9.
170 Tiesa, Vilnius (16. 1. 1995).
171 Angehörige der Kurlandarmee gingen im Mai 1945 direkt zu den lettischen Widerständlern über, statt sich in sowjetische Kriegsgefangenschaft zu begeben.
172 In einem Flugblatt vom 10. Mai 1945 hieß es: *»Die Sowjetunion, von einem eisernen Ring antibolschewistischer Fronten auf allen Seiten umgeben, befindet sich kurz vor ihrer Zerschlagung. Tod dem Bolschewismus in seiner eigenen Höhle.[...] Nach den politischen Prinzipien des USA-Präsidenten Truman, der für alle Völker sorgt: Die großen Völker dürfen nicht über die kleinen Völker herrschen, sondern müssen ihnen dienen ... «* Zitiert nach: Nenugalėtoji Lietuva 3 (a. a. O.), S. 30.

173 Siehe: CCHIDNI (Moskau) F.17, Op.121, D. 545, L. 35, 36. Volker Frohbarth, Kiel, hat diese Quelle freundlicherweise zur Verfügung gestellt.

174 LVVOA, F. 1771, Ap. 8, B. 151. Die gegenwärtige litauische Historiographie versucht den litauischen Anteil der »stribai« und ihre gesamte Tätigkeit abzuschwächen. S.: Grunskis, Eugenijus: » Sovietinių liaudies gynėjų (stribų) Lietuvoje istoriografia« [Die sowjetischen Volksverteidiger (stribai) in der litauischen Historiographie]//In: Laisvės kovų archyvas 19. Der litauische Historiker Liudas Truska hat die Behauptung aufgestellt, es habe sich bei diesen Nachkriegskämpfen nicht um einen Bürgerkrieg gehandelt, da Litauen besetzt war und der Widerstand hauptsächlich von Ausländern niedergeschlagen wurde. Die Tatsache, daß sich unter den Einheimischen Helfer gefunden hätten, würde nichts daran ändern. Truska führt weiter aus: *»Während des Zweiten Weltkrieges hatten die deutschen Nationalsozialisten in Frankreich, Holland und Belgien viel mehr Kollaboranten als die Sowjets nach dem Krieg in Litauen. Dennoch würde niemand auf die Idee verfallen, den antifaschistischen Widerstandskampf in Westeuropa als Bürgerkrieg zu bezeichnen. Bürgerkriege finden nur in real unabhängigen Ländern statt.«* Unabhängig von der Schlüssigkeit der Truskaschen Argumentation, ist es nahezu unseriös, Schlußfolgerungen zu ziehen, bevor die Nachkriegsphase 1944–1953 wenigsten in Ansätzen *allseitig* erforscht ist. Staatspräsident Algirdas Brazauskas hat – noch als Erster Sekretär der LKP – im Dezember 1989 auf dem Abspaltungsparteitag in Wilna Positionen zur Bewertung des bewaffneten Widerstandes geäußert, wobei er beiden Seiten – bewaffneten Widerständlern und Volksverteidigern – gleichermaßen Schuld am Tode Unschuldiger zusprach. Damit sprach er sich gegen die damals vorherrschende Tendenz aus, den bewaffneten Widerstand prinzipiell zu idealisieren. (Komunistas 1990, 2, L.4–8) Natürlich handelt es sich hier um eine parteipolitische Position, die als solche von der gegenwärtigen Regierungspartei auch bekämpft wird.

175 Manche Ausgaben erreichten Auflagen von bis zu 1000 Exemplaren z. B. »Laisvės varpas« [Freiheitsglocke].

176 Siehe: LVVOA: F. 1771, Ap. 190, B. 5, L.179.

177 1953 versteckten sich nur noch kleine Grüppchen des bewaffneten Widerstandes in den žemaitischen Wäldern.

178 Starkauskas, Juozas: »Pokario Lietuva čekistų dokumentuose«//In: Laisvės kovų archyvas 19, S. 75.

179 Siehe: LVVOA: F. 1771, Ap. 9, B. 260, L. 108, L. 121–124.

180 Siehe: Starkauskas (a. a. O.), S. 83.

181 Siehe: LVRM: F. 5, Ap. 7, D. 14, L. 5.

182 Siehe: Truska (a. a. O.), S. 148.

183 Bis heute existiert eine Kontroverse russischer Historiker darüber, in welchen Zusammenhängen der sowjetisch-deutsche Krieg und

der sowjetisch-japanische Krieg zu sehen sind. Siehe: Tjuškevič, S./Gavrilov, V.: »Možno čitat sovetsko-japonsku vojny 1945. čast'ju Velikoj Otečestvennoj Vojny?« [Kann man den sowjetisch-japanischen Krieg 1945 als Bestandteil des Großen Vaterländischen Krieges sehen?]//In: Nova i novejšaja istorija, 1995, Nr. 1, S. 30.

184 Zukov, Jurij: »Borba za vlast' v rukovodstve SSR v 1945–1952«. [Der Kampf um die Macht in der Führung der UdSSR 1945–1952]// In: Voprosy istorii 1995, Nr. 1, S. 23–39.

185 Siehe dazu auch Pichoja, R.: »O vnytripolititscheskoj borbe v sovetskom rukovodstve 1945–58« [Über den innenpolitischen Kampf in der sowjetischen Führung 1945–58]//In: Nova i novešaja istorija 1995, Nr. 6, S. 3 f.

186 Arbeitspflicht Art. 12; Steuerpflicht Art. 14; Pflicht zur Wahrung des sozialistischen Eigentums Art. 131; Schulpflicht Art. 121; Wehrpflicht Art. 132–133: Sovetskoe gosudarstvennoe pravo [Sowjetisches Staatsrecht], Moskau 1948, S. 142/144.

187 Siehe: Odincov, Č.: »Religioznye organizacji v SSSR v gody Velikoj Otečestvennoj vojny (1943–1945)« [Religiöse Organisationen in der UdSSR in den Jahren des Großen Vaterländischen Krieges (1943–1945)]//In: Otečestvennye archivy 1995, Nr. 3, S. 41 ff.

188 Siehe: Zubkova, Elena: »Rußland und das Jahr 1945«//In: Nordost-Archiv 1/1996, S. 27.

189 Laisvės varpas [Freiheitsglocke], ohne Datum, zit. nach: Nenugalėtoji Lietuva (a. a. O.), S. 23.

190 Brzezinski (a. a. O.), S. 63. Allein 1942 waren in der Roten Armee 1.340.000 neue Mitglieder in die Partei aufgenommen worden – ohne Rückfrage nach ihren politischen Intentionen, einzig um die Parteibasis in den militärischen Einheiten zu stärken. Siehe: Fainsod (a. a. O.), S. 269.

191 Siehe: Brzezinski (a. a. O.), S. 63. In diesem Zusammenhang muß auch die Versetzung Žukovs als symbolische Handlung gesehen werden.

192 Zubkova, Elena: »Rußland und das Jahr 1945«//In: Nordost-Archiv 1/1,1996. Das zitierte Dokument: CCHIDNI, F.17, Op.117, D.527, L. 92.

193 Brunner, Georg/Westen, Klaus: Die sowjetische Kolchosordnung, Stuttgart 1970, S. 24.

194 Siehe: Brzezinski (a. a. O.), S. 64. Ein zusätzlicher Beweggrund, zum erprobten System zurückzukehren, waren sicherlich die beiden katastrophalen Mißernten 1945 und 1946.

195 Krasnaja zvezda [Roter Stern], 1944 ff., Agitator 1945, S. 17–18.

196 Laisvės varpas [Freiheitsglocke], ohne Datum, zitiert nach: Nenugalėtoji Lietuva (a. a. O.), S. 22.

197 Vgl. Zima, Venjamin: »Poslevojennoe obščestvo:golod i prestupnost'(1946–1947.)« [DieNachkriegsgesellschaft: Hunger und Kri-

minalität (1946–1947)]//In: Otečestvennaja istorija 1995, Nr. 5, S. 45–59. Zubkova, Elena, »Postvojennoe obščestvo: Rossijanie i nemcy. 1945« [Die Nachkriegsgesellschaft: Russen und Deutsche 1945]//In: Otečestvennaja istorija 1995, Nr. 3, S. 90–100.

198 Vgl. Soviet War News, Moskau (4. 9. 1943).

199 Arnušauskas, (a. a. O.) S. 170.

200 KGB ADS F. 10, B. 4/1, L. 6–8, zitiert nach: Arnušauskas (a. a. O.), S. 172.

201 Siehe: LVA, F. R-754, Ap. 13, B. 24, L. 169–170.

202 Siehe: LVA, F. R-754, Ap. 13, B. 10, L. 29.

203 GKO, Nr. 7563 vom 21. Februar 1945.

204 GKO, Nr. 7590 vom 25. Februar 1945.

205 DDP II/1(Die Konferenz von Potsdam), S. 709.

206 DDP II/1 (Die Konferenz von Potsdam), S. 1162.

207 DDP II/I (Die Konferenz von Potsdam), S. 1865/66.

208 Die Verpflichtung zum Kriegsdienst bestand seit dem Gesetz des Obersten Sowjets der UdSSR vom 15. 4. 1943 *»Über die Einführung des Kriegszustandes auf allen Bahnstrecken«*.

209 Von diesem Bahnhof fanden aus nicht nur die Transporte der Zivilinternierten und Kriegsgefangenen in das Innere der UdSSR statt, über diese Bahnstation erfolgte auch 1948 ein großer Teil der Rücktransporte dieser Bevölkerungsgruppen. 1951 wurden die Transporte der »Wolfskinder« aus Litauen hier von deutschen Eisenbahnern in Empfang genommen.

210 Die sowjetische Benennung »Eisenbahnort« weist deutlich auf die Funktion des Städtchens in der unmittelbaren Nachkriegszeit hin.

211 Siehe: GARF: F. R-5446, Op. 47, D. 182, L. 1.
Aufgrund eines Beschlußes des GOKO 9407 ss (7. 7. 1945) fanden Wagenwechsel in Altdamm, Küstrin, Frankfurt-Ost, Guben, Forst, Niesky (Wehrkirch), Görlitz und Zittau statt.

212 Siehe: Knyševskij, Pavel: Dobyča tajny germanskich reparacij, Moskva 1994.

213 GARF: F. R-5446, Op. 47, D. 181, L. 5.

214 GARF: F. R-5446, Op. 47, D. 181.

215 Vertuški – wörtlich: Drehtür oder Flügel.

216 Siehe Knyševskij, Pavel: Dobyča.Taijny germanskich reparacij [Der Raub. Die Geheimnisse der deutschen Reparationen], Moskva 1994, S. 16.

217 In Berichten von Königsbergern war immer wieder von deutschen Eisenbahnern die Rede. Siehe auch: Kibelka, Wolfskinder (a. a. O.), S. 197. Ebenfalls wird berichtet, daß Fluchtversuche mit »vertuškis« unternommen wurden. Die ersten Einzelaussiedler im Frühsommer 1947 kamen mit eben solchen Zügen nach Berlin.

218 Siehe GAKO: F. R-237, O. 2. D. 1, L. 36.

219 GARF: F. R-9401, O. 2, D. 170, L. 64.

220 Siehe: Ovsjanov, Avenir: »Die verschollenen Kunstschätze Königsbergs«//In: Deutsche Studien Hefte 131/132 (a. a. O.), S. 290.
221 Siehe: AUMVD: F. 48, Op. 1, D. 1, L. 28–37.
222 Bei Zeidler, (a. a. O.), S. 198, findet sich der Hinweis, die riesigen Viehbestände, die der Roten Armee auf deutschem Boden in die Hände fielen, wären ins Innere Rußlands getrieben worden, *»da ihr Verbrauch an Ort und Stelle nicht möglich war«*. Der Aufwand des Viehtrecks wurde in erster Linie betrieben, um symbolische Genugtuung zu erzielen und einen Vorzeigeeffekt zu erreichen. Auch während der großen Deportationsmaßnahmen 1948 wurde Vieh beschlagnahmt und in großen Trecks nach Rußland getrieben, um zu demonstrieren, wieviel Privatbesitz die staatsfeindlichen baltischen Bauern besessen hätten.
223 Dafür wurden detaillierte Pläne angefertigt. Sie beinhalteten unter anderem Maßnahmen zur Pflege und Versorgung des Viehs. Nach Informationen von Arune Arbušauskaitė befindet sich im LVA auch eine Kopie der Skizze, auf welchem Weg die Herden Litauen zu durchqueren hatten.
224 Siehe: Knyševskij (a. a. O.), S. 120.
225 Siehe: Knyševskij (a. a. O.), S. 121.
226 Siehe: LVVOA: F. 1171. Ap. 8, B.183, L.144 (13. 9. 1945).
227 Siehe: LVVOA: F. 1171. Ap. 8, B. 183, L. 157.
228 Siehe: LVVOA: F. 1171. Ap.8, B.183, L.134 lf.
229 Siehe: LVVOA: F. 1771, Ap. 9, B. 144, L. 33.
230 LVVOA: F. 1771, Ap. 1, B. 9, L. 262.
231 Siehe: GAKO: F. R-309, Ap.1, B. 2, L. 68.
232 Tolstoz, Nikolaj: Die Verratenen von Jalta, München 1978.
233 Viktor Nikolaevič Zemkov, »K voprosu o repatriacii sovetskich graždan 1944–1951« [Zur Frage der Repatriierung sowjetischer Bürger 1944–1951]//In: Voprosy istorii 4 (1991), S. 26–41.
234 Upravlenie Upolnomočennogo SNK SSSR po delam repatriacii = Verwaltung des Beauftragten des RdV der UdSSR für Repatriierungsangelegenheiten.
235 LVA: F. R-754, Ap. 4, B. 1546.
236 Zeidler (a. a. O.), S. 199.
237 DDP II/1 (Die Konferenz von Potsdam), S. 235.
238 DDP II/1 (Die Konferenz von Potsdam), S. 235.
239 DDP II/1 (Die Konferenz von Potsdam), S. 2022.
240 Siehe: LVA: F. R-754, Ap. 4, B. 477.
241 Narodnyj komissariat oborony = Volkskommissariat für Verteidigung.
242 Siehe: Zemskov (a. a. O.), S. 32.
243 Siehe: GARF: F. R-9401, Op. 2, D. 17, L. 44, L. 322–324.
244 Siehe: GAKO: F. R-298, Ap. 4, B. 2, L. 61.
245 LVA.: F. R-754, Ap. 4, B. 2355, L. 25.
246 LVA.: F. R-754, Ap. 4, B. 2349, L. 68.

247 Zemskov (a. a. O.), S. 39.
248 LVA.: F. R-754, Ap. 4, B. 2352,L. 24.
249 LVA.: F. R-754, Ap.4,.B. 2353, L. 8.
250 Siehe: Zemskov (a. a. O.), S. 34.
251 Vgl. Myllyniemi, Sepp: Die Neuordnung der baltischen Länder 1941 –1944, Helsinki 1973. Litauische zeitgenössische Rechnungen sprechen immer von 60.000 Personen, jedoch ohne Quellenangabe.
252 Vgl. Kairiukštytė, Nastazija: »Lietuvos gyventojų repatriacija iš Vokietijos 1945 metais« [Die Rückkehr der litauischen Einwohner aus Deutschland 1945]//In: Lituanistica 1 (1990).
253 LVA: F. R-754, Ap. 4, B. 823, L. 7.
254 PFL – Proveročno-filtracionnyj lager = Überprüfungs- und Filtrationslager.
255 Siehe: GARF: F. R-7021, Op. 49, D. 478–484.
256 LVA: F. R-754, Ap. 4, B. 817, L. 36.
257 LVA: F. R-754, Ap. 4, B. 817, L. 36.
258 LVA: F. R-754, Ap. 4, B. 1545, L. 160.
259 Fricke, Karl Wilhelm: »Das Prinzip der sozialen Prophylaxe«//In: Der Morgen, 11. 4. 1990.
260 Siehe: Kaukas, Kostas: Rausvos pamariu rasos [Rote Tautropfen am Haff], Klaipėda 1995, S. 53.
261 Zum Beispiel auch zur Verpflichtung in die Baukolonnen des NKO.
262 Weitere Gruppen, die auf Grund ihrer frühen Rückkehr der Filtration entgingen, waren aus dem KZ Stutthof befreite jüdische Häftlinge sowie litauische Ostarbeiter, die in Ostpreußen eingesetzt worden waren.
263 Siehe: LVA: F. R-754, Ap. 4, B. 823, L. 6.
264 Siehe: LVVOA: F. 1771, Ap. 9, B. 362 (1946), L. 94, L. 111. Für den Kreis Pagėgiai beispielsweise wird die Rückkehrerzahl von 1945 mit ca. 500 deutschen Familien angegeben.
265 GARF: F. R-7021, Op. 49, D. 478–484.
266 LVVOA: F. R-1771, Ap.9, B. 279 (3. 1. 1946–13. 12. 1946).
267 LVVOA: F. R-1771, Ap. 9, B. 279 (3. 1. 1946–13. 12. 1946).
268 LVA: F. R-754, Ap. 4, B. 1186, L. 22.
269 Siehe: LVVOA: F. 17541, Ap. 1, B. 17, L. 34.
270 LVVOA: F. 17541, Ap. 1, B. 17, L.68.
271 LVVOA: F. 17541, Ap. 1, B. 17, L. 68.
272 LVVOA: F. 17541, Ap. 1, B. 17, L. 68.
273 LVVOA: F. R-16895, Ap. 2, B. 4, L. 46–47.
274 GARF: F. R-7021, Op. 49, D. 478–484.
275 LVA.: F. R-754, Ap. 4, B. 1545, L. 27.
276 LVA: F. R-754, Ap. 4, B. 1545, L. 26.
277 Siehe: LVA.: F. R-754, Ap. 4, B.1545 L. 160.
278 Siehe: LVA: F. R-754, Ap. 4, B. 1534 L. 128.
279 LVA: F. R-754, Ap. 4, B. 1546, L. 18.

280 Siehe: LVA: F. R-754, Ap. 4, B. 2350, L. 36.
281 Siehe: LVA: F. R-754, Ap. 4, B. 2350, L. 36.
282 Siehe: LVVOA: F 1771, Ap. 9, B. 279; S. 35, Brief von Sniečkus und Gedvilas an die Repatriierungsbehörde.
283 Ähnliche Wendungen vollzog auch die sowjetische Propaganda siehe: Aleksandrov, Georgij//In: Krasnaja Zvezda 4. 4. 1945; S. Aleksandrov//In: Pravda, 14. 4. 1945.
284 Auch Naimark betont, die Sowjets hätten bei Kriegsende *»keine fertigen Antworten gehabt«*- Naimark, Norman M.: The Russians in Germany: a History of the Soviet Zone of Occupation 1945–1949, Harvard 1995, S. 10.
285 Nikžentaitis, Alvydas: »Kaliningrado problema Lietuvos ir vokietijos politikoje« [Das Kaliningrad-Problem in der litauischen und in der deutschen Politik]//In: Mokslas ir Gyvenimas 1995, Nr. 1, S. 7.
286 Siehe: GARF: F. R-9401, Op. 2, D. 67, L. 186.
287 Fast in allen Veröffentlichungen über Memelländer, die im Zwischenkriegslitauen bis 1934 erschienen, wurde deren litauische Herkunft hervorgehoben. Demnach sollten sie im Prinzip germanisierte Litauer sein, noch dazu befallen vom Bazillus des Nationalsozialismus. Übrigens wurden auch rassische Argumente benutzt, um das Litauertum der Memeldeutschen zu beweisen. Der Anthropologe Prof. Žilinskas verkündete 1935 auf dem Höhepunkt des litauisch-deutschen Konflikts das Ergebnis litauischer, lettischer und ostpreußischer Forschungen, aus denen hervorging, daß diese drei Gruppen untereinander blutsverwandt seien, aber mit den Deutschen nichts gemein hätten. So wurde der Status der Memelländer in Litauen mit der Lage der polnischen Minderheit verglichen, was nach dem damaligen nationalen Verständnis recht gutes Material zur Relituanisierung darstellte. Siehe: Nikžentaitis, Alvydas: Das Bild der Deutschen und Deutschlands im Zwischenkriegslitauen (Manuskript im Druck).
288 Die litauischen Einwanderer, die in den Jahren 1923ff. in das Memelland kamen, vor allem aus Kaunas, konnten in der Regel kein Deutsch, die Beamten waren arrogant und betrachteten die einheimischen Einwohner, die Kleinlitauer, beinahe als Deutsche. Der Gouverneur des Memelgebietes, Martynas Anysas, zitiert den Ministerpräsidenten von Litauen Juozas Tūbelis, der die allgemeine Einstellung der litauischen Beamten zu den Einwohnern von Memel wie folgt beschrieb: *»Alle Einwohner von Memelland sind mehr oder weniger Deutsche.«* Die Kleinlitauer wurden ignoriert. Anysas, Martynas: Kova dėl Klaipėdos [Kampf für Memel. Erinnerungen 1927–1939], Chicago 1978, S. 175. Vgl. auch: Vareikis, Vygantas: Das deutsch-litauische Verhältnis im Memelgebiet zwischen 1919–1941 (Manuskript im Druck).
289 Siehe: GARF: F. R-9401, Op.2, D. 67, L.186.

290 LVA: F. R-754, Ap. 4, B. 527, L. 54.
291 LVVOA: F.1771, Ap. 8, B. 255, L. 4a.
292 Siehe auch: Taagepera/Misiunas: The Baltic States, (a. a. O.), S. 86 ff.
293 1952 betrug der Anteil der Parteiangehörigen für die gesamte UdSSR 2,991 %, in der LSSR lag er bei 1,33 %. Siehe: Fainsod, Merle: How Russia is ruled, Cambridge 1963, S. 272.
294 Nachdem Mikołaczyk am 13./14. Oktober 1944 während der Begegnung mit Stalin und Churchill keinen Kompromiß zu Fragen der polnisch-sowjetischen Beziehungen und zu innenpolitischen Problemen erzielen konnte, da dieser auch nicht von der sowjetischen Seite gewünscht wurde, sah die Londoner Exilregierung nur noch die Möglichkeit, zum weiteren Widerstand im Land aufzurufen. Ein entsprechendes Dokument wurde vom Ministerrat der polnischen Exilregierung am 16. November 1944 verabschiedet. Siehe: Gella, Aleksander (a. a. O.), S. 119.
295 CCHIDNI: F. 17, Op. 121, D. 545, L. 35,36. Die Abschrift dieses Dokumentes hat Volker Frobarth freundlicherweise zur Verfügung gestellt.
296 Gracianskij: Kenigsberg, Moskau 1945, S. 17.
297 Sowohl der Bevollmächtigte des GKO, Konstantin Koval, wie auch General Chrulev sagten, daß innerhalb des Komitees keinerlei Protokolle existierten. Siehe: Koval, Konstantin: »Zapiski upolnomočennogo GKO na territorii Germanii« [Aufzeichnungen des Bevollmächtigten des GKO auf dem Territorium Deutschlands]// In: Novaja i novejšaja istorija 1994, Nr. 3, S. 124–147; »Neopublikovannoe interv'ju načal'nika tyla Krasnoj Armii v 1941–1945. Generala Armii A. V. Chruleva« [Unveröffentlichtes Interview mit dem Kommandeur der Etappe der Roten Armee, Armeegeneral A. V. Chrulev]//In: Novaja i novejšaja istorija 1995, Nr. 2, S. 65–78.
298 Solange das Präsidentenarchiv der Russischen Föderation nicht zur allgemeinen Benutzung geöffnet wird, läßt sich auch darüber nur spekulieren.
299 Korabljow, J. I. u. a.: Kurzer Abriß der Geschichte der Streitkräfte der UdSSR von 1917–1972, Berlin (Ost) 1976, S. 255.
300 GARF: F. R-5446, Op. 1, Nr. 766 (7. 4. 1946).
301 Siehe: GARF: F. R-446, Op. 1, Nr. 766 (7. 4. 1946).
302 *»Die Arbeitslosigkeit war in Litauen [vor dem Krieg – R. K.] größer, und im Memelgebiet bestand daher Mangel an Arbeitskräften, nachdem viele Litauer ausgewandert waren. Deswegen warb die deutsche Regierung Litauer für Feldarbeiten aus den angrenzenden Gebieten Litauens. An die Grenze kamen LKWs mit Lautsprechern und luden die Litauer zu Feldarbeiten im Memelgebiet ein. Sie wurden ohne Pässe und Visa an ihre Arbeitsplätze gefahren und am Sonnabend nach der Auszahlung des Lohns zurückge-*

bracht. Die litauische Regierung wußte von diesen Aktionen und tolerierte sie wegen der hohen Arbeitslosigkeit in den Grenzgebieten.« Aus: Vareikis, Vygantas: Das deutsch-litauische Verhältnis im Memelgebiet zwischen 1919–1941 (Manuskript im Druck).

303 Siehe: Pocytė, Silva, Agluonėnai (a. a. O.), S. 40.

304 Siehe: KVA: F.111, Ap. 1, B. 1, L. 4.

305 Siehe: KVA: F.17, Ap. 1, B. 2.

306 Siehe: KVA: F.111, Ap. 1, B. 1, L. 4.

307 LVVOA: F. 1771, Ap. 8, B. 50, L. 76.

308 LVVOA: F. 1771, Ap. 8, B. 255, L. 4n, Kairukštytė, Klaipėdos (a. a. O.), S. 357.

309 GARF: F. R-5446, Op. 47, D. 3112, L. 29.

310 Siehe: Arbušauskaitė, Arunė: »Demographische Veränderungen auf der Kurischen Nehrung nach 1945«//In: Annaberger Annalen, Nr. 1 1993, S. 63.

311 Siehe: Hermann, Arthur: »Das Schicksal der in der Heimat verbliebenen Memelländer nach 1945«//In: Annaberger Annalen, Nr. 1 1993, S. 85.

312 Siehe: LVVOA: F. 1771, Ap. 9, B.276, L.26–27. »Der heutige Durchschnittsbewohner der Stadt Klaipėda stammt aus dem žemaitischen Dorf« – Feststellung von 1997 (Diskussion über den Geist der Stadt, 10. April 1997).

313 Laisvės karžygis [Kriegszug in die Freiheit] Nr. 2 (24. 03. 1945), zitiert nach: Nenugalėtoji Lietuva 3 (a. a. O.), S. 21.

314 LVVOA: F. 1771, Ap. 9, B. 362, L. 126, zitiert nach: Kairukštytė, Nastazija: Klaipėda (a. a. O.), S. 367.

315 LVA; F. R-754, Ap. 13, B. 46, L. 36, zitiert nach: Kairukštytė, Nastazija: Klaipėdos (a. a. O.), S. 364.

316 LVVOA: F. 1771, Ap. 8, B. 69.

317 LVVOA: F. 1771, Ap. 9, B. 362, L. 111.

318 Siehe: LVVOA: F. 1771, Ap. 9, B. 268, L. 87.

319 Siehe: Truska (a. a. O.), S. 129.

320 Novaja ekonomičeskaja politka = Neue ökonomische Politik.

321 Was sich jedoch nach 1948 änderte.

322 Siehe: GARF: F. R-5446, Op.1, D. 276.

323 Kossygin, Aleksandr (1904–1980), stellvertretender Vorsitzender des RdV der UdSSR, seit 1939 Mitglied des ZK der KP (B).

324 Siehe: GARF: F. R-9401, O. 2, D. 139, L. 103–104.

325 Siehe: GARF: F. R-9401, Op. 2, D. 139, L. 399–400.

326 Siehe: GARF: F. R-5446 (1947), Op. 49, D. 2, B. 2213; Beschluß des Ministerrates vom 21. 7. 1947.

327 Siehe: GARF: F. R-2219, Op. 36, D. 173, L. 31.

328 Siehe: GARF: F. R-2219, Op. 36, D. 173, L. 31.

329 Siehe: Zima (a. a. O.), S. 45–59.

330 Siehe: GAKO: F. R-298, Op. 1, D. 4 GAKO: F. R-297, Op. 12, D. 37.

331 Siehe: GAKO: F. R-298, Op. 4, D. 2, L. 61.
332 Siehe: GAKO: F. R-298, Op. 1, D. 4.
333 Siehe: GAKO: F. R-297, Op. 66, D. 146.
334 Siehe: GAKO: F. R-297, Op. 66, D. 29.
335 Siehe: GAKO: F. R-298, Op. 1, D. 3, L. 117.
336 Familiennamen wurden zu Ortsnamen; die Aufzählung lautet dementsprechend: Gumbinnen, Insterburg, Stallupönen, Ludwigsort, Heiligenbeil.
337 Siehe: GARF: F. R-9401, OP. 2, D. 204, L. 347–355; Bericht von Kruglov an Molotov (24. 10. 1948).
338 Neue Zeit, Nr. 29 (8. 4. 1948).
339 In der RSFSR war das weitaus schwieriger, da Stalin 1943 zur Steigerung des Sowjetpatriotismus der orthodoxen Kirche wieder einen größeren Stellenwert eingeräumt hatte.
340 Lietuvos TSR Istatymai [Die Gesetze der LSSR], Vilnius O. J. BD. I, S. 88.
341 1944–46 durften Polen und Juden aus dem Wilna-Gebiet nach Polen ausreisen.
342 Siehe: Taagepera/Misiunas (a. a. O.), S. 104.
343 Siehe: Tarybu Lietuvos valstietija [Die Bauernschaft Sowjetlitauens], Vilnius, S. 89.
344 Ministerstvo vnutrennich del = Ministerium für innere Angelegenheiten.
345 GARF: F. R-9401, O. 2, D. 139, L. 278–281.
346 Suslov hatte in der Presse behauptet, die Widerständler seien *»Kapitalisten, Gutsbesitzer, Tagelöhner der Deutschen, Polizisten, höhere Beamte des Smetonaregimes [...], die sich bemühen, um jeden Preis ihre Macht und ihr Gut zurückzuerhalten«* (Zit. nach Tiesa, Wilna [16. 1. 1995]. Die Sozialstatistik, die der Vorsitzende des Militärtribunals im NKVD, Chaliavin im Sommer 1946 erstellte, widersprach jedoch dieser Behauptung. Von 8268 zwischen Herbst 1944 und Sommer 1946 verurteilten Widerständlern gehörten nur 641 Personen zur Sparte Gutsbesitzer und Großbauern.)
347 GARF: F. R-5446, Op. 47, D. 1722, L. 115.
348 Siehe: GARF: F. R-5446, Op. 47, D. 1722, L. 134. Mit Befehl des *Sovnarkom* Nr. 720 vom 9. 4. 1945 wurden in der LSSR 76 Sovchosen gegründet, memelländische Landwirtschaftsbetriebe sind in der Aufstellung nicht enthalten.
349 LVVOA: F. 1771, Ap. 8, B. 255, L. 4a.
350 Siehe: KVA: F. 111, Ap. 1, B. 1, L. 29.
351 Siehe: GARF: F. R-5446, Op. 47, D. 1722, L. 110.
352 Siehe: LVA: F. R-754, Ap.12, B. 7, L. 67. Kairukštytė, Nastazija: Klaipėdos (a. a. O.), S. 359.
353 Siehe: LVVOA: F. 1771, Ap. 8, B. 411, L. 58. Kairukštytė, Nastazija: Klaipėdos (a. a. O.), S. 359.

354 Siehe: KVA: F.17, Ap. 1, B. 10/B. 11.

355 Siehe: KVA: F. 17, Ap. 1, B. 12.

356 Siehe: KVA: F. 111, Ap. 1, L. 67 (Sitzung der Bodenkommission des Kreises Pagėgiai, 19. 9. 1945).

357 Tininis, Vytautas: »Grėsmingas Maskvos įrankis. VKP(b) Lietuvos biuro politinės veiklos bruožai« [Das gefährliche Werkzeug Moskaus. Merkmale der politischen Tätigkeit des Litauischen Büros der KP]//In: Politika, 1990, Nr. 23/24.

358 LVA: F. R-754, Ap. 4, B. 1545, L. 108 (Eingabe von Jurgis Peldžius vom 19. 5. 1948).

359 LVVOA: F. 1771, Ap. 9, B. 362, L. 107 (Bericht vom Juni 1946).

360 Laut Befehlen der sowjetischen Frontkriegsräte aus den späten Januartagen 1945 galt alles deutsche Eigentum, einschließlich privater Einrichtungsgegenstände, als Staatseigentum der UdSSR.

361 Landwirtschaftsbetriebe der Roten Armee befanden sich vor allem in den östlichen Gebieten Ostpreußens, im Kreis Pillkallen und Gumbinnen. Diese Betriebe waren die schon erwähnten »Vergeltungslager« oder sogar »Judenvergeltungslager« im Sprachgebrauch der dorthin zwangsvertriebenen Deutschen.

362 Zeitweise – bis zur Ansiedlung sowjetischer Arbeitskräfte auf dem Land – wurden dort auch zusätzlich deutsche Kriegsgefangene eingesetzt.

363 Kaliningradskie archivy (a. a. O.), S. 84.

364 Kaliningradskie archivy (a. a. O.), S. 87.

365 Siehe: GAKO: F. R-332, Op. 1, D. 1, L. 16.

366 Vgl. Gordeev (a. a. O.), S. 23 f.

367 Siehe: GAKO: F. R-332.1.1, L. 28 (11. 3. 1946).

368 Siehe: GARF: F. R-5446 (46), Op. 48,2, D. 1719, L. 23 f.

369 Dieses Arbeitskräftepotential trug die Bezeichnung »spec-kontingent«.

370 Siehe: GARF: F. R-9401, Op. 1a., D. 229, L. 145.

371 Siehe: GARF: F. R-5446 (46), Op. 48,2, D. 1719, L. 23–25.

372 Siehe: GARF: F. R-5446 (46), Op. 48,2, D. 1719, L. 5.

373 Ab Oktober 1946 kam es zu drastischen Kürzungen der Brotrationen für die gesamte arbeitende Bevölkerung. Es herrschte Mangel an Getreide und Futter, so daß im darauffolgenden Winter 50% des Rinderbestandes und 30% der Pferde in den Kolchosen notgeschlachtet werden mußten. Siehe: Kaliningradskije archivy (a. a. O.), S. 17.

374 Siehe: GARF: F. R-5446 (46), Op. 50,2, D. 2219, L. 64 (4. 9. 1948).

375 Siehe: V.3, Aufsatz von Eugen Varga.

376 GARF: F. R-5446 (46), Op. 50.2, D. 2219, L. 64 (an Malenkov).

377 1945–1948 wurden ca. 8,5 Millionen Rotarmisten demobilisiert; siehe Korabljow (a. a. O.), S. 258.

378 Über die zeitliche Begrenzung dieser Ausweispapiere ist viel spekuliert worden. Verschiedene Autoren betrachten sie als Indiz dafür, daß die Sowjetunion die Deutschen nicht länger als drei Jahre im Gebiet haben wollte. Um aber eine gesicherte Aussage darüber treffen zu können, müßte man sich mit dem Verfahren der Ausgabe sowjetischer Personalpapiere genauer beschäftigen.

379 Siehe: KVA: F. 111, A.1.B.2, 3 (29. 1. 1946).

380 Siehe: GARF: F. R-5446 (47) Op. 49.2, D. 2213, (17. 4. 1947).

381 Siehe: KVA: F:17, Ap. 1, B.15, L. 4.

382 Siehe: KVA: F:118, Ap. 2, B. 23, 24.

383 Siehe: KVA: F.118, Ap. 2, B. 21–30; F. 118, Ap.2, B. 52–70; F. 118, Ap. 2, B. 107–121; F. 236, Ap. 2, B. 1–7; F. 266, Ap. 2, B. 715–717.

384 Kauka, Kostas (a. a. O.), S. 141.

385 Siehe: Kairukštytė, Nastazija: »Klaipėdos« (a. a. O.), S. 369.

386 Wahlrede Stalins in seinem Wahlkreis in Moskau vom 9. Februar 1946/Interview Stalins zur Fulton-Rede von Churchill/Interview mit Molotov zu den Ergebnissen der Pariser Außenministerkonferenz/Deutsch-russischer Sprachführer für Sovchosen.

387 Siehe LVVOA: F. 1771, Ap. 8, B. 222.

388 Siehe: KVA: F. 111, Ap. 1, B. 1, L.1.

389 In den späteren Statistiken des Repatriierungsamtes werden die Rücksiedler bis 1946 nicht mehr erwähnt. Vermutlich aus dem Grund, da sie nicht (bzw. nur formal) politisch überprüft wurden und die Bevölkerungs- von der Repatriierungsstatistik divergierte.

390 Siehe: KVA: F. 75, Ap. 2, B. 7 (1946).

391 Siehe: LVA: F. R-754, Ap. 4, B. 527, L.54.

392 Die hiesige Russifizierungspolitik beinhaltete vor allem die verstärkte Einführung der russischen Sprache in Behörden, Schulen etc.

393 LVA: F. R-754, Ap. 4, B. 857, L.15.

394 KVA: F. 75, Ap. 2, B. 2 (1945).

395 Siehe: GARF: F. R-5446, Op. 47, D. 3112, L. 36 (Beschluß des GKO Nr. 8985ss vom 8. 6. 1945).

396 Siehe: KVA: F. 111, Ap. 1, B. 1–16.

397 Siehe: KVA: F. 111, Ap. 1, B. 40.

398 Siehe: KVA: F. 111, Ap. 1, B. 28.

399 Siehe: LVVOA: F. 1771, Ap. 8, B. 256, L.80.

400 Siehe: LVVOA: F. 1771, Ap. 9, B. 316, L.21.

401 KVA: F. 111, Ap. 1, B. 1, L.36 (1. 9. 1945).

402 Siehe: LVVOA: F. 1771. Ap. 8, B. 183, L.77.

403 Siehe: LVVOA: F. 1771, Ap. 8, B. 151, L.67.

404 Siehe: LVVOA: F. 1771, Ap. 9, B. 362 (1946), L.90.

405 In Pagėgiai befand sich ein Außenlager des Kriegsgefangenenlagers 57 (Šilutė).

406 LVVOA: F. 1771, Ap. 9, B. 362 L. 111 (Bericht des Kreisparteisekretärs vom Juni 1946).

407 Als Großbauer konnte man u. a. eingestuft werden, wenn man fremde, d. h. nicht zur Familie gehörige, Arbeitskräfte beschäftigte.

408 Ansas Baltris (1884–1954): 1919–39 Redakteur litauischer Zeitschriften im Memelland, Pfarrer, seit 1948 Bischof der ev.-luth. Kirche in Litauen.

409 Baltris in: Kaukas, Rausvas (a. a. O.) S. 137.

410 Siehe: LVA, R-181, Ap. 1, B. 85, L. 40.

411 Siehe: LVA, R-181, Ap. 1, B. 85, L. 40.

412 1938 fand in Deutschland eine Eindeutschung von Toponymen und Hydronymen statt. Sämtliche litauische Bezeichnungen in Ostpreußen wurden germanisiert, aus Pilkallen wurde Schloßberg, die Szeszupe erhielt den Namen Ostfluß.

413 Bis in die fünfziger Jahre wurden im Fahrplan der Sowjetischen Staatseisenbahn für das Kaliningrader Gebiet neben den neuen Namen die alten deutschen in Klammern genannt, um Verwechslungen und Unklarheiten auszuschließen.

414 Über den Zeitraum Ende Januar 1945 bis Juni 1946 existieren im Kaliningrader Archiv (GAKO) keine Unterlagen. Die einzigen zur Zeit verfügbaren Angaben stammen aus dem Bundesarchiv Bayreuth, OD-1,32; 33.

415 Siehe: BA (Bayreuth): OD 2, 23, S. 2 (Labiau).

416 Siehe: BA (Bayreuth): OD 1, 32 (Labiau) F. 46, S. 23.

417 BA (Bayreuth): OD 1, 32 (Labiau) F. 36, S. 157.

418 Siehe: BA (Bayreuth): OD 1,33, S. 417 (Labiau).

419 Siehe: BA (Bayreuth): OD 1,33, S. 517 (Labiau).

420 Siehe: BA (Bayreuth): OD 1,33, S. 359 (Lablacken).

421 Siehe: Vostočnaja Prussija (a. a.O), S. 494, S. 495.

422 Siehe: GAKO: F. R-298, Op. 4, D. 2, L. 61.

423 Siehe: GAKO: F. R-298, Op. 1, D.4.

424 Bei den Angaben für die anderen Rayons ist stets angemerkt »ohne stationierte Einheiten«. Die Verfasserin geht davon aus, daß diese Fußnote für den Rayon Labiau lediglich vergessen wurde. Anderenfalls müßte die Ziffer erheblich höher liegen.

425 Siehe: GAKO: F. R-298, Op. 1, D. 4, L. 9.

426 Siehe: GAKO: F. R-462, Op. 2, D.3, L. 2.

427 Siehe: GAKO: F. R-298, Op. 1, D.4.

428 Siehe: GAKO: F. R-298, Op. 1, D.4.

429 Siehe: GAKO: F. R-298, Op. 1, D. 4, L. 40.

430 Siehe: GAKO: F. R-298, Op. 28, L. 107, Faksimile siehe: Kibelka, Ruth: (a.a.O.), S. 78.

431 Siehe: GAKO: F. R-297, Op. 7, D.1, L. 107–110.

432 Siehe: GAKO: F. R-298, Op. 1, D. 4.

433 Siehe: GAKO: F. R-297, Op. 1, D. 8, L.57.

434 Siehe: BA (Bayreuth) OD 1, 32 (Labiau), GAKO F. 36, Op.157.

435 Gaben Jahre später ostpreußische Kinder bei ihrer sicherheitsdienstlichen Identifizierung den Tod von Angehörigen im Kaliningrader Gebiet an, reagierten die dortigen Behörden auf Anfragen hilflos, da die Todesfälle in der Regel nicht registriert waren.

436 1249 Hungertote ist die Zahl der namentlich Erfaßten, die tatsächliche liegt natürlich darüber. Die Minimalzahl weist aber auf die ungefähre Größenordnung hin.

437 Siehe: GARF: F. R-9401, Op. 2, D. 96, L. 254–261.

438 Siehe: Vostočnaja Prussija (a. a. O.), S. 494.

439 Siehe: Vostočnaja Prussija (a. a. O.), S. 492.

440 Siehe: GAKO: F. R-298, Op. 4, D. 2, L. 61.

441 Siehe: GAKO: F. R-298, Op. 1, D.4.

442 Siehe: GAKO: F. R-297, Op. 7, D.1, L. 221.

443 Siehe: GAKO: F. R-297 O.7, D.1, L. 244.

444 Siehe: GAKO: F. R-23c/180, Op.1, D.77.

445 Vgl. AUMWD (Kaliningrad): F. 48, Op.1, D.12, L.188/189 Zug Nr. 97862, Abreise 26. Oktober 1947; L. 266, Zug Nr. 97901, Abreise 14./15. November 1947.

446 Siehe: AUMVD (Kaliningrad): F. 48, Op.1, D.7; D. 8; D. 9, D. 10, D.12, D.15. Diese Zahl stellt auch nur eine Momentaufnahme dar. Zahlreiche Personen überlebten zwar die Ausreise, starben aber kurze Zeit darauf an den Folgen von Krankheiten und Unterernährung der vorangegangenen Zeit.

447 Siehe: BA (Bayreuth): OD 1, Nr. 32, Nr. 33; OD 2; 23.

448 Kauka, Kostas (a. a. O.), S. 136 ff.

449 Einwanderung und die Arbeitslosigkeit provozierten auch Feindschaften zwischen den einheimischen Einwohnern und zugewanderten Litauern. Seit Anfang des 19. Jahrhunderts arbeiteten westlitauische (žemaitische) Hilfskräfte auf den Bauernhöfen des Memelgebietes. Anfang der 30er Jahre, mit Beginn des Hafenumbaus und der Errichtung von Industriebetrieben, verstärkte sich der Zuzug litauischer Dorfbewohner auf Grund der weitaus besseren Lebensbedingungen. Durch diese Billiglohnkräfte erhöhten sich die sozialen und nationalen Spannungen. Die Kaunaser Regierung beabsichtigte, mit Hilfe dieser Einwanderer eine *Unterwanderung* im Memelgebiet, wie sie Außenminister Stasys Lozoraitis 1933 im Gespräch mit Martynas Anysas umriß: *»Auf Grund solcher Unterwanderung hoffen wir wenigstens im Stadtrat Memel eine Mehrheit zu haben, mit der man das Gebiet regieren könnte. Jeder Litauer, der nach Memel kommt, erfüllt eine bestimme Mission. Die Umsiedlung von Litauern sollte gefördert und nicht eingeschränkt oder eingestellt werden.«* (Anysas, Martynas, Klaipėdos, Kova del: Kampf für Memel. Erinnerungen 1927–1939, Chicago 1978, S. 230, Vgl. auch: Vareikis, Vygantas: »Das deutsch-litauische

Verhältnis im Memelgebiet zwischen 1919–1941« (Manuskript im Druck).

450 Allerdings war bei den Neusiedlern im Zusammenhang mit der Lösung aus heimatlichen Bindungen auch die Lösung aus kirchlichen Bindungen zu verzeichnen, wobei die kommunistische Propaganda, die den Atheismus als fortschrittlich pries, natürlich auch eine Rolle spielte.

451 Arbušauskaitė: Deportation (a. a. O.), Dokument Nr. 6, Antrag von Bastikas und Kvauka 1948.

452 Dreitzel, H. P: »Die gesellschaftlichen Leiden und das Leiden an der Gesellschaft: Vorstudien zu einer Pathologie des Rollenverhaltens«, Stuttgart 1972, zitiert nach: Wörterbuch der Sozialarbeit und Sozialpädagogik (Hrsg. Arnold Schwendtke), Heidelberg 1980, S. 25–26.

453 LVVOA: F. 17541, Ap.1, B.15, L. 8.

454 LVVOA: F. 17541, Ap.1, B.12, L. 18.

455 Archivakte Nr. 11587, S. 7, zitiert nach Arbušauskaitė: Deportation (a. a. O.), S. 8.

456 Kibelka, Wolfskinder (a. a. O.), S. 126.

457 UMVD (Kaliningrad): F. 48, Op.1, D.12. Hier fanden sich Namen von memelländischen Seelenlisten wieder (OD-1-37; OD-1-46), hinter denen vermerkt war, daß sie 1949 nach Deutschland ausgereist waren.

458 Archivakte Nr. 11587, S. 7, zitiert nach Arbušauskaitė: Deportation (a. a. O.), S. 8.

459 Tininis, Vytautas: Sovietinė Lietuva ir jos veikėjai [Sowjetlitauen und seine Funktionäre], Vilnius 1994, S. 331.

460 Lietuvos gyventojų trėmimai (a. a. O.), S. 358.

461 Lietuvos gyventojų trėmimai (a. a. O.), S. 380.

462 Lietuvininkų kraštas, Kaunas 1995, S. 371.

463 Truska (a. a. O.), S. 160.

464 Naimark, Norman M. (a. a. O.), S. 467.

465 Lukša-Daumantas, Juozas: Partizanai už geležines uždangos [Partisanen hinter dem Eisernen Vorhang], Chicago 1950.

466 Diese Fassung, gesungen von Käthe Loleit, wurde am 5. November 1996 für den Film »Vokietukai – die kleinen Deutschen« aufgenommen.

467 GARF: F.R-9401, Op. 2, D. 203, L.194–195.

468 Laschait, Auguste (geb. 1896), Inse, seit 11. 3. 47 in Haft, <10 Jahre Arbeitslager>; Link, Ilse (geb. 1928), Inse, seit 19. 3. 47 Haft, <8 Jahre>; Hasse, Emilie (geb. 1885), Inse, <5 Jahre>, 18. 3. 47; Link, Olga (geb. 1899), seit 19. 3. 47, <6 Jahre>; Stobbe, Ida (geb. 1904), Inse, 19. 3. 47; Knorwin, Auguste (geb. 1889), Inse, seit 31. 3. 1947; Bessmehn, Margarete (geb.1904), Inse, seit 31. 3. 47, <6 Jahre>; Link, Fritz (geb. 1892), Inse, 18. 3. 47, <8 Jahre>; Hasse, Richard (geb. 1881), Inse,19. 3. 47, <5 Jahre>; Jakscht, Emma

(geb. 1925), Gilge, seit 18. 3. 47, <8 Jahre>; Buskis, Lotte (geb. 1919), Gilge, 18. 3. 47, <7 Jahre>; Heinscher, Albert (geb. 1901), Karkeln, 31. 3. 1947, <6 Jahre>; Sawadski, Herta (geb. 1908), 27. 3. 47, <8 Jahre>; Jakscht, Hermann (geb. 1891), Gilge, 31. 3. 47, <3 Jahre AL>.

469 Dieser Begriff stammt aus dem Werk von Otto Luchterhandt: Der verstaatlichte Mensch. Die Grundpflichten des Bürgers in der DDR, Köln 1985.

470 Sumbatjan, Juri: »Totalitarizm kak kategorija političeskoj sociologii« [Totalitarismus als Kategorie der politischen Soziologie]//In: Sociologičeskie issledovanija 1994, 1, L.13–16.

471 In diesem Kontext ergibt sich zwangsläufig die Frage, inwiefern negative Erfahrungen mit einem totalitären System gegen das nächste immunisieren.

472 Gracianskij, Nikolaj: Kenigsberg, Moskau 1945, S. 17.

473 Auch innerhalb der SMAD gab es Klagen über den Mangel an geeigneten sowjetischen Kadern. Interessant wäre es, die Königsberger Militärverwaltung mit frühen Strukturen der SMAD zu vergleichen.

474 CCHIDNI: F.1.Op.1, D.1, L.19 (Frühjahr 1947, Bericht an ZK, Kusnecov).

475 GAKO: F. 233, Op. 6, D.1, L. 20, L. 25 (Kinderheilprophylaxe 1946).

476 Zemskov, V.: (a. a. O.), S. 153.

477 CCHIIDNI, F. 644, Op.1, D. 425, L. 4.

478 Zemskov, V.: »Zaklučennye, specpereselency, ssyl'noposelency, ssyl'nye i vyslannye« [Gefangene, Zwangsumsiedler, Verbannte, Ausgewiesene]//In: Istorija SSSR 1991, Nr. 5, S. 151–165. Zemskov zählt über 19 verschiedene Guppen auf.

479 Für diese Gruppe verabschiedete der Ministerrat der UdSSR am 18. 12. 1952 das Gesetz »Über den Erwerb der sowjetischen Staatsbürgerschaft für Deutsche«. Da die Verwaltungen erst im Frühjahr 1953 Antragsformulare an die Deutschen ausgaben, hat sich in der Übertragung die Legende ergeben, »daß Deutsche erst nach Stalins Tod wieder Pässe erhielten«.

480 Allerdings hatten viele Memelländer Glück, da sie durch den frühen Zeitpunkt ihrer Rückkehr dem noch nicht funktionierenden System der Filtrationslager entgangen waren.

481 GARF: F. R-9401, Op. 2, D. 68, L.144–147.

482 GARF: F. R-9401 s, Op.12, D.191, L. 22, Direktive 16 des NKVD vom 11. 2. 1945.
GARF: F. R-9401, Op. 2, D.172, L. 93–94.

483 GARF: F. R-9401, Op. 2, D. 94, L.199.

484 Vgl. Karner, Stefan: Im Archipel GUPVI. Kriegsgefangenschaft und Internierung in der Sowjetunion 1941–1956, München 1995.

485 Kruglov, Sergej (1907–1977): Erster Stellvertreter des VK für Inneres, ab 1946 Minister für Inneres.

486 GARF: F. R-9401, Op.1, D.136, L. 199.

487 Der dehnbare Begriff »in der Regel« steht auch für den langen Ermessenszeitraum (1946–1956) der sowjetischen Verwaltung, in dem sie deutsche Staatsbürger aus der UdSSR entließ.

488 Postanovlenie pravitelstva SSSR [Beschluß der Regierung der UdSSR] Nr. 1696, zit. nach: Schiff, Bernhard: Entwicklung und Reform des Fremdsprachenunterrichts in der Sowjetunion, Berlin (Ost)1966, S. 153/54.

489 LVA: F. R-762, Ap. 6, B. 125, L. 48.

490 LVA: F. R-762, Ap. 6, B. 127,192+R.

491 LVA: F. R-762, Ap. 6, B. 127,192+R.

492 LVA: F. R-762, Ap. 6, B. 127, L. 281.

493 GAKO: F. R-5446, Op. 47, D. 3112, L. 52.

494 LVA: F. R-762, Ap. 6, B. 77, L. 2+R; B. 83, L. 2; B. 88, L. 195–206.

495 LVA: F. R-762, Ap. 6, B. 83, L. 2.

496 LVA: F. R-762, Ap. 6, B. 88, L. 2–3.

497 LVA: F. R-762, Ap. 6, B. 88, L. 195–206.

498 Die litauischen Schulen, die zwischen 1923 und 1939 im Memelland bestanden hatten, wurden nach dem Anschluß geschlossen, die Lehrer entlassen. Nach dem Krieg konnten diese Pädagogen auch nur kurze Zeit unterrichten. Martynas Krukis wurde 1945 nach zwei Monaten aus der Schule Priekulė entlassen. Zum 15. 2. 1947 wurde Otto Gudvietis aus Trakseden entlassen – »als Authochthoner«. Zum gleichen Zeitpunkt: Meta Taraitė, Schulleiterin in Tarvydai und Ruta Sprogienė, Lehrerin an der Grundschule in Vabalninkai.

499 LVA: F. R-762, Ap. 6, B. 77, L. 2+RS.

500 LVA: F. R-762, Ap. 6, B. 83, L. 2.

501 Arunė Arbušauskaitė: »Demographische Veränderungen auf der Kurischen Nehrung nach 1945«//In: Annaberger Annalen, Nr. 1, 1993, S. 75.

502 Als die Straßenumbenennungen im Herbst 1945 in Königsberg einsetzten, mußten russisch- und deutschsprachige Schilder angebracht werden.

503 Kaliningradskije archivy (a. a. O.), S. 89.

504 GAKO: R-237, Op. 2, D. 1, L. 133.

505 GAKO: R-462, Op. 2, D. 20a, L. 2,3.

506 GAKO: R-243, Op.1, D. 7, L. 6.

507 Anton Semjonowitsch Makarenko (1888–1939): sowjetischer Schriftsteller und Pädagoge, entwickelte ein Konzept mit dem Schwerpunkt Kollektiverziehung und wurde besonders durch seine Erfolge bei der Resozialisierung junger Straffälliger bekannt.

508 detskij prijomnik-raspredel'nik

509 CCHIDNI: F.1 Op.1, D. 101, L. 15. Unterlagen über die Kinderaufnahme 1947/48 im Kaliningrader Gebiet sind nicht erstellt worden.

Siehe: GAKO: F. R-245, Op.1, D. 22, L. 26. In den Akten der späteren Jahre sind verschiedene deutsche Kinder vermerkt.

510 GAKO: F. R-243, Op. 1, D. 7, L. 6.

511 GAKO: F. R-313, Op. 1, D. 8, L. 14.

512 GAKO: F. R-210, Op. 1, D. 9, L. 35, 36.

513 GAKO: F. R-237, Op. 2, D. 1, L. 133.

514 GAKO: F. R-462, Op. 2, D. 20a, L. 4.

515 GAKO: F. R-313, Op. 1, D. 8, L. 14.

516 GAKO: F. R-233, Op. 6, D. 1, L. 13.

517 GAKO: F. R-298, Op. 1, D. 3, L. 99.

518 GAKO: F. R-237, Op. 2, D. 1, L. 132–133.

519 GAKO: F. R-237, Op. 2, D. 1, L. 133.

520 GAKO: F. R-462, Op. 2, D. 3, L. 2.

521 GAKO: F. R-462, Op. 2, D. 6, L. 31.

522 Naimark, Norman M.: The Russians in Germany: a History of the Soviet Zone of Occupation 1945–1949, Harvard 1995, S. 452.

523 Hamm-Brücher, Hildegard: Lernen und arbeiten, Köln 1965, S. 14.

524 GAKO: F. R-462, Op. 2, D. 4, L. 80–84.

525 Postanovlenie pravitelstva SSSR [Beschluß der Regierung der UdSSR] Nr. 1696 (a. a. O.).

526 Nadežda Krupskaja (1869–1939), Lebensgefährtin Lenins.

527 Krupskaja, Nadežda: Pedagogičeskie sočinenija v desjati tomach [Pädagogische Werke in zehn Bänden], Moskau 1962, Bd. III, S. 73.

528 GAKO: F. R-264, Op.1, D. 5, L. 21–22.

529 CCHIDNI: F. 1 Op.1, D. 101, L. 63.

530 GAKO: F. R-462, Op. 2, D. 6, L. 38.

531 CCHIDNI: F. 1 Op.1, D. 101, L. 75.

532 GAKO: F. R-462, Op. 2, D. 3, L 2.

533 GAKO: F. R-462, Op. 2, D.19, L. 38.

534 GAKO: F. R-462, Op. 2, D.19, L. 35.

535 GAKO: F. R-462, Op. 2, D.19, L. 41.

536 GAKO: F. R-462, Op. 2, D.19, L. 37.

537 GAKO: F. R-462, Op. 2, D.19, L. 39.

538 GAKO: F. R-313, Op. 1, D. 4, L. 53–60.

539 GAKO: F. R-237, Op. 2, D. 1, L. 133.

540 GAKO: F. R-462, Op. 1, D. 2, L. 21.

541 Diese Aussage müßte man logischerweise so deuten, daß in anderen Kinderheimen Pionierorganisationen existiert hätten. Es liegen aber keine Aussagen dazu vor.

542 GAKO: F. R-462, Op. 1, D. 2, L. 21.

543 GAKO: F. R-313, Op. 1, D. 8, L. 14.

544 GAKO: F. R-462, Op. 2, D. 20a, L. 2,3.

545 GAKO: F. R-313, Op. 1, D. 8, L. 14.

546 GAKO: F. R-462, Op. 2, D. 20a, L. 2.

547 GAKO: F. R-462, Op. 2, D. 20a, L. 3.

548 BA Potsdam: O-1.10 (ZVU), Bd. 70, S. 24.
549 BA Potsdam: O-1.10 (ZVU), Bd. 70, S. 50.
550 BA Potsdam: O-1.10 (ZVU), Bd. 70, S. 51.
551 Alle deutschen Kinder, die sich zu dieser Zeit noch in der Kinderaufnahme [prijemny punkt MVD] befanden, wurden diesen Transporten zugeordnet.
552 GAKO: F. R-462, Op. 2, D. 20a, L. 31.
553 GAKO: F. R-462, Op. 2, D. 20a, L. 52.
554 GAKO: Bestand UMVD: R-245, Op. 1, D. 22.
555 GAKO: Bestand UMVD: R-245, Op. 2, D. 17, L. 31.
556 GAKO: Bestand UMVD: R-245, Op. 1, D. 24, L. 1.
557 GAKO: Bestand UMVD: R-245, Op. 1, 23, D. 9, L. 6.
558 LVA: F. R-762, Ap. 6, B. 129, L. 3R.
559 Krupskaja, Nadežda: Obščestvenno-poleznaja rabota škol'nikov [Die gesellschaftlich nützliche Arbeit der Schüler], Moskau 1962, S. 15.
560 GAKO: F. R-245, Op.1, D. 2, L. 30.
561 Anweiler/Kuebart/Meyer: Die sowjetische Bildungspolitik von 1958 bis 1973, Berlin 1976, S. 5.
562 GAKO: F. R-298, Op. 4, D. 2, L. 47.
563 GAKO: F. R-899, Op. 1, D.5, L. 40.
564 GAKO: F. R-313, Op. 1, D. 4, L. 10.
565 LVVOA: F. 1771, Ap. 9, B. 396 (1946).
566 GAKO: F. R-462, Op. 2, D.7, L. 14.
567 GAKO: F. R-462, Op. 27, D.7, L. 16.
568 KVA, F104, Ap. 1, D. 4, L. 203 (zitiert nach: Vareikis, Vygantas: »Klaipėda (Memel) in der Nachkriegszeit 1945–1953«//In: Annaberger Annalen, Nr. 3 (1995), S. 64.
569 Klaipėdos apskrities archyvas.[Kreisarchiv Klaipėda] F. 104, Ap. 1, B. 18. L. 71. Die Verfasserin dankt Vygantas Vareikis für diese Quelle.
570 CCHIDNI: F. 1, Op. 1, D. 101, L. 65 (OBKOM, OBLONO).
571 CCHIDNI: F. 1, Op. 1, D. 101, L. 124 (OBKOM, OBLONO).
572 BA (Berlin) SdPuM IV2/2022/118, S. 58, 59.
573 BA Potsdam: O-1. 10.(ZVU), Bd. 54, S. 1.
574 GARF: F. R-9401, Op. 2, D. 17, L. 44.
575 Siehe: GARF: F. R-9401, Op. 2, D. 17, L. 44.
576 BA Potsdam: O-1-10 (ZVU), Bd. 54, S. 4.
577 Deutsche Übersetzung zitiert nach Beckherrn, (a. a. O.), S. 157.
578 Siehe: BA (Berlin) SdPuM: IV2/2022/118 SED ZS. S. 39; BA Potsdam: O-1. 10. (ZVU), Bd. 17, S. 108. – Beckherrn gibt als ersten Reisetermin den 2. April 1947 an (S. 155), Arbušauskaitė verzeichnet den 2. April 1947 als ersten Tag der Ausgabe von Reisegenehmigungen. (Siehe Arbušauskaitė: Kionigsbergo a. a. O., S. 23.)
579 Siehe: BA (Berlin) SdPuM: IV2/2022/118 SED ZS, S. 40.
580 Siehe: GARF: F. R-9401, Op. 2, D. 172, L. 303–304.
581 Siehe: BA Potsdam: O-1-10 (ZVU), Bd. 54, S. 20.

582 BA Potsdam: O-1-10 (ZVU), Bd. 17, S. 85.
583 Beckherrn (a. a. O.), S. 181 ff.
584 Upravlenie ministerstva vnutrennich del = Verwaltung des Ministeriums für Innere Angelegenheiten der UdSSR.
585 Siehe: Vostočnaja Prussija, S. 473.
586 Eisfeld/Herdt (a. a. O.), S. 470.
587 Beckherrn (a. a. O.), S. 184.
588 Eisfeld/Herdt (a. a. O.), S. 470/471.
589 Velikaja kommunističeskaja partija Bolševikov = Vorläuferbezeichnung der KPdSU.
590 Beckherrn (a. a. O.), S. 185.
591 GARF: F. R-9401, Op. 2, D. 173, L. 167–168.
592 GARF: F. R-9401, Op. 2, D. 173, L.189, deutsche Übersetzung nach Beckherrn (a. a. O.), S. 186.
593 Siehe: BA Potsdam: O-1-10 (ZVU), Bd. 70, S. 51.
594 Ministerstvo gosudarstvenogo bezopastnosti = Ministerium für Staatssicherheit.
595 Siehe: BA (Berlin) SdPuM: IV2/2022/118, S. 12.
596 Archiv UMVD (Kaliningrad): F. 48, Op. 1, D. 15, D. 116; D. 16 (November 1947), L.68.
597 Eisfeld/Herdt (a. a. O.), S. 475/476.
598 Eisfeld/Herdt (a. a. O.), S. 477.
599 BA (Berlin) SdPuM: IV2/2027/34 SED ZS.
600 Siehe: BA (Berlin) SdPuM: FDGB 18/a/724.
601 BA(Berlin) SdPuM: IV2/2027/34 SED ZS, S. 255.
602 Siehe: Vostočnaja Prussija, (a. a. O.), S. 473.
603 AUMVD: F. 48, O.1, D.10 (Nov.-Dez.1948), Tom 4.
604 Siehe: Archiv UMVD (Kaliningrad): F. 48, Op. 1, D. 12.
605 Siehe: Archiv UMVD (Kaliningrad): F. 48, Op. 1, D.12, L. 32.
606 Siehe: BA Potsdam: O-1-10 (ZVU), Bd. 72, S. 51, S. 156.
607 Siehe: BA Potsdam: O-1-10 (ZVU), Bd. 72, S. 51, S. 156. LVRM: F-5. Op.7, D. 327, L. 66
608 BA (Berlin) SdPuM: NL 36/745, S. 75.
609 Siehe: Vereinbarung vom 1. Mai 1947 zwischen Dänemark und der UdSSR. (»Neue Zeitung«, München 2. 5. 1947.)
610 Europa-Archiv, 1. Jg., 1946, S. 263.
611 Sbornik dejstvujuščich dogovorov, soglašenij i konvencij, zaklučennych SSSR s inostrannymi gosudarstvami [Sammlung gültiger Verträge, Abkommen und Konventionen der UdSSR mit ausländischen Staaten], Vypusk XII, Moskau 1956, S. 3.
612 Laut Djilas soll Stalin um die Jahreswende 1947/1948 den Entschluß gefaßt haben, in der SBZ einen Separatstaat zu gründen. (Siehe: Djilas, M.: Gespräche mit Stalin, S. 195.)
613 Zitiert nach: Meißner, Boris: Die Sowjetunion, (a. a.O), S. 93. Dieser Vorschlag wurde hier nur eingefügt, um zu zeigen, wie am grünen

Tisch Territorialarithmetik betrieben wurde – denn zum Zeitpunkt dieses Papiers waren bereits 99 % aller Ostpreußen ausgesiedelt.

614 Siehe: Robel, Gert: »Die Entscheidung von Schreiberhau/ Szklarska Poreba«//In: Sowjetisches Modell und nationale Prägung (a. a. O.), S. 289. Bis 1948 wurden in der Kominform-Zeitschrift auch keine Beiträge aus der SBZ veröffentlicht.

615 Meißner (a. a. O.), S. 106.

616 Deutscher, Isaac: Reportagen aus Nachkriegsdeutschland, Hamburg 1980, S. 129–131. (The Economist, 27. 10. 1945.)

617 BA (Berlin) SdPuM: FDGB 18/b/725, Rundschreiben Nr. 9/46.

618 BA (Berlin) SdPuM, FDGB 18/-/724, Schreiben vom 12. 10. 1948.

619 Siehe: BA Potsdam O-1-10.54 ZVU, S. 1.

620 BA (Berlin) SdPuM Y 30/IV/2/2. 022/118, S. 71.

621 BA (Berlin) SdPuM: IV2/2022/118, S. 5.

622 Siehe: Badstübner, Rolf/Loth, Wilfried: Wilhelm Pieck – Aufzeichnungen zur Deutschlandpolitik, Berlin 1994.

623 Badstübner, Rolf/Loth, Wilfried (a. a. O.), S 152.

624 Badstübner, Rolf/Loth, Wilfried (a. a. O.), S. 120.

625 Badstübner, Rolf/Loth, Wilfried (a. a. O.), S. 15 ff.

626 Siehe: BA (Berlin) SdPuM: IV2/2022/118, S. 11.

627 BA (Berlin) SdPuM: IV2/2022/118, S. 4, S. 10.

628 BA Potsdam O-1-10.54 ZVU, S. 21.

629 Siehe: BA Potsdam O-1-10.54 ZVU, S. 85.

630 BA Potsdam O-1-10.54 ZVU, S. 21.

631 BA Potsdam O-1-10.54 ZVU, S. 114. Im Zitat steht SMA anstelle von SMAD.

632 BA (Berlin) SdPuM: IV2/2022/118, S. 10.

633 Siehe: BA (Berlin) SdPUM: NL 36/694, Bl. 2–34.

634 Sowjetisch deutsche Aktiengesellschaften. Sowjetische Betriebe auf dem Territorium der SBZ und späteren DDR.

635 BA (Berlin) SdPuM: IV2/2022/118, S. 12.

636 BA (Berlin) SdPuM: IV2/2022/118, S. 5.

637 BA (Berlin) SdPuM: FDGB 18/lg/725.

638 BA (Berlin) SdPuM: NL 36/744.

639 BA (Berlin) SdPuM: IV2/2022/118, S. 56.

640 BA (Berlin) SdPuM: IV2/2022/118, S. 57.

641 BA Potsdam: O-1. 10. (ZVU) Bd. 70. S. 94.

642 BA (Berlin) SdPuM: NL 36/744, S. 59.

643 BA (Berlin) SdPuM: IV2/2022/118, S. 5.

644 BA (Hoppegarten): MdI/AZT 33259, Bericht vom 2. 12. 1949.

645 Siehe: BA (Berlin) SdPuM: FDGB 42/1015/4610 (4. 11. 47).

646 BA (Berlin) SdPuM: IV2/2022/118, S. 8.

647 BA (Berlin) SdPuM: IV 2/2027/34.

648 Siehe: BA (Berlin) SdPuM: FDGB 18/i/519 A.

649 BA (Berlin) SdPuM: IV 2/2027/34.

650 In der Mitteilung des Politinformators des Kaliningrader Waggonbauwerkes über ein Meeting zur Umbenennung der Stadt heißt es: *»An dem Meeting nahmen 600 russische Personen teil, die Deutschen waren nicht eingeladen worden.«* Siehe: Kaliningradskie archivy (a. a. O.), S. 107.

651 Eisfeld/Herdt, S. 469. Leider ist in der Edition nicht angegeben worden, von welcher Institution dieser Bericht verfaßt wurde.

652 Deutsche Übersetzung zitiert nach Beckherrn (a. a. O.), S. 157.

653 Beckherrn (a. a. O.), S. 156.

654 Siehe: GARF: F. R-9401, Op. 2, D.136, L.185–186.

655 Einen weiteren Hinweis zur Entscheidungsfindung gibt Arune Arbušauskaitė in ihrem Aufsatz, »Die Repatrianten des Memellandes«. Dort heißt es: *»Im August 1947 fand in der Repatriierungsbehörde in Moskau ein Arbeitstreffen der Republikvertreter statt. Besonders hartnäckig wurde gefordert, die Frage der Staatsbürgerschaft für die Personengruppen zu klären, die bis 1938–1939 in der Westukraine, im westlichen Weißrußland, in Litauen, Lettland, Estland, im Memelland und der Königsberger Region gelebt hatten. Diese Territorien sind 1938–1940 zu Bestandteilen der UdSSR geworden, aber viele Ukrainer, Weißrussen, Moldavier, Litauer, Letten und Esten sind aus verschiedenen Gründen »draußen«geblieben. So haben sie zur gegenwärtigen Zeit keine Staatsbürgerschaft, obwohl sie in diesen Gebieten geboren wurden und dort lebten. Die Teilnehmer des Arbeitstreffens empfahlen, die Frage der Staatsbürgerschaft und der Repatriierung dieser Gruppe auf Regierungsebene zu klären.«* (LVA, R-754, Ap.13, B.107, L.104.)

656 CCHIDNI(Kaliningrad): F. 1, D.101, L. 65.

657 »Neue Zeit«, Nr. 38 (9. 5. 1948).

658 Siehe dazu auch: Norman M. Naimark:»Die Sowjetische Militäradministration in Deutschland und die Frage des Stalinismus«//In: ZfG 4/1995, S. 304.

659 In diesem Kontext entsteht natürlich die Frage nach den Chancen einer Gemengelage, also einer Bevölkerungssitution mit verschiedenen Nationalitäten (im Gegensatz zu den sonst immer geäußerten politischen Nachteilen).

660 Durch massive Unterstützung aus dem Deutschen Reich war unter den Memelländern seit Herbst 1938 die Stimmung für einen Wiederanschluß des Gebietes an Deutschland geschürt worden.

661 Naimark setzt den Sommer 1947 als Anfangspunkt für Überlegungen der Sowjets, die SBZ als Bestandteil ihres Imperiums in Osteuropa zu sehen. Der Aussiedlungsbeschluß wurde Oktober 1947 gefaßt. Siehe: Naimark (a. a. O.), S. 46.

662 Siehe: Verletzung von Menschenrechten. Eine Dokumentation der Verletzungen von Rechtsverpflichtungen zum Schutz der Menschenrechte gegenüber Deutschen in den Gebieten des Deutschen

Reiches östlich von Oder und Neiße und außerhalb der Grenzen des Deutschen Reiches, Bonn 1985, S. 129.

663 Bis Ende der achtziger Jahre, als die Deutschen ihre verwandtschaftlichen Kontakte ohne Gefährdung pflegen und auch der Umgebung demonstrieren konnten, waren sie vielfach den Schmähungen von Nachbarn und Arbeitskollegen ausgesetzt, die behaupteten, daß sie keine Deutsche seien, denn sonst hätte sie das mächtige Deutschland längst unterstützt oder herausgeholt.

664 Dagegen durfte in Wilna schon 1953 wieder eine polnische Zeitung erscheinen, auch ein polnischer Kulturverein wurde zugelassen.

665 Auch in dieser Hinsicht lassen sich Parallelen zu Verhaltensweisen in der jüdischen Minderheit in Litauen ziehen, in der bis Mitte der achtziger Jahre gleichfalls die Familiengeschichte, soweit wie möglich, verschwiegen wurde – ein Resultat der politischen Dämonisierung des Begriffes Jude bzw. Deutscher.

666 Der Plural ist gerechtfertigt, leben doch in Litauen auch Litauendeutsche, Rußlanddeutsche und ehemalige Ostpreußen.

667 Häufig handelte es sich schon um die zweite Etappe der Entwurzelung, da viele Umsiedler nicht direkt aus ihrem Heimatort nach Königsberg/Kaliningrad kamen, sondern schon eine vierjährige Evakuierungsphase aufgrund des Zweiten Weltkrieges hinter sich hatten.

668 Dietmar Albrecht im Programm zur Tagung der Ostsee-Akademie Travemünde: »50 Jahre danach Flucht, Vertreibung, Aussiedlung« (9.–11. 6. 1995).

669 DIE ZEIT vom 20. 11. 1992, S. 1 ff.

670 Otkrytaja polityka, 1995, Nr. 1, S. 55–62.

671 »Vlast«1993, 5, S. 74–77. In bezug auf Kaliningrad wird sowohl der Terminus Exklave wie auch Enklave verwendet.

672 Delegationen der baltischen Volksfronten standen damals vor den Türen der Verhandlungsräume und forderten ihre Teilnahme.

673 Lietuvos Rytas, 26. 1. 1995, S. 4.

674 Im Gegensatz dazu stützen sich die Kerngegenden der baltischen Staaten vorwiegend auf nationale Werte aus der Zwischenkriegszeit. Dadurch entstehen stärker einseitige rückwärtsgewandte Blickrichtungen.

675 Der Stalin-Ära sind im Prinzip weniger vorsätzliche Vernichtungen architektonischer Denkmäler vorzuwerfen als vielmehr deren Zweckentfremdung und Vernachlässigung, die in vielfacher Hinsicht Vorschub für späteren Abriß gegeben haben. Der Brežnev-Ära sind große Friedhofseinebnungen in beiden Gebieten zuzurechnen, die Sprengung des Königsberger Schlosses (trotz Protesten von Kaliningradern) und der Abriß zahlreicher Kirchenbauten links und rechts der Memel. Der geplante Abriß der Klaipėdaer Altstadt

konnte von den Bürgern verhindert werden. Fragt man, warum es den Klaipėdaern gelang, ihre Altstadt vor dem Abriß zu retten, während in der gleichen Zeit das Königsberger Schloß gesprengt wurde, gründet sich die Antwort vor allem auf die Funktionalität der Bausubstanz. Das Schloß stand leer, die Altstadt hatte einen erheblichen Bestand an Wohnungen. Selbst der Balkon des Theaters, von dem Hitler 1939 den Anschluß des Memellandes verkündet hatte, blieb erhalten, da das Gebäude vom Theater genutzt wurde.

676 LVVOA: F. 617, Ap. 2, B.13, L. 80.

677 LVA: F. R-754, Ap. 4, B. 2350, L. 29–36.

678 GAKO: F. 313, Op. 4, L. 11.

679 GAKO: F. 313, Op. 1, D. 4, L. 53, 54, 55.

680 GARF: F. R-7021, Op. 49, D. 478–484.